SMILE 上海终身教育研究院
Shanghai Municipal Institute for Lifelong Education

中国终身教育研究

Research on Lifelong Education in China

上海终身教育研究院　主编

第二辑

Volume 2

上海交通大学出版社
SHANGHAI JIAO TONG UNIVERSITY PRESS

内容提要

本书聚焦终身教育前沿问题，围绕终身教育基本理论、成人教育与民生保障、老年教育的实践、家校社合作的状态等议题，展开积极的讨论，以原创为主，高度突出学术性，面向全球终身教育研究领域的学者。

图书在版编目（CIP）数据

中国终身教育研究·第二辑 / 上海终身教育研究院主编. —上海：上海交通大学出版社，2022.10

ISBN 978-7-313-27437-3

Ⅰ. ①中… Ⅱ. ①上… Ⅲ. ①终生教育—教育研究—中国 Ⅳ. ①G729.2

中国版本图书馆CIP数据核字（2022）第168479号

中国终身教育研究（第二辑）

ZHONGGUO ZHONGSHEN JIAOYU YANJIU (DI-ER JI)

主　　编：上海终身教育研究院

出版发行：上海交通大学出版社　　地　　址：上海市番禺路951号

邮政编码：200030　　电　　话：021-64071208

印　　制：上海万卷印刷股份有限公司　　经　　销：全国新华书店

开　　本：710mm × 1000mm　1/16　　印　　张：25.5

字　　数：415千字

版　　次：2022年10月第1版　　印　　次：2022年10月第1次印刷

书　　号：ISBN 978-7-313-27437-3

定　　价：98.00元

编 委 会

CONTENTS

目　录

▶▶ 专题一

终身教育基本理论之探寻

- 事事为学：终身教育研究所缺之维的审视、探寻与突破
  ——对叶澜终身教育思想的解读
- 社会教育力的构成与演进：基于对中国教育政策文本的内容分析
- 国际视域下终身学习概念特征、政策逻辑与价值反思

事事为学：终身教育研究所缺之维的审视、探寻与突破

——对叶澜终身教育思想的解读*

李家成　张伶俐　匡　颖**

摘　要：终身教育内涵应在强调“人人、处处、时时”之外，增加“事事”之维，以此推动彻里彻外渗透终身教育原则的社会的构建，进而促进终身教育体系的完善。现有“终身教育”研究中甚少涉及“事事”之维的考量。然而，将“事事”之维纳入研究视野，不仅可以提供清晰的教育研究方法论指导，突出“生命·实践”教育学的研究视角，还可以推动研究性变革实践的价值实现。因此，终身教育研究需要强调与人的美好生活融为一体的研究指向，凸显提升终身教育实践品质的研究重心，明确不断整体重构“终身教育”的研究成果定位，以进一步深化、拓展、充实当代中国终身教育研究，使其导向更精深的“教育”研究。

关键词：终身教育；事事为学；教育活动；“生命·实践”教育学

一、引言：终身教育“事事”之维的提出

2006年，上海市委、市政府印发《关于推进上海学习型社会建设的指导意见》，明确提出“到2010年初步建成‘人人皆学、时时能学、处处可

---

* 基金项目：国家社会科学基金教育学重点课题“服务全民终身学习视域下社区教育体系研究”（AKA210019）阶段性成果。

** 李家成，博士，教授，博士生导师，上海终身教育研究院执行副院长，华东师范大学“生命·实践”教育学研究院研究员，教育部人文社会科学重点研究基地华东师范大学基础教育改革与发展研究所研究员，主要研究终身教育、教育基本理论；张伶俐，华东师范大学职业教育与成人教育研究所博士研究生，主要从事老年教育、比较成人教育研究；匡颖，华东师范大学职业教育与成人教育研究所硕士研究生，主要研究老年教育、终身教育。

学’的学习型社会框架”的总目标[1]。在之后的终身教育研究领域中，“人人皆学、时时能学、处处可学”作为一个经典表达，被一系列的理论研究成果、实践发展和政策文本广泛吸纳。

叶澜赞成“人人、时时、处处”的表达维度，但多次且明确认为，不能缺失“事事”构成。叶澜在《终身教育视界》一文中，共四次明确使用“事事”的表达。一是指出就个体教育力而言，“它存在于个体参与的一切社会生活所做的‘事’之中，包括生存环境与社会活动。因此，‘个体教育力’的社会存在，除终身教育提及的‘人人、时时、处处’之外，还应加上一个‘事事’。个体只有在自己的生命实践中，才有可能受到‘教育力’的作用与影响”[2]。二是提出“社会教育力”，按分析单位划分为社会系统层面的“系统社会教育力”和在个体的人的层面的“个体社会教育力”。其中，“个体社会教育力”为贯穿于每个人一生生命实践之时时、处处、事事所构成的社会教育力。三是关注志愿者活动的形成与发展，尤其是 21 世纪初上海地区的志愿者活动，被认为完成了从短期、集中、临时、单项，向长期、广泛、持续和多元的转换，并形成了常态机制，对参与者、受惠者乃至生活其中但并不一定直接受到服务的居民，都产生了教育影响，让通常被视作冰冷的陌生人社会，增添了人间温情，也体现了社会教育力时时、处处、事事可能产生的影响方式特征。四是强调社会教育力的发展需要走向“聚通”，即逐渐改变相对孤立的线状、块状和条块间尚缺乏聚集与沟通的“星星之火”局面，最终使社会教育力形成燎原之势，成为真正“时时、处处、事事”都存在的，社会、教育事业自身发展，以及每个人身心发展都需要且能获得的强大动力[3]。

上述研究成果也在 2016 年 12 月 12 日的第四届终身教育上海论坛上公开表达，即“终身教育体系要建立在彻里彻外的渗透着终身教育原则的社会的基础之上，实施一种与人们的生活进步与成就紧密相连的教育，渗透社会各项活动，做到人人学习、时时学习、处处学习、事事学习。最后要达到的目标是社会的改造”[4]。

2020 年，叶澜在《溯源开来：寻回现代教育丢失的自然之维》一文中继续强化“事事”之维，明确提出“目前，我国终身教育几近覆盖人生每一阶段，但段与段之间的关联性，尤其是以人的成长发展为核心的贯通性不足。实践中的完善，一是要协调各方教育力量，形成合力；二是不仅要强调

'人人、时时、处处'可进行学习，还应增加'事事'两字。只有增强实践之'事事'具有教育和学习的意识，才可使终身教育不限于外在的机构、场馆、专门为之的教育与学习活动，而成为可渗透到人的日常生活之中，开发个人生命实践的学习教育潜力，增加层累式效应。也唯有人人在自己的生命实践中具有学习意识，学习才可能转化为人的生命发展需要和自觉"[5]。

此外，在叶澜所概括的"生命·实践"教育的"信条"中，还指出"终身教育是衡量当代社会发展的教育尺度"，其"以化入人生全程、化入社会各域的社会教育力为特征，体现在社会中'人人、时时、处处、事事'都内含着教育的价值和力量"[6]。

对上述不断被明确化和强化的"事事为学"思想观点进行深入探究，不难发现，该思想观点既是从个体意义上解读终身学习的重要入口，也是从社会意义上丰富和发展社会教育力的重要落脚点。也即，"事事为学"思想观点本身深深蕴含着终身教育所内含的"人人、时时、处处"之思，既突出每一位具体个人的主体性，促进具体个人的全面终身发展、实现教育的自我更新、创造更美好的世界的价值取向[7]，重视充分展现人、事、自然和社会综合融通的思想方法[8]，也强调整体建构、综合发展的战略布局[9]。基于此，本文拟聚焦"事事"之维，以着重探讨终身教育研究之实然与应然状态。

二、审视："终身教育"研究中"事事"之维的缺失

中国"终身教育"研究在不断推进中，包括"人人、时时、处处"视角的提出和广泛传播，已经意味着终身教育理念的不断清晰、聚焦和渗透。而叶澜所提出的"事事"之维，在我国终身教育研究中呈现出怎样的研究状态？又能带来怎样的新视野呢？

（一）缺少对"教育活动型存在"的重视和深入研究

保尔·朗格朗在《终身教育引论》中提出"真正的教育革新"，呈现出的是独特的成人学习、成人教育的场景，突出了"集体的学习和讨论"，强调了"思想交流和对话的过程"，强调了"每个人……积极地参与和促进这种交流和对话"。更让人印象深刻的是，他连续用了多个宾语承接"不讲"（"不讲什么分数、名次、惩罚、奖赏"），还用了一个"避免"（"力求避免重

现过去年代因袭下来而我们的学校至今还在庇护着的一切弊病”）、两个“没有”（没有严酷而费时费力的遴选，也没有歪曲教学过程和因害怕通不过而损害个性正常发展的考试和文凭）、一个“不存在”（“不存在方法上的等级差别”），从而坚定不移地突出了成人教育与其他教育领域、教育方式的鲜明差异。此外，还指出成人教育“是自由的教育，为自由和以自由为手段的教育”[10]。如此表达方式凸显了朗格朗所深入研究和深受启发的终身教育之教育活动，以及其愿意全力推进的终身教育事业。其中，何谓“自由的教育”？结合叶澜所提出的“人人、时时、处处、事事”终身教育多维观，再观之，则可解读为注重实现共学互学的主体观[11]、体现长程思维的时间观[12]、突显互联互通的空间观[13]、主张事事为学的活动观。

然而，反观当前的终身教育研究可发现，探讨政策主题，描述几十年乃至百年终身教育发展轨迹、聚焦终身教育发展规划的研究成果不少，但类似朗格朗这般深入终身教育之教育活动，为这样的教育过程所感动和兴奋，为这样的教育形态而努力，从而形成的研究成果似乎还不多。检索终身教育研究文献，截至2020年底，叶澜这一成果尚未能广泛作为参考文献，“事事”与“人人、时时、处处”合用的表达，尚未被“终身教育”研究领域所采纳。即当前直接关于终身教育“事事”之维的研究，不仅数量不多，质量也不高，与基础教育等领域有关教育过程、方法、评价的研究形成强烈的反差。

例如，有学者倡导：“我们在实践中还需要更多地从微观角度出发，认真考量社区教育治理的具体内容、结构关系，给予其更为细腻的理论研究和实践探索，切实激发多方参与的热情和活力，促进我国社区教育与社区治理的深度融合，构建现代社区教育生态化治理格局，这才是社区教育治理创新并实现社区教育健康可持续发展的必由之路。”[14]这样的倡议是有意义的，当前缺失对终身教育之“事”的深入研究，也许和当前我国研究者的研究兴趣有关，不同层面和维度的终身教育研究当然是必要的；也和研究者的研究方式有关，类似朗格朗这样贯通大中小学教育与成人教育，且直接投入相关教育实验几十年、进而拥有在国际组织工作的广阔视野和丰富体验的研究者，人数不会太多。但更值得思考的是，如何在“教育”的意义上，尊重最为内核的教育研究内容，如何呈现“终身教育”研究的“教育研究”方法论特征。

事实上，在当前的终身教育领域，如老年教育、社区教育、自学考试等形态中，有着极其丰富的“事”，有着充满教育内涵的“事”，也有着更多可以创生、融通、发展的“事”。若在基本理论和整体设计中不将“事事”作为核心内容，则将使“终身教育”直接丢失一份光彩夺目和发人深省之处。因而，终身教育的发展不仅需要思考如何体现“事事”之维，也需要探讨如何通过“事事”之维促进其不断地发展、更新、完善。

结合上述朗格朗所强调的内容和叶澜的思想，我们更能做出判断，当前的“终身教育”研究，在研究方法论的清晰度上，在研究重心的判断上，在研究成果的表达上，还明显缺失对“教育活动型存在”的重视和深入研究，缺失对微观实践的关注与反思，缺失从“事事”出发对“社会教育力”的探索与建构。当前的各类研究，在这样的深度分析、明确强调方面，存在短板。

（二）缺乏对完整终身教育体系的反思与持续探索

将“事事”之维纳入研究视野，保持这份反思、重建的方式，就会发现，目前对于“终身教育”“学习型社会”的常见表达，依然存在有待商榷之处。

就“人人”而言，21 世纪以来极大受到关注的老年教育和学龄前儿童教育，无疑补充上了原有的“终身教育”的短板。这也是对国家政策所越来越强调的“幼有所育”“学有所教”“老有所养”等重大政策主题的回应[15]。但就更具体的“人人”所“学”所“教”之事的特殊性，对具体的人的终身发展的实践与理论研究，依然有着很大的研究空间。在现有格局中，尚缺乏基于“具体个人”观而深入到不同而具体的人的学习的研究，缺乏对每个人丰富而多元的学习的研究，缺乏对丰富多彩且皆蕴含教育内涵的人的终身教育活动的研究。

就“时时”而言，结合人的终身，当前被关注的核心内容已经基本形成，但就具体的人的终身发展，就一生中特殊的转换阶段或重要时期，事实上也还存有相当明显的研究空间。以笔者长期研究的学生寒暑假为例，在基础教育背景下，这一时间段尚缺乏积极的介入和综合的开发；在社区教育工作者的视野下，也更多是组织学生参加活动，缺乏对其内在合理性的斟酌，缺乏价值的深度开发，以及与中小学的密切合作。与之类似，还有更多如人的生命历程中的重大节点、对于中国人而言重大的节日节庆等的研究，尚未在“终身教育”研究中丰富、清晰、有力度地表达出来。

就“处处”而言，“终身教育”研究已经从原有的中小学、大学，扩展关注到社区学校、老年大学、开放大学，开始将博物馆、科技馆、图书馆等作为研究对象，并以“学习型城市”“学习型乡村”为名开展了政策、实践与理论研究。结合终身教育的内涵，这一领域的“空间之维”基本形成。但是，在不同空间中，终身教育之事是如何发生、发展的？它们有着怎样的区别与联系？是否具备了朗格朗所探讨的诸多引人入胜、激动人心之处？目前来看，对于这一维度的思考仍存在一定的盲区，深化度、清晰度还明显不够。

基于上述对于现有研究中“人人”“时时”“处处”的反思，再结合上文所提及的“‘事事为学’思想观点本身深深蕴含着的‘人人、处处、时时’之思”的观点，不难发现，“事事”之维不仅在于唤起对“教育活动型存在”的关注和研究，也在于保持对“人人、处处、时时”相关理论和实践研究的反思与深化。以上对于“终身教育”研究中“事事”之维缺失的具体阐述与分析，均在于凸显终身教育指向全时空性的全人发展的深刻意蕴[16]，而全人发展，即具体个人的终身而全面的发展则需要通过“事事为学”来实现。

三、探寻：终身教育研究中“事事”之维的贡献

（一）提供清晰的教育研究方法论指导

叶澜对于“事事”的重视，源自“生命·实践”教育学的立场与理论，也扎根于其教育研究实践之中。在叶澜看来，教育研究对象是教育存在，可以分为三种类型，“第一类简称为‘教育活动型存在’，包括一切以影响人的身心发展为直接目标的人类实践活动。无疑，它是教育中最生动、丰富、多变和基本的存在，没有它，就不可能有后面两种类型的存在[17]”。这里的表达清晰、坚定，直接阐明了“教育活动型存在”的重要性，及其与“教育观念型存在”和“教育研究反思型存在”的关系。

而关于“教育活动型存在”的内部结构方面，则主要包括宏观、中观、微观三个层面，“对三大类型教育活动的关系简单而形象的比喻是一组套筒，但筒与筒之间的区别不是直径的变化，而是活动性质、主体及功能的区别”[18]。

针对“教育活动型存在的特殊性”，叶澜则明确提出如下五方面的观点：“教育活动是人为的社会实践活动”；“教育活动以人为直接对象，以影响人的发展为直接目的”；“教育活动具有双边、共时、交互作用性和要素关系的复合性”；“教育活动具有预测性与活动过程中的动态生成性”；“教育活动的本质是在特殊的交往活动中有目的地使社会面对学习者的发展要求，面向学习者的现实发展转化，使学生的多种潜在发展可能向现实发展转化”[19]。

这一系列逐层深入的观点提出，恰恰呈现了教育研究的丰富性、复杂性，在基本理论层面上论证了终身教育研究要关注的重心及其与相关研究内容之间的关系。叶澜对“教育活动型存在”的揭示，无疑为后期强调“事事”之维奠定了教育学原理研究的基础，并在其持续二十多年的“新基础教育”研究中也得到了直接体现。

（二）突出“生命·实践”教育学的研究视角

叶澜对于“事事”的关注，是与其对活动、实践的关注直接相关的，甚至可以画等号的。

首先，其对人的发展的“现实性因素”的讨论，在原理层面上奠定了“事事”与终身教育的内在关系。早在 20 世纪 80 年代，叶澜就在批判性思考的基础上，明确提出：“个体的活动是个体发展的决定性因素，没有个体的活动就谈不上任何发展。”[20]她认识到影响人的发展的因素的多样性，更意识到其复杂性，但丝毫没有影响她做出坚定的判断：“这些因素中的每一个对于人的发展来说都是必不可少的，然而又都不是充足条件。只有在它们之间发生联系构成整体后，才是人的发展的充足条件。它们之间的相互关系并不是并列的或者从属的关系，而是相互渗透、转化，互为因果、互相作用的关系。这使影响发展的因素系统也随着主体的发展不断变化，呈现出错综复杂的动态结构。”[21]

试想，如果没有真实的活动，没有富有教育意义的“事”的发生，人人之学体现在哪里？如何呈现“教育”的存在？时时、处处又有何意义？可以说，“事事”直接成就“人人”“时时”“处处”的“终身教育”特征！

对这一原理性思考，在 2021 年，叶澜以长文继续阐述了其内在的哲学原理。她在分析哲学思想变迁的过程中，高度评价“马克思主义是当之无愧的现代哲学的杰出代表，是古希腊以来欧洲哲学遗产的优秀继承者和别开生面的发展者，并深刻地影响了哲学发展的未来走向”。她写道：“是马克思主义，第一次发出了这样的声音：哲学的任务不只在于解释世界，更重要的是改变世界！世界的改变和人的改变的统一，只有在变革的实践中才能完成。”[22]这样的认同，事实上也在呈现叶澜自己的理想、信念和追求。

自我理想和信念的追求本质是叶澜在“生命·实践”教育学中提出的“生命自觉”之状态。她强调：“‘生命自觉’是指个体对自己生命的存在状态觉知，成长目标清晰，理想人格确立和矢志不移追求。以前我们会认为，‘生命自觉’是在成人之后才能达到的状态，但我在‘教育与自我教育’研究中发现，其实自觉是贯穿人生命始终的，是自人出生、有生命于人世间后，从有意识到有自我意识，再到有自我生命发展意识与目标的逐渐生成过程。有了生命自觉，人能发挥主动性，努力把握自己的命运，实现自我的生命与社会价值。”[23]此后，其进一步发展完善了对“生命自觉”的理解：“人的生命价值的实现都要通过个人的实践。是人的实践写出了自己人生命运的轨迹。‘我们自己创造着我们的历史’，尽管都是在一定的具体条件和范围内才有可能。”[24]

上述这些观念无不直接呈现出叶澜对于教育、人的发展的认识与理解，并通过其研究实践、生存方式直接体现出来。基于此，“事事”之维与终身教育之间的内在关系也得到进一步厘清。

其次，其对培养主动健康发展的人的呼唤，在时代背景下阐明了“事事”与终身教育的价值联结。20世纪90年代，结合时代精神的讨论，叶澜明确写道：“正是从这个意义上我们说，一个呼唤人的主体精神的时代已经真实地到来了。这个时代需要能在多样、变幻的社会风浪中把握自己命运、保持自己追求的人，需要靠这样的新人来创造未来。于是，培养新人的任务就历史地落到跨世纪的教育工作者身上。处在市场经济初建阶段的我国教育，虽然面临着经济大潮的冲击并受到前所未遇的许多新问题的困扰，但这大潮能孕育出新的生命，这困扰会锻炼出新的勇士，只要我们善于驾驭，时代之潮会把我国的教育推向一个新的、无限阔广的天地。”[25]

这一对时代精神的认识，赋予其原有的基本理论研究、人性论研究以鲜活的时代气息。在即将进入21世纪时，她继续明确且持续地倡导人的主动发展，改变人的被动生存状态。在她看来，“主动生存的方式却不同，它与人所特有的发展、创造的需要联系在一起，与生命活力的激发和潜在可能的实现联系在一起。以这样的态度去对待周围世界、对待自己的人生，人的生命过程就会积极，呈现出自主的色彩，个体会具有独特，会出现创造，不仅创造出新的事物、新的方法、新的技术、新的思路、新的作品、新的外部世界，而且会不断丰富自己的内在精神世界，创造新的生命历程。这正是未来社会所需要的新人的基本生存方式”[26]。这也呼应着《学会生存——教育世界的今天和明天》所倡导的观点：“未来的学校必须把教育的对象变成自己教育自己的主体。受教育的人必须成为教育他自己的人；别人的教育必须成为这个人自己的教育。这种个人同他自己的关系的根本转变，是今后几十年内科学与技术革命中教育所面临的最困难的一个问题。”[27]

正是这一立场，促成叶澜时时、处处关注人人的学习与发展的实现，关注真实的人的成长。在终身教育背景下，当我们关注“人人”“时时”“处处”，而不去关注人如何学、怎样实现发展，即“事事”之维的缺失，则“终身教育”是否真实促成了人的发展，是可能存疑的。

最后，其重视实践与人的终身发展的关系，在实践层面明确了“事事”贯穿于人的生命全程。结合叶澜所形成的、对人的终身发展的理解，可以进一步体会到叶澜对人主动参与其基础教育、高等教育、成人教育及老年教育等不同阶段的教育活动的追求。人的终身发展，就与其人生历程相融合，就通过其生命实践而形成自己独特的人生内涵。叶澜明确且多次强调，不能仅仅关注某些特殊的、有外部影响力的活动，“恰恰最需用力、最真实的改变，就在日常。只有基于日常、通过日常，才能将高远的、具有根本意义的目标，化到每人每天的生命实践之中。这是儒家教育传统中的智慧之一，我们更可能也需要从实践智慧的意义上持续和发展这一传统”[28]。

2020年，叶澜在总结“新自然观”时，继续明确倡导教育系统的变革“要达到生命全程既分阶段又相互关联，教育系统本身要作出积极响应并不断提高学习主体自觉需求与能力的作为”[29]。在这里，她依然关注的是作为主体的人的“自觉需求和能力”，依然在人的主动实践意义上看到教育与人终身发展的关系。

在多年的研究中，她时时强调：每一阶段的教育，会为下一阶段的教育和人的发展奠定新的基础。以她自己为例，她也在总结多年“新基础教育”研究的基础上指出：“我庆幸自己从事了‘新基础教育’研究，它让我存有的学术能量有了一次绽放，又孕育出新的学术能量和焕发出指向未来的新的学术生命。”[30]这样的动态、生成、终身的发展观、教育观，对于认识、推动终身教育发展，有着直接的启示价值。

（三）推动研究性变革实践的价值实现

叶澜对于“事事”的主张，在其所领导的“新基础教育”研究中，在其培养研究生的过程中，在其自身的学习与发展中，都鲜活地存在着，也在这三个维度上不断启示着终身教育研究者。

作为一名教育改革实践者，她直接领导“新基础教育”研究，致力于改变师生在学校的生存方式。她无数次反思当前基础教育阶段的问题，批判基础教育领域中的主体观、过程观、评价观，并且具体到课堂教学、班级建设、学校管理等核心领域，将师生每一天的生活更新、重建作为研究内容。如在教师发展研究方面，她无数次强调：“我觉得教育事业和教育的魅力一定要与创造联系起来。作为一个教师，如果只要求自己像蜡烛一样，成天勤勤恳恳地埋头苦干，以牺牲自己作为职业高尚的表达，而不是用一种创造的智慧去激发学生心中的精神潜力，那么工作对于他来说只有付出没有魅力，也难培养出有创造力的学生。教师是一种独特的创造性工作。教师的魅力在哪里？就在于创造。”[31]

如果说，在课堂教学研究领域，对于“教学”之事的关注能受到很多人的认同。那么，“新基础教育”在班级建设领域所开展的改革研究，则将“事事”之维呈现得更清晰。在这个领域中，叶澜组织、倡导、引领更多的班主任关注学生之间的交往，注重班级里的小岗位建设，推动学生小干部的轮换，加强基于学生日常生活的评价，改造作为教育实践活动的主题班队会等。

在一次会议发言中，她明确将上述探索与人的发展沟通起来，即“要把整个学校生活世界变成教育世界，把教育融入整个学校的生活世界中。有此观念，则处处有事可做”。其中，“可做之事有：班级日常生活中的事；学生成长中出现的事情，班级发展中出现的事情，学校全局意义上出现的事情；社会生活；自然世界”。由此强调，有了上述意识，人人都可以创造出自己班级的可为之事[32]。

对这一系列“可为之事”的结构性阐述，加之全国各地实验班主任所开展的无比丰富的实践活动，就呈现了叶澜所倡导的将“事事”作为人之发展的思想。她曾如此强调这种研究的重要意义："把儿童发展与教育改革联系起来，是一个时代性的问题，在不同时代有不同状态。今后如何深化这方面研究？我认为：一是问题要聚焦和升华，有些问题需要整合，找出深层次问题；二是现在的研究呈现的状态还处于初级阶段，比较多的研究停留在观念、观点上，是对一般现象的分析，研究路线是自上而下，定位和重心高了一点，具体生动的、在生境中如何一步步发展的儿童研究太少。我建议把研究重心下移，问题要深化放在儿童生活的生境中研究儿童发展与教育变革的问题。"[33]尽管这个领域已经有长期、多样的研究了，但在她看来，依然有太多需要深入研究的内容："面对现实问题，研究者有两种路径可选：一是简单、纯粹的理性批判，二是建设性的，走向综合，面向生活，关注长久被我们忽视的感性、情绪、情感的问题以及被忽视的境遇问题。成人世界和儿童世界之间是否存在转化的通道，如何转化、转化的核心问题是什么、在神经系统中如何发生等一系列问题，都要求我们放到生境中去作深度研究。我们现在的儿童观比较混乱，但我们不能满足于儿童观的研究，不能停留在人性的解释，否则我们就是在作哲学研究，而不是研究教育基本理论。教育有很丰富的主题，是生境的一部分，每个人都会遇到那些影响生命成长的精神世界的机缘性问题。"进而倡导："丰富而健康的儿童教育是为人生奠基，是重任，为此我们需认真、深入地研究，切实地行动，切不可因孩子小而不在乎、放任或严控。"[34]当笔者阅读叶澜的相关成果，尤其是作为成员参与到叶澜所领导的教育改革研究中时，更进一步体会到叶澜所倡导的"事事"之维，就是直接呈现教育研究之内涵的构成。

作为一名高校教师，叶澜在教育教学实践中同样体现了上述的思想，不但注重学生研究生在读期间的培养，而且持续引导学生发展，形成一支以曾指导过的博士生为主体的研究团队，其中既包括这些"编内"的学生，还有更多"编外"的学生。

作为一名学习者，叶澜也在其自己的生活中，时刻保持着对有字之书和无字之书的阅读，保持着与天地人事的对话。叶澜曾如此写道："如我喜欢看天上的云，认为云有它的世界、它的语言……在这个与云的'交往'中，我想读懂云语。每个人只有在自己的生境中，才会获得具身的体验和认知。逐渐把自己的世界一点点丰富起来，我相信人有三个世界，生理、心理和精神的世界，人若不能感受自己的精神世界，在一定意义上就只活了半生，我希望每个人都能活出完整而丰富的人生，而不是以半生作为结束。”[35]

以上种种，在终身教育研究背景下，不应该被简单视为个人志趣，而应被理解为终身学习的实践，被视为终身教育研究的核心内容。当有着这样的生存方式与生命体验的研究者，持续倡导并身体力行“事事”之维时，也许值得更多终身教育研究者思考、理解和探索其所内含的价值意蕴。

四、突破：以“事事”之维充实当代中国终身教育研究

（一）强调终身教育研究与人的美好生活融为一体的研究指向

如果说，“人人、时时、处处、事事”为我们提供了理解、推动终身教育的结构，但这个结构本身也会变动、发展，也充满着具体个人性和动态生成性。终身教育归根到底是服务于人的，是扎根生活的。基于人的生活而研究、发展终身教育，是终身教育内在的要求，也将为终身教育发展提供源源不断的动力和资源。

叶澜所带领的研究团队中，也有学者聚焦社区教育，指出这一领域研究的重要意义：“就目前我国教育系统的整体构架而言，学校教育因其制度化、专门化且历史悠久最受重视，家庭教育因其经验或教训而广受关注和议论，成为研究的热门专题。相对而言，社区、社会教育起步晚，相关研究尚待聚焦、深入、持续开展，尤其是在当前终身教育、学习型社会、社会治理、新城市规划的时代背景中，社会治理细胞——社区的教育力及其提升，不仅是一个需要深入研究的理论问题，更是一个需要综合解决的现实问题。”[36]

终身教育研究者就需要将不同主体的丰富多彩、波澜壮阔的生活世界作为研究的内容，保持直面终身教育、参与终身教育、成就终身教育的行为。尽管在不同时期、不同地域，“终身教育”的实践表达会有所差异，但绝不能放弃不断完善终身教育格局的努力。在当前背景下，继续强化“人人、时时、处处、事事”这一整体结构意识，仍然是当务之急。

（二）凸显提升终身教育实践品质的研究重心

终身教育实践的魅力，尚未在当前的“终身教育”研究中呈现。我们很难读到对一个个具体的终身教育实践活动的深度分析，很难读到对各类型的实践活动的机制、关系、转化方式、价值实现方式等，做出的更细致分析。

然而，没有这些研究，再多的政策研究、理论研究，也难以转化为真实的终身教育实践的发展，难以真正实现对人的终身发展的支持。

针对“成人教育理论”“成人教育学”的发展，有学者认为：“成人教育的实践特点决定了该学科异于其他学科的独特之处，即该学科的研究将紧密联系社会发展的需求，体现时代发展的特色，其研究的领域、问题将会根据发展需求的变化、时代的更新而随时调整。”[37]在终身教育研究领域中，还是需要更多研究者围绕“事事”之维，进行更为具体的阐述和生动的实践。这就必然要求研究者形成新的研究方法论，认真思考终身教育研究的对象、方法与路径，清晰研究的立场、视角，更将终身教育研究与教育学研究、中国哲学社会科学发展沟通起来。这需要的是叶澜所倡导的四个“读懂”、四份“自觉”：“读懂时代，唤醒投身教育改革的自觉；读懂学校，明晰研究性质为整体转型的自觉；读懂教师，提升教师转型发展的自觉；读懂理论与实践的关系，双方致力于建构新型转化融通关系的探究自觉。”[38]

这就需要研究者培养对实践进行研究的能力。当研究者进入体现“事事”的终身教育实践中，所有的具体、复杂，都将呈现；教育的真谛，就在其中；理论的创生，也就有了新基础。研究者的这份能力，也将在持续的研究实践中不断发展。

上述内容，在叶澜所开展的“新基础教育”研究中，都有一定的体现；她所形成的经验和成果，也值得“终身教育”研究者学习、借鉴。

（三）明确不断整体重构“终身教育”的研究成果定位

一方面，需要强调研究中高质量的成果梳理与积极建构。当前以论文、专著等方式发表或出版的成果，依然是有的；每一阶段也都有对相关文献的综述；尤其是相关综述手法的变化，各类“可视化”方法开始被较多采用，使得可视性更强。但这也蕴藏极大的风险，就是会淹没掉更多新思路、新观点，重大的理论、政策与实践贡献，都不是用量化的方式可以深刻、明晰地表达的。在此意义上，如何发现、尊重、持续开发相关成果的原创性，如何以高质量研究为指向和评价标准，需要在当前形成更明确的共识。

另一方面，需要积极发展更具有整体性的终身教育成果。研究中的努力方向与具体实践，在叶澜看来，“总之，无论在最初阶段还是认识阶段性完成时，‘碎片’都有重要作用，不可或缺。当然，碎片不会自动变成系统，‘成裘’的过程，要靠研究主体的能力和自己的独立思考，不只是在结构化的意义上，而且是在最后形成的观点之个性化独特性上，在表达的风格上”[39]。

上述努力，需要成为更多终身教育研究者、政策制定者和实践者的自觉行为，终身教育工作者们需要不断加强系统观念，不断通过创造性的劳动而实现终身教育整体形态、结构的发展，不断通过新生的力量促进终身教育理论、政策和实践的新生；也需要更自觉地在国际学术对话背景下展开，以更积极地推动人类命运共同体建设。新时代中国的发展，亦离不开国际背景。中国终身教育在此生态下存在与发展，自然会不断吸收国外的思想、经验，但也更能扎根在中国大地上，通过坚定的实践，通过对一件件终身教育之“事”的研究，来呈现中国终身教育的独特，并分享给更多国内外的同行。

综上，本文通过对终身教育研究的实然与应然状态的探讨，解读了“事事”之维之于终身教育研究的必要性和重要性，试图通过“事事”之维的突破进一步强调终身教育结构的立体感、完整性、复杂性、系统性，从而使终身教育研究导向更精深的“教育”研究，以更好地服务于人的全面发展、教育的革新完善、世界的美好创造，体现主体间共学互学、机构间互联互通、过程中事事为学，实现终身教育的理论丰富、体系完善、实践创新。

参考文献

[1] 中华人民共和国教育部．上海积极构建“人人皆学、时时能学、处处可学”的学习型社会［EB/OL］．（2008－11－28）［2021－04－06］．http://www.moe.gov.cn/jyb_xwfb/s6192/s222/moe_1740/201004/t20100420_86003.html.

[2][3][16] 叶澜．终身教育视界：当代中国社会教育力的聚通与提升［J］．中国教育科学，2016（3）：40，41－67，199.

[4] 上海终身教育研究院．我校主办的第四届终身教育上海论坛顺利召开［EB/OL］．（2016－12－12）［2020－10－01］．http://www.smile.ecnu.edu.cn/b2/69/c21621a242281/page.htm.

[5][29] 叶澜．溯源开来：寻回现代教育丢失的自然之维——《回归突破：“生命·实践”教育学论纲》续研究之二（下编）［J］．中国教育科学，2020（2）：3－29.

[6][7] 叶澜．“生命·实践”教育的信条［N］．光明日报，2017－02－21（13）.

[8][9][12] 李家成，程豪．思想观念·价值取向·思想方法·发展战略——对“终身教育”内涵的认识［J］．终身教育研究，2020，31（3）：19－23+69.

[10] 保尔·朗格朗．终身教育引论［M］．周南照，陈树清，译．北京：中国对外翻译出

版公司，1985：17.

［11］李家成，程豪．共学互学：论终身教育体系中的主体间关系［J］．终身教育研究，2020（6）：22-27.

［13］李家成，程豪．互联互通：论终身教育体系中教育机构间的关系［J］．中国电化教育，2021（1）：58-65.

［14］南旭光，张培．社区教育生态化治理的思路、框架与策略［J］．终身教育研究，2021（1）：59-65，79.

［15］习近平．决胜全面建成小康社会，夺取新时代中国特色社会主义伟大胜利——在中国共产党第十九次全国代表大会上的报告［EB/OL］．（2017-10-27）［2021-04-07］．http://www.gov.cn/zhuanti/2017-10/27/content_5234876.htm.

［17］［18］［19］叶澜．教育研究方法论初探［M］．上海：上海教育出版社，1999：306.

［20］［21］叶澜．论影响人发展的诸因素及其与发展主体的动态关系［J］．中国社会科学，1986（3）：83-98.

［22］［24］［38］叶澜．转化融通在合作研究中生成——四论教育理论与教育实践的关系［J］．教育研究，2021（1）：31-58.

［23］叶澜，罗雯瑶，庞庆举．中国文化传统与教育学中国话语体系的建设——叶澜教授专访［J］．苏州大学学报（教育科学版），2019（3）：83-91.

［25］叶澜．时代精神与新教育理想的构建——关于我国基础教育改革的跨世纪思考［J］．教育研究，1994（10）：3-8.

［26］叶澜．把个体精神生命发展的主动权还给学生［C］// 郝克明．面向 21 世纪我的教育观（综合卷）．广州：广东教育出版社，1999：334.

［27］联合国教科文组织国际教育发展委员会．学会生存——教育世界的今天和明天［M］．华东师范大学比较教育研究所，译．北京：教育科学出版社，2003：200.

［28］叶澜．回归突破："生命·实践"教育学论纲［M］．上海：华东师范大学出版社，2015：320.

［30］叶澜．个人思想笔记式的 15 年研究回望［C］// 叶澜．叶澜教育论文选·方圆内论道．北京：中国人民大学出版社，2019：85.

［31］叶澜．散论"教师"［C］// 叶澜．叶澜随笔读思录·俯仰间会悟．北京：中国人民大学出版社，2019：123.

［32］叶澜．"新基础教育"班级建设究竟"新"在哪里——在全国"新基础教育"共生体学生工作第四次专题研讨会上的发言［J］．班主任之友（中学版），2018（3）：4-6.

［33］［34］［35］叶澜．深化儿童发展与学校改革的关系研究［J］．中国教育学刊，2018（5）：3.

［36］庞庆举．社会治理视野中的社区教育力及其提升研究［J］．教育发展研究，2016

（7）：23－30.

［37］孙立新，乐传永．嬗变与思考：成人教育理论研究70年［J］．教育研究，2019（5）：123－132.

［39］叶澜．絮言“碎片”［C］// 叶澜．叶澜随笔读思录·俯仰间会悟．北京：中国人民大学出版社，2019：52.

社会教育力的构成与演进：基于对中国教育政策文本的内容分析*

张　永**

摘　要：社会教育力指社会各方面的教育力量和教育影响，包含了社会的教育理念、教育组织和教育资源及其相互作用。回溯有关教育的法律法规和其他政策文本，可以获得有关社会教育力构成与演进的政策表征。改革开放以来，在政策表征上可以区分为第一个十年的基础建设阶段（1978—1988年），第二个十年的质量发展阶段（1988—1998年），以及世纪之交以来的深化拓展阶段（1998年至今）。社会教育力的政策表征既受制于一定社会的经济基础和上层建筑，又在推动社会整体发展上发挥着不可替代的积极作用，如形成社会的教育共识、推动教育组织重构和教育资源聚通等。

关键词：社会教育力；教育理念；教育组织；教育资源；政策表征

教育与社会的关系问题是教育学原理的基本问题之一。"生命·实践"教育学派当前在这一问题上的研究在于，不是着眼于为了社会的教育或通过社会的教育，提出教育服务社会或社会为教育提供支持的命题，而是着眼于教育与社会的复杂关系[1]，提出了社会教育力这一概念。

叶澜指出："'社会教育力'是一个新概念，提出此概念，是想以此作为重建有关'教育与社会'关系性质的着力点，进而阐明社会的教育责任研究，'社会教育力'的现状，以进一步寻求其发展指向。"[2]社会教育力是指社会各方面的教育力量和教育影响，包括由教育系统内正规和非正规开展的教育活动所生成的"教育作用力"，以及教育系统外其他各类社会系统进行

* 基金项目：本文系2018年国家社会科学基金教育学一般课题"'生命·实践'教育学视野中家校社合作的模型建构与推进策略研究"（BAA180024）的阶段性研究成果。

** 张永，华东师范大学教育学部副研究员，教育学博士，上海终身教育研究院兼职研究员，"生命·实践"教育学研究院研究员，主要从事成人教育基本理论和社区教育研究。

的活动所内含的“教育影响力”。因此，社会教育力不同于“社会教育”之力，而是一个包括“社会教育”的力量，但又外延更广、结构更复杂的概念。本文将从文化学的视角探究这一概念的构成，并基于对教育法律法规和其他政策文本的内容分析探究其政策表征。

一、社会教育力的构成

长期以来，教育与社会的关系往往被理解为一种应答式的供求关系（教育供给与社会需求）或投入产出（社会投入与教育产出）关系，人们更看重的是教育的工具价值，甚至是直接的经济价值。然而，不可忽视的是，教育还有其相对独立的育人价值，社会也不只是教育的需求者，它还是教育责任的承担者，社会本身存在着各种类型的教育资源。

因此，在教育与社会的复杂关系中，教育不仅是为了社会的教育或通过社会的教育，而且是属于社会的教育。基于这一多重关系，教育是社会整体的内在构成，对教育与社会关系的认识不仅是教育专业人员的原理式研究，更是社会的教育理念。

由于社会整体是一个人文世界，从文化论的视角来看，这一世界至少可以区分为器物层次、组织层次和精神层次[3]。其中，器物层次是自然世界与人文世界的交汇之处，是社会整体中的物质要素；组织层次是人文世界中的社会关系，是社会整体中的组织要素；精神层次是人文世界中的价值观念，是社会整体中的理念要素。社会教育力不仅凝聚为观念层面，还体现在社会组织层面和物质层面。

从文化论的视角来看，社会教育力可以视为教育的社会文化生态。这一社会文化生态包含了社会的教育理念、教育组织和教育资源及其相互作用。相对于教育专业人员的原理式认知，社会的教育理念是社会的一种文化自觉，不仅体现在社会的意识形态中，还体现在相关领导者对教育的态度、胆魄和气度以及民风民俗上。社会的教育组织是相关教育理念在社会关系中的外显化，是政府、企业、学校、社会组织和社会成员等不同社会主体间的互动和联结方式，尤其是不同社会主体在教育方面所承担的责任与义务和所享有的权力与权利。社会的教育资源是相关教育理念和组织在物质层面上的外显化，具体包括人力、财力、物力等多种类型的教育资源。

在各种有关教育的法律法规和其他政策文本中，可以发现有关社会教育力构成的具体表述。1985 年 5 月 27 日，《中共中央关于教育体制改革的决定》颁布，由此开启了中国教育体制改革的大幕。该文件把我国教育事业和教育体制中的主要问题概括为三个方面，分别涉及社会的教育组织、教育资源和教育理念等方面。这些问题直指教育的社会文化生态，反映了社会教育力的基本构成，在后来的教育法律法规和其他政策文本中不断得到回应，相关问题解决方案也不断得到强化和系统化。

总之，社会教育力指社会各方面的教育力量和教育影响，至少包含了社会的教育理念、教育组织和教育资源及其相互作用。社会教育力既是对教育的社会文化生态的事实性描述，同时也渗透着社会发展的教育立场、眼光或尺度[4]。社会教育力作为教育基本理论领域的一个新生概念，其重要价值在于阐明社会所承担的多方面教育责任，提醒人们用教育的眼光看待教育的社会文化生态。

二、社会教育力的演进

作为教育的社会文化生态，社会教育力包含社会的教育理念、教育组织和教育资源等不同要素及其相互作用。有关教育的法律法规和其他政策文本内含着教育社会文化生态的顶层设计，是教育社会文化生态的关键构成。回溯有关教育的法律法规和其他政策文本，可以获得有关社会教育力演进的政策表征。

（一）社会的教育理念演进

在内容上，社会的教育理念包含两种成分：一是有关教育系统内部要素、规模、结构和质量的理念，一是有关教育系统同其他社会系统之间关系的理念。这两种成分相互作用，并不是截然分开的。例如在教育与经济社会发展的关系上，从 1985 年中共中央《关于教育体制改革的决定》提出要“多出人才、出好人才”，到 2010 年《国家中长期教育改革和发展规划纲要（2010—2020 年）》有关“人力资源大国”和“人力资源强国”的提法，由于立足于教育为经济社会发展服务，在政策话语中一直以来是从人力资本视角看待教育的功能定位的，由此也带来了教育规模、结构和质量等方面的一系列变革。

教育的功能定位是教育系统内部与外部之间的连接点，因此与此相关的认识也是社会的教育理念的枢纽。在对教育功能定位问题的认识上，社会的教育理念不是铁板一块，尤其是在政策话语和民间力量之间存在着一定的冲突。在政策话语中，教育的功能定位集中表现在从应试教育到素质教育的变革上。《中国教育改革和发展纲要》（中发〔1993〕3号）明确指出："中小学要由'应试教育'转向全面提高国民素质的轨道，面向全体学生，全面提高学生的思想道德、文化科学、劳动技能和身体心理素质，促进学生生动活泼地发展[5]。"《中共中央国务院关于深化教育改革全面推进素质教育的决定》（中发〔1999〕9号）则进一步指出："实施素质教育应当贯穿于幼儿教育、中小学教育、职业教育、成人教育、高等教育等各级各类教育，应当贯穿于学校教育、家庭教育和社会教育等各个方面。在不同阶段和不同方面应当有不同的内容和重点，相互配合，全面推进。在不同地区还应体现地区特点，尤其是少数民族地区的特点。"[6]"素质教育"的政策来源可以追溯到《中共中央关于教育体制改革的决定》，该文件指出："教育体制改革的根本目的是提高民族素质，多出人才、出好人才。"[7]

在政策话语中，还记录了社会的教育理念变迁史。1978年全国科学大会在人民大会堂隆重召开，让知识、教育和科学重新得到人们尊重。1985年《中共中央关于教育体制改革的决定》"着重解决的是学校教育体制改革的问题"[8]，反映了改革开放第一个十年里有关教育事业发展的着重点在于学校教育。在第二个十年里，终身教育理念逐步成为教育事业的发展理念。1988年9月，邓小平提出了"科学技术是第一生产力"的著名论断。1993年2月颁发的《中国教育改革和发展纲要》提出："成人教育是传统学校教育向终生教育发展的一种新型教育制度，对不断提高全民族素质，促进经济和社会发展具有重要作用。"[9]1995年3月通过的《中华人民共和国教育法》第一章第十一条规定："国家适应社会主义市场经济发展和社会进步，推进教育改革，促进各级各类教育协调发展，建立和完善终身教育体系。"[10]到了第三个十年，特别是21世纪以来，学习型社会理念开始成为教育事业发展的新理念，人们更加关注各种形式的终身教育与终身学习，并引发出众多教育事业发展的新领域与新议题。教育部1998年12月24日制定、国务院1999年1月13日批转的纲领性文件《面向21世纪教育振兴行动计划》提出了“基本建立起终身学习体系，为国家知识创新体系以及现代化建设提供充足的人才支持和知识贡献”[11]的行动目标。2002年11月，中国共产党第十六次全国代表大会提出了“形成全民学习、终身学习的学习型社会，促进人的全面发展”[12]的奋斗目标。

社会的教育理念不仅以一定的社会经济文化发展为基础，还同教育专业人员的认知存在着互动的关系。前述政策话语中的“应试教育”和“素质教育”以及有关教育事业的理念变迁既是当时社会经济文化发展状况的政策表征，还是同一时期教育专业人员热烈探讨的话题，有关的专业研究成果也进一步转化为政策话语。

（二）社会的教育组织演进

同前述社会的教育理念演进相一致，我国社会的教育组织在改革开放以来也经历了一个演进过程。

在改革开放的第一个十年里，由于教育事业发展的重点在于学校教育，在社会的教育组织方面强调的是教育事业管理权限的划分。中共中央《关于教育体制改革的决定》提出“实行基础教育由地方负责、分级管理的原则”“扩大高等学校的办学自主权”等一系列政策措施[13]，启动了中国的教育体制改革。

但是，要突破长期以来根深蒂固的纵向管理体制谈何容易。在有关我国社区教育发展的历史叙事中，1986年9月30日诞生在上海的“真如中学社会教育委员会”被认为是一个拉开改革开放后社区教育发展序幕的标志性事件。根据当事人的回忆，当日下午，位于上海西部普陀区真如镇的一所名不见经传的学校——真如中学，热热闹闹地成立了自己的“真如中学社会教育委员会”。在主席台上，前排整齐地坐着真如镇党委书记、镇长，长征乡党委书记、乡长，学校周边企业的厂长、公司的经理、火车站站长、派出所所长、驻军部队首长等，后排及会场中央，还来了不少单位的代表，有镇居委会代表，有村村民委员会代表，有家长代表，他们兴高采烈，满怀激情地前来祝贺自己的共同组织——“真如中学社会教育委员会”隆重成立。有心人惊奇地发现，学校的上级领导——教育局党政负责人怎么不见踪影？在会场里忙碌着拍摄录像的竟然是华东师范大学电教室教师，而区教育局电教站专业录像人员为什么不来拍摄这历史性的镜头？原因简单得出奇，原来校领导三番五次去请局长、书记光临，局长回答："'真如中学社会教育委员会'是个群众性组织，又是工农商学兵五位一体的横向联合，我们不便参加。"书记说："我们不反对，你们自己搞吧，让我们再看看吧。"既然局党政领导"不便"出席，那么局下属的机构——区教育局电教站按兵不动也就顺理成章了。

通过同社区教育创始群体的接触，可以发现，社区教育不只是一种组织创设，更是促进学校内部整体改革的一种路径创设[14]。对应于学校内部的教学、德育、总务三大分工，真如中学社教委理事会也成立了教学组、德育组、管理组，全面参与学校教育管理，促进学校教育社会化。如教学组的职责分工是：反馈社区建设发展信息，参与研究教育改革，对培养社区建设发展人才做出规划；参与普、职教相互渗透的研究；协助开展优化课堂教学效益的各种活动。学校内部整体改革更好地实现了学校整体育人的功能，也提醒人们对社区教育的认识不应停留在"钱"上，而应该立足于"人"，充分认识社区教育在培育人才上的意义。培育人才是社区与教育的结合点，社区教育既蕴含着社会的教育责任，也蕴含着教育的社会责任。

在改革开放后第二个十年里，随着终身教育理念的普及，教育与社会的关系明确被提上议事日程。《中国教育改革和发展纲要》指出："改变政府包揽办学的格局，逐步建立以政府办学为主体、社会各界共同办学的体制。在现阶段，基础教育应以地方政府办学为主；高等教育要逐步形成以中央、省（自治区、直辖市）两级政府办学为主、社会各界参与办学的新格局。职业技术教育和成人教育主要依靠行业、企业、事业单位办学和社会各方面联合办学。"[15]《中华人民共和国教育法》第六章以"教育与社会"为题，对政府、企业、学校、社会组织和社会成员等不同社会主体在教育方面所承担的责任与义务和所享有的权力与权利进行了法律规定。其中，第四十六条规定："国家鼓励企业事业组织、社会团体及其他社会组织同高等学校、中等职业学校在教学、科研、技术开发和推广等方面进行多种形式的合作。企业事业组织、社会团体及其他社会组织和个人，可以通过适当形式，支持学校的建设，参与学校管理。"[16]

在改革开放进入第三个十年以后，尤其是近年来，随着学习型社会和社会治理理念的倡导，教育治理开始成为以社区教育为代表的终身教育领域的组织原则。在新阶段里，社区教育领域成为终身教育体系构建和学习型社会建设的新兴领域和重要构成。《面向21世纪教育振兴行动计划》明确提出："开展社区教育的实验工作，逐步建立和完善终身教育体系，努力提高全民素质。"[17]《国家中长期教育改革和发展规划纲要（2010—2020年）》进一步指出："广泛开展城乡社区教育，加快各类学习型组织建设，基本形成全民学习、终身学习的学习型社会。"[18]

随着国家层面终身教育与学习型社会理念的倡导，各地出台了一系列有关终身教育与学习型社会的政策文件。上海市（1999）、北京市（2001）、大连市（2001）、常州市（2001）和南京市（2002）率先提出建设学习型城市，拉开了我国建设学习型城市的序幕。与此同时，各地还出台了相应的法律法规。2002年9月1日，《天津市老年人教育条例》正式实施，这是我国第一部老年教育地方性法规，也是全国第一部老年教育专门法规。2005年9月28日，《福建省终身教育促进条例》正式实施。此后，徐州市于2007年颁布了《老年教育条例》，上海市和河北省分别于2011年、2014年颁布了《终身教育促进条例》，太原市和宁波市也分别于2012年、2014年颁布了《终身教育促进条例》。这里的"终身教育"特指除现代国民教育体系以外的各级各类有组织的教育培训活动。这些政策文本都十分关注社区教育领域，赋予了其在终身教育体系中的基础性地位。

以《上海市终身教育促进条例》为例，该文件提出，终身教育的工作方针是"政府主导、多方参与、资源共享、促进学习"[19]。文件明确规定了政府、企业、学校、社会组织和社会成员等不同社会主体在终身教育方面所承担的责任与义务和所享有的权力与权利。其中，第四条规定："市学习型社会建设与终身教育促进委员会负责统筹、协调、指导全市终身教育和学习型社会建设，市学习型社会建设与终身教育促进委员会的办事机构设在市教育行政部门。区、县终身教育协调机构负责辖区内终身教育工作的协调、指导。"[20]第五条规定："市和区、县人民政府应当加强对终身教育工作的领导，将终身教育工作纳入同级国民经济和社会发展规划，采取扶持鼓励措施，促进终身教育事业的发展。乡镇人民政府、街道办事处应当按照各自职责组织开展终身教育工作。"[21]第六条规定："市教育行政部门是本市终身教育工作的主管部门。区、县教育行政部门按照职责，负责本辖区内的终身教育工作。发展改革、人力资源和社会保障、公务员管理、农业、财政、税务、工商、人口和计划生育、统计、民政、文广影视、公安等有关行政部门按照各自职责，协同做好终身教育工作。”[22]第七条规定：“工会、共产主义青年团、妇女联合会以及残疾人联合会、科技协会等其他组织协助开展终身教育促进工作。鼓励社会团体按照各自章程，开展终身教育工作。鼓励各类学习型组织开展本组织成员的终身学习活动。鼓励市民为终身教育提供志愿服务。”[23]

在党的十八届三中全会通过的《中共中央关于全面深化改革若干重大问题的决定》中专设“创新社会治理体制”一章，提出“坚持系统治理，加强党委领导，发挥政府主导作用，鼓励和支持社会各方面参与，实现政府治理和社会自我调节、居民自治良性互动”[24]。《教育部等七部门关于推进学习型城市建设的意见》（教职成〔2014〕10号）第四项主要任务是：“广泛开展城乡社区教育，推动社会治理创新”，要求“建立社区教育联席会议、社区教育理事会等制度，完善社区教育多元参与协商、合作机制，提高社区治理能力，推动社会治理创新”[25]。2014年底，作为上海市一号课题成果文件，中共上海市委、上海市人民政府出台了《关于进一步创新社会治理加强基层建设的意见》（沪委发〔2014〕14号）和有关系列文件（合称“1+6”文件）。该系列文件提出了创新社会治理体系和社会治理能力现代化的发展目标，并把街道、乡镇和居村作为基层社会治理的主阵地，把服务群众、增进人民福祉作为创新社会治理加强基层建设的根本出发点和落脚点。“1+6”文件提出了党委领导、政府主导、社会协同、公众参与、法治保障这一社会治理体制[26]。社区教育作为一项公共教育服务，已经开始了一系列主动融入社会治理的实践。

（三）社会的教育资源演进

社会的教育资源既依赖于一定社会的经济基础，又是社会的教育理念与教育组织在物质层面上的外显化。

在改革开放的第一个十年里，社会的教育资源十分有限，表现在人力、财力和物力等多个方面。《中共中央关于教育体制改革的决定》明确提出了与之相关的问题，即“基础教育薄弱，学校数量不足、质量不高、合格的师资和必要的设备严重缺乏，经济建设大量急需的职业和技术教育没有得到应有的发展，高等教育内部的科系、层次比例失调”[27]。该文件还特别指出：“发展教育事业不增加投资是不行的。在今后一定时期内，中央和地方政府的教育拨款的增长要高于财政经常性收入的增长，并使按在校学生人数平均的教育费用逐步增长。”[28] 1986 年 7 月 1 日开始施行的《中华人民共和国义务教育法》在第十条规定：“国家对接受义务教育的学生免收学费。国家设立助学金，帮助贫困学生就学。”[29] 而 2006 年 9 月 1 日开始施行的《中华人民共和国义务教育法》第二条规定：“国家实行九年义务教育制度。义务教育是国家统一实施的所有适龄儿童、少年必须接受的教育，是国家必须予以保障的公益性事业。实施义务教育，不收学费、杂费。国家建立义务教育经费保障机制，保证义务教育制度实施。”[30] 对比之下，可以看出教育投资在教育法律文本中留下的变迁痕迹。

在改革开放的第二个十年里，随着社会的教育资源逐渐丰富，教育质量提升开始成为新的主题。《中国教育改革和发展纲要》明确指出：“在教育事业发展上，不仅教育的规模要有较大发展，而且要把教育质量和办学效益提高到一个新的水平。”[31] 教育质量的核心是人才质量，而提升人才质量，不仅是教育系统内部的事情，且是全社会的事情。该文件规定：“全社会都要关心和保护青少年的健康成长，形成社会教育、家庭教育同学校教育密切结合的局面。家长应当对社会负责，对后代负责，讲究教育方法，培养女子具有良好的品德和行为习惯。新闻出版、广播影视、文化艺术等部门，要把提供有益于青少年身心发展的、丰富多彩的精神产品作为义不容辞的责任。在城镇建设中，要注意兴建科学馆、博物馆、图书馆、体育馆和青少年之家等设施，要制定和完善公共文化设施对学生开放和减免收费的制度。各级政府要认真贯彻《未成年人保护法》，采取严厉措施，查禁淫秽书刊、音像制品，打击教唆、残害青少年的犯罪活动，优化育人环境。”[32]

《中华人民共和国教育法》第六章第五十条规定：“图书馆、博物馆、科技馆、文化馆、美术馆、体育馆（场）等社会公共文化体育设施，以及历史文化古迹和革命纪念馆（地），应当对教师、学生实行优待，为受教育者接受教育提供便利。广播、电视台（站）应当开设教育节目，促进受教育者思想品德、文化和科学技术素质的提高。”[33] 第五十一条规定：“国家、社会建立和发展对未成年人进行校外教育的设施。学校及其他教育机构应当同基层群众性自治组织、企业事业组织、社会团体相互配合，加强对未成年人的校外教育工作。”[34]。第五十二条规定：“国家鼓励社会团体、社会文化机构及其他社会组织和个人开展有益于受教育者身心健康的社会文化教育活动。”[35]

随着终身教育体系和学习型社会建设的推进，社会的教育资源极大丰富，这些教育资源如何沟通和衔接、开放与共享成为新的议题。在国家和各地一系列有关终身教育与学习型社会的政策文件中，终身教育体系中各级各类教育资源的横向沟通与纵向衔接、学习型社会建设过程中各类教育资源的开放与共享频频出现。例如，上海市、河北省、太原市和宁波市的《终身教育促进条例》都把“资源共享”作为终身教育工作的方针之一。《教育部等七部门关于推进学习型城市建设的意见》（教职成〔2014〕10号）在总结已有学习型城市建设的经验和问题的基础上，第二项主要任务要求“通过深化教育综合改革，推进学历教育与非学历教育协调发展，职业教育与普通教育相互沟通，职前教育与职后教育有效衔接，有效发挥学校教育在全民终身学习中的基础作用”[36]；第六项主要任务是“统筹区域内各类学习资源，推进学习资源的社会化。建立有效的协调机制，促进各部门、各系统的学习资源开放共享。进一步发挥公共文化设施的社会教育功能，深入推进公共图书馆、文化馆（站）、博物馆、美术馆、科技馆等各类公共设施面向社会免费开放。鼓励机关、企事业单位、社会团体等向市民开放学习场所和设施，为市民终身学习提供便利。积极利用报纸、杂志、广播、电视以及网络媒体等各类传播媒体提供多种形式的学习服务”[37]。

由于终身教育体系中各级各类教育资源的横向沟通与纵向衔接主要涉及正规教育系统内部不同层次和类型的教育资源，如普通教育与职业教育的融合与贯通，可以称之为社会教育资源的内聚通；而学习型社会建设过程中各类教育资源的开放与共享则不限于正规教育系统内部的教育资源，因此可以称之为社会教育资源的外聚通。在社会教育资源的外聚通方面，一方面包含教育社会化，如基础教育强调家庭、学校和社区合作，职业教育重在学校、企业和更大范围内的社会合作；另一方面包含社会教育化，如家庭、企业或社会机构内的教育以及社区内的教育等。

三、结语

基于前面的探讨，可以得出以下三点认识。

首先，社会教育力可看作是教育的社会文化生态，同时又是社会内含各种不同类型的教育力量，可以区分为社会的教育理念、组织与资源等不同层面或成分。这些不同层面或成分在教育法律法规和其他政策文本中有着显著的话语表征。

其次，社会教育力的不同层面或成分之间密切相关，使得我国的社会教育力在整体上呈现出阶段性特征。改革开放以来，在政策表征上可以区分为第一个十年的基础建设阶段（1978—1988 年），第二个十年的质量发展阶段（1988—1998 年），以及世纪之交以来的深化拓展阶段（1998 年至今），如表 1 所示。

表 1　社会教育力构成与演进的政策表征

阶　段	政　策　文　本	政　策　表　征		
		教育理念	教育组织	教育资源
基础建设阶段（1978—1988 年）	1978 年全国科学大会邓小平重要讲话 1985 年《中共中央关于教育体制改革的决定》	学校教育	教育事业管理权限的划分	教育投资
质量发展阶段（1988—1998 年）	1988 年邓小平提出“科学技术是第一生产力”的论断 1993 年《中国教育改革和发展纲要》 1995 年《中华人民共和国教育法》	终身教育、素质教育	教育与社会的关系	教育质量
深化拓展阶段（1998 年至今）	1998 年《面向 21 世纪教育振兴行动计划》 1999 年《中共中央国务院关于深化教育改革全面推进素质教育的决定》 上海市（1999）、北京市（2001）、大连市（2001）、常州市（2001）和南京市（2002）率先提出建设学习型城市	学习型社会	社会治理	教育资源的沟通和衔接、开放与共享

续 表

阶 段	政策文本	政策表征		
		教育理念	教育组织	教育资源
深化拓展阶段（1998年至今）	2002年中国共产党第十六次全国代表大会报告			
	天津市（2002）、福建省（2005）、徐州市（2007）、上海市（2011）、太原市（2012）、宁波市（2014）和河北省（2014）分别出台了终身教育和老年教育法律法规			
	2010年《国家中长期教育改革和发展规划纲要（2010—2020年）》			
	2013年《中共中央关于全面深化改革若干重大问题的决定》			
	2014年《教育部等七部门关于推进学习型城市建设的意见》			
	上海市（2014）出台《关于进一步创新社会治理加强基层建设的意见》			

在表1中，就每一阶段的政策表征而言，在社会的教育理念、教育组织和教育资源等社会教育力的构成上都有独特的关注点。这说明，社会教育力的政策表征既受制于一定社会的经济基础和上层建筑，又在推动社会整体发展上发挥着不可替代的积极作用，如形成社会的教育共识、推动教育组织重构和教育资源聚通等。

与此同时，我国社会教育力在政策表征上所呈现的三个阶段并不是截然分开的。每一阶段都可以找出相对明确的起点，但都没有终点。换句话说，前一阶段的政策表征产生后，就会产生持续的影响，并在持续过程中不断得到发展和精炼。正因为如此，我国社会教育力的政策表征既表现出一定的阶段性，又表现出一定的交互性，从而显示出层层推进的特征。

最后，当前，改革进入全面深化阶段，且教育信息化在政策框架中越来越成为一种战略部署，为我国社会教育力的发展提供了一系列新的契机；如何提炼新时期社会教育力的阶段性特征，识别与之相应的阶段性问题和建构问题解决方案，越来越不可回避。“生命·实践”教育学派在这一问题上的基本立场是，进一步形成社会的教育自觉、明晰社会的教育责任和聚通社会的教育资源，并探究社会教育在宏观、中观和微观等不同层面上的特殊问题及其相互作用问题。

（致谢：“社会教育力”这一概念是由“生命·实践”教育学派创始人叶澜先生首先提出的。在本文形成过程中，叶澜先生参与研讨，并提出了细致的修改意见。在此表示感谢！）

参考文献

[1] 叶澜．回归突破：“生命·实践”教育学论纲［M］．上海：华东师范大学出版社，2015：125－126.

[2] 叶澜．终身教育视界：当代中国社会教育力的聚通与提升［J］．中国教育科学，2016（3）：41－67+40+199.

[3] 费孝通．从马林诺斯基老师学习文化论的体会［J］．北京大学学报（哲学社会科学版），1995（6）：53－71.

[4] 李政涛．中国社会发展的“教育尺度”与教育基础［J］．教育研究，2012（3）：4－11+34.

[5][9][15][31][32] 中国教育改革和发展纲要（中发〔1993〕3号）［Z］.1993－02－13.

[6] 中共中央国务院关于深化教育改革全面推进素质教育的决定（中发〔1999〕9号）［Z］.1999－06－13.

[7][8][13][27][28] 中共中央关于教育体制改革的决定［Z］.1985－05－27.

[10][16][33][34][35] 中华人民共和国教育法［Z］.1995－09－01.

[11][17] 面向21世纪教育振兴行动计划［Z］.1998－12－24.

[12] 中国共产党第十六次全国代表大会报告［R］.2002－11－8.

[14] 张永．社区教育：回到源头的思考［J］．中国成人教育，2013（9）：5.

[18] 国家中长期教育改革和发展规划纲要（2010—2020年）［Z］.2010－07－29.

[19][20][21][22][23] 上海市终身教育促进条例［Z］.2011－05－01.

[24] 中共中央关于全面深化改革若干重大问题的决定［Z］.2013－11－12.

［25］关于进一步创新社会治理加强基层建设的意见（沪委发〔2014〕14号）［Z］.2014-12-31.

［26］［36］［37］教育部等七部门关于推进学习型城市建设的意见（教职成〔2014〕10号）［Z］.2014-08-11.

［29］中华人民共和国义务教育法［Z］.1986-07-01.

［30］中华人民共和国义务教育法［Z］.2006-09-01.

国际视域下终身学习概念特征、政策逻辑与价值反思

桂　敏*

摘　要：终身学习理念已成为教育政策文本中促进社会和教育变革的必要话语陈述。本文基于对国际上重要终身学习政策文本进行的历史分析，详细梳理终身学习的概念特征以及政策背后的逻辑，发现在以竞争为核心的新自由主义治理语境中，终身学习作为一种权力机制对个人自由的控制。同时，人力资本理论的兴盛造成对终身学习人文主义理念初衷的背离。因此，终身学习政策必须考虑个人实现、社会融合和经济发展的多重功能，达到工具理性和人文主义价值观的均衡，并明确国家在政策落实中的努力，兼顾全民公平的学习机会，赋予全民平等学习权利。

关键词：新自由主义治理；终身学习政策；政策逻辑；福柯

终身学习是贯穿一生的持续的学习过程，终身学习理念不仅是国际组织倡议的“一项运动”“教育愿景”或“理论宣言”，更已成为国际公认的促进社会变革和教育政策必要的使命陈述。虽然在各国教育政策文本中随处可见“终身学习”的表述，但有关“终身学习”的概念界定却仍未达成统一共识。从整体而言，终身学习是涵盖所有年龄阶段的正规、非正规、正式、非正式的教育和学习活动。“终身学习”成为各国常用教育理念“口头禅”，似乎适用于所有情境而无需进一步解释[1]，成为不言而喻的“公共利益”（public good）。2019 年，中共中央、国务院印发的《中国教育现代化 2035》规划，同年党的十九届四中全会审议通过《中共中央关于坚持和完善中国特色社会主义制度、推进国家治理体系和治理能力现代化若干重大问题的决定》，均

* 桂敏，教育学博士，北京教育科学研究院终身学习与可持续发展教育研究所助理研究员，研究方向为比较教育和终身教育。

提出“构建服务全民终身学习的现代教育体系”，保障全民享有终身学习的机会。

在我国终身学习体系研究日益兴盛的当下，有必要对国际组织和世界主要国家终身学习政策兴起背景、政策定位和制度逻辑进行深入、详细梳理。从宏观上对终身学习的概念与价值进行反思和再认识，这对掌握国际终身学习政策的趋势与导向，具有深刻的理论和现实意义。

一、终身学习概念发展与特征类型

（一）终身学习概念及政策话语发展历程

终身学习概念发端于成人教育，早在1949年联合国教科文组织（UNESCO）首届国际成人教育大会上已提出“终身学习”概念[2]，但现今广泛采纳的概念主要根植于20世纪六七十年代激进的社会变革运动，希望通过建立“学习型社会”实现社会的民主自由，利用非正式、非正规学习为学习者提供新视角和新技术，对僵化的学校教育机构和主导地位进行反思与解构[3]。

从政策话语角度来看，终身学习概念发展主要经历了三个阶段。

第一阶段集中于20世纪70年代，终身学习的话语受人文主义愿景影响颇深，这一阶段焦点在于教育系统内部的学习设计与改革。特别是国际组织的教育专家掀起针对终身学习概念框架的辩论，深刻影响了终身学习概念与内涵的发展，使人们认识到教育不再是某一阶层或某个年龄段的活动，应当是普遍和终身的。1972年UNESCO发布的《学会生存：教育世界的今天与明天》（*Learning to Be: the World of Education Today and Tomorrow*，简称《富尔报告》），明确表达终身学习概念的主要共识，通过“对教育体系进行必要的检修……达到一个学习化社会的境界”[4]，呼吁通过灵活的学校制度达到“人的实现”“团结与民主”。也有研究通过对正式教育、非正规教育和非正式教育的承认，扩大接受教育的机会[5]。

第二阶段从20世纪90年代到21世纪初，终身学习概念与外部经济、社会、文化和环境挑战联系更为紧密。1996年UNESCO发表《学习：财富蕴含其中》（*Learning*：*The Treasure Within*）报告，同年经济合作与发展组织（OECD）发布《全面终身学习》（*Lifelong Learning for All*），终身学习的政治关注转向劳动力资源开放和就业能力，概念内涵偏向工具理性。

第三阶段从2000年至今，终身教育向终身学习转向，强调学习者中心和个人学习。以欧盟为例，作为最大的区域国际组织之一，欧盟《里斯本终身学习备忘录》（*Lisbon Memorandum on Life Learning*，以下简称“里斯本备忘录”）将终身学习和教育及培训的概念并列提出，肯定终身学习是知识经济时代贯穿人一生的关键因素。“必须促进个人对获取新知识和技能承担更大的责任；促进个人发展”[6]。欧洲已无可争议地进入知识时代，要求“各成员国、理事会和委员会……在各自的职权范围内，确定连贯一致的战略和切实可行的措施，促进全民终身学习”[7]。受欧盟影响，教育和培训在欧洲历史上第一次成普遍接受的政策纲领原则，欧盟随后在2007年至2013年推出一系列终身学习行动计划。2010年欧盟委员会发布新政策《教育和培训战略框架》（*Strategic Framework for Education and Training*）[8]，取代2000年“里斯本战略”提出的欧洲终身学习的长期战略目标，实施将“工作”和“教育”融合为终身学习过程的旗舰行动计划，提出终身学习的融合，以及在欧洲政策中体现“研究、教育和创新”的三角理论，重新强调知识生产和终身学习的关系[9]。2020年7月欧盟委员会发布《欧洲技能议程：促进可持续竞争力、社会公平和抗逆力》（*European Skills Agenda for Sustainable Competitiveness*，*Social Fairness and Resilience*），确保被载入社会权利支柱的培训和终身学习的权利成为整个欧洲的现实，惠及每个人。

（二）终身学习的概念特征与类型

对比主要国际组织的终身学习主张，UNESCO始终是终身学习人文主义理念的主要倡导机构，鼓励在人的一生当中，通过各类学习培养团结、民主的品德，促成人的自我实现。OECD表现出的教育治理模式与UNESCO截然不同，其强调将终身学习作为回应全球竞争压力以及新科技挑战的重要策略。大多数的国际组织都承认终身学习的多维概念，浓厚人文主义色彩的《富尔报告》并没有忘记教育对经济和就业的重要性，但认为这些应当从属于其民主功能，民主化是终身学习愿景中主要驱动力，“学会生存”（learning to be）就是要学会与他人共存（learning to be with others）[10]。OECD则更认可终身学习的综合性概念，《全民终身学习》报告贯穿始终的主题是，终身学习是促进“就业、经济发展、民主和社会融合的重要因素”，报告还指出“现在需要对教育和培训政策作出新重点，以开发实现‘全球信息经济’的潜能，并为就业、文化、民主，尤其是社会融合作出贡献”[11]。在“里斯本备忘录”中，欧盟重视终身学习促进社会融合的巨大价值，将终身学习（包括非正式学习和正式学习）确立为欧盟的一项重要资产，尤其是与区域发展和一体化、现代化以及促进人力资本和就业能力相关的任务[12]。

伴随终身学习概念的演变和政策话语的变迁，学术界对学习贯穿终身的理解也发生了相应变化。终身学习的定义并不是单一的，而是复杂、多面和动态的过程，包含促进个人发展和实现，促进经济进步和发展，促进社会融合及民主理解和活动，这些对建设一个更加民主的整体和一系列社会制度至关重要[13]。在学术话语中，有两类关于终身学习的基础观点。第一类观点认为学习是一个存在—持续的过程，涉及一生的全部转变，学习是人们有意识生活的基本部分。这类观点认为学习实际发生在生活的方方面面；第二类观点将学习视作功能—情景过程。基于这一观点，终身学习研究以学科为界限，以能力和学习成果为导向，认为人们会为某种（与工作相关）目的而累积知识。学习应当发生在特定的空间和时间内，与日常生活相分离[14]。

从政策实践角度而言，终身学习概念的模糊性和灵活性反而为政策执行提供了实施空间，因而不同组织或国家报告或政策文本会出现不同操作模型。如“学习模式”提倡全民终身学习（lifelong learning for all），在民主社会中推动机会平等和生活平等的概念；“文化模式”提倡终身学习实现自我（lifelong learning for self-fulfillment），认为终身学习是每个人生命的一个过程，旨在达到生命和自我的实现；“开放社会模式”提倡为所有希望，并有能力参与终身学习的人服务（lifelong learning for all who want，and are able，to participate），这里终身学习被视作为多元文化、民主发达国家提供的一种适当的学习制度；“人力资本模式”提倡为了就业的终身学习（lifelong learning for employment），终身学习意味着与工作相关的培训和技能开发，满足经济发展和雇主对合格、灵活、适应力强的劳动者的需求[15]。

二、国际视域下终身学习政策的发展逻辑

讨论终身学习政策的推演逻辑取决于政策需求与供给的内生变量和外生变量，都需要在一定的制度环境和可控要素的框架内进行[16]。终身学习

理念适应全新的政治、社会经济和文化环境，成为教育和社会改革的“总概念”，是在国际组织所处国际环境基础上展开的。对终身学习多重概念理解的侧重点不同，决定了政策逻辑的迥异，但仔细分析不同政策文本，仍可总结出国际终身学习政策发展逻辑。

（一）政策形成环境：新自由主义制度与意识形态的兴起

政策研究表明，社会经济变迁作为一个限制因素影响政策行为，要求政策制定者对广阔的环境加以反应，政策需要适应社会经济环境的变化。[17]终身学习理念重新进入政策话语与新自由主义的全球霸权地位密不可分。新自由主义（neo-liberal）的兴起与凯恩斯主义的现实困境有关，新自由主义国家的出现标志着福利国家形态的转换。20 世纪 60 年代以来执行凯恩斯主义社会福利路线的国家逐渐累积可观债务，存在经济迟滞的困境，社会大众将此种困境归因于大政府路线[18]。曾经对人类福祉和经济发展负责任的国家转变为向跨国公司提供权力，重新配置知识和技术。伴随着全球化经济体系的建立，在世界银行（World Bank）和国际货币基金组织（IMF）等国际组织的鼓吹下新自由主义得以在全世界范围内扩张[19]。古典自由主义中市场是基于交换，交易双方通过交换建立起两种价值之间的对等。市场的范式及原则是交换，为了做到真正等价，国家并不介入市场。但竞争在新自由主义意识形态中扮演至关重要的角色。福柯提出：“对于新自由主义者来说，市场的根本在于竞争，在于不平等，只有竞争才能确保经济的合理性。经济竞争与国家质检的关系不再是不同领域的互相限界，治理从头到尾都伴随着市场经济[20]。”新自由主义提倡自力更生的社会伦理规范，社会问题应在个人层面加以处理，个人通过申诉获得公权力公平适度的干预[21]。新自由主义道德观试图取代照顾弱势群体和被边缘化的人是良善的这一观点，取而代之从道德上，个人应当照顾自己的利益并为自己负责[22]。与此同时，新自由主义对一些常识性用语的用法模糊了政府的抱负、政策和实践，例如“信息经济”“知识经济”“全球化”“灵活性”“共同义务”和“企业”等[23]。新自由主义意识形态因而重构了政府、社会和个人的关系，不仅影响到被统治的主体，也影响了他们理解和表达自己的形式、生活方式、拥有的机会和欲望。在全球化经济和信息技术革命的裹挟下，随着工作内容和工作场所、制度发生的巨变，人们也越来越接受政府为个人、机构提供经济发展机会，个人的生存依附于国家，两者都与国际市场紧密相连。

高度的个人主义代表着个人自由，新自由主义政府一个权力策略是“化整为零”，采取“零碎的功能主义”，给人或机构以掌控自己命运的错觉[24]。随着科学技术发展和知识的爆炸性增长，在新自由主义竞争文化的主导下，人们理所应当认同只有不断提升知识搜索能力，不断适应变化中的工作环境才可以胜任现代工作，成为终身学习者的呼声也因之高涨——一个人如果不能及时更新知识和技能，将无法跟上正在转变的信息社会的快速步伐，也将难以获得或保持受人尊敬的社会地位。个人自愿采纳新自由主义战略，参与本地或全球市场的竞争，为日益稀缺的政府资助而竞争。终身学习理念为新自由主义教育政策提供“劳动力多功能性”战略，劳动者需要具备适应不同工作的灵活性，工作流动性变高，要不断接受高水平的普通技能培训，并随时增加新技能。尤其是新自由主义政府重新探索“教育”和“培训”，“研究”和“学习”之间的区别，重新定义“知识和技能”“知识和信息”“教育质量”，依此重构新的教育治理形式。这在欧盟的终身学习政策中体现更为明显，借助终身学习作为技术路径提升全欧洲的知识水平参与全球竞争。个体被告知：如果拒绝学习，就是将自己置身于复杂而快速变化的生活方式之外。这就很难区分个人选择的学习内容到底是出于个人兴趣还是职业发展需要。

（二）政策发展性质：终身学习作为一种社会控制的机制

国际组织政策文本从“终身教育”到“终身学习”不仅是概念的变更，还主要反映了政策治理框架和性质的更迭。福柯认为“话语即权力”，话语分析关注通过话语制定与构建的权力关系，强调权力如毛细血管般渗入社会存在的每一个角落。就此意义而言，权力是一种无处不在的力量[25]。新自由主义构成统治者与被统治者之间的一种特殊关系。被统治者是他们自己生活的主体，他们将自由作为一种自我治理的形式来实践[26]。福柯笔下的自由并不仅是一种纯粹的意识形态，而首先是一种新型资产阶级精妙的生命政治权力技术，资产阶级不再人为禁止或阻挡人的恶习、犯罪，而是让人的本性（自然）、让被压抑的欲望和私利自由地释放，任其自由角逐，最终由市场自发性调节来达到根本性的社会—政治安全[27]。从福柯的观点来看，终身学习是当代政治技术和权力战略的内在要求，是强加在人们身上的强制性权力机构的一个完美例子，这些技术“以一种无所不在、无所不知的力量，利用有规律的、不间断的方式细分个人自身，最终决定个体的特征、归属以及会发生的事情”[28]。这种控制绝不是暴政，相反，社会各部分都是可见可获得的，社会控制以“民主”的形式出现，“对事物的安排并不是由外部强加的，而是通过增加接触点的方式微妙地存在于它们之中”。[29]政府或组织则建立越来越多的联盟规范经济、社会生活和个人生活。

现代公民被默认为可以独立自主、不加操纵和强加地选择学习内容。然而，由于现代世界经济、社会、政治和教育的高度融合，“高质量的教育”本身就是由外部世界强加于传统教育体系之上的。换言之，人们被有关“好”（good）和“理性”（rational）选择所迷惑。鲍曼认为，“那些过去常被认为是由人类集体性天赋和财富的人类理性来完成的工作，已经被打碎了（个人化了），被分派给个体的勇气和力量[30]”。人们选择的方式在某种程度上被强加的“自由”巧妙地引导，却期望将自己的生活看作是“选择的结果”。人们的身份从“承受者”（recipient）向“责任者”（person liable）转型，行动者承担完成任务的责任，并对他们行为的后果（也就是说副作用）负责[31]。新自由主义话语体系下，终身学习被分析为一种政治技术，旨在以经济繁荣的名义塑造学习公民。这种政治实践与培育学习型公民的不同微观实践相联系，譬如通过学习提高寻找工作的能力，提升专业能力，完成对先前学习、非正规、非正式学习的认证等。例如 OECD 和欧盟提出的资历框架是落实区域内终身学习的主要政策工具，在教育和培训体系多样的成员国之间通过统一的框架体系，实现个人流动的便利性，提高就业能力。终身学习被看作每个人的机会，公民被定义为自主和积极的个体，他们以自由的名义寻求自我实现。强调学习者个人的关键资格、基本技能和知识的重要性。

（三）政策目标：从教育过渡到个人自主学习

从“终身教育”到“终身学习”的话语更迭是终身学习现代性本质的彰显，从侧面体现了很多终身学习政策巧妙地将学习的责任从国家转移至个人义务。到 20 世纪 70 年代末期，国际经济环境开始发生急剧变化，伴随着福利国家富裕社会消费主义的消失，早期终身教育概念也逐渐丧失吸引力[32]。取而代之，终身学习概念在充分就业的经济背景中展开，终身教育被“终身学习”取代。主要国际组织终身学习政策文本中话语表述的变化呈现出终身学习理念发展的阶段性变化，如表 1 所示。

表 1 主要国际组织终身学习政策话语变迁

	1940 年代	1950 年代	1960 年代	1970 年代	1980 年代	1990 年代至今
UNESCO	成人教育 Adult Education	成人教育 Adult Education	永久教育 Permanente Education	终身教育 Lifelong Education	终身教育 Lifelong Education	终身学习 Lifelong Learning
OECD	—	—	回归教育 Recurrent Education	回归教育 Recurrent Education	回归教育 Recurrent Education	终身学习 Lifelong Learning
欧盟	—	—	永久教育 Permanente Education 回归教育 Recurrent Education	大部分未列入议程	大部分未列入议程	终身学习 Lifelong Learning

“教育”始终存在教与学的相对关系，而从“教育”到“学习”，更强调个人学习过程和个人的主观能动性。“学习”的核心概念是自主选择，尤其是非正式和非正规学习，打破常规教育的时空局限，任何场所、时间都可以发生学习行为。在知识经济时代，知识被技能和学习所取代，学习对象由知识转变为信息，需要不断地“重新学习”、调整和重组，以不断满足信息产业消费者的需求[33]。政策中对“工作场所的学习”的提倡模糊了教育/培训与职业生活的界限，终身学习取代了终身就业，即使在失业期间，学习也是个人义务[34]。

新自由主义兴起的一个重要因素是经济衰退导致国家出现无法解决“累积”的问题。教育体系是国家机器的重要一环，为避免危机威胁国家统治的合法性，资本主义统治精英借助市场化策略，将教育投资抛给个人[35]。终身学习中个人是其自身行为的主体，学习是由个人主动将知识内在化。各类教育机构服务于学习者而仅作为支持单位，教学形式则转变为咨询、调解和辅导。将学习权让渡于个人之后，从政策立场需要将个人知识外化，获得官方证书就是个人知识水平和成就的综合说明。国际组织和各国政府最常见的做法便是通过资历认证对学习成果进行监管。“里斯本备忘录”还要求制定公认的欧洲资历框架，“在开放的欧洲劳动力市场中促进就业和流动性”[36]。

1999年欧盟开始实施“欧盟通行证”（Europass）旨在提高欧洲公民资格和流动性的透明度，使个人的技能和资格在整个欧洲范围内都能够清晰易懂，形成基于工作的培训和实习的泛欧洲认证工具。通行证中包括五个文件：个人简历，语言护照，欧洲通行者流动证（Europass Mobility），证书补充和文凭补充[37]。由于人力资本理论占据了终身学习政策的主流表述，终身学习的政策话语强调为让工人更灵活、更具就业能力，这一新论述实际将教育、培训和责任转移至个人身上，含蓄地否认了任何客观存在的结构性问题，例如工作机会欠缺、受培训不足、工作时间过长、收入低下、工作环境不安全等社会因素。

（四）政策演进方向：国际组织提供框架与国家政策落地的实际考量

各国政府在制定终身学习政策时主要依赖国际组织提供的终身学习定义、原则和价值观。由于政策制定的驱动力和制度环境的不同，国际组织和国家之间始终存在难以调和的终身学习政策目标和方向的分歧。第一，终身学习概念的不清晰难以在国家之间真正达成一致可行的实施策略，当前对终身学习最常见的界定为“从出生到死亡的学习”，因为过于模糊，对具体政策行动缺乏用处，反而为国家政策制定和实践操作提供了多种解释空间。第二，缺乏一个全民公平协调的国家终身学习资助体系[38]。前文提到，在新自由主义治理背景下，学习责任被转嫁至个人，如果没有足够的学习补贴，现有制度只会进一步加剧学习和教育机会的不平等，特别是成人学习者之间的不平等。第三，传统教育体系的主要利益相关者对变革的阻力往往被低估。终身学习代表着对现今延续百年的学习范式和教育制度的颠覆，势必引起部分教师或管理人员的不解和阻拦。与之配套的是更应当进行教师培训，强调培养学习者学会学习，重构师生关系。

国际组织和国家政策落实中的博弈构成终身学习政策落地实施的主要导向。在欧洲，根据《里斯本条约》（*Lisbon Treaty*）的规定，欧盟引入开放式协调方法（open method of coordination，OMC）作为欧洲融合政策的重要工具，“里斯本备忘录”因而成为首个使用OMC的终身学习政策。然而其制定终身学习政策在欧盟内部的实施并不成功。在OMC网络协调的运作下出现了非正式法律实体的欧洲教育政策空间（European Education Policy Space），欧盟主要通过类似的“软治理”，利用数据、基准和指标推动终身学习政策在各国的落实[39]，欧盟的着眼点在于融合并协调各国利益，对各国教育系统施加间接压力，使各国政策趋同。但在实际操作中，各国终身学习决策者则从各自的国家背景出发，只是适当参考欧盟提出的建议，甚至会抛弃欧盟提出的教育和培训的一些措施。如 UNESCO 的公民教育、增强社会资本、包容和民主等倡议未能顾及南北国家的现实国力差异[40]。主要国际组织对终身学习的概念更强调多重概念内涵的均衡，但对国家而言，在新自由主义全球化的宏观背景下，培养训练有素、灵活及适应力强的劳动者，对增强国家竞争力更具现实意义。

三、终身学习政策制定价值反思

（一）明确政策价值导向，平衡人文主义与工具理性

人文主义和工具理性成为国际组织教育政策制定的两大实际动机。在最初社会改良运动的影响下，终身学习寄托了对僵化学校教育制度进行改革的初衷，以 UNESCO 为主的一系列声明和报告为终身学习政策奠定人文主义基石，UNESCO 希望利用终身学习的社会改革性质，起到《富尔报告》中所倡导的“软化制度”（softening the institutions）作用。[41] 20 世纪 80 年代之后，由于全球经济环境的恶化，新自由主义扩张为全球主流政治思潮，伴随着人力资本论在国际社会的传播，工具理性占据终身学习政策的主导地位，为终身学习政策增添功利主义色彩。到 20 世纪 90 年代中期，终身学习理念已整体从人文主义转向功利主义，成为更加“弹性的概念”，实现终身学习的方式也愈加多元。终身学习由教育概念进入政策话语体系，并最终成为串联教育和社会变革的“总概念”，成为教育政策的全球规范，提供教育体系应对知识经济挑战的一种应对模式。工具理性主导下的终身学习政策并未能实现促进人的发展和社会改良的宗旨，2015 年 UNESCO 发布《反思教育：向“全球共同利益”的理念转变？》（*Rethinking Education: Towards a Global Common Good?*）报告，重申人文主义教育观，提出“教育作为全球共同利益”的愿景。终身学习及其政策的人文主义和工具理性倾向绝不是“非此即彼”，而是在国际对话和交往中并存达到平衡，终身学习的权利属于全民，不应当在功利框架中赋权，将学习权归还个人更是推动民众自由选择和理性培育的关键基础。

（二）明确政策功能导向，充分考量终身学习的多重内涵

终身学习包含从“摇篮到坟墓”的所有学习活动，概念对象广，内容覆盖面全，目标受众多。概念的模糊和定义在某种程度上限制了终身学习政策在各国的推广落地。当前终身学习政策制定的理论出发点主要是国际组织和学界对终身学习的定义，以及新自由主义治理下的人力资本理论。在政策制定层面，国际组织及国家政策制定层对终身学习政策的理论侧重点各有不同，国际组织和机构尽可能从利益协调和多重功能角度施加“软治理”影响，而国家教育治理逻辑则更多参与新自由主义的竞争体系，以终身学习作为新的权力控制机制，将“学习”责任交给个人，通过监督和问责等方式履行国民教育义务。创造新话语，传播新自由主义道德观和责任感，将劳动者视作有知识的主体，一方面使学习责任个体化，另一方面废除国家担负公民福利的义务。[42]终身学习可以提高劳动力素质，降低国家教育成本为各国提供了可操作的策略路径。但过多强调终身学习的经济功能，实际偏废了发展功能和社会功能，难免落入工具理性的窠臼。终身学习概念虽有一定的模糊性，但其概念内涵的多样性表明其理论基础的灵活度高，代表了一种新的灵活理性主义。在政策制定过程中要充分考虑并满足个人自我实现，经济提升和社会融合的三维需求，不应当为了经济发展而漠视人是终身学习的根本对象，不应当遗忘利用终身学习推动社会进步的初衷，才是终身学习政策应当吸纳和呈现的基本价值理念。

（三）明确政策的国家责任，强化终身学习的公益性质

世界主要国家在过去40年间一直奉行新自由主义理念，认为市场自身可以解决任何问题，然而在后疫情时代的当下，新自由主义路线饱受诟病，社会经济体制弊端暴露无遗。面对教育的功利主义趋势，UNESCO等组织早已多次呼吁，重申教育的公益性质和人文价值。当然也不应当全盘否认，终身学习政策对个人学习的重视有助于通过学习为个人赋权，但更重要的是完善外部制度以维护全民学习权益。各国政府是终身学习政策落地的关键环节，受国情和财政状况影响虽然政策实施途径各有不同，但在追求经济效率时也要兼顾教育公平。首先，强化终身学习作为公共利益的属性，重视各国财政拨款对终身学习体系建设的关键作用，特别是拨款倾斜要惠及贫困或处

境不利的成人学习者、少数民族、残疾人等弱势群体，使他们在竞争激烈的环境中仍有平等的学习机会。其次，在终身学习框架下拓宽学习受惠人群，促进教育资源开放共享，终身学习应当面向全民、各个年龄段的学习者，由政府作为资源供给者向全民提供学习平台。同时，国家教育决策部门更应当提高教师对终身学习政策理解和执行的专业性，营造终身学习的社会氛围，更好地发挥政策作用。

参考文献

［1］Dehmel, A. Making a European area of lifelong learning a reality? Some critical reflections on the European Union's lifelong learning policies［J］. Comparative Education, 2006, 42(1): 49–62.

［2］［39］Volles, N. Lifelong Learning in the EU: changing conceptualisations, actors, and policies［J］. Studies in Higher Education, 2014(41): 343–363.

［3］［37］［41］Tuschling, A. & Engemann, C. From Education to Lifelong Learning: The emerging regime of learning in the European Union［J］. Educational Philosophy and Theory, 2006, 38(4): 451–469.

［4］联合国教科文组织国际教育发展委员会 . 学会生存：教育世界的今天与明天［M］. 华东师范大学比较教育研究所，译 . 北京：教育科学出版社，2017：16.

［5］［32］Field, J. lifelong learning［J］. International Journal of Lifelong Education, 2001, 20(1/2): 3–15.

［6］Council of Europe. Council Conclusions of 20 December 1996 on a Strategy for Lifelong Learning［J］. Official Journal of the European Communities, 1996: 2.

［7］Commission of the European Communities. A Memorandum on Lifelong Learning［R/OL］.［2000–10–30］. https://arhiv. acs. si/dokumenti/Memorandum_on_Lifelong_Learning. pdf.

［8］European Commission. Strategic Framework for Education and Training［EB/OL］.［2010–11–30］. http://ec. europa. eu/education/lifelong-learning-policy/doc28_en. htm.

［9］Nicoll, K. & Fejes, A. Lifelong Learning: A Pacification of 'Know How'［J］. Studies in Philosophy and Education, 2011(30) , 4: 403–417.

［10］Biesta, G. What's the Point of Lifelong Learning if Lifelong Learning Has No Point? On the Democratic Deficit of Policies for Lifelong Learning［J］. European Educational Research Journal, 2006(5): 169–180.

［11］Organisation for Economic Cooperation and Development. Lifelong Learning for All［R］. Paris: OECD, 1997: 13, 15.

［12］［42］Olssen, M. Understanding the mechanisms of neoliberal control: lifelong learning, flexibility and knowledge capitalism [J] . International Journal of Lifelong Education, 2006(25): 213-230.

[13] Aspin, D. N. & Chapman, J. D. Lifelong Learning: concepts, theories and values. Proceedings of the 31st Annual Conference of SCUTREA [R] . University of East London: SCUTREA, 2001: 38-41.

[14] UNESCO UIL. Conceptions and realities of lifelong learning [R] . Global Education Monitoring Report, 2016: 4.

[15] Schuetze, H. G. & Casey, C. Models and meanings of Lifelong Learning: progress and barriers on the road to a Learning Society [J] . Compare, 2006(9): 282-283.

[16] 陈潭 . 公共政策变迁的理论命题及其阐释 [J] . 中国软科学，2004（12）：10-17.

[17] 杨代福 . 西方政策变迁研究：三十年回顾 [J] . 国家行政学院学报，2007（4）：104-108.

[18] 姜添辉 . 新自由主义治理性视角下的全球化教育改革运动 [J] . 教育学报，2020（4）：3-13.

[19] [20] 米歇尔・福柯 . 生命政治的诞生：法兰西学院演讲系列（1978—1979）[M] . 莫伟民，赵伟，译 . 上海：上海人民出版社，2011：100，101-104.

[21] Amable, B. Morals and politics in the ideology of neo-liberalism [J] . Socio-Economic Review, 2011, 9(8): 3-30.

[22] Raimondi, L. Neoliberalism and the Role of the University [J] . PAACE Journal of Lifelong Learning, 2012(21): 39-50.

[23] Davies, B. & Bansel, P. Neoliberalism and education [J] . International Journal of Qualitative Studies in Education, 2007(20): 247-259.

[24] Sklar, H. Overview [M] // Sklar, H. (Ed) Trilateralism: the trilateral commission and elite planning for world management montreal. Black Rose Books, 1980: 21.

[25] 米歇尔・福柯 . 规训与惩罚 [M] . 刘北成，杨远婴，译 . 北京：生活・读书・新知三联书店，2009.

[26] Fejes, A. & Nicoll, K. (eds). Foucault and lifelong learning: governing the subject [M] . London: Routledge. 2008: 16.

[27] 张一兵 . 生命政治学与现代权力治理术——福柯的法兰西学院演讲评述 [J] . 天津社会科学，2015（1）：4-13.

[28] [29] [33] [34] Lambeir, B. Education as Liberation: The politics and techniques of lifelong learning [J] . Educational Philosophy and Theory, 2005, 3(37): 349-355.

[30] [31] 齐格蒙特・鲍曼 . 流动的现代性 [M] . 欧阳景根，译 . 上海：上海三联书店，2002：44，46-49.

[35] 黄庭康 . 批评教育社会学九讲 [M] . 北京：社会科学文献出版社，2017：36.

[36] Panitsidou, E. , Griva, E. , & Chostelidou, D. European Union policies on lifelong learning: in-between competitiveness enhancement and social stability reinforcement [J]. Social and Behavioral Sciences, 2012(46): 548–553.

[38] Bengtsson, J. National strategies for implementing lifelong learning (LLL) —the gap between policy and reality: An international perspective [J]. International Review of Education, 2013(4): 343–352.

[40] Regmi, K. D. Lifelong learning: Foundational models, underlying assumptions and critiques [J]. Int Rev Educ, 2015 (4): 133–151.

▶▶ 专题二

成人教育与民生保障之对话

- 风雨速递：我国快递行业及群体发展刍议
- 成人教育助力直播电商行业发展探析
- 家政服务行业发展与教育应对
- 养老服务体系高质量建设与人才培养的探讨

风雨速递：我国快递行业及群体发展刍议

华晓月*

摘　要：随着电子商务的发展，快递行业成为近年来发展势头迅猛的行业之一，2020年新冠疫情的出现曾让其一度受挫，复工复产后，新的发展期已然到来。目前，在疫情常态化情形下，快递行业及从业人员亟待新的成长机遇和路径。文章通过对近年来快递行业发展现状的梳理、快递从业人员的群体描画及相关研究回顾，试图窥见行业背景下快递从业人群的生存状态、发展需求，并从教育视角对行业人才的生存保障与自我发展予以新思考。

关键词：快递行业；群体素描；快递小哥；成人教育

随着电子商务的发展，快递行业成为近年来发展势头迅猛的行业之一。2021年全国快递业务量超出1 000亿，较之十年前增长了40多倍，同年12月份，国家邮政局公布快递业发展指数报告，指出我国快递业发展指数为311.8，同比提高4.4%[1]，处于稳中有进态势。“双十一”“双十二”等线上零售狂欢节给快递行业带来巨大的吞吐量，愈演愈烈的电子商务狂欢给快递行业带来持续不断的发展动力，也带来各种挑战，尤其是快递从业人员的从业压力、专业技术素养等[2]。2020年受到新冠肺炎疫情影响，快递行业一度受挫，复工复产后，迎来新的历史发展期。目前，疫情常态化情形下，快递行业及从业人员亟待新的成长机遇和路径。文章通过对近年来快递行业发展现状的梳理、快递从业人员的群体描画及相关研究回顾，试图基于行业背景窥见快递从业人群的生存状态、发展需求，并从教育视角对行业人才发展予以新的思考。

---

* 华晓月，华东师范大学职业教育与成人教育研究所硕士研究生，主要从事继续教育、人力资源开发研究。

一、行业基本介绍

快递行业是20世纪60—80年代伴随着全球经济一体化与计算机网络技术发展起来的，生产、经营消费活动的快节奏使得快速传递资料、文件、凭证及高附加值产品的需求跃升，形成了函件快递与货物快递。1980年，我国最早的快递服务——邮政国际特快专递（EMS）诞生[3]，而后，国际快递公司UPS、FedEx等相继进入中国市场；进入21世纪后电子商务行业崛起，民营快递企业顺丰、申通、韵达、中通等相继成立；2009年《新邮政法》颁布，民营快递牌照开放，行业得到扩张；从2016年起，三通一达（圆通、中通、申通、韵达）等快递企业上市，京东、苏宁等电商公司亦自建物流，各种快递服务企业如雨后春笋般出现，国际国内快递服务供应商方兴未艾。

快递行业在国民经济行业分类中从属于交通运输、仓储和邮政业门类，邮政业大类。邮政业包括邮政基本服务、快递服务与其他寄递服务[4]，其中快递服务是指快递服务组织（包括邮政企业与快递企业）在承诺的时限内快速完成的寄递服务。根据业务流程，快递服务被定义为物流企业通过自有网络或合作网络渠道，将客户委托的文件或包裹实现从发件人送达收件人的门到门、手到手的高时效运输方式[5]。从上述背景、定义与服务流程来看，快递业与物流业、仓储业、电子商务业等联系密切①，图1为快递服务流程及电商快递产业链，具体快递业务网络包括快件收寄、分拣、封发、运输、投递、查询、派送等。

快递行业的业务范围按照寄达范围包括国内快递、国际快递和中国港澳台快递。国内快递是指从收寄到投递的全过程均发生在中华人民共和国境内的快递业务；国际快递是指寄件地和收件地分别在中华人民共和国境内和其他国家或地区（中国香港特别行政区、中国澳门特别行政区、中国台湾地区除外）的快递业务，以及其他国家或地区间用户相互寄递但通过中国境内经

---

① 引自中商情报网《2018年中国快递行业市场前景研究报告》。国民经济行业分类中未包括物流业，多为行业定义。物流是指物品从供应地向接收地的实体流动过程中，根据实际需要，将运输、储存、装卸搬运、包装、流通加工、配送、信息处理等功能有机结合起来实现用户要求的过程。部分来自行业的报告将快递纳入物流行业。

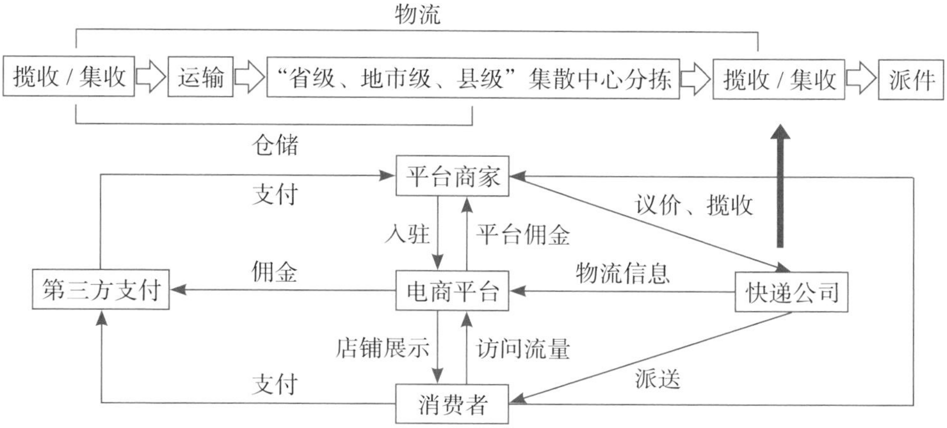

图 1　快递服务流程及电商快递产业链

资料来源：艾瑞咨询《2019 年中国物流服务行业研究报告》、西南证券行业报告

传的快递业务。中国港澳台快递是指寄件地和收件地分别在中华人民共和国境内和中国香港特别行政区、中国澳门特别行政区、中国台湾地区的快递业务[6]。除上述业务外还包括快递增值业务，如代收贷款、签单返还、限时快递、专差快递等。

我国快递行业由国家邮政局主管，根据《中华人民共和国邮政法》《快递暂行条例》《中华人民共和国电子商务法》进行合法运作，并在法律基础上形成标准与规划，规范业务与管理。2009 年非营利组织中国快递协会成立，在交通运输部、国家邮政局与民政部的业务指导和监督管理下推动快递服务发展与行业自律[7]。

二、行业发展现状与特点

（一）快递行业进入平稳发展期

2019 年中国国防部邮电工会副主席黄敬平指出，中国的快递业务增速强劲，呈现井喷式发展[8]。2014 年我国快递业务量达到 139.6 亿，跃居世界第一，并已连续保持 5 年。从图 2、图 3 中可以看到，我国快递业务量及收入持续增加，快递业务量增速自 2016 年的 51.3% 起开始逐年递减，2020 年上升至 30% 以上；快递收入增速同样自 2016 年起逐年递减，至 2019 年仍处于 20% 以上。受疫情影响，2020 年第一季度快递业务量和收入分别增长

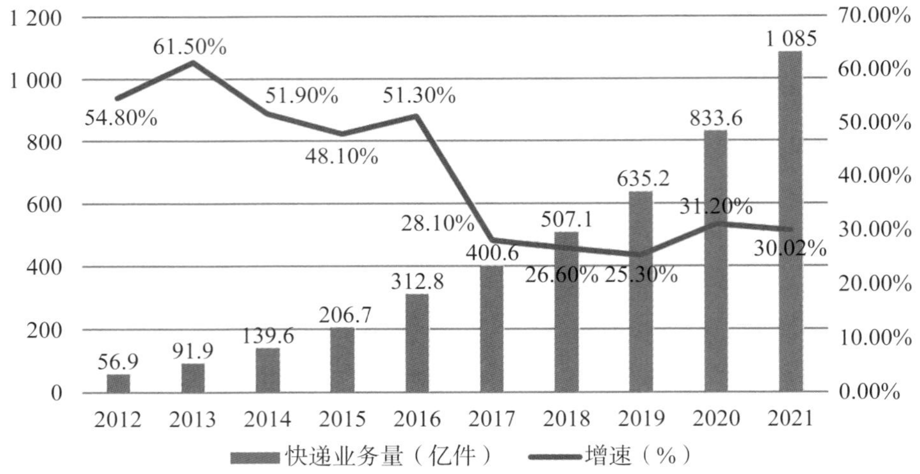

图 2　2012—2021 年中国快递业务量[①]及增速

数据来源：国家统计局、国家邮政局、中国产业信息、中商情报网、前瞻产业研究院整合

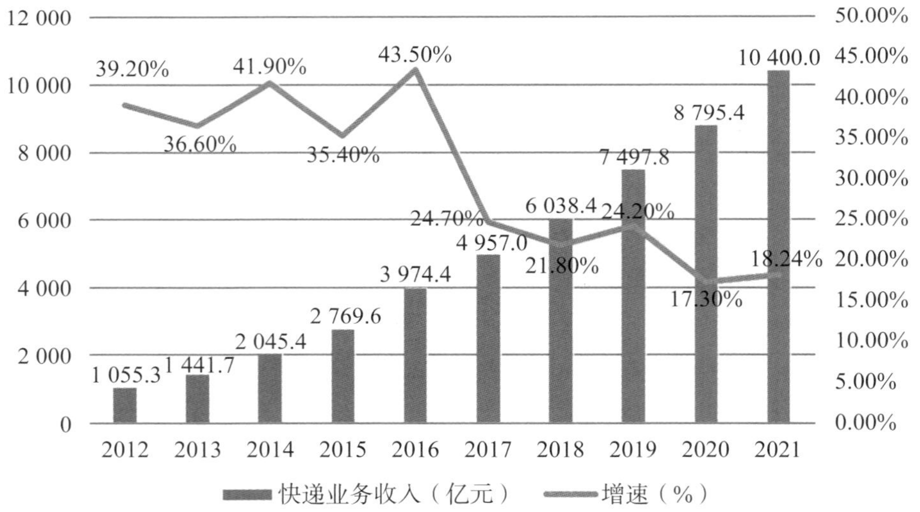

图 3　2012—2021 年中国快递业收入[②]及增速

数据来源：国家统计局、国家邮政局、中国产业信息、中商情报网整合

① 快递业务量指的是各快递企业的快递业务总量，包括国内快递、国际快递、中国港澳台快递业务数量。

② 快递业务收入是指各快递企业从事快递业务的总收入，包括国内快递、国际快递、中国港澳台快递业务资费收入。

3.2% 和−0.6%，第二季度复工复产后，快递业务量和收入分别为 213.5 亿件和 2 289 亿元，同比增长 36.7% 与 23.5%[9]；根据国家邮政局、前瞻产业研究院统计，2020 年我国快递业务总量为 833.6 亿件，同比增长 31.2%，2021 年同比增长 30.02%，上述数据表明快递行业已恢复到较高增长状态。

（二）快递行业发展及需求存在区域不平衡现象

从人均快递量来看，FitchRatings 指出，国际方面，2018 年中国人均快递量次于美国、英国与德国，排在第四位；区域方面，珠江三角洲、长江三角洲与环渤海经济圈等大都市地区人均快递量最大，2019 年全国人均快递量为 45 件，东部沿海地区在 45～231 件不等，而东北、中西部人均快递量为 6～11 件，西部地区则不到 5 件，呈现出极大的区域不平衡性，沿海地区需求量明显较大。从快递业务范围来看，国内异地快递业务量为快递业务总量的主体，占比 70% 左右，国际快递及国内港澳台快递业务相对较少①。

（三）快递行业运营模式多样

从运作方式来看，我国快递行业包括三种运营模式[10]。一是独立运营模式，指快递企业自行负责全部或部分业务，又可细分为直营模式与加盟模式。重资产直营模式是指快递企业完全掌控整个快递过程链，包括收件、分拣、运输和派件等过程；轻资产加盟制是指依靠特许合作加盟商在特定区域进行派件②。成熟的快递公司多实行直营模式，而加盟模式则以中小型快递企业为主，其中，直营私企在服务质量方面优于其他组织。二是联合运营模式，即多家快递公司通过签订盟约而开展业务，可以有效利用网点资源以扩大运营覆盖范围。三是供应链模式，主要指集中为供应链中核心公司提供特种快递业务。

（四）快递行业竞争局面紧张

从快递企业来看，2020 年前三季度，我国新注册快递企业 1.4 万家，同比增长 16.7%，截至 2020 年 10 月，我国共有 14.9 万家快递服务供应商，其

① 引自 FitchRatings《中国快递行业蓝皮书》。
② 引自 FitchRatings《中国快递行业蓝皮书》。

中，广东省数量最多，为2.3万家，河南次之，浙江位列第三；从企业规模来看，注册资本在100万元以上的有2.4万家，占比为16%[11]。目前，我国主要上市快递公司包括圆通、中通、申通、韵达、顺丰、百世、德邦等，图4为2020年主要快递企业市场份额，可见，中通、韵达、圆通占据了主要的快递市场。

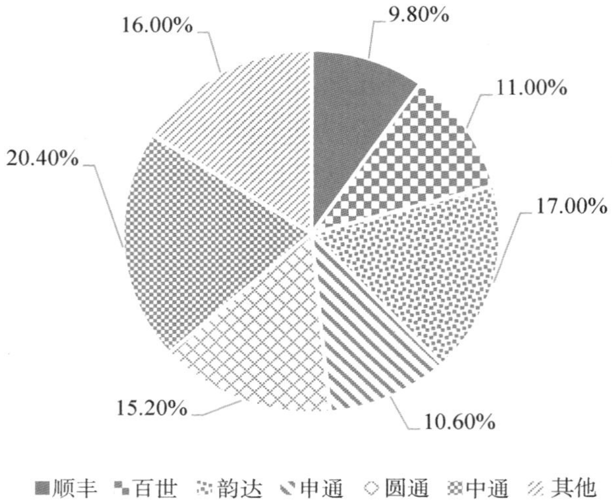

图4　2020年主要快递企业市场份额

数据来源：国家统计局、西南证券整合

（五）智能快递发展迅速

随着快递业务增多、技术发展与成本制约，智能快递柜逐渐得到行业及客户的喜爱。智能快递柜提高了快递业务末端的配送效率，自2014年起，智能快递柜数量不断增加，快递入柜率不断提升，如图5、图6所示。

从上述数据可以明显感知到，我国快递行业自2012年起伴随电商发展快速崛起，至2016年实现小高峰，2020年受疫情影响有所受挫，但随着复工复产，至目前已基本回归，整体而言，处于平稳发展期。而在发展过程中，快递行业也存在一系列问题：一方面集中在行业监管方面，如竞争加剧使得收费标准不一，市场混乱；仍然存在较多快递迟滞、丢失现象，客户合法权益遭到损害；信息泄露、买卖等行业违法风险等[12-14]。另一方面集中在行业从业人员管理与发展方面，如电商狂欢节快递业务激增，从业

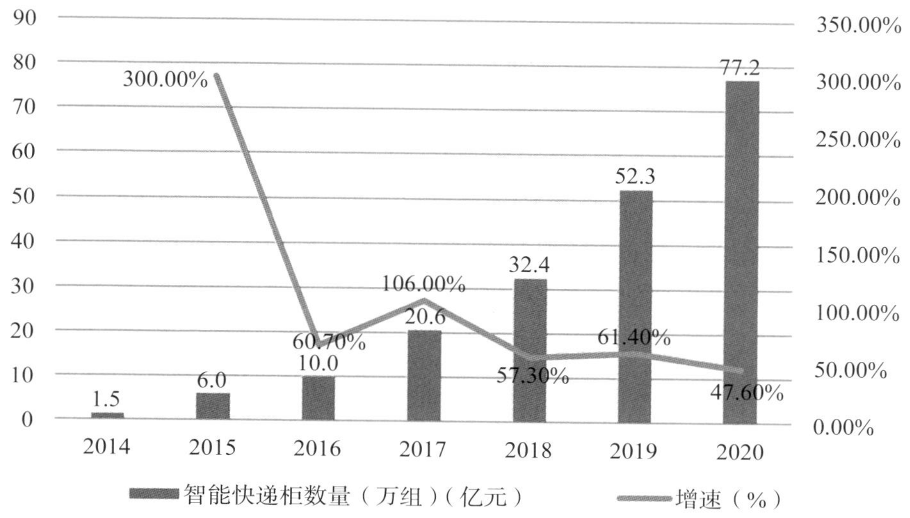

图 5　2014—2020 年全国智能快递柜数量

数据来源：中国产业信息整合

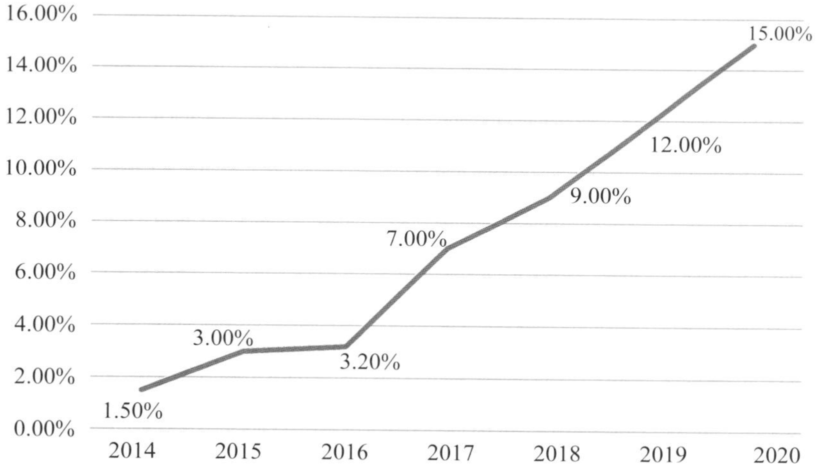

图 6　2014—2020 年全国快递入柜率

数据来源：中国产业信息整合

人员压力增加，在薪酬激励、职场心理、劳动保障与社会融入方面需要做出及时调适[15-18]；快递专业技术人员不足，专业高技能人才标准、综合素质与培养机制需持续完善，基层快递从业者培训体系建设有待加强[19-20]，等等。

三、行业从业人员分析

（一）人口统计学分析

中国国防邮电工会数据显示，目前快递行业从业人员以农民工为主，一线员工占 70% 以上，其中农民工占比 80% 以上，多以 80 后、90 后的男性员工为主[21]。2020 年农民工监测报告指出，我国农民工数量为 28 560 万人，男性占比 65.2%，平均年龄为 41.4 岁，农民工从事第三产业比重提高，其中，从事交通运输仓储邮政业的农民工占比 6.9%，约 1 970 万人[22]，其中从事快递行业的约有 300 万人。中国邮政快递报社公布《2019 年全国快递从业人员职业调查报告》，共调查了 6 万多名快递从业人员，展示了其基本样貌，关于快递从业人员的学术研究中亦有相关调查，根据多份调研，形成以下快递从业人员人口统计学画像，如表 1 所示。

表 1　快递行业从业人员人口统计学分析

人口统计学变量	基　本　数　据
性别	男性占比 70% 以上
年龄	20～40 岁占据主体
户籍类型	农业户籍为主
受教育程度	高中及以下为主，大专占一定比例
婚育情况	已婚居多，未育居多，已育者多为 1～2 个孩子
工作区域	以东部沿海为主，多在快递业务集聚区
健康状况	健康 / 一般为主体，但存在不同程度的职业疾病

（二）职业发展分析

根据中华人民共和国国家标准，快递行业的服务人员包括收派员，即从事上门揽收快件和投递快件工作的人员；处理员，从事快件、分拣、封发、转运等工作的人员；客服人员，即呼叫中心、快递营业场所、专门受理收寄、查询、优速、索赔等申请或业务咨询的人员；国际快件报关员，即通过全国报关员资格考试、依法取得报关从业人员资格，并在海关注册登记，代表快递服务组织向海关办理国际快件以及港澳台快件报关业务的人员[23]，图 7 为快递加盟商各环节及人员配备。从组织内职业分工来看，快递行业随着发展不断催生新的职业与岗位[24]，目前基本的通用岗位包括管理岗（企业总部与各级网点）、专业技术岗位（IT 研发岗、设备研发岗、网路规划岗；人事岗、财务岗、行政岗等职能岗）、技能类岗位（揽收、分拣、运输、客服等国家标准中规定的岗位与细化岗位）。

以上为快递行业基本岗位内容，是了解快递从业人员职业画像的基础信息。根据中国邮政快递报社、相关咨询公司及学术研究中的数据，快递行业从业人员职业发展分析如下。

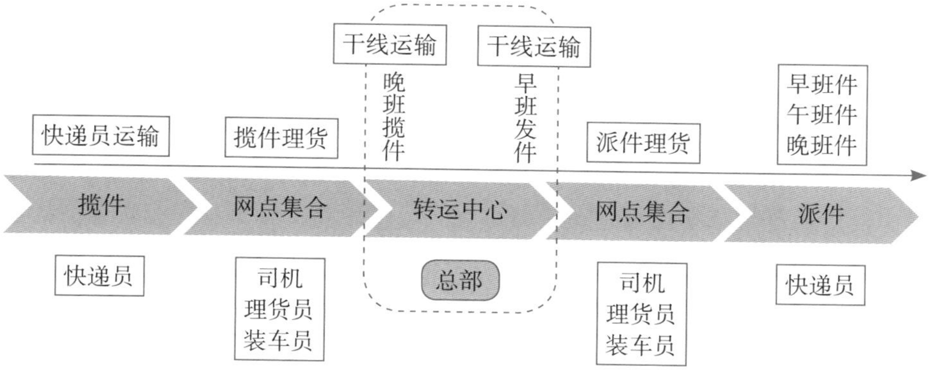

图 7　快递加盟商各环节及人员配备

资料来源：广发证券研究中心整合

表 2　快递行业从业人员职业发展分析

所属单位	以快递民营企业为主			
职业类型（引例）	网点工作人员	派件员	分拨中心工作人员	客服人员
收入情况（引例）	4 000～5 000 元	5 000～8 000 元	5 000～8 000 元	3 000～5 000 元
日工作强度（引例）	8～10 小时	10 小时以上	8～10 小时（夜班为主）	10 小时以上

续 表

从业年限	6 成左右在 3 年以下
劳动合同类型	正式劳动合同、劳务派遣合同并存
工作流动	一线员工流动率大
职业发展通道	多数通过职业资格考试、职称评审与组织内部考核，提升职级或变更岗位
教育与培训情况	部分快递企业形成内部培养机制；各地根据本地需求开展教育活动，尤其是一线员工的职业技能提升

如表 2 所示，快递从业人员以一线员工为主力，岗位以基层链条中的收派、处理与客服为主，薪资水平维持在 5 000 元左右，主要以计件工资为主[25]。中国邮政快递报社调研显示，快递从业者整体工作压力较大，每天工作 10～12 时的占 3 成左右，另有将近 20% 的从业者工作时间在 12 小时以上，尤其流程末端基层管理或技能从业者，基本每天需工作 10 小时以上，且无正常双休日，约 60% 的员工月休息两日甚至更少。高强度的工作压力下，快递从业者基本没有时间参与学习与培训活动，对职业发展动态不甚了解，有些从业者获得薪酬回报，有些则选择离开行业，总体而言，技能从业者流动率较高。此外，随着国家政策法规的逐步完善，快递企业在雇佣流程上逐渐规范，会与员工签订正式劳动合同，但随着竞争加剧，对于部分实行成本优先战略企业而言，劳务派遣成为一种选择，尤其是一线快递员的雇用，这一部分人往往未参加社保[26]。

2018 年《关于分类推进人才评价机制改革的指导意见》、2019 年《国务院办公厅关于印发职业技能提升行动方案（2019—2021）的通知》相继出台，为我国人才评价与培养指明新的方向，推动快递行业职业技能培训计划的生成，在此基础上形成了全国邮政行业人才培养寄递遴选和管理办法、快递员国家职业技能标准、快件处理员国家职业技能标准等，推出职称评审，加强快递行业从业人员的教育培训工作，促进其职业发展。其中，上海市于 2016 年发布《关于开展百万在岗职工学历提升计划的通知》，与餐饮、物流、物业、家政等八大行业共同促进行业技能人才培养，通过与社区学院、高校继续教育学院、开放大学合作，开发课程。上海市闵行区是该计划的首批试点，在上海开放大学闵行分校的牵头下，顺丰快递等完成了首批职工学历提升培训[27]。

（三）社会需求与自我评价分析

实践数据与相关文献研究表明，当前制约快递业发展的一项重大挑战即高学历人才、高级技术人员、专业技能人员的供给不足，社会对于高、精、尖人才的需求随着经济发展、技术进步，知识经济时代的到来与日俱增，在从业人员素养与能力受质疑的快递行业需求更是旺盛[28]。然而，对于广大一线员工而言，却面临着被替代的风险。受“618”“双十一”“双十二”等季度性电商活动的影响，快递行业也呈现季度性特点①，一线员工受业务量影响，在平时需求相对较少，而高峰时期临时工、兼职工、派遣工的需求更胜。此外，随着绿色快递、智能快递技术的发展，快递业务链条的部分工作已被机器取代，未来，基层快递从业人员的社会需求许会下降。与此同时，伴随着新的从业标准更新，快递服务组织愈来愈看重大学生群体，快递行业校招平台逐渐搭建[29]。

中国物流与采购联合会、中国物流信息中心关于快递从业人员的调研显示，快递从业人员的工作自我评价在 80 分以上的占据多数[30]，说明他们对本职工作的职业认同感较高，且绝大多数人认为自己所从事的职业需要责任担当，20% 左右认为该行业工作又苦又累。关于自身发展与成长，快递从业者也给出建议，调查报告中近 7 成的人认为应集中精力加强专业技能方面的培训，并提出薪资与绩效考核方式上的变革诉求。数据亦指出，目前大多数快递从业者仍然看重的是行业收入稳定情况，有意继续从事该行业的占比为 48.41%，对快递行业而言，员工的稳定性有待提高。

四、重点人群分析——城市快递小哥

近年来，快递行业不断发展，网点不断下沉，无论在城市还是乡间，总有伴随着包裹整装出发，飞驰在道路上的快递员们，而他们大多数的面孔是这样的：年轻、男性、身强体壮、制服鲜亮、行色匆匆。围绕这样的特征，

---

① 引自 FitchRatings《中国快递行业蓝皮书》。

一群平凡而又特殊的人越来越受到关注——“快递小哥”，尤其在城市中，快递小哥似乎无处不在，同外卖骑手一起，每天上演速度与激情。目前，城市快递小哥的群体素描、生存现状、职业发展、社会保障等相关研究已出现在公众视野中，但仍在少数。

（一）群体画像/基本特征

结合已有研究[31]与实地观察①，对城市快递小哥的特征描述与群体画像可总结为以下几点：城市快递小哥之“小”，即多为80后、90后的年轻人，年龄集中在16～35岁；城市快递小哥之“哥”，即工作者多为男性；城市快递小哥之“外”，即他们多为外地农村进城的务工人员；城市快递小哥之“低”，即该群体大多数学历不高，以高中及以下学历为主；城市快递小哥之“壮”，指快递小哥身体素质较好，能够适应较高强度的工作；快递小哥之“亮”，指可以一眼辨别，通常包括颜色鲜明、标识明晰的工作服，电动车、三轮车、货运车等运输工具，手机、扫码器等工作用具；城市快递小哥之“基”，指快递小哥多为基层员工，从事一线的收寄、分拣、封发、运输、投递等工作类型；城市快递小哥之“快”，即多数快递小哥行色匆匆，追求速度至上的观念，这与其薪酬福利密切相关，从事基层工作的快递小哥实行的是计件工资制，派送多即可增加收入；城市快递小哥之“泛”，一是指城市快递小哥数量多，二是指城市快递小哥与他人的人际交往往往为泛泛之交。

（二）关键议题

城市快递小哥生存现状。该议题关注城市快递小哥生活情况与工作情况。如方奕等（2017）通过对北京、重庆、广州、马鞍山等几个城市的一线青年快递员调研发现，城市青年快递员生活质量一般，一日三餐不规律，住房环境差，每月休息时间有限[32]；工作认同度不高，主要体现在工作量大、培训情况参差不齐。赵莉、刘仕豪（2017）亦通过对北京快递员的实地调查发现其消费层次低、住房简易、休闲娱乐较少，在基本工作情况方面，大多工作年限低、流动性高、工作量大[33]。

① 实地观察是指实习时轮岗至苏宁物流从事分拨工作的观察回忆以及韵达山东省临沂市前十社区网点的观察。

城市快递小哥职业适应。该议题关注城市快递小哥的职场心理与适应境遇。如何玲（2017）基于工作满意度与组织承诺的关系视角对城市快递员的离职现象进行探讨，发现工作群体、企业管理与工作不安全感对其离职意向影响较高[34]；王艺璇（2019）则基于劳动力市场分割理论的实证研究对城市快递小哥的职业流动与影响因素进行研究，发现职业获得方式、工作组织类型等影响其流动[35]。另有研究者关注城市快递小哥的过劳现象、工作—家庭平衡问题等[36-37]。此外，亦有研究发现，不同企业内快递员的职业晋升通道与政策不同，大多数企业在一线员工晋升方面缺乏规范性与引导性[38]。

城市快递小哥社会保障。该议题关注城市快递小哥的权益保障情况。如陈昕苗、程德兴（2019）对浙江省快递小哥的调研发现，快递小哥职业保障不健全，如无合同与社保"护身"、权益维护缺乏申诉通道、维权意识淡薄等[39]；方奕等（2017）的研究亦发现快递员群体存在严重的维权意识差、维权能力欠缺问题，权益受到侵害时，他们往往自认倒霉，听从安排[40]。

城市快递小哥城市融入。该议题关注城市快递小哥的社会适应及居留情况。如廉思、李颖（2019）基于自我决定理论，对北京城市快递小哥的调研发现仅有两成的快递小哥确定未来不会离京，这种意愿主要受经济短暂性满足、社会关系支持、社会保障不足的影响[41]；张艳斌（2019）认为快递小哥存在着个体化"身体之困""身份之困"与"心理之困"，无法确定快递小哥作为"城市新青年"是否已经得到社会认可与自我认同[42]。另外，有研究认为城市快递小哥受城乡二元结构的影响，在社保、医疗、教育等方面不能得到城市居民同等待遇，平时巨大的工作量又挤占休闲娱乐、社会交往时间，加之快递员社会认同度受限，城市快递小哥城市融入充满挑战性[43]。

五、讨论与思考

综合以上在实践、学术研究方面关于快递行业、快递从业人员、特定人群的系统回顾，文章基于成人教育视角围绕快递行业发展的人力资源——快递从业者的生存与发展做出如下思考。

（一）个人学习发展——学历教育

通过梳理可以发现，目前快递行业从业人员存在两大核心问题，一是一线员工学历水平低，综合素养有限，在工作中存在客户投诉等情况；二是高层次专业知识人才缺失，原因在于物流、邮政快递相关专业设置少，且以大专为主，本科、硕士研究生、博士研究生在培养数量与质量上均存在不足。有鉴于此，针对快递从业人员可从下沉与上潜两个视角出发，下沉是指做好快递基层员工的学历提升计划，通过政府、社区与企业网点合作，共同探索相关标准与课程设计，着重关注综合素质、通用基本能力培养，应对快递基层从业人员在工作上遇到的各种基本问题，诸如职场心理调适、基本行业规范、人际沟通技能、读写计算能力等。上潜是指政府、院校与企业就中高层员工开展高学历研究应用型人才培养，结合行业发展特征构建复合型知识体系，开发多层次、系统化的人才培养方案，补给综合性理论知识，树立研究应用意识，着重提升企业、区域网点核心问题的洞见、解决与反思能力。

（二）工作场所学习——专业技能

在文献回顾与实地考察过程中，对于快递从业者的培训与晋升，各个企业、组织有所不同。基层快递员多表示“培训期短，不实用”，“上岗前没什么培训”，“新员工培训一般 7~15 日，质量情况因人而异”，“看不到希望，不知道再往上是什么工作”[33]。培训脱离员工需求、职业发展通道不畅制约快递行业人力资源的稳定性。企业和行业协会应当承担起对快递从业者的专业技能培训，通过与国家发布的快递从业资格、国家资格对照，制定符合不同阶段、不同岗位的技能培训计划，融入场景教学、互动教学和跨岗位系统的培训方法，引导员工参与培训并反馈效果。另外，可将培训课程设计与职业晋升通道连通，将培训与晋升直接挂钩激励员工，从激励、保健双侧带动专业技能的提升。在开展培训工作时，需就员工需求分析、工作分析与设计、公司战略发展三方面内容综合设计培训项目，尤其对于伴随电商行业发展而瞬息万变的快递行业，为争取市场份额，战略调整、业务更新不在少数，这便需要培训项目将业务模式与基层网点、职业划分、工作职责定位结合，做到上下通力配合。

（三）城市融入与权益保障——基本生活技能

同前两方面相比，快递员的城市融入与权益保障更需加强多方位的协调配合。基于快递小哥的人群分析，在该方面可由政府、社区、企业牵头开展三项重要内容。第一，城市、社区基本生活指南计划。将城市与社区基础设施使用指导、部门组织指引、文旅活动等信息通过手册、宣传片、邻里相传等方式传递给快递小哥，帮助其更好地理解城市、理解社区、理解身边的人群，以提高认同感与归属感。第二，社会保障与快递行业劳动合同基础知识课程。以通俗易懂的方式开发劳动保障方面的基础课程，就基本社会保险、劳动合同重要条款内容进行引导，帮助辨别劳动关系陷阱与纠纷。第三，维权意识与维权渠道面面观。以快递行业相关案例讲述树立维权意识、明晰维权渠道的重要性，帮助基层快递从业者转变观念，维权不是"没事找事"，而需诉诸正确维权渠道。

综合而言，任何一个行业的发展离不开人，快递行业的发展潜力来自从业人员的能力跃迁，但从实践来看，快递行业的人才发展，尤其一线员工的职场生存与个人发展与所在企业密不可分，除了在教育方面介入干预之外，还需对企业人力资源管理部门加强监管，重视员工的基本生存与发展境遇。

参考文献

[1] 国家邮政局.2021年12月中国快递发展指数报告［EB/OL］.（2021-12-31）［2022-01-06］. http://www.spb.gov.cn/xw/dtxx_15079/202112/t20211231_4111020.html.

[2]［28］崔逸凡，韦凌云.邮政快递行业人才需求与人才培养分析［J］.物流技术，2017，36（9）：185-188.

[3] 中国邮政快递报社.无处不在［M］.北京：中信出版社，2019：5.

[4] 国家统计局.2017年国民经济行业分类.（2017-09-29）［2022-01-08］. http://www.stats.gov.cn/tjsj/tjbz/hyflbz/201710/t20171012_1541679.html.

[5] 艾瑞咨询.中国物流服务行业研究报告（2019年）［R］.北京：中国学术期刊电子出版社，2019.

[6] 国家邮政局.快递服务基本用语［EB/OL］.（2011-12-30）［2022-01-08］. http://www.spb.gov.cn/ftp/1_jibenshuyu.pdf.

[7]［23］中国快递协会.协会介绍［EB/OL］.（2022-01-08）［2022-01-08］. http://www.cea.org.cn/about/index.html.

[8] 中国新华社.中国快递业务量连续5年居世界第一［EB/OL］.（2019-11-08）［2022-01-08］. https://finance.sina.com.cn/chanjing/cyxw/2019-11-08/doc-iicezuev8166836.shtml?cre=tianyi&mod=pcpager_news&loc=5&r=9&rfunc=76&tj=none&tr=9.

[9] 国家邮政局.国家邮政局关于2020上半年邮政行业经济运行情况的通报［EB/

OL］.（2020-07-30）［2022-01-09］. http://www.spb.gov.cn/xw/dtxx_15079/202007/t20200730_2846910.html.

［10］李彦甫 . 我国快递行业发展综合研究［J］. 物流工程与管理，2019，41（3）：1-6.

［11］企查查 . 我国 1—10 月新注册 1.5 万家快递企业［EB/OL］.（2020-11-09）［2022-01-09］. https://kuaibao.qq.com/s/20201109A0DB1G00.

［12］赵玉洲，郭冬芬 . 我国快递行业发展问题研究——基于快递行业基础数据的分析［J］. 价格理论与实践，2019（8）：145-148.

［13］张苹 . 我国快递行业存在的问题及监管研究［J］. 政法学刊，2015，32（1）：41-46.

［14］新京报网，李大伟 . 圆通快递多位“内鬼”贩卖公民个人信息，40 万条公民个人信息被泄露［EB/OL］.（2020-11-17）［2022-01-09］. http://www.elecfans.com/d/1384110.html.

［15］方奕，王静，周占杰 . 城市快递行业青年员工工作及生活情境实证调查［J］. 中国青年研究，2017（4）：5-11.

［16］陈伟，吴宗法，苏道明 . 加盟式快递公司内部激励问题研究［J］. 华东经济管理，2016，30（9）：165-170.

［17］［37］周占杰，朱晓宇，张肖婧 . 快递员的工作激情与工作—家庭平衡关系研究［J］. 中国青年研究，2017（4）：20-27.

［18］王星，韩昕彤 . 新兴职业群体的权利保障与社会排斥——基于天津市“快递小哥”的调查分析［J］. 江海学刊，2020（3）：105-110.

［19］丁天明 .“云”时代民营快递物流人才流失及对策研究［J］. 物流技术，2014，33（21）：93-95.

［20］张健 . 阿里小邮局对电子商务物流人才培养的作用与创新探析［J］. 物流技术，2013，32（7）：286-288.

［21］［24］［25］中国邮政快递报社 .2019 年全国快递从业人员职业调查［EB/OL］.（2020-01-11）［2022-01-10］. http://www.199it.com/archives/996691.html.

［22］国家统计局 .2019 年农民工监测调查报告［EB/OL］.（2021-04-30）［2022-01-10］. http://www.stats.gov.cn/xxgk/sjfb/zxfb2020/202104/t20210430_1816937.html.

［26］［30］中国物流与采购联合会，中国物流信息中心 . 中国电商物流与快递从业人员调查报告（2017 年）［R］. 北京：中国学术期刊电子出版社，2017.

［27］上海学习网 . 为创新驱动加油人才引擎——上海市全面推进“百万在岗人员学力提升行动计划”［EB/OL］.（2016-11-30）［2022-01-10］. https://www.sohu.com/a/120307140_559657.

［29］双一流大学网 . 快递从业人员中近四成为大学生，高学历者在薪资、晋升通道上都有优势［EB/OL］.（2020-07-28）［2022-01-10］. http://www.xbjcyc.cn/jiuye/186226.html.

［31］［38］［39］［43］陈昕苗，程德兴．浙江省“快递小哥”调研报告［J］．中国共青团，2019（3）：22-24.

［32］［40］方奕，王静，周占杰．城市快递行业青年员工工作及生活情境实证调查［J］．中国青年研究，2017（4）：5-11.

［33］赵莉，刘仕豪．“风雨极速人”——北京市快递员生存现状及角色认同研究［J］．中国青年研究，2017（6）：75-81.

［34］何玲．城市快递员离职现象探究——基于工作满意度与组织承诺的关系视角［J］．中国青年研究，2017（4）：12-19.

［35］王艺璇．城市快递小哥的职业流动及其影响因素——基于劳动力市场分割理论的实证研究［J］．中国青年研究，2019（8）：12-18.

［36］林原，李晓晖，李燕荣．北京市快递员过劳现状及其影响因素——基于 1 214 名快递员的调查［J］．中国流通经济，2018，32（8）：79-88.

［41］廉思，李颖．城市快递小哥居留意愿的影响因素研究——基于自我决定理论视角的考察［J］．当代青年研究，2019（5）：25-31.

［42］张艳斌．为梦负重前行：快递小哥的成就及其限度［J］．北京社会科学，2019（7）：84-91.

成人教育助力直播电商行业发展探析

吕航莎*

摘　要：疫情发生以来，直播电商以其依托互联网媒介的特点，成为销售行业的新常态。但在快速发展的同时，直播电商行业也暴露出诸多发展困境问题：商品品质保障的缺乏；道德失范问题频现；流量失衡，强者恒强；直播专业知识的欠缺。因此，直播电商行业亟须找到一条健康发展、持续发展、高质量发展的道路。在此过程中，成人教育应承担其社会责任，助力行业发展：开展道德教育，提升人员素质；加强技能培训，增强行业专业性；开发特色项目，加强文化内涵。

关键词：直播电商；发展困境；成人教育

在新冠肺炎疫情的冲击下，人口就业和经济发展均受到严重影响，但2016年发展起来的新兴行业——直播电商，却在疫情期间推动了"宅经济"的发展，拉动了多个行业的复苏，呈现逆势发展。直播电商行业作为目前的"经济新星"，在推动经济发展的过程中具有十分重要的意义。但是它在高速发展的同时，面临着行业乱象丛生的挑战，可见，直播电商行业亟须优化发展路径。行业的发展立足于人的发展，因此，重视从业人员的发展与规范问题显得尤为重要。

教育部副部长鲁昕在2011年度全国职业教育与成人教育工作会议上的讲话指出：重点支持政府、行业组织、示范学校和覆盖行业的企业牵头举办行业型、区域型职业教育集团，探索产权制度改革，促进"利益链""产业链"和"教学链"融合，努力使集团化办学成为产教结合、校企合作的有效

---

* 吕航莎，华东师范大学职业教育与成人教育研究所硕士研究生，主要从事社区教育、家校社合作研究。

实现形式[1]。成人教育在提升成人的综合素养上具有重要作用，因此成人教育要主动担起社会责任，助力实现跨界融合、跨学科融合，大胆探索和改革人才培养模式[2]。

一、直播电商行业发展状况

（一）定义与特征

直播电商是互联网时代的产物，对当前经济发展具有重要的作用。中国商业联合会《视频直播购物经营管理和服务规范（征求意见稿）》对直播电商定义为：结合“直播”和“电商”而产生的一种通过互联网信息网络，以直播的方式销售包括实体和虚拟商品在内的经营活动，进而达到通过 KOL①或主播引流，销售商品或营销推广的目的[3]。由于直播电商是近几年的新兴产业，目前学界还未形成直播电商的公认定义。王宝义认为，直播电商是在移动互联时代，利用网络直播方式引导消费者购买相关产品或服务的电子商务创新模式[4]。许向东认为，直播电商是集线上支付、物联网、高清 VR 等技术为一体的产物，其运行过程中涉及多方主体[5]。李淑、黄馨如认为直播电商是指多元主体（如网络主播、品牌代言人、媒体人、公务人员）借助社交媒体或电商平台，以直播的形式销售产品，并与用户进行实时互动的营销模式[6]。对文献的梳理发现，当前对直播电商的理解倾向于认同它是多元主体下“直播”+“电商”的新型营销模式，主要以电商为核心，直播为新路径，是“人货场”三要素的优化升级。从形式来看，直播电商本质上是以直播为载体进行流量变现以达到销售目的的营销手段，是网络直播与电商行业的有机融合，相对于以往传统电商而言是一种全新形式；从需求角度来看，直播电商本质是消费的升级，其背后其实是用户需求升级。在当前物质极为丰富的背景下，之前单纯依据商品价格和商品的功能参数去判断的消费行为方式已经过时，用户更关注整个消费过程中的精神体验，且越来越多的用户希望获取更多的知识性、专业性的信息内容来为购买行为作决策参考[7]。即在直播电商中获取的是一种精神上的需求，它通过消费引导，让商

---

① Key Opinion Leader，关键意见领袖，即拥有更多、更准确的产品信息，且为相关群体所接受或信任，并对该群体的购买行为有较大影响力的人。

业与情感的传递、人性的结合更为紧密，进而更好地满足了用户的需求。由此可见，直播电商并非是电商的简单升级，而是一种基于电商的消费需求的转换。

直播电商作为互联网时代下的新兴产业，具有时代赋予的独特性。一是实时互动性。一方面，它通过视频直播的形式呈现商品内容并与用户进行实时互动，加之主播对商品全方位的动态展示，在一定程度上规避了商品虚假宣传的风险；另一方面，通过主播对商品的介绍、描述以及对消费者问题的互动回答，商品信息实现“语言化”，相较图文形式，更易被消费者捕捉和接受，商品逻辑也从传统的“人找货”转变为“货找人”。二是多元主体性。当前直播电商的主体不再局限于电商平台、网红明星和品牌方，政府、媒体、地方官员均试水直播电商，形成了其多元主体的特点，如2020年4月6日，央视主持人朱广权联手网红主播，2小时直播卖出4 000多万元的产品，此外还有大批的市长、县长、乡长变身主播推广当地农副产品，成效显著[8]。三是休闲娱乐性。购物行为在某种程度上是一种避免乏味和单调的应对机制，当个体感觉难过或厌倦时，倾向于通过浏览商品来消磨时间而非从事特定活动，并且购物的过程能够使人们的消极情绪被积极情绪所取代[9]。传统电商基于网页、平台购物，缺乏购物过程的互动性和情感性，而直播电商通过实时互动性和场景多元化满足了消费者群体在购物过程中的娱乐性。这一过程中，他们不仅能与主播建立联系，而且能和其他买家进行实时交互。

（二）发展历程

“直播电商”最早于2012年作为“体验经济”的新形式出现，以手机或计算机为传播媒介，在互联网直播平台上播放实时拍摄的视频，并同步进行促销活动。从2014年起，美国的星巴克、脸书等企业均通过“直播电商”，极大地推动了新业务的开展。东南亚多个国家的商家也通过“直播电商”，全方位地演示了产品的实际使用场景，实时解答了消费者的各种疑问，加速了客户的即时购买行为[10]。2016年，中国的直播电商行业萌芽。2020年，新冠肺炎疫情阻碍了大部分行业的发展，直播电商却迎来了它的爆发期。

（1）萌芽期（2016年）。电商平台与短视频平台陆续上线直播功能，短视频平台开始了电商、付费等多种商业模式的尝试。如快手平台于2016年1月上线直播功能，3月蘑菇街在全行业率先上线视频直播功能，成为直播电商首创者，同时淘宝直播试运营，5月正式推出淘宝直播平台，9月京东也上线直播。

（2）起步期（2017年）。主播身份逐渐多元化，从明星网红向素人拓宽转移，同时直播品类向多元化发展。2017年7月，苏宁APP正式上线直播功能，11月抖音上线直播功能，同月淘宝直播单日直播场次规模上万，单日累计观看人次破亿。

（3）成长期（2018年）。直播频道在各内嵌平台的重要性逐渐上升，各大平台转型并退出“内容补贴”战略，扶持内容创作，建设自有供货平台。快手、抖音等短视频及社交内容平台入局，以直播撬动流量变现。2018年3月，抖音正式尝试直播电商，5月上线店铺入口，12月购物车功能正式开放申请；2018年8月，京东时尚在“京星计划”中推动直播带货。从跳转第三方购物平台模式到自建商品平台模式，短视频及社交平台依靠强大的先天流量优势，为直播电商摁下加速键。

（4）爆发期（2019年至今）。“头部主播”频出，直播带货兴起，行业进入爆发期，交易额高涨，运营模式精细化，供应链建设也得以强化。2019年4月，微信试运营直播电商，11月天猫双11淘宝直播引导成交额近200亿元，参与直播的商家已经超过50%，2020年在全面建成小康社会及新冠肺炎疫情影响全球经济的大背景之下，为了推进复工复产、刺激消费，部分政府官员、企业家等各方人士也纷纷加入特色产品直播带货的行列，为推动全国经济的发展注入了一股蓬勃的力量[11]。

（三）产业链

1. 传统电商产业链

传统电商产业链的特点是以平台为核心，目前增长逐渐放缓。传统电商产业链中，上游为各类品牌商、小卖家，中游为电商平台，联合合作方提供展示、营销、运营、交易、物流等服务，下游为消费者。传统电商借助渠道去中间化、购物体验便捷等快速成长起来，但也面临消费者体验较差、退货率高、商家营销成本逐渐提高等问题，从平台角度网购占据用户时间较短，流量天花板有限，行业流量增长逐渐放缓[12]。

2. 直播电商产业链

直播电商产业链可以分为供货、直播、平台和用户四个主要环节。从上游看，以商品供货方为核心，包括品牌方、批发商、工厂等。工厂从品牌方获得订单，为各品牌制造产品。行业中游包含直播机构、服务商。其中，直播方分为 MCN 公司（网红经纪公司）和主播两部分。通常而言，主播会与 MCN 公司签约，公司为主播提供产品、广告和团队资源，帮助其获得更多收入，从而从中抽成。行业下游指直播平台及流量平台，目前常见平台有四类：传统电商平台（如淘宝、京东、拼多多）；购物分享社区（如小红书）；直播、短视频平台（如抖音、快手和一直播）；传统社交平台（如微博、微信）。一般主播在社交类平台发布内容信息，逐渐积累粉丝基数，并慢慢在某一特定领域成为 KOL。当前的网红带货也主要是 KOL 基于其特定领域的审美优势向粉丝群体进行定向营销，从而实现产业链条的盈利。

（四）发展现状

直播电商在提高购买转化率和营销效率方面具备显著优势，可帮助商家推动销售规模增长；电商平台为商家或主播提供培训、流量扶持等，并从中获取佣金，提升平台变现率[13]。自 2016 年我国直播电商购物模式面世以来，行业交易规模开始以高增速发展。2017 年我国电商交易规模仅 209.3 亿元，但随着 2018 年、2019 年淘宝、京东等各大网购平台的入局，市场潜力开始充分挖掘，2019 年我国直播电商交易规模达到 4 512.9 亿元，同比增长 200.4%。与此同时，直播电商在网络购物的比例持续增长，从 2017 年的 0.3% 增长到 2019 年的 4.5%。预计 2020 年直播电商市场持续增长到 2022 年开始出现饱和，预计 2022 年直播电商交易规模将达到 28 548.3 亿元，直播电商在网络购物中占比将提升至 20.3%[14]。从行业大盘流量数据来看，2020 年 10 月，直播电商总观看次数达到 249.09 亿次，同比增长 1.48%；开播主播总数 11.44 万人，其中店铺主播占比依旧最大，而达人主播数量则从 8 月份的 0.69 万家降低到 10 月的 0.49 万家，占比 33%。根据 CNNIC 的数据，2020 年 6 月网络直播整体用户规模达 5.62 亿人，考虑重合用户，秀场直播 / 游戏直播 / 直播电商用户规模分别为 1.86/2.69/3.09 亿人，直播电商已经成为用户规模最大的直播形式。再参考阿里研究院和毕马威的数据，2021 年直播电商市场规模近 2 万亿元，直播已成为电商必备[15]。

目前，直播电商的发展逐渐呈现以下三个特征。

1. 明星网红入驻：直播电商与网红经济深度融合

目前大部分直播电商形态是“粉丝”变现，明星和“网红”把他们的天然流量带入电商体系，“粉丝”的黏性与活跃度提高了整个平台的活跃度。同时，由于明星的进场多半得到品牌、MCN 机构、平台的帮助，加速了明星直播电商的发展。明星参与商业直播比较常见的方式是间接推销，可能由代言品牌方促成，也可能是参加综艺的打包项目。2019 年 1 月份，淘宝直播推出明星直播周，高露、苏青等明星，都入驻淘宝直播。官方数据显示，在苏青 1 小时的直播中，观看人数 23 万，直播 56 分钟销售额达 25 万元。另一种比较常见的形式是，明星空降网红主播直播间进行联播。2019 年 6 月 12 日，某明星出现在“淘宝直播一姐”的直播间。据官方数据，这场直播 1 秒钟销售额 88 万元，3 秒卖了 2 万多件库存[16]。这样的方式对明星、主播与品牌来说是三方共赢，主播和明星可以同时获得高曝光和话题，品牌也可以因此获利。

2. 农户变主播：直播电商带动贫困地区经济发展

疫情使得线下实体销售场景受限，线上零售对消费的促进作用提升。作为线上零售的重要方式，直播电商兼具经济、社会效益。2020 年一季度，新冠肺炎疫情对国内多个行业造成较大的冲击，但农产品网络零售额逆势增长，达 936.8 亿元，同比增长 31.0%，其中，肉禽蛋、粮油和蔬菜的增速均在 70% 以上；全国 832 个国家级贫困县网络零售额达到 277.5 亿元，比全国网络零售增速高 14.1%；一季度全国农产品直播电商超过 400 万场[17]。从数据上来看，直播电商在推动区域经济发展上起了重要作用，2020 年辽宁省营口市在直播电商领域布画了一张三年蓝图，当地的特色产业、重点商圈乃至传统文化，都将与直播电商“牵手”。根据《营口市直播电商发展行动计划（2020—2022）》，其下辖的盖州市将重点围绕柞蚕、苹果、葡萄、绒山羊、海蜇等特色主业发展直播电商；大石桥市将重点围绕大米、小米、大红袍李子、南果梨、河蟹等特色主业发展直播电商平台。直播电商逐渐成为区域经济发展的新动力，也成为助力脱贫攻坚的新引擎[18]。

基于此，国家和地方政府纷纷出台政策，以政策导向发展直播带货。为了带动当地实体经济增长，目前多地已出台直播电商行动方案（见表 1），电视台以地方资源为内容供给，加之平台优势，在政策 + 内容 + 资源优势助推下，发展直播带货业务空间较大。

表 1　部分地区的“直播电商”政策

地区	政　　策	主　要　内　容
北京	《北京市促进新消费引领品质新生活行动方案公布》	搭建对接平台，推动直播卖货等新模式；组织老字号依托电商平台开展专场直播、网上促销活动
上海	《上海市促进在线新经济发展行动方案（2020—2022 年）》	鼓励开展直播电商、社交电商、社群电商、“小程序”电商等智能营销新业态；到 2022 年末，将上海打造成具有国际影响力、国内领先的在线新经济发展高地
四川	《品质川货直播电商网络流量新高地行动计划（2020—2022 年）》	聚焦“直播电商 + 特色产业”“直播电商 + 县域经济”“直播电商 + 反向定制”“直播电商 + 扶贫”等 8 个方向；将在 2022 年实现直播带货销售额 100 亿元，带动产值 1 000 亿元。这是全国首个省级直播行业发展计划
广州	《广州市直播电商发展行动方案（2020—2022 年）》	到 2022 年底，推进实施“个十百千万”工程：构建 1 批直播电商产业集聚区、扶持 10 家具有示范带动作用的头部直播机构、培育 100 家有影响力的 MCN 机构、孵化 1 000 个网红品牌（企业名牌、产地品牌、产品品牌、新品等）、培训 10 000 名带货达人（带货网红、“网红老板娘”等），将广州打造成为全国著名的直播电商之都
重庆	《重庆市加快发展直播带货行动计划》	围绕国际消费中心城市与数字经济创新发展试验区建设，积极发展直播电商，大力实施电商直播带货“2111”工程，到 2022 年，全市打造 20 个以上产地直播基地，至少发展 100 家具有影响力的直播电商服务机构，孵化 1 000 个网红品牌，培育 10 000 名直播带货达人，力争实现直播电商年交易额突破百亿元，将重庆打造成为直播应用之都、创新之城
济南	《大力发展电商经济打造直播经济总部基地的实施方案》	以建设“新媒体之都”、打造中国（济南）短视频双创基地为支撑，整合新媒体产业链，优化配置行业资源，着力打造一批直播经济基地，建设一批产业直播经济集群，培育引进 20 家以上全国知名的直播、短视频经济总部，100 家以上具有影响力的 MCN 机构，300 个以上网红品牌，5 000 个以上直播间，10 000 名以上直播电商带货网红达人。经过 2～3 年的努力，实现电商直播带动线上、线下成交额达 1 800 亿元，占比全市社会消费品零售总额 30% 以上，推动直播、短视频制作产业成为济南市重要新兴产业，将济南打造成全国著名的直播经济总部基地

续 表

地区	政　　策	主 要 内 容
菏泽	《菏泽市直播电商发展行动方案（2020—2022 年）》	2022 年底，菏泽市将构建 10 个直播电商产业集聚区、扶持 50 家具有示范带动作用的 MCN 公司、孵化 100 个网红品牌（企业名牌、产地品牌、产品品牌、新品等）、培育一批网红带货达人，将菏泽市打造成为长江以北知名的直播电商发展高地

资料来源：2020 年 MCN 行业新趋势报告：电视台系 MCN，https://max.book118.com/html/2021/0524/5322221221003232.shtm.

3. 综艺遇上直播：直播电商开启发展新生态

在直播电商兴起后，以优酷、爱奇艺、腾讯为首的三大视频平台开始布局自己的带货节目，大批节目在 2020 年上线。但这次的布局和之前已经完全不一样，如果说以前强调的是"综艺 + 直播"，是网综对内容形式上的探索，那么现在则是平台对"直播"的观察，倾注资源之后，由视频平台联动自身生态优势，加码 IP、人设、消费强联系的直播变现赛道[19]。综艺逐渐成为"直播电商"的外包装，这类综艺以"卖货"为核心，结合文化和流行趋势，将内容和销售勾连在一起。一方面兼顾网络综艺的优势，另一方面趋向更圈层的人群，为他们打造"文化消费"，同时在综艺招商之外，又增添了直播电商的创新模式，拓宽了长视频的内容消费场景。这些内容打出了"直播电商"的口号，以平台自有的商品商城，不遗余力地将内容 IP 化，攫取注意力经济下的圈层价值。而一批影视公司的入局，更将这种现象推向高潮，强调"带货"的综艺产品受到大家青睐[20]。但是从播放情况来看，这类综艺（见表 2）还是免不了明星的"粉丝效应"，直播电商综艺能否长久发展还有待商榷。

表 2 "直播电商"综艺

平　　台	节 目 名 称	节 目 类 型
爱奇艺	我是带货官	网红职场观察
	红人日记	网红真人秀
	潮流合伙人 2	明星经营

续 表

平　　台	节　目　名　称	节　目　类　型
腾讯视频	口红王子 3	美妆真人秀
	代号 K 计划	高能商战
优酷	颜力美妆店	明星经营
	花花淘花铺	现实版清空购物车
	爆款来了 2	买手对决
	有间咸鱼铺	旧物经营
芒果 TV	女人的秘密花园	翻包类真人秀
	来自手机的你	脱口秀

二、直播电商发展困境

（一）商品品质保障的缺乏

随着直播电商的蓬勃发展，平台不可避免地暴露出一些缺点。从消协的调研数据看，直播电商用户购物全流程的整体满意度低于 80%，其中宣传、商品质量和售后服务满意度相对较低（见图 1）[21]。

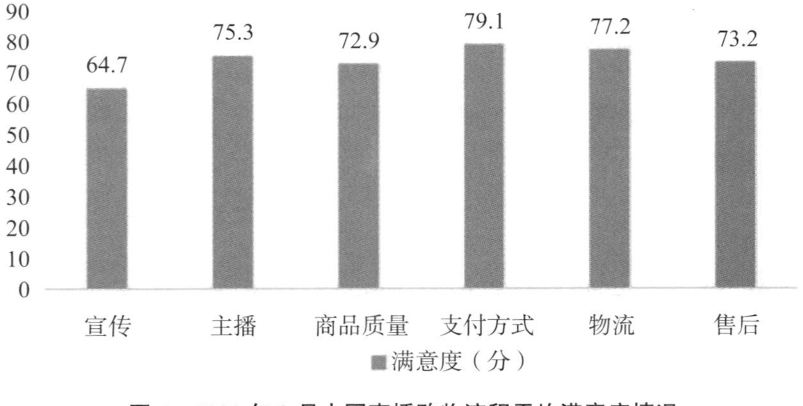

图 1　2020 年 2 月中国直播购物流程平均满意度情况

数据来源：艾媒报告 2020 年 H1 中国直播电商平台生态链布局及典型案例数据分析报告，https://www.iimedia.cn/c1020/71410.html.

同时，由于商品质量问题，频发翻车事件。如被罗永浩带货“爆单”的信良记小龙虾因发布虚假广告遭处罚，欧莱雅也因不明确的商品阐述被开罚单，很多直播间在售出商品后拒绝提供售后服务等现象也比较常见。中国消费者协会调查发现，直播电商存在夸大宣传以及消费者冲动消费严重的问题。这些都影响着直播电商的健康发展。

（二）道德失范问题频现

从直播电商的发展历程中可以看出其发展速度之快，行业快速发展的背后就隐含着一系列规范体系建设的问题，如果处理不好，则会暴露出一系列影响行业健康发展的问题。如 2021 年 12 月 20 日，浙江省杭州市税务部门经税收大数据分析，发现主播黄某偷逃税款 6.43 亿元，践踏了道德底线和法律的边界。除此之外，直播电商还暴露出从业人员道德示范问题。当前，直播电商并没有形成完整的价值规范体系，很难对直播人员或主播进行思想和行为的指导。在盈利的冲动下，主播极易言行越位、道德失范；同时，因互联网的虚拟性，个人的思想行为很容易与社会规范相背离。当前的道德失范问题主要表现为产品销售层面的数据造假和内容传播层面的言论失范。数据造假方面主要涉及刷单欺骗性行为，比传统电商刷单更具危害性的是直播电商在实时状态下展现直播效果的火爆，而刺激消费者进行不理智消费，同时也带来了一系列灰色产业、诈骗等。言论失范方面主要涉及不少主播缺乏道德素养，在直播过程中出现言语不当甚至极端言论状况，而直播电商的实时互动还加大了网络舆情的监测工作，因此在预防和治理方面都具有挑战性。

（三）流量失衡，强者恒强

直播电商浪潮迭起，但是拥有大流量的头部主播和普通主播之间产生了严重的两极分化。很多明星也突然扎堆直播市场，如王祖蓝在快手上直播 12 分钟卖出 10 万份面膜，成交额达 660 万元；谢霆锋带着他的美食品牌锋味入驻快手，售卖贵刁粽子；郭富城与快手电商达人辛巴合作，5 秒卖出 5 万瓶洗发水等[22]。头部主播效应导致普通主播生存空间被挤压，生存艰难。“有些小主播卖不出货，自己饭钱都没有赚回来”是当前不知名小主播面临的真实情况，头部主播在流量和竞争力上远高于其他主播，因此头部主播对外的竞争压力较小，优势十分明显。基于这种情况，造成流量、粉丝和收入向头部主播集中的马太效应越来越明显[23]。

（四）直播专业知识的欠缺

任何一个行业，都有其专业知识的储备，需要长期积累丰富的行业经验。主播作为一个新兴高利职业，因较低的门槛和前期的低投入、后期的高收入高名气，受到越来越多年轻人的青睐，一时间主播数量犹如井喷一般。我国网络娱乐类应用用户规模保持高速增长，2018 年《中国互联网络发展状况统计报告》显示，我国网络直播用户在 2017 年底已达 4.22 亿人，年增长率达到 22.6%[24]。这种快速转型导致从业人员对行业的熟悉度和专业度都不够。另一方面，中小主播需要系统的技能培训才能在直播电商中获得机会。主播的长期发展需要专业团队的支持；但目前直播电商培育基地紧缺，对有兴趣从事直播电商的人缺乏指导。

三、成人教育助力直播电商行业发展的路径

（一）顶层支持：完善法律法规，规范行业发展

首先，要健全行业规范和相关法律法规。直播电商在发展的过程中，消费者合法权益受到侵害的问题也层出不穷。根据中国消费者协会发布的《直播电商购物消费者满意度在线调查报告》，担心“商品质量没有保障”和“售后问题”的消费者占比分别为 60.5% 和 44.8%，有 37.3% 的消费者在直播购物中遇到过消费问题。这些问题的背后反映了直播电商行业缺乏规范，如果忽视这个漏洞，行业将无法平稳健康地发展。因此，一方面政府应建立和健全相关法律法规，使得直播电商规范化发展。我国 2020 年 7 月 1 日颁布并实施了全国首个关于网络直播电商的专门自律规范——《网络直播营销行为规范》，在此基础上，各地方政府也应根据实际情况出台新规。另一方面，各地方行业协会以及各平台应认真贯彻落实相关法律法规，使政策能真正起作用。当前虽已颁布行业规范，但是未见大的成效，虚假信息和直播翻车问题依然严重，这说明法律法规还未从字里行间走向现实情境。

其次，要健全直播电商继续教育法律法规。《国家中长期教育改革和发展规划纲要（2010—2020 年）》明确提出：将继续教育纳入区域、行业总体

发展规划；加快继续教育法制建设；健全继续教育激励机制，推进继续教育与工作考核、岗位聘任（聘用）、职务（职称）评聘、职业注册等人事管理制度的衔接[25]。目前直播电商行业在发展中对员工的继续教育并不重视，其继续教育体制机制的建立更显欠缺。为提高员工的综合素质，一方面需要通过加强直播电商行业继续教育法制建设来明确员工参与继续教育的权利、义务、途径和成果认定；另一方面，行业本身的发展要重视员工的继续教育，构建适应直播电商人才培养要求的培训体系。

（二）健康发展：开展道德教育，提升人员素质

直播电商比传统电商更具有传播性，若不重视道德失范问题，将导致直播粗俗化、问题化，这对社会的发展具有危害性。因此，成人教育应对此有所作为，使直播电商从业人员的发展符合道德规范。首先，要注重从业人员的文化知识教育，发展他们的理性意识，加强其文化素养。其次，要注重从业人员的权利与义务的教育，即他们该做什么、不该做什么、怎么做，成人教育要使从业人员具备权利保护意识，同时也使他们明确自己应尽的义务，帮助其树立责任意识、政治意识和服务意识。最后，要注重直播电商从业人员的职业道德教育，可以通过开展道德失范案例评析活动，使直播电商从业人员从中受到警示，进而反省自身；也可以开展相关道德实践活动，加强他们的公德意识，以确立科学的网络直播观和道德规范观。

（三）持续发展：加强技能培训，增强行业专业性

在“人人皆可为主播”的背景下，直播电商出现了主播专业素质参差不齐的现象，加深了直播电商行业的“马太效应”，严重影响了直播电商的持续发展。成人教育应肩负起对直播电商从业人员的教育培训，同时，部门和行业要继续大力发展职业教育和成人继续教育，主动为行业发展服务，坚持创新教育培训理念，创新机制和制度，注重提高教育培训质量，打造行业企业教育培训的优秀品牌[26]。

首先，政府应继续加强对直播电商从业人员的职业支持，以提升社会对该行业的认同度以及从业人员自身的身份认同感，使直播电商行业走向品质化、规范化。这一方面，我国已迈出了第一步。2020 年 7 月 6 日，人力资源和社会保障部向社会公布了一批新职业，其中就有互联网营销师，而直播

销售员就是互联网营销师的一个新工种，这意味着“带货主播”正式获得国家认定。此外，各地纷纷出台支持培育互联网销售人才的政策和举措：杭州市余杭区出台政策，有行业引领力、影响力的直播电商人才通过联席认定，最高可享受 B 类人才（国家级领军人才）待遇；上海市崇明区 2020 年第一批特殊人才引进落户名单公示，电商主播在列具有鲜明的象征意义；山东成立新媒体产业学院，致力于培养直播电商技能型人才；杭州打造直播电商产业基地，计划培育 5 000 名带货达人。

其次，利用学校资源，构建特色专业体系。一方面，高校可以根据直播电商行业的发展需要，开设相关专业以培养专业人才，如浙江义乌一高校已开设了直播电商课程，学生成立工作室体验主播、运营、选品等一系列流程。另一方面，成人院校也应根据实际情况开发直播电商相关专业，满足岗前培训、转型培训以及在职培训的需要，提升专业素养和职业道德。

最后，加强校企合作，共同搭建专业直播电商的培育基地，形成直播电商生态链。教育培训不仅可以提升从业人员群体的素质，也可以为中小主播争取生存空间。

（四）高质量发展：开发特色项目，加强文化内涵

当前直播电商同质化竞争严重，一方面表现为行业范围小、内容单一，另一方面表现为主播推销方式的单一。审美疲劳会使得直播电商很难向上发展，因此，直播电商应追求差异化发展，根据地区文化打造特色品牌，向高质量发展。成人教育是我国教育事业发展的重要构成，也是中国特色社会主义文化传播和发展的重要阵地；作为地方文化的推动者和发展者，成人教育扮演着十分重要的角色[27]。一方面，人才培养过程中要注重地方文化的挖掘，加强文化底蕴，开展直播电商跨界合作，探寻文化价值。如 2017 年 6 月 6 日—18 日，花椒直播举办了主题为“传承匠新——非物质文化遗产巡播”第一季，开启了“直播 + 非遗 + 电商”模式的初步探索。在此次非遗巡展中，花椒直播了“玉雕”“龙泉剑”“古法制香”等十余个“非遗”项目及其传承人的现场活动，吸引了超过 700 万网友的观看，并为手艺人带来百万订单收入，对于新形势下的“非遗”传承与传播起到了良好的示范作用。另一方面，要探索职业人才培养的新方向，促使直播品类向外延伸，如开启直播电商扶贫新模式，激活区域经济发展活力。

参考文献

[1] 张洪军.实现行业教育健康发展的路径分析[J].中国成人教育，2013(16)：19-21.

[2] 李隽.数字经济背景下成人教育新工科人才培养模式探究[J].成人教育，2021，41(4)：78-82.

[3] 直播产业发展概述[EB/OL].(2020-10-27)[2021-10-12].https://wenku.baidu.com/view/5fad1c8f6e175f0e7cd184254b35eefdc8d315ee.html.

[4] 王宝义.直播电商的本质、逻辑与趋势展望[J].中国流通经济，2021，35(4)：48-57.

[5] 许向东.我国网络直播的发展现状、治理困境及应对策略[J].暨南学报(哲学社会科学版)，2018(3)：70-81.

[6] 李舒，黄馨茹.传播学视域下的直播电商：特征、壁垒与提升路径[J].青年记者，2020(30)：43-45.

[7][8] 郭全中.中国直播电商的发展动因、现状与趋势[J].新闻与写作，2020(8)：84-91.

[9] Sundstrom, M., Hjelm-Lidholm, S., & Radon, A. Clicking the boredom away—Exploring impulse fashion buying behavior online[J]. Journal of Retailing and Consumer Services, 2019, 47 (3): 150-156.

[10] 李贤，崔博俊.国内经济大循环视角下的“电商直播”[J].思想战线，2020，46(6)：56-63.

[11] 梅傲，侯之帅.“直播+”时代电商直播的规范治理[J].电子政务，2021(3)：28-37.

[12] 光大纺织服装与化妆品研究团队.直播电商：是昙花一现，还是星火燎原？——直播电商全产业链梳理与成长持续性分析[EB/OL].[2021-10-12].https://pdf.dfcfw.com/pdf/H3_AP202003231376807827_1.pdf?1584975709000.pdf.

[13] 康璐，龙凌波.需求分化，变革加速——零售行业2021年度投资策略[EB/OL].[2021-10-12].https://pdf.dfcfw.com/pdf/H3_AP202101061447762010_1.pdf?1609931129000.pdf.

[14] 2020年我国直播电商现状分析[EB/OL].(2020-11-20)[2021-10-12].https://mp.weixin.qq.com/s/i_3gWoZzpLLzjjHIT5pgBQ.

[15] 陈筱，陈俊希.数字化浪潮迭起，电商SaaS异军突起——SaaS系列报告之一[EB/OL].(2021-02-26)[2021-10-12].https://mp.weixin.qq.com/s/i_3gWoZzpLLzjjHIT5pgBQ.

[16] 小埋.一场直播涨粉120万，卖货超千万！明星直播电商成趋势[EB/OL].(2019-10-08)[2021-10-12].http://www.huodonghezi.com/news-2445.html.

［17］尚文．一季度电商直播超 400 万场［N］．人民日报，2020-05-06（19）．

［18］［19］王月宏．营口：开启电商直播 助力区域经济发展［EB/OL］．（2020-05-12）［2021-10-12］．https://www.sohu.com/a/394614141_205104.

［20］电商直播“综艺化”，能否引发视频平台新爆点？［EB/OL］．（2020-05-28）［2021-10-12］．https://www.sohu.com/a/398351448_436725.

［21］艾媒咨询．2020 年中国直播电商平台发展现状、挑战与趋势全剖析［EB/OL］．（2020-05-12）［2021-10-12］．https://www.iimedia.cn/c1020/71410.html.

［22］［23］赵俊雅，张倩倩．电商直播平台的发展现状与趋势研究［J］．中国储运，2020（11）：127-128.

［24］应吉庆．网络主播的问题与改进［J］．声屏世界，2018（08）：33-34.

［25］李红燕，陈峰，高小军．面向石油行业的继续教育发展趋势与发展路径研究［J］．中国成人教育，2016（20）：151-154.

［26］曹凤余，邓幸涛．远程教育与学习型行业建设——第 16 次“中国远程教育学术圆桌”综述［J］．中国远程教育，2008（1）：5-19.

［27］陈敏．网络时代成人教育与地方文化的互动发展［J］．中国成人教育，2017（15）：114-116.

家政服务行业发展与教育应对

伍小凤 *

摘　要：近年来，我国家政服务业成为第三产业的重要组成部分和扩大就业的重要渠道，呈现信息化水平大幅提高、服务内容日益丰富、品牌化与连锁经营发展的态势。家政服务行业受到越来越多人的青睐，家政服务教育也随之受到广大成人教育工作者的广泛关注。虽然我国家政服务业发展前景较好，不断向着规范化、标准化、现代化方向发展，但在发展中仍存在社会对新兴产业的关注与重视匮乏，用户需求与从业人员供需矛盾突出，家政服务双方主体权责边界不清与极为缺乏专业家政教育工作者支持等诸多现实问题。成人教育若能够抓住这个良好的机遇，定能在家政服务教育方面大有可为。本文基于现状与问题，试图从教育角度探寻家政服务行业发展的突破路径，为促进家政服务行业发展提供启发与建议。

关键词：家政服务业；高质量发展；教育应对；标准化

社会的发展与变化，加快了家庭功能的社会转移速度。中国家庭呈现的巨大变化主要有：家庭结构逐渐松散，家庭规模日趋小型化，“空巢家庭”“丁克家庭”“单亲家庭”“单身家庭”的比例将越来越多[1]。“人口老龄化”问题给社会带来巨大的压力，也对独生子女家庭产生了巨大的冲击，家庭领域面临着前所未有的挑战。家庭领域的新变化，促使需要服务的家庭越来越多，需要服务的领域越来越广，这也为家政服务的发展提供广阔的空间。特别是随着全面放开二孩政策及老龄化的加剧，民众对家政服务的需求量越来越大，家政服务业的重要性在不断凸显[2]。家政服务已成为人们日常生活中不可或缺的部分，其服务质量高低直接影响着现代家庭生活水平的提高。2019 年 6 月出台的《国务院办公厅关于促进家政服务业提质扩容的意

* 伍小凤，华东师范大学职业教育与成人教育研究所硕士研究生，主要从事家校社合作、老年教育研究。

见》指出，要将家政服务专业化、职业化和规范化作为发展目标[4]。目前，我国的家政服务业尚处于初始阶段，其服务水平、规模和管理远远不能适应社会的需要[3]。而家政服务教育的助力，将有利于改变这一现状，可通过培养专业人才及采取各方措施，促进家政服务的规范化与专业化，从而达到提升服务质量与持续健康发展的目的。

一、相关理论与概念

（一）终身教育理论

1965 年联合国教科文组织成人教育局局长朗格朗在联合国教科文组织主持召开的成人教育促进国际会议上，首次提出“终身教育”的理念[5]。随着时代的发展和教育理念的不断更新，国际教育发展委员会的报告《学会生存——教育世界的今天和明天》对终身教育这一理念有了进一步的揭示：“终身教育这个概念包括教育的一切方面，包括其中的每一件事情，整体大于部分的总和，世界上没有一个非终身而非割裂开来的永恒的教育部分[6]。”终身教育具有终身性、全民性、灵活性和实用性的特点，终身教育实现了教育的统一性和整体性[7]。从教育的全民性来看，教育不仅仅为精英服务，更应该平民化，广大的一般民众都有平等接受教育的权利[8]。

在我国，家政服务行业存在家政服务人员的学历普遍较低的情况[9]，社会、个人家庭状况的原因使他们没有办法接受更多的正规学校教育，而终身教育的提出，则为家政服务人员提供了更多的继续学习的机会，从而为家政服务人员指出了一条自我发展与完善的新路程。

（二）概念界定

1. 家政服务

家政服务指将部分家庭事务社会化、职业化、市场化[10]。它是由社会专业机构、社区机构、非营利组织、家政服务公司和专业家政服务人员来承担，帮助家庭与社会互动，构建家庭规范，提高家庭生活质量，以此促进整个社会发展的服务[11]。家政服务行业作为第三产业服务业的重要组成部分，有巨大的市场潜力[12]。1998 年我国劳动部正式制定颁发了《家庭服务员岗位技能标准》，表明了家政服务已作为一种正规的职业得到了政府的承认[13]。

家政服务涉及20多个门类，200多个服务项目[14]。为适应市场需求的多样性，家政服务也呈现出多样化发展态势。传统的保洁、搬家、保姆等项目不断细分，月嫂、陪护、聊天、理财、保健等服务不断成为家政服务的主要内容。目前对家政服务内容趋向多样化，家庭服务项目从过去传统、简单的家庭内部服务，丰富到保姆、护理、保洁、家庭管理，孕产妇护理、接送学生、钟点厨师等全方位服务，而且对所提供的家政服务的要求也呈现出“新、优、精、细”的特点。如月嫂服务，从过去的伺候月子，做饭，洗尿布等，发展到包括婴儿抚触、营养配餐、产妇体型训练、卫生保健、心理咨询等独成一体的精细服务。

2. 家政服务人员

中国劳动和社会保障部颁布的《家政服务员国家职业标准》提及，把家政服务列为国家正式职业，并将家政服务人员定义为：“根据要求为所服务的家庭操持家务，照顾儿童、老人、病人，管理家庭有关事务的人员[15]。”我国家政行业的服务内容呈现三大层次：第一层是提供煮饭、洗衣、保洁等简单劳务的初级型服务，第二层是提供护理、营养、养老、育婴等具有一定技术、知识要求的中级型服务，第三层是提供管家、理财、家庭咨询等功能的高级服务。据其内容的三大层次，家政服务人员也对应有佣家型家政员、智家型家政员和管家型家政员[16]。

这三种类型的家政员涉及服务范围非常广，满足了人民群众日常生活的各种需求。当代的家政人员除了要掌握基本的工作知识和工作技巧外，还需要了解相关的心理学、营养学、家庭学和理财学知识[17]。因而，当代家政服务的内涵和外延都在不断延展，家政服务将作为一个产业、一门学科、一种职业和一系列的教育形式呈现在广大需求者面前[18]。

3. 家政服务教育

要明晰家政服务教育的概念，需要先弄清楚家政教育的定义。家政教育指针对家庭中的事务和问题，传播有关家庭日常生活知识、培养学习者独立的生活能力和使用操作能力的教育[19]。家政教育与人类家庭中的衣食住行等诸方面息息相关，对培养人的实践操作能力、提高人的生活质量起着重要的作用[20]。它通常包括基础教育阶段学校所开展的家政教育课程、高等教育阶段家政学系的专业学科教育和社会中针对成人所进行的家政推广教育。根据教育对象、教育阶段的不同，家政教育分为儿童家政教育和成人家政教育；根据教育形式和教育目标的不同，家政教育又可以划分为普通家政教育和职业家政教育。

而目前，我国通常所讲的家政服务教育一般是指以成人为教育对象的、具有培训性质的职业家政教育，是为成人以后的职业活动做准备的教育。家政服务教育是对那些准备从事家政职业者所实行的家政教育，旨在授予学习者有关家政职业的知识和技能，以便家政服务人员有效地运用在以后的工作中，帮助其增强工作胜任力与提高服务质量。家政服务教育是以就业为导向的准备培训教育，通常实施于义务后教育阶段，主要面向城市下岗职工和农村富余劳动力。

二、家政服务行业发展现状

（一）我国家政服务行业市场前景可观

全国 5 亿多的城市居民中，约 70% 居民对家政服务有需求[21]。家政服务业蕴含着万亿级的消费市场，有巨大的市场潜力，并且我国的各级政府均非常重视并支持家政服务业的发展[22]。一方面，随着中国城镇化继续推进，中国社会的家庭小型化、人口老龄化趋向和二胎政策的推行[23]，创造了大量家政服务的潜在需求。另一方面，随着中国人均可支配收入迅速提高，中国国民的消费能力和支付能力变强[24]。国民的消费升级，对家政服务质量要求也迅速提高，刺激着家政行业的自我改革以及专业性、规范度的提高。

随着经济的发展，家政市场也快速发展，2018 年家政服务行业营业收入超过 5 000 亿元。根据国家发改委数据，2018 年家政服务业经营规模达到 5 762 亿元，同比增长 27.9%，从业人员总量超过 3 000 万人，近年来市场规模维持 20% 以上的增速。高端家政服务的需求快速提升，根据中国劳动和社会保障科学研究院发布的《中国家政服务业发展报告（2018）》，到 2035 年高端家政服务从业人员需求将达到近 8 600 万人，是 2018 年从业人员的 11 倍以上。如图 1 所示，家政服务行业从 2015 年开始不断向上攀升[25]。

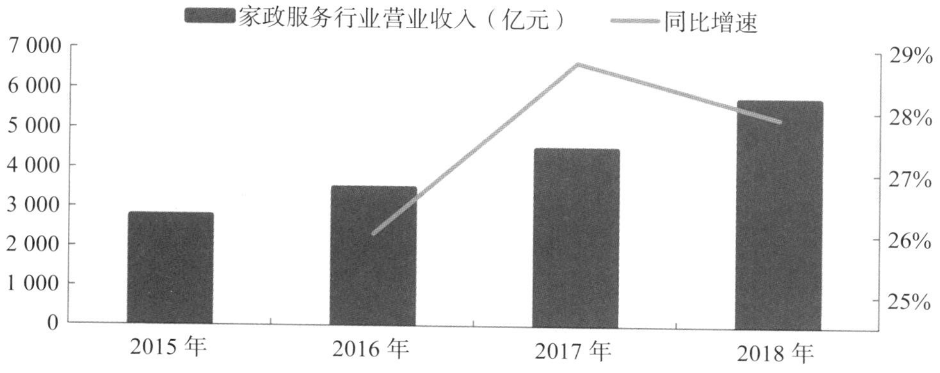

图 1　家政服务行业经营规模及增速

资料来源：商务部、发改委、国盛证券研究所

除此之外，随着生活节奏加快，家务劳动社会化趋势更加明显，家政服务行业将继续深化发展。一方面，经济的快速发展，人均可支配收入的日益提高，加快了居民的生活节奏，同时也抬升了生活成本。另一方面，人口结构的变化使得劳动人口的比例在下降，对于新增劳动力（包括劳动时间）的需求加大。这两方面因素决定了目前我国家务劳动的社会化趋势更加明显，体现为家庭劳动力投入社会工作与家务劳动的外包。东方证券研究所数据显示（见图 2），我国家政服务行业的收入已经达到 3 500 亿元，仅 4 年时间就实现了翻倍。未来家政服务行业的营业收入将有可能继续保持增加的趋势[26]。

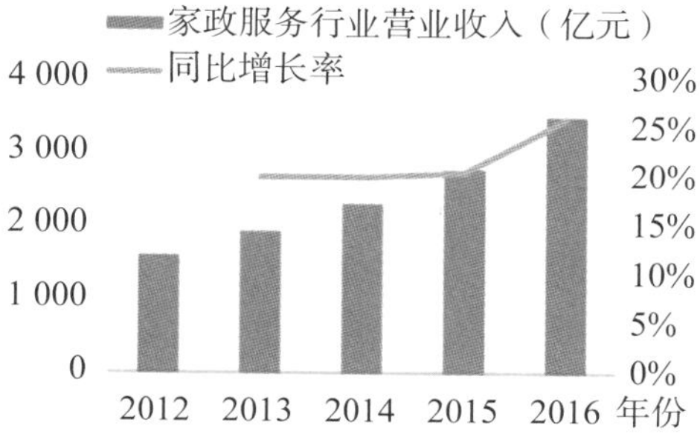

图 2　2012—2016 年我国家政服务行业营业收入分布

（二）我国家政服务行业市场缺口大

我国家政服务业的崛起，是社会发展的一种必然趋势[27]。劳动与社会保障部提出将发展家政服务作为扩大就业的一个新领域，将家政服务作为国家的正式职业来对待，这对家政服务行业发展具有重要意义[28]。家政服务行业发展成为扩大就业的必然选择与家务劳动社会化的时代趋势。首先，它为广大家庭提供了保姆、护理、保洁、物流配送、家庭管理等方面全方位的

服务体系；其次，它是解决再就业问题的主要渠道之一。据劳动与社会保障部的调查，家政服务业就业潜力巨大，至少可为中国提供500多万个就业岗位[29]。最后，家政服务行业发展是家务劳动社会化的结果。我国大中城市家庭已逐步过渡为“四二一型”结构，即四个老人、一对父母、一个孩子的家庭结构[30]。一方面，随着生育高峰期的到来，“80后妈妈”渐增，产妇、婴幼儿照料的家政服务需求日益旺盛；另一方面，随着社会老龄化步伐的加快，残疾、孤寡、空巢等特殊高龄的老年人口基数扩大，对传统的家庭养老模式造成明显的冲击。家庭生活水平的提高和社会分工的不断细化，为解决“四二一型”家庭问题提供了现实可能，家务劳动社会化已成为社会发展的必然趋势。

（三）家政服务行业初具规模，服务体系逐渐形成

经济社会发展和人们对生活质量要求的提高，近几年来，我国部分城市家政行业蓬勃发展，家政企业数量逐年增多，发展速度不断加快。具体在业务形态上表现为：家政公司、搬家公司、养老公寓、婴幼儿早教中心、儿童托管中心、产后恢复会所、养生保健公司等。家政企业在服务体系上形成了查体上岗、培训上岗、合同上岗的工作流程；在管理上逐渐走向制度化、规范化，形成了“招工—培训—考核—定级—售后服务—业务考核”的完整服务流程。为满足客户的不同消费需求，家政服务的形式也正走向多样化，有全日制服务、白班8小时制服务、钟点工服务、一次性服务等多种选择。家政服务行业在当今社会已初具规模，并逐步形成多样化的服务体系。

（四）家政服务专业化和职业化发展趋势明显

近年出现的一些新职业，如育婴师（月嫂、育儿嫂）、养老护理员、公共营养师、营养配餐员、婚姻咨询师、心理咨询师、高级管家等，都属于家政服务的范畴。家政服务体系中一些服务类型，如月嫂、育儿嫂，从业人员已经存在一定规模，具有相对独立成熟的职业技能，有专业的培训、升级、上岗、签约机制。尤其是月嫂服务正在走向规范，月嫂们形成了责任、爱心、热心的初步执业理念。随着行业的发展，越来越多的人认为家政服务是一项“有前途的新职业”，民众认可这个职业，愿意多参加培训与学习，其专业化和职业化的发展趋势较为明显。

（五）市民认可度逐渐升高，市场集中在应用性家政服务层面

家政服务不再被认为是伺候人的、不体面的工作，而和其他所有职业一样被看作社会分工下的一种行业。随着家政服务专业化的发展，家政人员技能的提升，家政行业逐渐受到尊重，落后陈旧的观念有所改善。研究者通过家政行业调研发现，超过半数的居民认为自己家庭需要家政服务员[31]。可见，我国城市家政服务有巨大的市场需求。在家庭所需要的家政服务选项中，按从高到低的顺序依次为：保姆、月嫂、保洁、育儿家教二合一的教师、养老服务员、下水道疏通等杂活工、营养配餐顾问、护理、婚姻关系咨询、高级管家。综上可知，大部分居民的需要集中在家务家政、教育家政、养老家政，保健家政等应用性家政服务上，高端享受型家政需求较少。因此，家政公司需要加强家务家政、教育家政、养老家政、保健家政等应用型家政服务的培训与规范，丰富服务内容，提升服务质量，不断满足市场发展的需要。

三、家政服务行业发展存在的问题

（一）家政服务业的社会关注与重视匮乏

家政服务是一个新兴的产业，尽管发展迅速，且从业人员逐年增加，但目前我国关于家政服务业的法律、法规尚不健全[32]。由于政府主管部门对家政行业的引导、协调、扶持不足，家政服务业存在着管理滞后的问题，具体表现为服务行为、服务规范、服务价格等方面无章可循；并且，随着“家政服务热”而出现的中介机构良莠不齐，也缺少行业规则和管理以及对家政服务人员的岗前培训和规范管理[33]；有的甚至存在违规操作与不在意消费者需求的短视行为等。这在一定程度上影响了家政市场的声誉，更扰乱了市场秩序。家政服务行业的社会关注不足以及政府相关部门的重视匮乏等问题亟须改变。

（二）用户需求与从业人员供需矛盾突出

随着我国逐步进入老龄化社会，许多家庭中都有老人、病人、独生子女需要照顾[34]。生活节奏不断加快，也使人们对家政服务需求迅速增加。但

由于受陈旧落后的传统观念的影响，认为做家政低人一等、“小富即安”思想及自卑心理，阻碍了一大批下岗、失业人员从事家政服务业，从而出现了我国劳动力市场“有人没事做，有事没人做”的供需缺位的现象。一方面，用户普遍要求家政服务员的服务质量达到较高的水平，多数用户希望自己雇用的家政服务员已经接受过正规化的专业岗前技能培训。另一方面，家政服务员受教育程度普遍较低，文化水平有限，综合素质不高。一些家政服务人员缺乏现代化生活用品的操作技能，缺乏科学的护理知识，更不懂得营养搭配、合理膳食。加之他们缺乏与用户的沟通技巧，也激化了用户与家政服务人员的矛盾。同时，虽然多数家政服务员渴望接受专业化的技能培训，但由于生活贫困，无法支付高额的培训费用。用户一方面要求高素质、高水平的经过专业化培训的家政服务员，另一方面却也不愿意支付家政服务员的培训成本。因此，家政公司服务培训开展不成熟和服务人员素质跟不上成为制约家政服务专业化和科学化发展的瓶颈。

（三）家政服务双方主体权责边界不清

在从业人员方面，我国有近 2 000 万家政工无法享受社会保障。如北京和成都，60% 以上的家政从业人员没有加入任何种类的保险[35]。据相关调查，目前家政从业人员的劳动权益问题主要体现在合同签订率低；工作时间长且不固定；休息、休假得不到保障；工资收入低；职业培训不规范，无法进入社会保险；缺乏便捷、高效的纠纷解决机制以及没有明确的行政主管部门管理等方面[36]。值得注意的是，在雇主与从业人员这一劳务关系中，一般认为只有从业人员的权益会受到侵犯，而事实上，雇主一方的权益也会受到侵犯。但目前并没有相关的法律规范去解决这一问题。由于从业人员多数与雇主在一起生活，对雇主的家庭环境和生活起居都非常清楚，可谓“知己知彼”，而对于雇主而言，则是“家贼难防”，往往很难察觉。因而，在这种情境下，家政行业市场秩序混乱，双方的权益与保障都存在许多问题。

（四）极为缺乏专业家政教育工作者

家政教育工作者作为提升家政服务行业整体素养的主导力量，起着非同一般的作用，但专业的家政教育工作者（家政培训师）却非常少。美国、日本等发达国家都非常重视家政教育，美国作为家政学的发源地，在大学内开设了家政专业，不仅授予学士学位，学生毕业后还可以通过进一步的学习获得硕士、博士学位[37]。在二战以前，日本家政教育是作为一项传统科目专门为女学生开设的，经过战后的几次课程改革，当前的家政教育学已经成为一门必需课程，男女生都要学习[38]。而我国目前仅四所高校有家政学本科专业，其中一所高校（吉林农业大学在20世纪90年代率先设立家政学专科并在2002年开始招收家政学研究生）有家政学的硕士点，无博士点。这四所高校分别是吉林农业大学、天津师范大学、北京师范大学珠海分校和山东聊城大学东昌学院。家政服务行业的热门和家政学专业的冷门形成鲜明对比。专业家政培训师的匮乏导致家政培训行业的混乱，家政服务员本来接受培训的机会不多，再加上师资的缺乏，其输出质量也无法得到保障，也就无法真正地走向职业化和专业化。

四、成人教育对家政发展的应对建议

（一）政府加强宏观调控，加大产业引导与企业平台管理

虽然国家政策一直提倡进行产业结构的调整，大力发展第三产业，可我国第三产业的比重相对于发达国家仍比较低。所以，在地方政策落实方面，需要加大宣传力度，以规范监督家政公司的行为；同时，加大财政支持力度，适当进行拨款补贴；合理发挥税收的杠杆作用，健全和完善社会保障机制。家政服务业的特点之一就是社会效益大于经济效益。

第一，政府及相关部门要针对不同发展程度的企业，采取不同的扶持政策。在行业的发展初期，鼓励从业人员进行多方面、全方位的培训；对于发展态势比较好的企业，在税收等方面积极予以奖励，为家政服务业发展营造良好的外部环境。发展环境的优化将为家政业发展搭建坚实的行业平台。

第二，各地方可由政府选派负责人牵头，成立固定的管理部门，定期研究制定家政业发展战略、规划和政策，统筹协调、解决发展中的问题。例如：由商务部门牵头成立家政服务业协会，创办行业宣传期刊，制定、修正、普及行业服务标准，促进行业管理规范化和技术的开发，统一服务标准，统一培训与鉴定，统一收费。

第三，加强行业规范体系的监管，规范市场主体行为和市场秩序。对行业不规范的行为，可强化依法监督，严禁乱收费、乱检查、乱设限，形成有

利于企业发展的良好外部环境。

（二）建立和完善相关的法律法规，加强各方权益保护与监督

由于我国的法制仍然不太健全，在法律法规的制定实施过程中存在许多漏洞，需要进一步完善相关的法律法规。

我国应该在借鉴国外相关经验的基础上，尽快出台推动行业发展的相关法律规范，充分发挥法律效力，加快推进家政服务业法规体系建设，研究制定家政服务行业相关标准，以维护各主体的正当权益，严格秉承《劳动法》《家政工人权益保护法》的精神，切实维护家政服务行业链中所有人员的正当权益，切实做到“有法可依、有法必依、执法必严、违法必究”。同时，也需要进一步完善监督机制。例如，针对家政服务争议解决机制进行改进。如果家政服务人员是通过中介机构介绍给用户的，与用户发生争议时，可先由用户与家政服务员协商，协商不成时，可申请由家政行业协会调解，调解不成时可诉至法院。如果家政服务人员是通过家政公司派遣至用户处工作的，与用户发生劳动纠纷时，可先由家政公司调解，调解无效的，由当地家政行业协会调解。仍无效的，由劳动仲裁委员会进行劳动仲裁，当事人对仲裁结果不服者，可向当地人民法院提起诉讼。除此之外，加强立法研究，规范家庭服务机构与从业人员的关系，维护用工双方的合法权益，调整客户、家政公司及家政服务人员之间的利益关系。运用一定政策措施，维护家庭服务人员劳动报酬和休息休假权利。鼓励实行员工制管理，吸纳工作年限长、表现好的成为正式员工，为其办理社会保险。通过各项措施保障员工权益，加强培训，稳定家政服务队伍。

（三）建立多层次和多元化的教育培训体系

家政服务群体作为中国劳动力市场的重要组成部分，其素质和技能的提高是社会进步不可忽视的重要课题。目前，我国家政服务业的从业人员多达数百万，以下岗职工和农村剩余劳动力为主，他们因缺乏专业的技能培训，大多只能从事洗衣、做饭、搞卫生一类传统的低层次服务，无法满足用户日趋多样化的服务需求。

为此，需要建立多层次和多元化的教育培训体系，加强对家政服务员的培训。总的来说，一方面要对家政服务员进行职业道德教育，帮助他们转

变观念，端正态度，树立起良好的职业道德；另一方面要对他们进行技能培训，使其掌握家政服务所必备的各种技能。经过培训后，家政服务员要参加统一的职业等级鉴定考试，考试合格的方能持证上岗，上岗后分等定级，以级定薪。

具体而言，建立多元化的教育培训体系就是要重视个体的差异性，首先在家政服务人员的教育培训体系中设置高端的教育培训以适应市场上少数的高要求的家庭需求，比如选拔一些学历较高（本科以上）且适应能力和学习能力较强的家政服务员参加全国性的家政培训班。同时，加强宣传，增加招工数量，扩充从业人员类型，鼓励年轻人进入家政行业。吸引家政学专业、护理学专业、早教专业、人力资源管理专业学生进入家政行业，建立大学生引进机制。

其次，对一般家政服务人员实施订单式教育培训。在对家政服务人员进行基本的教育培训（法律法规、安全知识等）后，再根据雇主的具体要求进行再培训，减少教育资源的浪费。

最后，根据地方差异开展不同特色的教育培训。比如沿海地区比较湿润，很多中老年人容易得风湿，在对家政服务人员进行护理知识培训时，可加入按摩和基础针灸的课程。鼓励家政服务人员主动读书，提高培训率，使其不断完善自我、提高自我。由此，通过完善多元化的教育培训与人才培养与鼓励机制，不断提升家政服务人员的素质，保障家政服务的质量。

（四）成人高校应面向市场需求培养高级家政人员

随着社会的进步和人们文化水平的普遍提高，城市中的高收入知识分子家庭对家政服务人员的要求也在逐步提高。做饭、照顾老人孩子、家居保洁、衣物洗涤等传统的基础性的家政项目，已不能满足他们的需要。很多雇主甚至要求家政服务人员懂心理学、教育学、医疗卫生基础知识。

然而，我国当前的家政服务行业仍存在着高级应用技能型人才短缺的问题，具有较高文化水平和专业理论知识的高级家政人员数量少，相比市场需求有较大缺口，供求矛盾依然尖锐。传统的家政服务培训机构很难完成带有学识性的家政人员的培养，单一的高等教育也很难培养出具有实践操作能力和应用能力的家政专业学员。而成人教育刚好能取二者之长，较好地处理家政服务人员理论知识和实践能力之间的关系。

成人高校可以尝试设置家政服务教育专业，使那些欲从事家政行业的学员在学到基本理论知识的同时，获得基本的工作能力。对此，成人高校应积极探索职业教育和学历教育相结合的培养人才的新途径。成人高校应以市场需求为导向，设置与社会市场需求紧密结合的课程和专业，为社会各类人员提供优质的多门类、多层次的学历加技能的教育，努力打造广阔的家政服务人员的高等教育市场，培养出具有品牌效应的高级家政人员。

（五）设置社区家政服务中心

由于我国高等院校家政服务教育尚不完善，而社会上的家政培训机构所培养的家政服务人员存在质量不高、专业性不强等不足，这就在客观上给成人教育探索发展家政服务教育提供了广阔的空间。成人教育应当抓住这个良好的机遇，在家政服务教育方面充分发挥作用。例如，以社区为依托，设置社区家政服务中心来促进家政服务人员素质的提升，从而促进行业发展。

节假日期间，家政服务行业特别容易出现供不应求的局面，很多居民苦于联系不到家政公司。如果在社区设置家政服务中心，就会给居民带来更加方便快捷的服务。对此，成人教育组织可以在城市社区设置家政服务中心，招收社区的下岗职工和困难低保人员接受家政服务教育。成人教育培训组织在设立家政服务中心之前，必须考虑如何充分发挥社区家政服务中心的优势。各个社区应当根据自身特色，提供专业的培训。此外，在对家政服务员工进行系统培训时，要严格把关服务水平，确保家政服务人员的服务质量。

参考文献

［1］李文静，马秀峰．我国家政教育研究现状及发展趋势探究［J］．中国成人教育，2020（3）：16–22.

［2］陈琪，李延平．多维视角下的家政职业教育发展探析［J］．职业教育研究，2017（4）：10–14.

［3］董菲．我国家政行业发展对策研究［D］．西安：西北大学，2011.

［4］林锐．家政服务的潜在供求与家政行业发展建议［J］．时代金融，2016（30）：281–282.

［5］郑尚元．家政工纳入养老保险制度及家政工劳动权益之保护［J］．社会科学家，2020（6）：16–25.

［6］孙学致，王丽颖．我国家政服务业规范化发展问题研究［J］．经济纵横，2020（5）：

115-120.

[7][37]王丛漫，刘晓艺.高校家政专业生源供给的影响因素研究[J].中国高等教育，2019（19）：57-59.

[8]谷素萍.家政服务标准化建设和质量提升路径研究[J].人民论坛，2019（27）：80-81.

[9]涂永前.传统劳动就业观念及相关制度对我国稳促就业的影响——兼议“国发〔2018〕39号”文[J].社会科学家，2019（2）：18-25.

[10]王丛漫，丁咚.家政服务业人力资源供给链构建与分析[J].经济问题，2017（11）：73-78.

[11]龚晓洁.家政人员劳动权益保障的法治化路径——以工伤为视角[J].法学论坛，2017，32（3）：146-151.

[12]黄维海，刘梦露.城市外来务工人口人力资本提升路径分析——以家政服务从业人员为例[J].中国人口·资源与环境，2016，26（S2）：258-261.

[13]张琳，杨毅.人口新常态背景下农村家政女工生存与发展现状调研——基于北京、广州、武汉、西安的样本分析[J].湖北社会科学，2016（5）：51-57.

[14]谷素萍.家政服务标准化建设和质量提升路径研究[J].人民论坛，2019（27）：80-81.

[15]张晓颖，冯贺霞，王小林.流动妇女多维贫困分析——基于北京市451名家政服务从业人员的调查[J].经济评论，2016（3）：95-107.

[16]莫文斌.家政服务业的国外经验及其借鉴[J].求索，2016（4）：83-87.

[17]张琳，杨毅.家政女工体面劳动赤字的社会排斥分析——基于武汉市的调查[J].湖北社会科学，2014（12）：52-58.

[18]韩央迪.转型期中国的家庭变迁与家庭政策重构——基于上海的观察与反思[J].江淮论坛，2014（6）：136-141.

[19]贺景霖.中国城市家政服务业发展面临的问题与对策[J].湖北社会科学，2014（1）：86-90.

[20]羊海燕.家政服务业发展困境及其突破路径[J].理论与改革，2013（5）：84-89.

[21]涂永前.关于家政工权益保护的法律思考[J].西南民族大学学报（人文社会科学版），2013，34（8）：71-75.

[22]周聪伶.论家政服务中的“居家有礼”[J].湖南社会科学，2013（4）：109-111.

[23][38]易银珍.“产学研”一体化：我国高校家政教育发展的必由之路[J].中国高教研究，2013（1）：73-77+81.

[24]胡大武.家政工人休息时间的法治化[J].社会科学辑刊，2013（1）：62-66.

[25]谢增毅.超越雇佣合同与劳动合同规则——家政工保护的立法理念与制度建构

［J］. 清华法学，2012，6（6）：71-80.

［26］胡大武 . 家政服务员法律地位：比较与借鉴［J］. 社会科学战线，2012（8）：203-208.

［27］胡大武 . 住家家政工人与雇主在住宅隐私权上的冲突及其协调［J］. 法商研究，2012，29（4）：77-84.

［28］孙晓萍，任强，尉江玉 . 家政服务工作的法律属性研究［J］. 深圳大学学报（人文社会科学版），2012，29（1）：102-107.

［29］胡大武 . 家政工人工作时间的法律规治［J］. 广东社会科学，2012（1）：249-256.

［30］胡大武 . 我国发达地区家政服务员劳动权益保障的法律思考——基于深圳市的实证分析［J］. 河南省政法管理干部学院学报，2011，26（Z1）：135-141.

［31］陈群民，李显波，王瑞杰 . 加快上海家政服务业发展研究［J］. 上海经济研究，2011（6）：113-117.

［32］魏静 . 论我国家政工人劳动权益立法保护模式之选择——基于家政工作的特殊性［J］. 西南民族大学学报（人文社会科学版），2011，32（5）：114-119.

［33］马丹 . 北京市家政工研究［J］. 北京社会科学，2011（2）：64-68.

［34］赵树海，王喜云，邢林和 . 北京市家政服务业从业人员状况的研究分析［J］. 北京行政学院学报，2011（1）：107-110.

［35］张亮，徐安琪 . 家政从业人员的权益保障及社会支持——以上海家政服务为例［J］. 社会科学，2011（2）：83-90.

［36］李爱萍，暴丽艳 . 家政服务业发展的困境及路径选择——以山西省为例［J］. 生产力研究，2010（12）：185-186+201.

养老服务体系高质量建设与人才培养的探讨

张伶俐 *

摘　要：人口老龄化是社会发展的一大趋势，对未来而言，机遇与挑战并存。为此，我国将积极应对人口老龄化作为国家战略予以实施，且相关政策也越发重视养老服务体系的高质量建设，以更好地服务于国家战略的实施和民生福祉的保障。结合中国知网期刊数据库中以“养老服务体系”“社会养老服务体系”为主题的相关文献的检索与分析结果不难发现，为老年人提供高质量的服务是养老服务的本质，养老服务供给需要多元主体协同参与、依托科技和信息化手段、转向整合照护型模式，专业人才的保障是养老服务体系高质量建设的关键。其中，关于人才培养，我国国家层面和地方层面相关政策及实践中均十分注重养老服务体系中人才队伍的专业化、规范化建设和发展。综合来看，为更好地推动多层次、多维度、高质量的养老服务体系的建设，既需要关注养老服务人才队伍专业化建设，以构建多维度养老服务体系，也需要重视银发人力资源开发，突出老年教育对于积极应对人口老龄化的重要作用，以形成互助养老模式，以由内而外促进老年人的自我实现与幸福。

关键词：人口老龄化；养老服务体系；人才培养；高质量建设

一、建立健全养老服务体系的背景

（一）人口老龄化程度持续加深，呼吁积极探寻应对之道

我国老年人口基数和老龄化进程均呈加速状态。我国《老年人权益保障

* 张伶俐，华东师范大学职业教育与成人教育研究所博士研究生，主要从事老年教育、比较成人教育研究。

法》（2018 年修正）第一章第二条规定“老年人是指六十周岁以上的公民”[1]。“人口老龄化”则是指总人口中因 15 岁及以下人口数量减少、60 岁以上人口数量增加而导致的老年人口比例相应增长的动态过程[2]。按照国际标准，当一个国家或地区 60 岁以上老年人口占总人口比重超过 10%（传统标准），或 65 岁以上老年人口占总人口比重超过 7%（新标准），即意味着这个国家或地区进入老龄化[3]。

国家统计局统计数据显示，近 10 年随着人口总量的增长，65 岁以上人口数量呈持续加速的增长状态（见图 1）[4]。我国第七次全国人口普查结果显示，我国 60 岁及以上人口为 2.6 亿，占总人口的 18.70%，其中 65 岁以上人口为 1.9 亿，占总人口的 13.50%。[5]国家应对人口老龄化战略研究预测数据显示，到 21 世纪中叶，我国老年人口数量和占总人口比例将双双达到峰值[6]。此外，统计数据显示，近 10 年我国老年人口的抚养比也呈现不断上升的趋势（见图 2）[7]。老年人口抚养比是从经济角度反映人口老龄化社会后果的指标之一。因而，老年抚养比的不断上升一定程度反映出我国老年人口经济供养能力不足的问题。基于此，随着以人口老龄化为核心的人口结构性矛盾的日益突出，做好设计，妥善应对老年人口基数增加、人口老龄化进程加速以及老年抚养比不断攀升等带来的挑战，不仅是国家发展的战略需要，更是一项惠及民生的紧迫任务。

图 1　2011—2020 年总人口与 65 岁以上人口数量变化

资料来源：国家统计局．人口年龄结构和抚养比［EB/OL］．［2021-10-15］．https://data.stats.gov.cn/easyquery.htm?cn=C01&zb=A0301&sj=2019.

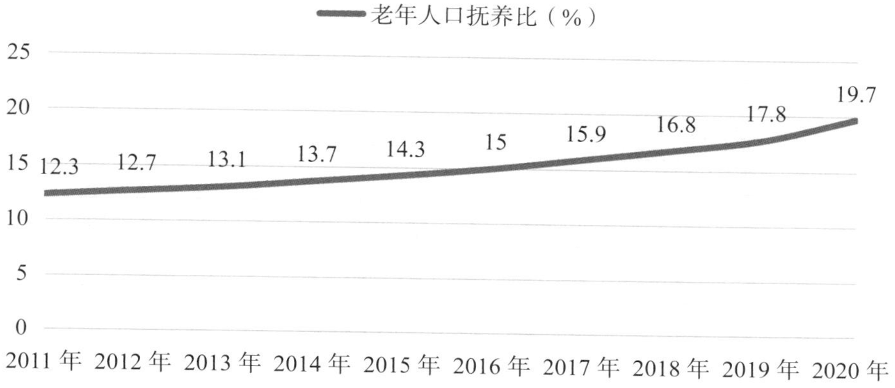

图 2　2011—2020 年老年抚养比（%）

资料来源：国家统计局．人口年龄结构和抚养比［EB/OL］.［2021-10-15］. https://data.stats.gov.cn/easyquery.htm?cn=C01&zb=A0301&sj=2019.

（二）人口老龄化机遇与挑战并存，倡导实施积极应对人口老龄化国家战略

《国家积极应对人口老龄化中长期规划》明确指出，人口老龄化对经济运行全领域、社会建设各环节、社会文化多方面，乃至国家综合实力和国际竞争力，都具有深远影响，挑战与机遇并存[8]。为此，党的十九届五中全会提出将积极应对人口老龄化上升至国家战略，将其放至更加突出的位置[9]。2020 年 10 月，《中共中央关于制定国民经济和社会发展第十四个五年规划和二〇三五年远景目标的建议》也明确指出，在“十四五”时期，要建立全民教育体系，健全多层次社会保障体系，实施积极应对人口老龄化国家战略[10]。2021 年 11 月，《中共中央、国务院关于加强新时代老龄工作的意见》的发布，进一步明确“将老龄事业发展纳入统筹推进‘五位一体’总体布局和协调推进‘四个全面’战略布局，实施积极应对人口老龄化国家战略，把积极老龄观、健康老龄化理念融入经济社会发展全过程，加快建立健全相关政策体系和制度框架”[11]。由此，我国希冀通过多方面的持续发力，以缓解人口老龄化给经济高质量发展带来的压力与挑战，或使压力转换为动力，以形成发展新格局。

（三）满足老年人需求是积极应对的重点，强调建立健全养老服务体系

基于积极应对人口老龄化的国家战略，满足老年人需求成为其中的重要

指向。满足老年人的需求，不仅需要关注老年人当下的需求，同时还要考虑老年人未来不同时期的需求。如何满足其复杂多样的需求，更好地提供服务和支持，成为积极应对人口老龄化的聚焦点。

经过21世纪初的摸索，建设“以居家为基础、社区为依托、机构为支撑”的养老服务体系成为明确且主要的发展方向。《国务院办公厅关于印发社会养老服务体系建设规划（2011—2015年）的通知》中进一步明确了何为“社会养老服务体系”，即“与经济社会发展水平相适应，以满足老年人养老服务需求、提升老年人生活质量为目标，面向所有老年人，提供生活照料、康复护理、精神慰藉、紧急救援和社会参与等设施、组织、人才和技术要素形成的网络，以及配套的服务标准、运行机制和监管制度”[12]。由此可见，社会养老服务体系建设的宗旨在于满足全体老年人的养老服务需求，尤其关注处于弱势的老年人群体。在这一过程中，家庭、社区、机构将成为实现这一宗旨的三大核心支柱。

《国务院办公厅关于全面放开养老服务市场，提升养老服务质量的若干意见》强调，养老服务业既是涉及亿万群众福祉的民生事业，也是具有巨大发展潜力的朝阳产业。随着人口老龄化程度不断加深和人民生活水平逐步提高，老年群体多层次、多样化的服务需求持续增长，对扩大养老服务有效供给提出了更高要求[13]。“全面放开养老服务市场”标志着养老服务体系进入以市场化为导向的新阶段，但依然存在供需结构不合理、市场机制不健全以及服务质量不高等问题。正如《国务院办公厅关于推进养老服务发展的意见》指出的，当前养老服务市场活力尚未充分激发，发展不平衡不充分、有效供给不足、服务质量不高等问题依然存在，人民群众养老服务需求尚未有效满足[14]。

为更好地建设养老服务体系，《国务院办公厅关于同意建立养老服务部际联席会议制度的函》中提出建立养老服务部际联席会议（以下简称联席会议）制度，以统筹协调全国养老服务工作，研究解决养老服务工作重大问题，完善养老服务体系等[15]。《关于建立积极应对人口老龄化重点联系城市机制的通知》则强调促进养老服务体系创新，即加强老年健康服务体系建设，深入推进医养结合发展。推动居家社区机构养老服务协调发展，支持家庭承担养老功能，推动居家养老服务能力广覆盖，促进医养康养服务在居家、社区、机构深度融合，鼓励发展普惠型养老服务和农村互助养老[16]。2021年，国务院办公厅印发《关于促进养老托育服务健康发展的意见》（以下简称《意见》)，进一步明确了健全老有所养、幼有所育的政策体系。促进各地康养融合发展，深化医养有机结合，发展养老服务联合体，支持根据老年人健康状况在居家、社区、机构间接续养老，培育智慧养老托育新业态[17]。为此，医养结合，家庭、社区、机构接续养老，智慧养老也日益成为新时代促进养老服务体系建立健全的创新之举。

面对人口老龄化程度的日益加深，为更好地顺应这一社会发展趋势，服务于民生福祉，助力国家，乃至社会的发展，我国将积极应对人口老龄化列为最高层次的国家战略。如何实施此项国家战略，服务和满足老年人的复杂且多样的需求，建立健全养老服务体系，推动其创新、高质量发展，则成为政策的集中指向和重要的发展方向。上述梳理，为本文的进一步文献调查提供了相关背景的政策支撑和进一步调查研究的检索方向。

二、建立健全养老服务体系的文献调查概况

基于上述背景，本文先后以“养老行业”“养老产业”和“养老服务”为主题检索（检索日期截至 2021 年 2 月 10 日）中国知网（CNKI）期刊数据库中发表于 CSSCI 类期刊的相关文献。相关主题的具体检索情况如表 1 所示。

表 1　以“养老行业”“养老产业”和“养老服务”为主题的检索情况汇总

养老行业（4 篇）	智慧养老；居家养老……
养老产业（218 篇）	养老产业；人口老龄化；养老服务；养老服务业；老年人口；智慧养老；养老模式；养老金融；养老机构；养老产业链；养老服务体系；产业融合；养老服务机构；居家养老服务；家庭养老；居家养老；养老地产；健康养老产业；养老事业；养老需求；老龄产业；社区养老；机构养老；医养结合；异地养老；养老服务模式；养老服务设施……
养老服务（2 336 篇）	养老服务；老年人；居家养老服务；人口老龄化；居家养老；老年人口；养老机构；养老服务体系；养老模式；家庭养老；养老服务业；机构养老；养老服务机构；社区聚焦养老；社区养老服务；农村老年人；医养结合；社区养老；养老服务需求；民办养老机构；社会养老服务体系；养老产业；智慧养老；养老服务模式；社会养老服务；上海市；北京市；养老保障；生活照料；政府购买；老年人服务；失能老人；互助养老；服务供给……

基于文献的初步检索，以及政策文本的调查情况，本文着重于对“养老服务”中以“养老服务体系”（153 篇）和“社会养老服务体系”（59 篇）为主题的相关文献进行梳理和分析，以进一步了解与“建立健全养老服务体系”政策背景相呼应的相关文献所呈现的研究视角。

（一）审视社会养老服务体系内涵，探索养老服务的本质

关于社会养老服务体系的表述，相关文献的常用表达为《社会养老服务体系建设规划（2011—2015 年）》中所提出的“以居家为基础、社区为依托、机构为支撑，着眼于老年人的实际需求，兼顾全体老年人改善和提高养老服务条件的要求，以形成‘政府主导、社会参与、全民关怀’的服务体系”[18]。基于此，有学者从社会治理视角强调“居家养老、社区养老和机构养老”是支撑我国社会养老体系的“三根支柱”，且“这三种基本形式又并非各自为阵，而是由政府主导、社会参与、市场导向、道德规范、法律约束和自我服务所构成的有机统一体”[19]。以此为指导，各地根据这三种养老服务模式服务人口所占老年人口的百分比来确定当地养老服务业发展规划，如上海市提出“9073”模式（即居家养老占 90%、社区养老占 7%、机构养老占 3%）、北京市提出“9064”模式（即居家养老占 90%、社区养老占 6%、机构养老占 4%）、武汉市提出“9055”模式（即居家养老占 90%、社区养老占 5%、机构养老占 5%）等[20]。

但有学者认为，此表述没有揭示养老服务的本质特点，存在着核心功能不够明确、目标人群较为模糊等问题。特别是国家、社会和家庭三个供给主体职责不够明晰，或者说是基于此的家庭、社区和养老机构三大平台缺乏呼应，甚至相互隔阂[21]。还有学者认为此种表述存在三种误区，一是片面强调建机构。各地在推进社会化养老服务体系的过程中，首先想到的就是建机构、增加床位，并将其作为政府投入的重点和工作考核的指标。二是错误理解社区养老。各地普遍将社区养老当作一种独立的养老形式，并据此对社区养老提出一系列量化考核指标。三是忽视居家养老服务。不少地方对于社会需求最旺盛、最符合老年人意愿和最适合中国国情的养老服务模式重视不够，将提供居家养老服务的责任简单推向家庭，而不去思考如何将社会化的居家养老服务输送给有服务需求的老年人[22]。

基于此，学者们开始思考养老服务的本质究竟为何？为老年人提供有质

量的养老服务，是社会养老服务体系的核心功能。养老服务是针对老年人的特质性需要而给予的满足，即养老服务是各类供给主体根据老年人的特点提供的提高老年人生活和生命质量的有偿或无偿的活动[23]。围绕这一过程形成的复合系统即为社会养老服务体系。依据相关政策的落脚点，社会养老服务体系的建设强调以“社区居家养老”和“社会化养老服务”为内核，“立足社区、服务居家”，依托社区服务平台整合区域内的各种养老资源，统合居家养老、社区服务与机构照料等多种形式，在对老年人照护需求进行评估分类的基础上为他们提供适宜、综合而全面的养老服务[24]。

对养老服务本质的探析可发现，如何更好地为老年人服务的关键在于如何关注老年人，更明确地说则在于如何认识、理解、评估和满足老年人的需求。因而，建立健全养老服务体系的重中之重在于如何更好地满足老年人多样且复杂的需求。居家养老、社区养老、机构养老如何更好地协同助力于养老服务体系的高质量建设，关键在于三大支柱如何通力服务于老年人需求的满足。由此，有必要再观养老服务体系的表述，反思：“居家”“社区”“机构”之间究竟是单纯的平行关系，还是更多维度、更多联结的复杂关系？即便如上述学者所述的将三大支柱整合于社区服务平台之中，那么，平台如何搭建、资源如何整合、需求如何评估、服务如何提供、质量如何保障等一系列问题，也尚未得到确切且具体的回应，仍旧是建设养老服务体系亟须思考和解决的问题。

（二）厘清养老服务供给模式，探索养老服务体系的创新路径

我国虽已初步建立多层次养老服务体系，但养老服务体系依旧面临着发展不平衡、不充分的核心问题。主要表现为养老服务供需脱节，结构性矛盾突出。具体而言，第一，养老床位存在有效供给不足和实际需求旺盛的结构性矛盾。第二，养老服务供给内容与需求内容存在脱节现象。现行养老服务供给内容主要局限在基本生活照料和医疗护理等方面，侧重于保障基本生存型需求，而老年人需求量较大的养生护理、医养结合等养老服务内容供给不足，精神慰藉、法律咨询、社会参与等发展型、精神型服务内容是供给短板[25]。为此，在现行老龄化和经济发展的推动下，如何建立多样化养老服务供给模式，如何充分考虑当前老年人对于养老服务的多样化、差异化需求，如何扩大规模以形成现代养老服务的新格局，成为相关文献关注的核心问题。

1. 鼓励多方参与的供给主体

相关文献着眼于供给主体，结合“以居家为基础、社区为依托、机构为支撑”的政策要求，探讨如何应对养老服务的供给不足。有学者提出，一方面应鼓励和引导社会力量参与养老服务建设，继续落实和完善税费减免和土地供应等优惠政策。另一方面应探索新的模式：一是支持采取股份制、股份合作制、PPP（公私合作）等模式建设或发展养老服务，发挥政府资金杠杆作用，引导社会资本积极参与养老服务体系建设；二是进一步完善政府购买服务机制，培育和壮大购买服务的承接主体，并建立系统完善的评估机制；三是加大财政补助力度，整合现有资金渠道，形成统一有力的财政补助政策，探索和完善多种补助方式，加大对社会养老服务的支持力度[26]。

此外，学者们还提出多元主体共同承担社会养老服务的供给。对于养老服务体系的建设，应充分明确国家、社会与市场三者之间的角色地位，在权责清晰的基础上，加大对养老服务体系建设的支持与保障力度，落实养老服务供给侧改革[27]。在养老资源还不丰富的情况下，明确基本公共养老服务责任边界是确保养老服务整体公平性的保障，即使公办养老机构成为提供基本公共养老服务的主要载体，而且机构养老发展思路应该从追求数量增长向调整结构转变。通过公办养老机构托底保障和家庭养老功能再造使养老责任在国家、社会、个人三方之间得以重新合理划分，从而形成社会养老服务的供应逻辑[28]。

2. 转向整合照护的供给内容

相关文献从服务供给内容入手，探讨如何满足老年人的多样化、差异化的需求。“十二五”期间，我国各地开始对“医养结合”养老模式进行试点工作，但尚未形成一套完整规范的服务模式及标准，养老服务的重点仍停留在单一的生活照料等基础服务上[29]。即医养结合主要存在以下几方面的问题：首先，医养结合养老模式的发展不够均衡，发展重心存在偏颇。当前医养结合模式主要是采用医疗的方式来维持医养结合机构的发展，忽略了医养结合所具有的独特医疗、养老和护理三者的综合功能的发挥；其次，医养结合机构的建设未实现全覆盖，忽略了对于社区养老和居家养老的渗透；最后，过于侧重医养结合养老机构的建设，过于强调医疗机构与养老机构的整合问题，而忽略了最为重要的医养结合所需的资源的整合[30]。

基于此，有学者提出，推进医、养、护服务深度融合，以解决老年人对连续性服务的需求[31]。还有学者提出了构建医养康养相结合的服务体系，即主要通过有效整合医疗服务技术与专业照护服务，向老年人群提供连续性、全流程的综合性服务，最终实现“医”“护”之间的无缝衔接、顺畅转换。其实质是对医疗卫生和专业照护的资源整合，所以重点并不在于创造医养结合服务供给，而是围绕老年生命周期不同阶段的不同需求，有效组织急症诊疗、康复训练、慢病管理、专业护理等服务项目的精准递送和无缝衔接[32]。

当前，相关研究更强调养老服务的综合性，即建立综合照护型养老服务模式。主要原因在于，“综合照护”养老模式具有多方面的资源整合优势，旨在使医疗、照护等部门间建立联系与协作。由此，将医养结合的思维转变为整合照护的理念，进一步丰富服务供给内容，已逐渐成为相关研究的又一着眼点。

3. 推动智慧养老的供给方式

学者们通过探究智慧养老等供给方式，以开拓顺应时代发展诉求的养老服务供给的新路径。从国际发展趋势和国内发展现实来看，智能化、信息化养老是未来养老服务业供给方式创新的必然趋势。其中，以智能化为支撑，机构、社区、居家相协调的养老服务递送体系，是实现广大老年人就近就便享受养老服务的有效路径，而信息化、“互联网 +”、人工智能等新兴技术也将在其中发挥关键作用[33]。“智慧养老”模式不仅能有效促进养老服务资源的优化配置，还能促进社会治理方式的改变和创新，促进多元主体协同参与的养老服务体系的建立和完善[34]。有学者提倡，在智慧养老的智能化建设过程中，融合并集成传统养老服务模式的优势特点的基础，采取以“量身定制化”增加服务人情味、以“包容性智慧”提升服务可及性、以顶层驱动和分层整合增强服务协同性的智慧化建设路径[35]。然而，当前我国智慧养老模式尚存在相关政策执行标准不健全、缺乏智慧养老的顶层设计、缺少统一的智慧养老运营平台、技术开发与产品设计落后、缺乏智慧养老专业从业人员、养老观念缺失、智能设备普及度差等问题[36]。因而，如何推动我国智慧养老模式的长久发展，切实促进新型养老模式的建设，更智能地服务于老年人需求的满足，成为相关理论探讨和实践探索的新思路和新路径。

综合来看，无论是强调养老服务主体多方参与、协作、共同推进，促进供给内容由医养结合向整合照护的转向，还是结合“互联网 +”、人工智能等新兴技术开拓智慧养老新模式的探索，“多”成为建立健全养老服务的体系的关键词，协同多方力量、整合多重资源、利用多种技术等成为构建养老服务体系的重要特征，养老服务体系也逐渐朝着更多元、更综合的方向发展。

（三）聚焦养老服务体系人才队伍，探索养老服务体系的高质量发展

发展不平衡、不充分，高质量的养老服务供给不足等日益成为未来多元化、综合性养老服务体系发展所面临的重要挑战。如何保障高质量的养老服务供给，相关文献着重聚焦于人才队伍的建设，即高素质、专业化的养老服务队伍是推进社会养老服务体系建设的人才智力保障。养老服务人才队伍建设是多元化社会养老服务体系建设的重要支撑，其专业水平的高低、服务质量的好坏，将对能否满足老年人的需求产生直接的影响。

但目前，我国养老服务队伍建设薄弱。养老服务人员大多未接受过养老护理专业教育、未经过专业化的技能培训，在专业知识和服务技能方面有所欠缺，仅能满足老年人的基本生活照料需求，而难以有效满足医疗护理、精神关照等专业化程度较高的需求[37]。相关数据显示，目前全国失能、半失能老人约 4 063 万人，按照国际标准失能老人与护理员 3∶1 的配置标准推算，我国至少需要 1 300 万名护理员，但全国各类养老服务人员不足 50 万人，持证人员不足 2 万人，养老服务专业人员缺口巨大[38]。除专业人员短缺外，养老服务人员待遇保障不足、劳动强度大、责任大、压力大、社会地位低等原因造成养老服务人才流失严重[39]。此外，全国范围内缺乏养老服务专业人才整体规划，培养层次较为单一，尤其是高层次养老服务人才培养体系缺失[40]，使得养老服务人才短缺与服务质量欠佳日益成为养老服务体系建设的瓶颈。如何应对，诸多学者纷纷出谋划策。

一方面，要聚焦养老服务在职在岗人员，加强专业化岗位培训，强化持证上岗制度，逐步推行职业资格制度[41][42]。同时，完善激励机制和考核机制，切实提高专业护理人员的工作待遇、社会地位等[43]，以实现人才队伍的可持续性发展。此外，在现阶段推进智慧养老的进程中，还应在养老技术与产品开发层面，培养相应的数据工程师与产品设计师，鼓励和吸引更多的技术开发与产品设计人员加入智慧养老体系的队伍[44]。

另一方面，要关注养老服务相关专业在校生。即一要建立健全关于养

老服务的教育培训体系，明确对于养老服务专业人才培养的目标、任务、政策以及方式方法，进一步完善养老服务人才培养的计划；二要鼓励和支持相关院校，尤其是高等院校增设社会福利、社会工作等与养老服务的相关专业和课程；三要完善政府与相关协会和培训机构的结合，鼓励养老服务相关专业在校学生和相关从业人员进入与养老服务相关的协会或者企业实习[45-47]。

此外，还要强调逐步加强对非正式照料网络的支持，如注重家庭照料帮扶，培育依托于老年人自主、互助的社会组织，倡导建立养老服务志愿者和义工队伍，使有偿的专业护理服务与无偿的非正式照料可以互为补充、相互替代[48-50]。综合来看，相关文献既关注养老服务人才的专业培养与规范培训，即建立专业且规范的养老服务人才培养体系，尤其是高层次人才培养体系、完善职业资格证书制度，以及注重人才的专业发展、自我效能与社会认可等，还强调社区、家庭、老年人自身对于补充养老服务体系人才保障的重要意义，即通过人力的多元保障，促进养老服务体系的多元化发展，反之亦能通过多元主体参与进一步缓解日益突出的供需矛盾。

基于上述文献检索、梳理和分析结果，笔者尝试绘制了我国养老服务体系的发展架构图（见图 3），以呈现相关文献针对如何推动养老服务体系的高质量建设所聚焦的研究问题和推进方向。其一，推动养老服务体系的高质量建设是服务于我国积极应对人口老龄化国家战略的核心举措。其中，家庭、社区和机构作为相关政策和文献中所提及的“三大支柱”，三者如何在

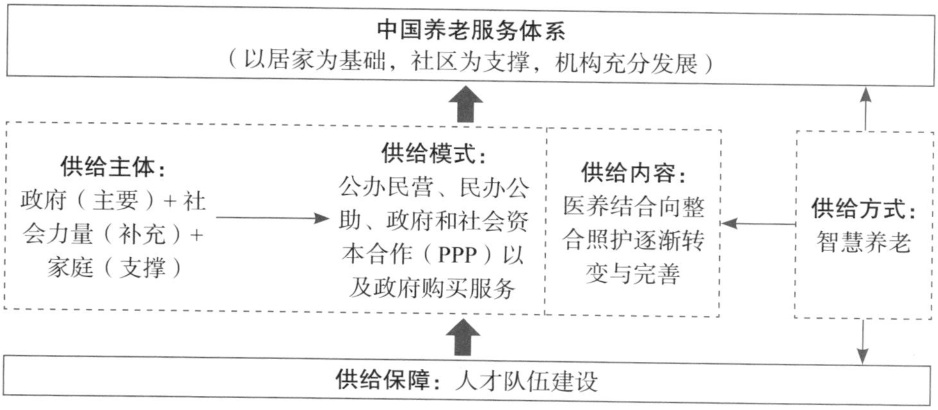

图 3　相关文献所聚焦的我国养老服务体系发展架构

明确职责、发挥自身功能的同时，助力于资源的整合、平台的搭建，协同服务于老年人需求的满足成为亟待解决的关键研究问题之一。其二，养老服务体系作为处于变化多端的时代背景、围绕多方供给主体、整合多方服务资源、提供多维服务内容、服务多样老年对象的复杂系统，如何实现高质量建设与发展，则需要关注“多”中的每一个“一”，确保每一个“一”的各个击破，才能实现全面突破。即供给主体如何在完善每一个“一”的服务的同时，形成从“一”到“多”的多方合力，供给内容如何找准每一个“一”，并整合每一个“一”的有效资源，服务于老年人的独特需求，成为相关研究所关注的另一研究问题。其三，高质量的建设需要高质量的保障，养老服务体系中涉及政策保障、财政保障、人才保障、质量保障等内容，相关研究则聚焦于当前相对缺乏和处于较低水平的保障，即劳动力的保障，以此探讨为高质量建设提供强有力支撑的有效路径。

三、建立健全养老服务体系的人才培养

结合政策层面、文献研究层面养老服务业的调查情况，如何构建多层次、多维度、高质量的综合性养老服务体系，则是相关政策和文献不断探讨、聚焦的核心问题。专业人才队伍的建设与培育，是文献分析中所呈现的建立健全养老服务体系的重要举措之一。综合文献调查情况，为更好地思考如何致力于养老服务体系的建设，本部分将进一步聚焦于梳理国家层面和地方层面政策中养老服务体系的人才培养要求。

（一）国家层面的政策要求

首先，相关政策聚焦于各类养老服务专业人才的培养。《国务院办公厅转发全国老龄委办公室和发展改革委等部门关于加快发展养老服务业意见的通知》中明确提出，加快培养老年医学、管理学、护理学、营养学以及心理学等方面的专业人才，提高社区及农村基层卫生技术人员的专业素质[51]。《国务院关于加快发展养老服务业的若干意见》强调，教育、人力资源社会保障、民政部门要支持高等院校和中等职业学校增设养老服务相关专业和课程，扩大人才培养规模，加快培养老年医学、康复、护理、营养、心理和社会工作等方面的专门人才，制定优惠政策，鼓励大专院校对口专业毕业生从

事养老服务工作[52]。《国务院办公厅关于推进养老服务发展的意见》突出强调了建立完善养老护理员职业技能等级认定和教育培训制度，大力推进养老服务业吸纳就业，建立养老服务褒扬机制[53]。为规范养老护理员职业行为，提升养老护理员职业技能，提高养老服务职业化、专业化、规范化水平，根据《中华人民共和国劳动法》《中华人民共和国老年人权益保障法》，人力资源社会保障部联合民政部组织制定了《养老护理员国家职业技能标准（2019年版）》[54]。《国务院办公厅关于促进养老托育服务健康发展的意见》强调按照国家职业技能标准和行业企业评价规范，加强养老从业人员岗前培训、岗位技能提升培训、转岗转业培训和创业培训。深化校企合作，培育产教融合型企业，支持实训基地建设，推行养老托育"职业培训包"和"工学一体化"培训模式[55]。为推进职业技能提升行动，促进康养服务技能人才培养和劳动者就业创业，人力资源社会保障部、民政部、财政部、商务部、全国妇联决定组织实施'康养职业技能培训计划'，以期"2020年至2022年，培养培训各类康养服务人员500万人次以上，其中养老护理员200万人次以上；充分利用现有各类职业技能培训和公共实训基地，在全国建成10个以上国家级（康养）高技能人才培训基地等。"[56]

综合来看，加大培养力度、完善行业标准、深化校企合作、增加就业机会、健全激励和考核机制、确保人才培养标准化和提升信息化水平等成为当前政策所关注人才培养的重要内容。

（二）地方层面的推进举措

首先，根据《2020中国养老产业发展白皮书》统计，华东地区养老市场发展领先于全国其他地区[57]。遂本文又进一步聚焦长三角地区，通过检索《长三角养老产业发展白皮书》可知，长三角区域整体进入深度老龄化阶段，呈现老龄化增速快、高龄化特征明显。从老龄化程度来看，上海市的老龄化率最高[58]。即上海市既是长三角地区老龄化程度最高的地区，也是引领长三角地区养老服务业发展与对接的关键区域。因此，本文对该地的养老服务人才培养的推进政策和举措进行检索，发现上海市对于养老护理员队伍的规范化、专业化建设，主要采取了以下几方面的措施。

一是加快培养养老服务专业人才。在上海，截至2019年，全市60岁以上户籍老年人口达518.12万人，占户籍总人口的35.2%，而目前上海具有一定专业能力的养老护理员仅为7万名左右。据预测，到2022年底，上海养老护理员需求约为8万～9万人，与目前的人数相比，缺口为1万～2万人。2020年5月，上海市人力资源社会保障局等9部门联合出台《关于加强养老护理员队伍建设提高养老护理水平的实施意见》，提出要形成职业化薪酬等级体系，综合考虑养老护理员的工作年限、技能水平等因素，合理制定薪酬等级体系，逐步形成养老护理员职业化和专业化的发展路径。鼓励自身有培训能力的企业自主开展在岗养老护理员技能培训，充分依托各类院校和教育培训机构为中小微企业集中提供养老护理技能培训服务。还提出，到2022年底，力争在养老服务机构、社区和家庭提供养老护理服务以及从事长期护理保险养老护理服务的从业人员达到8.5万人，并实现养老护理员100%持证上岗，其中，具有职业资格证书或技能等级证书的比例达到70%以上[59]。上海开放大学徐汇分校还开设了上海首个"养老服务与管理"的专科专业，"以培养适应社会养老服务需求，掌握现代管理学、老年社会学基本理论，掌握老年人生理、心理、营养、疾病预防、养生保健基本理论，具备老年生活照护、疾病照护、安全照护、康复照护、急救等基本技能，熟悉老年服务与管理政策法规、养老机构经营管理知识，在养老机构、社区、家庭养老服务和管理相关岗位工作的应用型人才"[60]。

二是完善养老服务人员的管理和激励机制。2020年4月，国务院办公厅印发《关于推进养老服务发展的意见》，从国家层面作出了方向性政策引导和扶持，随后上海建立了养老服务培训补贴制度。同时，上海荣昶公益基金会还多次向上海市老年基金会定向捐赠款项，用于进一步充实养老护理员专项基金。养老护理员专项基金自2017年成立以来，重点聚焦于养老护理员队伍建设工作，从养老护理员职业教育、专业技能、激励保障等多方面开展了一系列项目，有效激励了广大一线养老护理员的积极性，引起了社会的广泛关注，取得了较好的社会成效[61]。为树立典型、弘扬先进，提高养老护理员队伍的职业荣誉感，2021年，上海市民政局、上海市人力资源社会保障局决定联合开展第一届上海市"百佳养老护理员"评选表彰活动，用以鼓励那些在上海市养老服务机构、护理站中从事养老护理工作5年（含）以上，目前仍在一线从事养老护理工作，或具有养老护理员国家职业技能五级/初级工以上人员[62]，以提高养老护理员的职业认同感和社会认可度，从而使其能够热爱并持续地从事相关工作。

此外，沪、苏、浙、皖民政部门还将2021年作为“深化长三角养老合作年”，上海全部16个区将与三省的30个城市实现养老服务工作对接，并聚焦养老行业人才培养，打造养老从业人员队伍建设共建共享平台。目前，长三角共有43所大中专院校设立了养老类相关专业，有20 000余名在校学生，为养老行业储备了优秀人才。上海还在闵行区建立了养老服务能力建设基地，通过实景实训的方式，为长三角养老服务人才队伍培育赋能[63]。

四、结语

综合本文中的政策和文献的调查情况，养老服务格局趋向普惠型，面向所有老年人，关注所有老年人的养老需求；养老服务供给趋于多元化，政府鼓励民间资本参与养老服务业发展，致力于形成社会多元投入的养老服务混合供给模式，以满足老年人多样化、多层次需求；养老服务日趋专业化，强调人才队伍和养老服务产业的专业化和规范化。基于此，思考在养老服务体系的建设和发展过程中，尤其是在专业人才队伍的建设过程中，成人教育、老年教育扮演何种角色、发挥何种作用，笔者产生以下几点思考。

其一，助力养老人才队伍专业化建设，以促进养老服务体系的高质量发展。正如本文所梳理政策文本和相关文献所强调的，人才队伍建设是多元化社会养老服务体系建设的重要支撑。因而，可通过规划专业教育、加强岗位培训、增加志愿者培训等正规成人教育、非正规成人教育的方式来强化人才队伍的专业化建设。一方面，通过成人高等继续教育关注与养老服务业相关的专业，改革人才培养模式，完善课程体系，优化整合课程内容，将职业资格要求融入专业教学，突出理论教学的应用性，完善资格证书制度，并积极与对口单位或企业进行合作，保障实践教学的机会，从而促进高层次的养老服务专业人才培养；另一方面，依托具有相关专业的院校，或成立专门的培训机构，服务于养老服务专业人才的专业发展、在职培训以及志愿者的相关培训，完善在职和职后教育，保障人才培养质量。

其二，助力银发人力资源开发，以形成互助养老模式，促成多元养老服务体系的建设。在实施积极应对人口老龄化国家战略的进程中，政府、市场、社会、家庭，乃至老年人都是其中的重要推动力量。因而，倡导老年人参与其中的互助养老模式，既是养老服务体系建设的重要补充，又是充分发挥银发人力资源以支持养老服务的优势力量。其中，老年教育是开发老龄人力资源的主要途径。即一方面通过老年教育发挥老年人的生产性价值，对于低龄老年人而言，则可以通过养老服务相关的专业知识和服务技能等的培训，积极参与相关志愿服务项目，以补充养老服务体系人才队伍，从而形成多元互助网络，通过同辈的力量促进老年人多样化需求的满足，也助力于参与互助和志愿服务的老年人进一步服务于社会，充分发挥其智慧和才能，实现其个人价值和社会价值。另一方面，通过老年教育由内而外促进老年人的自我实现与幸福，即面向所有老年人。回顾养老服务的本质，养老服务应着眼于人，着眼于老年人的特质性需要而给予满足。再参考马斯洛的需求层次理论，养老服务体系与老年教育的融合，将有助于老年人从生理需求到自我实现需求等多层次需求的满足，从而不仅使老年人能够作为主体之一参与养老服务，也能够切实地实现将人口老龄化的压力转化为动力，即创造人口质量红利，助力养老服务体系的高质量建设。

参考文献

[1] 北大法宝．中华人民共和国老年人权益保障法（2018修正）[EB/OL]．(2017-12-29)[2021-02-11]．https://www.pkulaw.com/chl/60ff5933d32dc7ccbdfb.html?keyword=%E8%80%81%E5%B9%B4%E4%BA%BA%E6%9D%83%E7%9B%8A%E4%BF%9D%E6%8A%A4%E6%B3%95.

[2] 联合国老龄化议题．世界人口老龄化：1950—2050[EB/OL]．[2021-10-15]．https://www.un.org/chinese/esa/ageing/trends.htm.

[3] 联合国老龄化议题．1982年老龄问题维也纳国际行动计划[EB/OL]．[2021-10-15]．https://www.un.org/chinese/esa/ageing/vienna.htm.

[4][7] 国家统计局．人口年龄结构和抚养比[EB/OL]．[2021-02-01]．https://data.stats.gov.cn/easyquery.htm?cn=C01&zb=A0301&sj=2019.

[5] 国家统计局．第七次全国人口普查公报（第五号）[EB/OL]．(2021-05-11)[2020-10-15]．http://www.stats.gov.cn/tjsj/tjgb/rkpcgb/qgrkpcgb/202106/t20210628_1818824.html.

[6] 新华社．积极应对人口老龄化跻身国家战略，有何深意？[EB/OL]．(2020-11-19)[2021-02-02]．http://www.gov.cn/zhengce/2020-11/19/content_5562488.htm.

[8][9] 中华人民共和国中央人民政府．中共中央 国务院印发《国家积极应对人口老龄化中长期规划》[EB/OL]．(2019-11-21)[2021-10-15]．http://www.gov.cn/xinwen/2019-11/21/content_5454347.htm.

[10] 新华社．中国共产党第十九届中央委员会第五次全体会议公报（2020年10月29日

中国共产党第十九届中央委员会第五次全体会议通过）[EB/OL] .（2020-10-29）[2020-11-28] . http://www.xinhuanet.com/politics/2020-10/29/c_1126674147.htm.

[11] 中华人民共和国中央人民政府 . 中共中央 国务院关于加强新时代老龄工作的意见 [EB/OL] .（2021-11-24）[2022-01-11] . http://www.gov.cn/zhengce/2021-11/24/content_5653181.htm.

[12] 国务院 . 办公厅关于印发社会养老服务体系建设规划（2011—2015 年）的通知 [EB/OL] .（2011-12-27）[2021-02-04] . http://www.gov.cn/zwgk/2011-12/27/content_2030503.htm.

[13] 国务院办公厅 . 关于全面放开养老服务市场提升养老服务质量的若干意见 [EB/OL] .（2016-12-23）[2021-02-04] . http://www.gov.cn/zhengce/content/2016-12/23/content_5151747.htm.

[14] [53] 国务院办公厅 . 关于推进养老服务发展的意见 [EB/OL] .（2019-04-16）[2021-02-04] . http://www.gov.cn/zhengce/content/2016-12/23/content_5151747.htm.

[15] 国务院办公厅 . 关于同意建立养老服务部际联席会议制度的函 [EB/OL] .（2019-08-05）[2021-04-05] . http://www.gov.cn/zhengce/content/2019-08/05/content_5418808.htm.

[16] 发展改革委网站 . 关于建立积极应对人口老龄化重点联系城市机制的通知 [EB/OL] .（2021-01-14）[2021-02-05] . http://www.gov.cn/zhengce/zhengceku/2021-02/03/content_5584551.htm.

[17] [55] 国务院办公厅 . 国务院办公厅关于促进养老托育服务健康发展的意见 [EB/OL] .（2020-12-31）[2021-02-05] . http://www.gov.cn/zhengce/content/2020-12/31/content_5575804.htm.

[18] 国务院 . 办公厅关于印发社会养老服务体系建设规划（2011—2015 年）的通知 [EB/OL] .（2011-12-27）[2021-02-04] . http://www.gov.cn/zwgk/2011-12/27/content_2030503.htm.

[19] 杨述明 . 论地方政府主导社会养老服务体系构建的“三根支柱”[J] . 湖北社会科学，2014（7）：49-54.

[20] [22] [24] 李志明 . 中国养老服务“供给侧”改革思路———构建“立足社区、服务居家”的综合养老服务体系 [J] . 学术研究，2016（7）：99-104.

[21] [23] 董红亚 . 我国社会养老服务体系的解析和重构 [J] . 社会科学，2012（3）：68-75.

[25] [39] 董克用，王振振，张栋 . 中国人口老龄化与养老体系建设 [J] . 经济社会体制比较，2020（1）：53-64.

[26] 桂雄 . 当前我国社会养老服务体系建设存在的问题和建议 [J] . 经济纵横，2015（6）：100-103.

[27] [30] [48] 盛昕 . 新时期我国养老服务体系建设存在的问题与完善路径 [J] . 学术交流，2018（10）：125-131.

［28］钟慧澜．中国社会养老服务体系建设的理论逻辑与现实因应［J］．学术界，2017（6）：65-77.

［29］宋澜，王超．从覆盖到发展：医养结合养老模式三步走战略［J］．求实，2016（9）：62-69.

［31］杨翠迎．我国社会养老服务发展转变与质量提升——基于新中国成立 70 年的回顾［J］．社会科学辑刊，2020（3）：111-118.

［32］［33］［42］［46］［49］王杰秀，安超．“元问题”视域下中国养老服务体系的改革与发展［J］．社会保障评论，2020，4（3）：62-76.

［34］［36］［43］［44］［47］［50］丁文均，丁日佳，周幸窈，欧阳赢．推进我国智慧养老体系建设［J］．宏观经济管理，2019（5）：51-56.

［35］张锐昕，张昊．智慧养老助推养老服务体系优化：思路与进路［J］．行政论坛，2020（6）：139-145.

［37］王桂云．多元化社会养老服务体系建设对策研究［J］．中国人口·资源与环境，2015，25（12）：166-170.

［38］公益时报．亟待建立服务保障体系和长期照顾保险体系［EB/OL］．（2018-10-09）［2021-02-06］. http://www.gongyishibao.com/newdzb/html/2018-10/09/content_19011.htm?div=0.

［40］韩烨，付佳平．中国养老服务政策供给：演进历程、治理框架、未来方向［J］．兰州学刊，2020（9）：187-198.

［41］［45］钱亚仙．老龄化背景下的社会养老服务体系研究［J］．理论探讨，2014（1）：162-165.

［51］国务院办公厅．国务院办公厅转发全国老龄委办公室和发展改革委等部门关于加快发展养老服务业意见的通知［EB/OL］．（2008-03-28）［2021-02-04］. http://www.gov.cn/zhengce/content/2008-03/28/content_6372.htm.

［52］国务院．关于加快发展养老服务业的若干意见［EB/OL］．（2013-09-13）［2021-02-06］. http://www.gov.cn/zhengce/content/2013-09/13/content_7213.htm.

［54］中华人民共和国民政部人力资源社会保障部办公厅民政部办公厅关于颁布养老护理员国家职业技能标准的通知［EB/OL］．（2019-10-16）［2021-02-09］. http://www.mca.gov.cn/article/xw/tzgg/201910/20191000020446.shtml.

［56］养老服务司．人力资源社会保障部民政部财政部商务部全国妇联关于实施康养职业技能培训计划的通知［EB/OL］．（2020-10-23）［2021-02-02］. http://xxgk.mca.gov.cn:8011/gdnps/pc/content.jsp?id=14725&mtype=1.

［57］搜狐新闻．中国养老产业发展白皮书发布［EB/OL］．（2020-10-09）［2021-12-11］. https://m.sohu.com/a/423664862_760111/.

［58］搜狐新闻．和君康养事业部携手长三角龙头企业共同发布《长三角养老产业发展白皮书》［EB/OL］．（2020-12-08）［2021-02-03］. https://www.sohu.com/a/4371

02196_99916935.

［59］上海市民政局．破题“大城养老”，助护理员走通职业化之路［EB/OL］．（2020－11－25）［2021－03－09］．https://mzj.sh.gov.cn/2020bsmz/20201125/620f1b5fe8324e0ba1bf3b33b5d007fd.html.

［60］上海开放大学徐汇分校．老年服务与管理（专科）［EB/OL］．（2020－07－15）［2021－03－09］．https://www.shxhlu.net/xljyzs-kdxhfxzszy/20200715/13198.html.

［61］上海市民政局．本市举行养老护理员专项基金捐赠仪式［EB/OL］．（2021－02－04）［2021－03－09］．https://mzj.sh.gov.cn/2021bsmz/20210204/f83a4595fec64e0f9af7d3c8196255e1.html.

［62］上海市民政局．关于评选表彰第一届上海市“百佳养老护理员”的通知［EB/OL］．（2021－03－01）［2021－03－09］．https://mzj.sh.gov.cn/MZ_zhuzhan279_0－2－8－15－55－231/20210301/c464e0e0c1c147afabc5cd3ffcd0c039.html.

［63］上海市民政局．2021“长三角养老深化合作年”开启，“5+5”十项任务助推区域养老高质量发展［EB/OL］．（2021－01－06）［2021－02－03］．http://mzj.sh.gov.cn/2021bsmz/20210106/71d94b245e114c248a2726c53ff1a82e.html.

▶▶ 专题三 老年教育之实践研究

- 老年慈善志愿服务发展的探索与思考
  ——基于老年教育助力社会治理的视角
- “十四五”时期上海老年素质教育高质量发展对策研究
- 老年教育的人文价值向度：服务自我找寻、发展与完善
  ——基于2019年《教育老年学》期刊相关文献的分析

老年慈善志愿服务发展的探索与思考

——基于老年教育助力社会治理的视角

周鸿刚　查正和　刘　恩　孙梦蕾*

摘　要：新发展格局下，积极老龄观、健康老龄化理念融入中国经济社会发展全过程。老年群体作为国家治理体系和治理能力现代化的重要组成部分和重要力量，慈善志愿服务是其继续发挥作用、参与社会治理的重要途径。本文基于老年教育助力社会治理的视角，以上海市老干部大学为例，发现在老年慈善志愿服务参与社会治理的探索实践中，参与主体趋于多元、参与形式趋于多样、组织管理趋于有序。在未来的发展中，要坚持“党建”“教育”特质，培育特色品牌；完善体制机制建设，规范组织管理；培育核心骨干成员，引领队伍发展。

关键词：慈善；志愿服务；社会治理；老年教育

一、概念厘定

（一）慈善与慈善服务

在中文语境中，“慈”和“善”包括“慈念”和“善行”两个方面，慈念是动机，善行是行为，慈和善加在一起，指的是基于仁慈兼爱之心关怀、施予、帮助、救济他人的善行善举和为此提供的善款善物[1]。在相当长的历史时期里，我国的慈善事业主要体现为邻里互助、直接施救式的人与人之间的面对面互动[2]。

专业社会组织的出现，则是从传统慈善走向现代慈善的标志。现代慈善是指自然人、法人和其他组织以捐赠财产或者提供服务等方式，自愿开展的公益活动。从经济学角度分析，慈善更注重给予困难或特殊群体物质或金钱上的帮助，

---

* 周鸿刚，上海市老干部大学校长；查正和，上海市老干部大学副校长；刘恩，《上海市老干部大学学报》责任编辑；孙梦蕾，上海市老干部大学编研室副主任。

是社会财富的转移过程，在形式表现上仍侧重于传统意义上的捐赠和救济，因而也常常和捐赠行为结合在一起，称为“慈善捐赠”，是典型的第三次分配方式[3]。

《中华人民共和国慈善法》对慈善的内涵进行了扩展。扶危济困赈灾等传统慈善事业被称为“小慈善”，与此对应的“大慈善”概念，即现代慈善，还包括促进教科文卫体等事业发展、保护环境等利于社会公益的活动[4]。由此，也引出了“慈善服务”的概念。

《中华人民共和国慈善法》对“慈善服务”和“志愿服务”的概念进行了界定，明确了慈善服务是慈善组织和其他组织以及个人基于慈善目的，向社会或他人提供的志愿无偿服务与非营利服务。这说明慈善服务必须是一种基于慈善目的的志愿服务，否则便不能称之为“慈善服务”。

（二）志愿服务

根据《志愿服务条例》，志愿服务是指志愿者、志愿服务组织和其他组织自愿、无偿向社会或者他人提供的公益服务。这说明志愿服务是基于“自愿、无偿”的公益服务。

如表1所示，较之于“慈善”，志愿服务更强调个人的付出，尤其是时间、体力、精力、知识、技能、智慧等方面。从这个角度看，志愿服务过程是创造有形和无形社会财富的过程。同时，志愿服务的对象不仅包括特殊、困难群体，也包括涉及全体公共利益的工作（如大型赛会、社区服务）和经济活动（如技术援助等专业志愿服务），即志愿服务可跨越一、二、三产业，在三次分配中均可予以体现[5]。

表1 “慈善”与“志愿服务”概念异同辨析

	慈　　善	志　愿　服　务
性质	基于“慈善目的”，自愿、无偿的公益行为	自愿、无偿的公益行为
主体	多为经济与生活条件上有优势的人	人人皆可为
服务对象（受体）	倾向于特殊、困难群体（扶贫、济困、救灾等）	不仅包括特殊、困难群体，也包括涉及全体公共利益的工作（如大型赛会、社区服务）和经济活动（如技术援助等专业志愿服务）

续 表

	慈 善	志 愿 服 务
形式表现	物质（包括金钱等）募集捐赠；人力（包括时间、体力、精力、知识、技能、智慧等）的付出与投入	主要是人力（包括时间、体力、精力、知识、技能、智慧等）的付出与投入
涉及产业	第三产业（现代服务业的特殊形式）	第一、第二、第三产业
价值作用	改善收入和财富分配格局，促进社会公平正义发展	推进精神文明建设；推动社会治理创新；维护社会和谐稳定；增进民生福祉

（三）社会治理视角的慈善志愿服务

社会治理是政府、社会组织、企事业单位、社区以及个人等多种主体通过平等的合作、对话、协商、沟通等方式，依法对社会事务、社会组织和社会生活进行引导和规范，最终实现公共利益最大化的过程。

2019 年，党的十九届四中全会提出“重视发挥第三次分配作用，发展慈善等社会公益事业”[6]的重大命题。2020 年，党的十九届五中全会进一步作出阐述，提出“发挥第三次分配作用，发展慈善事业”“发挥群团组织和社会组织在社会治理中的作用，畅通和规范……志愿者等参与社会治理的途径”[7]，对其重视提升至新高度。

在“十四五”规划纲要中，“慈善”作为第三次分配的主要方式，起着改善收入和财富分配格局、促进社会公平正义发展的作用。而在之前党的十九大报告和“十三五”规划纲要中，慈善则定位为社会保障制度和社会治理体系的一部分，放在“支持社会福利和慈善事业发展”和“发挥社会组织作用”的章节中进行阐述。由此，需要将“慈善”置于社会主体视角和社会结构视角下进行宏观、系统的思考。这也为从社会治理视角理解慈善志愿服务提供了必要性和可行性。

2021 年，《“十四五”民政事业发展规划》发布，强调“十四五”时期，民政工作必须坚持共建共治共享的原则，充分调动广大社会组织、社会工作者、志愿者和慈善组织等社会力量。到 2025 年，要达成“社会组织、社会工作者、志愿者联动机制和参与社会治理的途径进一步畅通和规范，慈善事业的第三次分配作用更加凸显”的目标[8]。2021年，《上海市慈善条例》发布，要求“教育部门应当指导学校将慈善文化纳入教育教学内容”[9]，为开展慈善志愿服务等社会公益事业指明了方向，开辟了新的工作视角。

无论是慈善事业还是志愿服务，破壁互通、协同融合始终是未来的发展方向。对于国家与社会而言，促进慈善志愿服务融合发展，是坚持和完善中国特色社会主义制度、推进中国治理体系和治理能力现代化的必然要求，也必然能为之贡献更大的力量。

二、实践背景

（一）时代的呼唤

随着我国人口老龄化程度日益加深，“银发浪潮”相伴而来，深刻影响着国家经济社会的发展。据第七次全国人口普查统计数据：截至2020年11月1日，全国60岁以上老年人口为2.6亿，占总人口的18.7%，其中65岁以上人口为1.9亿，占13.5%。上海是全国人口老龄化程度最高的城市，60岁以上人口为581.5万，占23.4%，其中65岁以上人口为404.9万，占16.3%[10]。如此庞大的老年群体是国家治理体系和治理能力现代化的重要组成部分和重要力量。时代呼唤着老年人以老有所为之姿，参与社会治理，打造老年人社会参与新格局，成为社会发展的新动力。

从社会发展的需求层面不难发现，鼓励社会组织或个体（包括老年群体）投身慈善公益事业是完善共建共治共享社会治理新格局的重要途径。一方面，让慈善发挥其第三次分配的作用，调节社会财富，缓解社会矛盾；同时，让志愿服务实现社会调节与居民自治的有机衔接[11]。通过开展慈善、志愿服务等参与社会治理，达到服务治理能力现代化，满足特殊群体的需求，让老年群体为打造共建共治共享社会治理格局贡献力量。

（二）政策的支撑

习近平总书记历来重视志愿者服务工作，强调“要为志愿服务搭建更多平台，更好发挥志愿服务在社会治理中的积极作用”[12]。在顶层设计的宏观引领下，一大批政策于近年来陆续走到前台。从《中华人民共和国老年人权益保障法》强调要为老年人参与志愿活动创造条件[13]，到《“十三五”国家老龄事业发展和养老体系建设规划》明确要求“发展老年志愿服务”，并将“老年志愿者注册数占比”作为国家老龄事业发展和养老体系建设主要指标[14]，再到《中共中央关于制定国民经济和社会发展第十四个五年规划和二〇三五年远景目标的建议》提出“积极开发老龄人力资源”[15]，以及《中共中央、国务院关于加强新时代老龄工作的意见》提出“鼓励老年人继续发挥作用。把老有所为同老有所养结合起来，完善就业、志愿服务、社区治理等政策措施，充分发挥低龄老年人作用”[16]，为开展慈善志愿服务等社会公益事业指明了方向，提供了政策依据。

三、实践探索

上海市老干部大学在近40年的办学历程中，始终践行“笃志、厚德、乐学、尚为”的校训精神、“老年素质教育”办学理念和“四个基地”办学目标（其中之一为“老干部榜样表率作用的辐射基地”），始终坚持服务社会的宗旨。弘扬志愿精神、参与慈善公益活动作为市老干部大学的办学传统，是老干部大学服务社会的重要内容，也是广大学员的自觉行为。主要体现在以下几个方面。

一是老年学员对投身慈善公益事业，开展志愿服务有着自发的内驱力，有着使命感的自觉性，也有着源远流长的历史传统。

案例1：上海市老干部大学东方艺术院参加社会慈善志愿活动

作为上海市老干部大学面向社会、服务社会，参与慈善事业、实现艺术价值和展现精神风貌的重要平台，校东方艺术院组织创作员积极参加社会公益活动，向养老院、老年公寓、康复医疗机构捐赠书画作品（见图1），为上海医科大学所属尚谊宾馆、嘉定众仁老年公寓、松江社会福利院、无锡市夕阳红休养中心、星星港关爱服务中心等捐赠书画，美化客

图1　参加社会慈善志愿活动现场

房和院内环境。艺术院积极参加社会慈善赈灾活动，向上海市慈善基金会和相关单位捐赠作品，参加义拍义卖。抗击“非典”期间，艺术院将征集的110幅书画作品捐赠给上海市慈善基金会；汶川地震后，创作员除捐款捐物外，还捐赠189幅作品，委托慈善基金会义卖以筹款救灾；创作员朱思学把自己的一大批画作请原单位操办义卖。2018年，艺术院参加“辉煌历程——纪念改革开放四十周年慈善摄影展”，将展出的47幅优秀作品进行了售卖，所得资金悉数捐赠给了上海市慈善基金会。近年来，包括防治新冠肺炎疫情期间，艺术院组织的慈善赈灾捐赠拍卖活动就有十余次，向上海市慈善基金会捐赠作品二千余幅。除此之外，艺术院每年春节定期赴养老院进行慰问，或送上文艺演出，或为在院老人书写春联、拍摄肖像，拳拳之心，可见一斑。

案例2：传播真爱，传递善心，传扬美行——上海市老干部大学师生志愿者自发投身慈善志愿活动

2021年元旦，隆冬的沪上，气温降至冰点。然而在上海市慈善基金会爱心窗口，却涌动着一股股慈善的暖流（见图2）。上海市老干部大学东方艺术院创作员、87岁的离休干部周松柏捐款人民币一万元结对资助一名大学生。据悉，周老每年元旦期间都来爱心窗口捐赠。上海市老干部大学的师生、志愿者袁蓓灏、刘正义、朱友庭等一早也来到爱心窗口，现场捐赠善款用于助学。此外，他们更发挥所长，端起手机为爱心人士拍摄捐赠视频，参与志愿服务。之后，在多个节假日或主题活动日，多名老干部大学师生、办学工作者参加“凡人善举、爱心窗口”志愿服务，他们或担任志愿者接待爱心人士的上门捐款及咨询，或书写折扇、团扇扇面，赠予爱心捐款人士，或为爱心人士记录留存影像资料并制作公益视频，或以快闪形式演绎红色经典歌曲……同时，学校志愿者们一如既往慷慨解囊，捐款奉献爱心。金秋九月，正逢开学季，91岁高龄的离休干部学员陈恒惕换乘两趟地铁特意来到上海市慈善基金会爱心窗口，捐出善款，继续资助所结对的五名贫困大学生。

二是在组织形式上，随着相关体制机制的完善与健全，学校将慈善理念引入学校、融入课堂、融入创作、融入志愿服务，组织引导师生、办学工作者作为志愿者在新的平台上奉献爱心，在社会治理中发挥积极作用，也助推

图 2　上海老干部大学师生投身慈善志愿活动组图

着上海慈善事业新的发展。老年学员正是在此过程中，在基层社会治理中找到了相契的融合点，其服务学习的空间与路径也因此得以开阔与拓展。

案例 3：从自发到自觉：上海市老干部大学慈善志愿工作步入常态化、长效化

近年来，在市慈善基金会名誉理事长、市老干部大学名誉校长陈铁迪的大力支持下，上海市老干部大学与上海市慈善基金会携手，探索在教育教学、

图 3　老干部大学与慈善基金会签约合作仪式现场组图

学习团队和志愿者工作中融入慈善元素，为老干部学员打造更广阔的老有所为、奉献爱心的平台（见图 3）。2021 年 4 月 7 日，上海市老干部大学慈善志愿服务大队成立，与此同时，学校与慈善基金会签署《项目合作备忘录》，由此正式将志愿者工作融入中国特色社会主义慈善事业。5 月 1 日，学校“慈善志愿服务大队工作站”在上海慈善基金会爱心窗口揭牌，标志着老干部慈善志愿工作步入常态化、长效化轨道。未来，学校将继续深入拓展离退休干部学员志愿服务领域，丰富志愿服务内容和形式，壮大慈善志愿者队伍，助力慈善事业发展，为弘扬上海城市精神，谱写上海慈善华章作出贡献。

案例 4：爱心捐校服，温暖满校园

2021 年 10 月 9 日下午，天气微冷，但是在甘肃省东乡族自治县瓦子岭小学校园里，洋溢着温暖的气息，今天瓦子岭小学的孩子们收到了上海市老干部大学摄影学友会捐赠的校服，善举给孩子们带去了温暖和关爱（见图 4）。

图 4　前往瓦子岭小学做慈善组图

三年级的孩子说：“感谢爱心人士给我们赠送的校服，让我们在这个冬天更加温暖。我们将努力学习，将来像他们一样，关爱他人，奉献社会。”

真诚捐助，关爱无价。老干部大学的学员们愿以涓滴之力激发孩子们自强不息、奋发学习的动力，化作克服困难、知难而进的勇气，期待他们用优异成绩回报社会的关爱。

案例 5：翰墨丹心 爱满人间——慈善箴言书法展揭幕仪式举行

为弘扬社会主义核心价值观、宣传慈善理念、推进社会公益，2021 年 10 月 11 日上午，慈善箴言书法展揭幕仪式在上海市老干部大学教学成果展示厅隆重举行（见图 5）。市慈善基金会理事长钟燕群，市老干部大学校长周鸿刚为慈善箴言书法展揭幕。在这里展出的 71 幅慈善箴言书法作品出自老干部大学 54 位创作员和学员之手。他们中年龄最大的已有 91 岁，平均年龄 76.3 岁；在老干部大学学习书法时间最长的已有 20 多年，最短的也有

图 5　慈善箴言书法揭幕仪式现场组图

3 年。这些作品融入了创作者对慈善理念的深刻理解，也是学校书法教学成果的一次展示和汇报。

本次慈善箴言书法展将分为两个阶段。第一阶段在青松城三楼展示厅展出至 10 月底。第二阶段将择机到老干部大学系统校、市老年艺术教育展示中心和具备条件的慈善基金会区办事处巡展至年底。巡展结束以后，根据广大创作员意愿，全部展品将赠送给上海市慈善基金会。

在上海市老干部大学与上海慈善基金会共同推进慈善志愿事业发展的二十多年实践中，逐步形成了以下特点和趋势。

（一）参与主体多元化

参与主体由个体自发，到组织倡导，再到整个学校层面的规范。校东方艺术院自 1994 年成立以来，即将“学为结合、服务社会、继续深造”作为办院方针，亦是学校面向社会、服务社会的重要平台。与此同时，随着互联网融媒体的发展，学员自发的慈善志愿行为也更多地得到宣传与传播。随着上海市老干部大学慈善志愿服务大队成立和慈善志愿服务大队工作站的揭牌，慈善公益融入志愿服务，参与主体扩大至全校师生与办学工作者，在校学习的离退休干部学员也有了新的平台，以己所学、一展所长，在社会治理中发挥着积极作用，也助推着上海慈善事业新的发展。

（二）参与形式多样化

在实施的过程中，学员参与慈善志愿的形式正逐渐呈现着多样化的特征。从前期仅仅作为慈善志愿行为的外显形式，或者说仅仅作为第三课堂服务学习或实践学习内容，通过学校的组织与发动，逐渐进入学习团队、走入课堂，成为学员学习活动的内容。

对于学校而言，这也意味着工作的整合与合力的形成。通过“慈善志愿 + 党建”“慈善志愿 +（一二三）课堂”“慈善志愿 + 老年素质教育实验项目”等工作方式，化壁垒为桥梁，用活用好各类平台载体和途径，与相关职能部门一起谋划、一起推进，在平台、载体、途径和方式上进行盘活共享，取得一举多赢的效果。如：以党建为引领，组织离退休干部学员志愿者积极参与“安老、扶幼、助学、济困”等慈善活动，并作为学党史、悟思想、办实事、开新局的重要内容；利用市慈善基金会各项慈善活动，以节庆活动为契机，充分发挥学之所长，在“慈善箴言”“爱心窗口”志愿者、上海公益微电影节等方面共同策划、组织开展各类慈善项目和活动，为建设有温度的公益之城而努力。

（三）组织管理条线化

就上海市老干部大学慈善志愿工作设站建队的情况，可明晰看到三条主线：一是上海市老干部大学离退休干部志愿服务大队，隶属于市委老干部局；二是上海市老干部大学社区教育志愿服务工作站，设上海市老干部大学志愿者服务队，隶属于上海市志愿者协会社区教育志愿服务总队；三是上海市老干部大学慈善志愿服务大队，设上海市老干部大学慈善志愿服务大队工作站，隶属于上海慈善基金会慈善志愿服务总队。

上海市老干部大学慈善志愿工作组织的建立，标志着学校的慈善志愿工作从自发走向组织化，同时，也意味着学校慈善志愿工作的组织管理制度在双线上逐步进入正轨，包括管理制度、管理队伍、服务项目等相关管理机制的完善与规范。

四、实践的成效

（一）提升素养，自我超越

马斯洛在晚年时期对他的需求层次理论进行了发展，提出第六层自我超越的需求，包括但不仅限于为他人服务、对理想或事业的奉献等。在后来学者的研究中，自我超越被认为是“强调对他人福祉和利益的关心，对应的具体价值观为普遍性和慈善”；自我超越情绪的激发，所伴随的是道德提升感和使命感，以及慈善行为、日常助人行为等亲社会行为[17]。

麦克拉斯基基于余力理论和马斯洛需要层次学说，提出需求分类理论，认为老年人有包括贡献需求、影响需求等在内的五类教育需求，指出老年人同样拥有利用多余的精力来服务社会和他人的愿望，并且有通过自己的能力影响社会进而使社会或周围环境发生有意义的改变的需求。“老年人是智慧和经验的宝库，社会需要他们，但现在尚未利用好这个丰富的资源”[18]。

这些理论构成了老年群体主动承担社会责任与参与社会治理的内驱力。

从老年素质教育的角度，老年群体在投身慈善志愿事业的过程中，几乎涵括了老年核心素养体系里的三大主题（文化底蕴、自主乐龄、长者风范）与六大素养（知识技能、道德品质、终身学习、完满生活、社会实践和责任担当）的提升[19]。老年群体投身慈善志愿事业的整个过程，也是阳光长者对老年素质教育的践行，是离退休干部学员对正能量的传播，是慈善理念乃至社会主义核心价值观的外化于行与内化于心，是社会治理中“人”尤其是“老年群体”作为主体的存在。

（二）合作共赢，贡献智慧

上海市老干部大学与上海慈善基金会的携手，提供了一种跨“界”合作的可能性，即老年教育机构与慈善公益机构两种类型机构的资源整合、互联互通。通过多重项目合作的方式，充分发挥各自优势，进一步扩大慈善志愿服务的影响力和传播力。一方面，通过加强慈善志愿服务队伍建设、拓展慈善服务项目，向整个社会传递正能量；另一方面，也为离退休干部学员奉献爱心、发光发热提供了新平台，上海市老干部大学也因此获得了履行“社会服务”职责与使命的新平台，不断推动了办学成果辐射社会、惠及各方，社会贡献度亦得以不断提升。

（三）以慈善志愿服务为途径，融入新发展格局

学术界关于“第三次分配”的理论探讨梳理了慈善志愿服务作为“第三次分配”的主要特征，也由此，我们看到了其与“重视民生和共享发展”的新发展格局之间的紧密维系，包括：以人民对美好生活的向往及其生命价值的不断提升作为目标，以公益、利他和非营利为核心的各种社会机制作为分配机制，以人类交往行为及基于交往理性和价值理性所构建的生活世界作为作用领域，以提升社会总体福利和人类生活的层次作为财富关系，注重在社会参与以及社会主体性不断增长的过程中建构和扩大社会公共性，注重社会中人的主体性的发挥，注重道德情操，注重人文价值的实现和心灵精神的需要[20]。

与此同时，从相关调研中，我们也见到了其在发展过程中日益呈现的新特点，比如慈善资源贡献者已从少数企业家、慈善家广泛覆盖到大部分的社会群体，公益慈善行为的内容和方式日益多元化，涉及行业也已从最初的

扶贫济困扩展到教育、医疗、文化、体育、环保等诸多领域，惠及民生领域广大公共事业的进步……[21] 2019 年，党中央、国务院出台了《中共中央关于坚持完善中国特色社会主义制度　推进国家治理体系和治理能力现代化若干重大问题的决定》，明确提出“必须加强和创新社会治理，完善党委领导、政府负责、民主协商、社会协同、公众参与、法治保障、科技支撑的社会治理体系”[22]，为我国社会治理的当下发展和未来探索提供了理念引领和实践导向。慈善公益事业作为我国社会治理中的组成部分，同样需要“依托政府、社会与个体的共同参与”，这也引发了我们立足自身积极思考从老干部大学、离退休干部学员、老年群体的角度，如何充分发挥优势投身其中。这也是我们面临的重要课题。

五、实践启示

带着问题视角，我们着眼于当下上海市老干部大学慈善志愿服务工作，思考其未来发展。

（一）坚持“党建”“教育”特质，培育特色品牌

上海的四所市级老年大学（上海老年大学、上海市老干部大学、上海老龄大学、上海市退休职工大学），虽因隶属关系、办学定位、办学条件等各不相同，形成办学规模与招生对象的差异，但其与区、街镇、居村委的老年大学、老年学校、学习点、学习圈等一道，共同构成了覆盖广泛、布局合理、资源融通、灵活多样的上海老年教育体系，满足了沪上老年群体多元化、个性化的学习需求。

上海市老干部大学在慈善志愿工作中，坚持“党建引领”的特色，把握好“教育”和“文化”属性，在此基础上培育品牌。与此同时，其以《项目合作备忘录》为蓝本，进一步创新与上海慈善基金会的合作途径与方式，推动慈善志愿与学校党建、与课堂的联动，构建“党建引领、协同创新、多元载体、课堂联动”老干部大学慈善志愿服务体系。未来还应积极扩大参与主体，吸引更多学员参与慈善志愿活动，发挥离退休干部学员群体在老年群体中的示范引领作用，形成系统化、品牌化、特色化的老干部大学志愿服务格局，为社会治理贡献更多的智慧与力量。

（二）完善体制机制建设，规范组织管理

组织管理是学校目前所存在的较为突出的问题。一方面，慈善志愿者队伍虽由校办公室牵头统筹，但慈善志愿者几乎全都来自班级、学习团队和东方艺术院各社团，分属教务部、东方艺术院管辖。各部门日常管理工作繁冗，多头管理所带来的壁垒障碍，在一定程度上影响了协作联动的效能。另一方面，慈善志愿工作无论是作为老干部大学履行“社会服务”使命的重要途径，还是近 700 人、接近于全校四分之一学员数的体量，都呼唤着专职管理人员乃至团队的投入，取代现状的付之阙如。再者，不同信息化工作平台的数据孤岛问题所带来的志愿者重复登记注册、重复录入跟踪，慈善志愿者培育机制欠完善，以及承接项目任务的临时性、应急性等诸多问题，在相当程度上降低了慈善志愿者的参与意愿和对自我价值的实现度，毋庸置疑，也降低了组织管理者的工作效能，使得相关项目在良好的开局后，在常态化长效化运行推进方面，后继乏力。

从人的层面出发，治本之路主要在于：在顶层设计上考虑专职人员乃至机构的增设，完善慈善志愿工作体制机制建设（包括部门协作等）；在组织管理中优化流程（包括对冗余流程的评估清除、对复杂流程的化繁为简、对工作内容的整合集成等），对慈善志愿阵地、项目的丰富和深化等，在实践中不断提升工作能力，使组织管理工作更加科学规范、高效有序。

在数字化赋能的层面，当务之急是推进慈善志愿工作信息平台建设，开展志愿服务管理；同时，借助互联网优势，加强大数据开发应用，推动队伍管理、项目实施、资源整合、信息分析等工作。

（三）培育核心骨干成员，引领队伍发展

从事慈善志愿活动，本身即是一种培育、追求自我修养、自身价值的过程，最终导向个体幸福感的提升。接续上面的问题，基于将从事志愿活动的队伍（团队）视为实践共同体或学习共同体的视角，我们认为“核心骨干成员的能力培育”中“核心”之意，意味着一种“核心领导力”与“核心服务力”。包括但不限于：以德服人、以理服人、以才服人，在自我成长的同时，引领团队发展与成员成长，潜移默化地发挥“核心”作用，提升慈善志愿团队的软实力。他们不一定是团队的领导者或负责人，却是整个慈善志愿团队

的“主心骨”和“灵魂”，在整个团队发展中起着至关重要的作用。如何从亲和力、学习力和执行力等素养的提升着手，帮助核心骨干成员“更新观念、提升能力、提高生活品质”[23]，从而对整个慈善志愿队伍的发展起到良好的推动作用，是需要且亟待思考的问题。

（四）评价激励宣传集成，显化治理效果

如何评价激励、宣传展示老年学员的慈善志愿之举？我们正在做什么，未来仍然可以做些什么？

近年来，老干部大学每年定期召开的老年学员志愿者表彰大会、系统通联工作会议等，对参与慈善志愿的老年学员、团队和典型事迹进行表彰之余，也是宣传激励更多老年学员参与慈善志愿事业。随着老干部大学对学校宣传工作的重视与强化，对学校宣传工作新媒体平台的培育，新媒体多元表现方式的利用、慈善志愿专栏的开辟，学员们的慈善志愿之举以展示性评价的方式，及时进行着宣传展示，显化着老年群体以慈善志愿之举助力社会治理的成效。

未来，我们将鼓励慈善志愿者动笔书写自己与团队的故事，将其中的付出、习得、成长与提付诸笔端，将慈善志愿精神发扬光大，使之蔚然成风。

参考文献

[1][20] 王名，蓝煜昕，王玉宝等. 第三次分配：理论、实践与政策建议［J］. 中国行政管理，2020（3）：101－105+116.

[2] 王振耀. 如何理解“发挥第三次分配作用，发展慈善等社会公益事业”？［EB/OL］.（2021－07－07）［2021－10－07］. http://www.chinadevelopmentbrief.org.cn/news-25592.html.

[3][5][11] 张俊虎，吴小慧. 在新视角下融合推进现代慈善、志愿服务和社会工作事业［J］. 中国社会工作，2020（4）：41－42.

[4] 韩俊魁. 本土传统慈善文化的价值与反思——以汕头存心善堂为例［J］. 文化纵横，2020（4）：108－115+143.

[6] 中共中央关于坚持和完善中国特色社会主义制度　推进国家治理体系和治理能力现代化若干重大问题的决定［EB/OL］.（2019－11－5）［2021－10－07］. http://www.gov.cn/zhengce/2019－11/05/content_5449023.htm.

[7] 中共中央关于制定国民经济和社会发展第十四个五年规划和二〇三五年远景目标的建议［EB/OL］.（2020－11－03）［2021－10－07］. http://www.gov.cn/zhengce/2020－

11/03/content_5556991.htm.

［8］《“十四五”民政事业发展规划》发布［EB/OL］.（2021－06－25）［2021－10－07］. http://www.scf.org.cn/csjjh/n3421/n3424/n3426/u1ai275180.html.

［9］《上海市慈善条例》全文公布［EB/OL］.（2021－09－30）［2021－10－07］. https://sghexport.shobserver.com/html/baijiahao/2021/09/30/551183.html.

［10］第七次全国人口普查公报［EB/OL］.（2020－05－19）［2021－10－07］. http://www.gov.cn/guoqing/2021－05/13/content_5606149.html.

［12］习近平为志愿者点赞：你们所做的事业会载入史册［EB/OL］.（2019－01－18）［2021－10－07］. http://news.youth.cn/sz/201901/t20190118_11848315.htm.

［13］中华人民共和国老年人权益保障法［EB/OL］（2019－01－08）［2021－10－07］. http://www.mca.gov.cn/article/gk/fg/ylfw/202002/20200200024078.shtml.

［14］国务院关于印发“十三五”国家老龄事业发展和养老体系建设规划的通知［EB/OL］.（2017 －03 －06）［2021－10 －07］. http://www.gov.cn/zhengce/content/2017－03/06/content_5173930.htm

［15］中共中央关于制定国民经济和社会发展第十四个五年规划和二〇三五年远景目标的建议［EB/OL］.（2020－11－03）［2021－10－07］. http://www.gov.cn/zhengce/2020－11/03/content_5556991.htm.

［16］中共中央 国务院关于加强新时代老龄工作的意见［EB/OL］.（2021－11－24）［2021－12－30］. http://www.gov.cn/zhengce/2021－11/24/content_5653181.htm.

［17］张琼寒 . 一贯贡献者效应及其传播机制：认同与自我超越的作用［D］. 浙江大学，2019.

［18］张飞，江丽 . 霍华德·麦克拉斯基老年教育思想研究及启示［J］. 成人教育，2020（2）：38－42.

［19］孙玫璐，李建攀，王霞 . 老年核心素养体系框架初探［J］. 终身教育研究，2019（2）：10－14.

［21］民政部与清华共办“第三次分配”研讨会，为促进共同富裕献策［EB/OL］.（2021－06－17）［2021－10－07］. https://m.thepaper.cn/baijiahao_13180520.

［22］中共中央关于坚持和完善中国特色社会主义制度　推进国家治理体系和治理能力现代化若干重大问题的决定［EB/OL］.（2019－11－05）［2021－10－07］. http://www.gov.cn/zhengce/2019－11/05/content_5449023.htm.

［23］王明慧，等 . 社区学习共同体核心成员成长指要［M］. 杭州：浙江大学出版社，2020.

“十四五”时期上海老年素质教育高质量发展对策研究

查正和　王　霞　李建攀*

摘　要：积极应对人口老龄化，构建服务全民终身学习的现代教育体系，决定了“十四五”时期上海老年素质教育需要走进以高质量发展为纲领的新时代。高质量发展，是老年素质教育致力于“数量扩张”向“质量升级”的转型升级，是以创新性、主体性、系统性、开放性和示范性为内涵的发展，满足“十四五”时期上海老年素质教育的内生发展需求，适应上海老龄群体的高质量生活。在创新性上促进老年核心素养养成，坚持积极老龄化理念；主体性上满足老年学员学习需求，开发老龄人力资源；系统性上利用终身教育体系资源，协调老年素质教育内部机制；开放性上搭建资源共享平台，组建实验项目联盟；示范性上开发老年素质教育示范课，打造最美系列教师品牌，强化实践基地及实验区示范性建设。

关键词：老年素质教育；高质量发展；对策

一、问题提出：上海老年素质教育高质量发展的机遇

党的十九大明确提出：“我国经济已经由高速增长阶段转向高质量发展阶段。”《中共中央关于制定“十四五”规划和二〇三五年远景目标的建议》(下文简称《“十四五”规划》)明确提出“建设高质量教育体系”。进入“十四五”时期，我国人口年龄结构持续变化，老年人口规模逐年壮大，人口老龄化形势日益严峻。国家统计局第七次全国人口普查数据显示，截至2020年底，60岁以上人口为26 402万，占18.70%(其中，65岁以上人口

* 查正和，上海市老干部大学副校长；王霞，上海市老干部大学副校长、上海市老年学校素质教育指导中心办公室主任；李建攀，上海市老干部大学办公室工作人员、上海市老年学校素质教育指导中心工作人员。

为 19 064 万，占 13.50%）。当前，我国老龄人口具有基数大、增速快、高龄化日益显著和城乡结构分化等特点[1]。《中国教育现代化 2035》提出，要构建服务包括老龄群体在内的全民终身学习教育体系，老年教育现代化必然成为通向教育现代化的“最后一公里”。促进老年教育的高质量发展，满足老年群体日益增长的对更好、更优终身学习的需求，既是新时代“老有所学”的基本方略，也是老年教育的当代责任。

上海是我国最早进入老龄化社会的城市之一，也是我国老龄化程度最高的大型城市。国家统计局第七次全国人口普查数据显示，截至 2020 年底，上海 60 岁以上老年人口占总人口的 23.4%，在国内主要城市中老龄化程度是最高的，与国际大都市相比，也处于较高水平，并且呈现出总量规模大、增长速度快、外来老年人口数量不断增长等特点。2018 年 1 月，上海市政府发布的《上海市城市总体规划（2017—2035 年）》提出，“努力把上海建设成为卓越的全球城市和社会主义现代化国际大都市”，对上海市民素质和精神面貌提出了新的要求。作为上海市民的重要组成部分，上海老年人素质的提升对市民整体素质的提升意义非凡，是上海践行终身学习理念、建设全球卓越城市的重要举措。

在积极应对人口老龄化、实现教育现代化和提升国民素质等一系列社会问题的推动下，发展老年教育成为重要举措。自改革开放以来，我国老年教育经历了初创、推广、发展和繁盛四个阶段[2]。时至今日，以老年大学为主要舞台的上海老年教育事业已经走过了 30 多个年头。老年教育在理论和实践探索中不断与时俱进，“老年素质教育”正是创新性发展的产物之一，以社会主义核心价值观为核心内容，明确“全人发展”的综合素质教育性质。作为我国终身教育体系的重要组成部分，在“建设高质量体系”的战略布局中，老年教育的高质量发展也逐渐成为老年教育的内生性需求。高质量发展阶段，上海老年素质教育将从追求“数量增长”到“质量升级”的转型，从满足老年学员“娱乐休闲”向“素养提升”转变，满足老年人对美好生活的要求，适应积极老龄化的社会发展。

二、内涵阐释：老年素质教育高质量发展的内涵

作为政策概念或术语，“高质量发展”最初源于对经济发展阶段的描述，

区别于“经济的高速增长”。党的十九大报告提出，“我国经济已由高速增长阶段转向高质量发展阶段”，党的十九届五中全会指出，“我国已转向高质量发展阶段”。至此，“高质量发展”成为我国国家和社会发展的战略选择，质量发展已是我国社会改革发展时代特征，“从发展的根本出发点和落脚点看，高质量发展是能够很好地满足人民日益增长的美好生活需要的发展”[3]。随着整个国家向高质量发展阶段转向，为“建设高质量教育体系”，教育自然也要转向高质量发展。为此，有必要厘清“老年素质教育高质量发展”的内涵，在理论阐述的基础上解析老年素质教育高质量发展的对策，以适应“十四五”时期社会对老年素质教育的需求和期待。

从词源上看，“高质量发展”中有两个“关键词”，一个是“质量”，一个是“发展”。“质量”与“数量”相对应，“发展”则表明事物从量变到质变的飞跃。“高质量发展是与高速增长截然相反、更加注重经济增长效率、符合时代特征的新发展理念”[4]，既强调发展的性质或方式是“高质量”的，也强调发展的结果是“高质量”的。有研究认为“高质量发展可以理解为一种超越增长速度的、可持续的、满足人民日益增长美好生活需求的发展，其包含了经济发展、社会发展、生态发展等层面”，是体现新发展理念，即创新成为第一动力、协调成为内生特点、绿色成为普遍形态、开放成为必由之路、共享成为根本目的的发展[5]。综上所述，高质量发展是对以往发展模式的超越和革新，旨在追求“生产要素投入少、资源配置效率高、资源环境成本低、经济社会效益好的发展”，坚持系统论统合创新发展驱动，促进生产、分配、服务等关键领域结构化升级，致力于供求关系动态平衡，满足人类社会高质量生活要求。有学者认为“教育高质量发展”的内涵可作以下三重理解：一是作为创新的政策概念谱系；二是作为一组积极的教育变革方略；三是作为一套落实“人民中心”的务实举措[6]。教育高质量发展不仅是经济社会发展新模式、新理念在教育领域的渗透与延伸，更是教育系统对于社会公众所要求的优质教育和更多教育获得感的现实回应。可以说，教育高质量发展的目标：一是充分实现人的发展，二是与经济社会发展相协调。

老年教育的高质量发展要主动转变老年教育的发展方式，从注重老年教育的外延到内涵，从追求高速增长到高质量发展，是老年教育以往发展模式上的革新，包括老年教育观、老年教育发展模式在新时代的创新。刁海峰在第十四次全国老年教育理论研讨会上提出“老年教育的高质量发展就是在新的发展阶段，贯彻创新、协调、绿色、开放、共享的新发展理念，构建新的发展格局。推进新时代老年教育科学发展，就是要立足高质量的为老服务和产品供给体系的需求，整合老年教育资源，拓展老年教育内容，创新老年教育方式，建立覆盖城乡、保证质量、方便可及、不断提升的老年教育体系，真正实现老有所学，学有所获，让老年人共享改革发展成果，增进老年人福祉。要围绕这五大理念新发展，要拓展教育资源、教育内容、教育方式，实现全覆盖，建立老年教育体系”。老年教育高质量发展是对老年教育传统发展模式的扬弃，是高质量发展理念在老年教育领域的应用和深化，旨在满足老龄群体高质量生活需求和新时代社会发展需要[7]。

老年素质教育的高质量发展是老年教育高质量发展的必然要求。“十四五”时期上海老年素质教育将更加注重工作的创新性，树立积极老龄观，教学目标要努力达成老年核心素养指标体系；同时将“课程思政”理念融入老年素质教育课程建设，提升教师课程思政意识和能力；更加注重学员和教师的主体性，关注学员学习需求，积极开发老龄人力资源；更加注重老年素质教育运行的系统性，充分利用终身教育体系的资源，并协调老年素质教育的内部机制；更加注重老年素质教育发展的开放性，搭建开放性的资源共享平台，组建开放性的实验项目联盟，开展老年素质教育长三角区域的一体化探索；更加注重老年素质教育工作的示范性，建设老年素质教育“示范课”，打造老年素质教育“最美”系列教师品牌，发挥实践基地、实验区的示范引领作用。综上，本文认为老年素质教育高质量发展的内涵体现在老年素质教育的创新性、主体性、系统性、开放性和示范性五个方面。

三、现状素描：上海老年素质教育的发展现状

为了解上海老年素质教育发展的现状，发现以往实践中的亮点与不足，笔者特编制调研问卷，以获取关于老年素质教育现状的反馈，为“十四五”时期老年素质教育高质量发展的对策探究提供现实依据。问卷采用线上形式，发放对象为全市各级各类老年学校教师（包括办学人员）和老年学员，共回收有效问卷教师（办学人员）版454份，老年学员版1 921份。借助问

卷星、SPSS 数据分析软件处理问卷结果，为本文研究提供一手资料。

（一）上海老年素质教育政策现状

上海老年教育起步于 1985 年，近 40 年间，政府以不同效力的文本形式出台了与老年教育相关的政策，以期通过持续学习的教育形式，使每个老年人都能享有公民应享有的基本权利和社会福利，成为提升城市文化软实力的重要一极，满足老年人多样化的学习需求，提高老年人的精神文化层次和生活品质，促进其身心健康素养、科学文化素养和思想道德素养等综合素养的发展。基于此，上海老年教育的高质量发展，离不开各级各类政策的引导与支持。

1. 综合性政策

进入 21 世纪以来，上海先后于 2003 年、2007 年、2011 年和 2016 年召开了四次老年教育工作会议，四次会议上先后发布了《关于进一步加强本市老年教育工作的若干意见》《关于全面推进本市老年教育工作的若干意见》《上海市老年教育“十二五”发展规划》和《上海市老年教育发展“十三五”规划》，这四份文件是进入 21 世纪以来对本市老年教育发展具有重要意义的综合性政策文件。对这四份文件中所包含的与本文研究相关的关键词进行分析，发现主要呈现如下特征（见表 1）。

表 1　上海老年教育四次工作会议颁布政策文件梳理

年份	文件名称	性质	颁布单位	关键词频数
2003	关于进一步加强本市老年教育工作的若干意见	意见	市政府办公厅（市教委、市民政局、市老龄委办公室、市财政局、市文广影视局制定）	“素质”3 处 “素质教育”1 处
2007	关于全面推进本市老年教育工作的若干意见	意见	市教委员、市老龄办、市财政局	“素质”1 处
2011	上海市老年教育“十二五”发展规划	规划	市教委、市老龄办	“素质”“素质教育”0 处
2016	上海市老年教育“十三五”发展规划	规划	市教委、市老龄办	“素质教育”2 处

2. 专题性政策

除了上述四次老年教育工作会议发布的四份综合性政策文件之外，2015年上海市教育委员会还颁布了《关于在老年教育中培育和践行社会主义核心价值观的指导意见》。文件中“素质教育”关键词出现7处，“老年素质教育”关键词出现了13处，“老年学校素质教育指导中心”出现1处（见表2）。

表2 《关于在老年教育中培育和践行社会主义核心价值观的指导意见》关键词梳理

<table>
<tr><th colspan="2">文件结构</th><th>关键词频数</th></tr>
<tr><td colspan="2">导入语</td><td>“素质教育”1处</td></tr>
<tr><td colspan="2">重要意义</td><td>“素质教育”1处
“老年素质教育”1处</td></tr>
<tr><td colspan="2">指导思想</td><td>“老年素质教育”1处</td></tr>
<tr><td colspan="2">基本任务</td><td>“老年素质教育”1处</td></tr>
<tr><td rowspan="7">主要工作</td><td>加强思想文化建设</td><td>“素质教育”1处</td></tr>
<tr><td>加强“中国梦”的宣传力度</td><td>“老年素质教育”1处</td></tr>
<tr><td>深化中华优秀传统文化教育</td><td>“素质”“老年素质教育”0处</td></tr>
<tr><td>构建老年素质教育体系</td><td>“素质教育”1处
“老年素质教育”2处</td></tr>
<tr><td>探索素质教育模式</td><td>“素质教育”2处
“老年素质教育”1处</td></tr>
<tr><td>培育老年学习团队</td><td>“素质教育”1处</td></tr>
<tr><td>倡导志愿服务理念</td><td>“素质”“老年素质教育”0处</td></tr>
<tr><td rowspan="3">组织保障</td><td>高度重视，加强领导</td><td>“老年素质教育”1处
“老年学校素质教育指导中心”1处</td></tr>
<tr><td>明确职责，形成合力</td><td>“老年素质教育”3处</td></tr>
<tr><td>深入学习，注重实效</td><td>“老年素质教育”2处</td></tr>
</table>

（二）上海老年素质教育管理体制机制现状

目前，上海老年素质教育通过三个层面的管理在推进：决策指导层、协调层、执行层。决策指导层主要有：上海市教委终身教育处、上海市老年教育工作小组办公室、上海市老年学校素质教育指导中心（以下简称“素质教育指导中心”）。主要负责全市老年素质教育重要政策的制定、实施、监督，以及对全市老年素质教育工作进行指导。协调层主要有：各市级老年大学、各区老年教育工作小组办。协调层主要负责将本市老年素质教育的政策、任务和工作传达至各级各类老年学校，推进老年素质教育理念落实到基层。各市级老年大学、各区老年教育工作小组办分别设一名联络员承接决策层布置的各项任务。执行层主要包括：素质教育指导中心在全市设立的老年学校素质教育实践基地（目前为第二批共 15 所学校）、素质教育指导中心设立的老年素质教育实验区以及各级各类老年学校。其中实践基地主要通过创新性实践，创造老年素质教育的新经验，对全市老年素质教育的开展发挥示范效应；实验区主要通过在区域内全面推进老年素质教育，由点及面，扩大老年素质教育的覆盖面。

（三）上海老年素质教育运行载体现状

1. 老年素质教育“五年三轮”实验项目和“长三角一体化”实验项目

自 2015 年以来，上海先后举行了三轮老年素质教育实验项目活动。实践表明，开展素质教育实验项目是老年素质教育从理念落实到具体实践的重要抓手，切实推进了老年素质教育无缝融入课程建设、课堂教学、学习团队建设、校园文化建设等办学全过程。

2021 年，素质教育指导中心正式推进老年学校素质教育“长三角一体化”实验项目。由素质教育指导中心牵头，依托金山区老干部大学和嘉定区安亭成人学校已有的工作机制，召开了两个实验项目的专家论证会。今后将对金山项目进行专题跟踪。

2.“我心目中的最美老年学员”主题活动

2019 年，上海各级各类老年学校普遍开展了“我心目中的最美老年学员”主题讲述活动。通过主题讲述活动发现身边最美老年学员，展示上海老年学校“最美学员”风采。2020—2021 年，在疫情常态化的背景下，“最美学员”活动稳步推进，优秀作品精彩纷呈，用镜头聚焦、用画笔描绘、用书法书写“我心目中的最美老年学员”。此次活动共征集全市各级各类学校近400幅优秀作品。2021年6月，举办“在党的阳光下——我心目中的最美老年学员”摄影书画优秀作品展，编印“我心目中的最美老年学员”优秀摄影和书画集；展览采用线上线下相结合形式，展现当代老年学员的精神风貌和多姿多彩的才艺，向中国共产党成立100周年献礼。

3.“青松讲坛”系列讲座

依托上海市老干部大学较为丰富的教学资源，素质教育指导中心推出了“青松讲坛”，把受到广泛欢迎的老年素质教育课程与教学送到社区和基层。“青松讲坛”倡导适需性教学与引导性教学相结合，进一步扩大老年素质教育的辐射效应。自2016年开办至今，“青松讲坛”送教送课10余场，受到基层老年学员和老年学校的普遍欢迎。

（四）上海老年素质教育实践基地与实验区建设现状

上海市早在2012年就设立了11家老年学校素质教育实践基地，并通过制定工作计划、发掘特色项目、开展课题研究等方式，加强实践基地建设。2018年，根据《上海市老年学校素质教育实践基地建设办法》的要求，在总结第一批实践基地成功经验的基础上，确定了市老干部大学等15家老年学校为第二批上海市老年学校素质教育实践基地，同时，确定闵行区、松江区为素质教育实验区（见表3），并举行了授牌仪式。

表3　上海市老年学校素质教育实践基地（第二批）及实验区名单

类　别	名　　称
市级	上海市老干部大学、上海老年大学、上海老龄大学、上海市退休职工大学
区级	杨浦区老干部大学、静安区社区学院、上海老年大学徐汇分校（徐汇区老年大学）、松江区老年大学、闵行区老年大学
高校	复旦大学老年大学、上海老年大学上师大分校
企业	宝钢老干部（老年）大学

续 表

类 别	名 称
街镇	徐汇区枫林街道老年学校、浦东新区洋泾街道老年学校、松江区泗泾镇老年学校
实验区	上海市老年学校素质教育闵行实验区、上海市老年学校素质教育松江实验区

（五）上海老年素质教育课题研究现状

上海推进老年素质教育，始终把理论研究放在突出位置，每年都会根据工作重点和要求积极开展课题研究。自 2012 年起，素质教育指导中心主动承担市教委课题项目，为上海老年素质教育工作的起步奠定了理论基础。此后，陆续与市老干部大学合作，开展多项课题探索，如关注在学习团队建设、校园文化建设和老有所为中推进老年素质教育课题研究。课题研究成果初现，编辑出版了《老龄化社会的老年素质教育》一书，并创新性地搭建了"老年核心素养体系"，为进一步落实老年教育立德树人根本任务，更好地实施老年素质教育，在课程建设上提供路径和方法。

表 4 上海老年素质教育理论研究课题成果一览

年 份	课 题 名 称	立项单位	完成单位
2011—2012	老年素质教育研究	上海市教委决策咨询项目	上海市老干部大学
2012	上海市老年学校素质教育发展现状调研报告	自设项目	素质教育指导中心
2013	老年学校素质教育实践与探索	自设项目	上海市老年学校素质教育实践基地各学校
2013—2014	在各类课程教学中渗透老年素质教育的探索与研究，下设思想道德类、中华传统文化类、养生保健类、艺术类、科技类五个子课题	自设项目	素质教育指导中心、四所市级老年大学、两所高校老年大学

续 表

年 份	课 题 名 称	立项单位	完成单位
2014—2015	在学习团队建设中推进老年素质教育的探索与研究、在校园文化建设中推进老年素质教育的探索与研究、在老有所为中推进老年素质教育的探索与研究	自设项目	素质教育指导中心、上海市老干部大学
2018—2020	老年素质教育课程建设研究	自设项目	素质教育指导中心、上海市老干部大学、华东师范大学
2021	“十四五”时期上海老年素质教育高质量发展对策研究	自设项目	素质教育指导中心

四、问题剖析：上海老年素质教育高质量发展的困境

（一）老年素质教育的理念和实践需进一步深化

由问卷调研结果可知，教师对素质教育的理念和实践已基本理解，关于老年素质教育的教育属性、地位、价值和支持条件大致认同，但仍然存在一些需要改善的地方。如约 15% 的教师对“老年素质教育突出老年教育姓‘教’属性这一观点”持中立甚至不认同的观点，10% 以上的教师对“老年素质教育承担老年教育立德树人的任务”持中立甚至不认同的观点。同时，就素质教育的支持条件而言，约 95% 的教师认为需要政府政策保障、学校支持和社会支持，约 90% 的教师认为需要业务指导。老年素质教育的理念宣传不充分、需要国家和社会保障支持仍是影响素质教育高质量发展的困境。如图 1 所示，约 40% 的老年学员未参加任何活动，且超过半数（56%）的学员反映未参加活动的原因是“不知道这些活动”。尤其是“我心目中的最美老年学员活动”作为素质教育的品牌项目，却只有不到四分之一的学员参加过，说明素质教育品牌项目需要进一步宣传和组织。由上，老年素质教育实践虽形式多样、广泛开展，但仍有部分学员并不知晓，依托素质教育活动宣传素质教育理念仍任重道远。

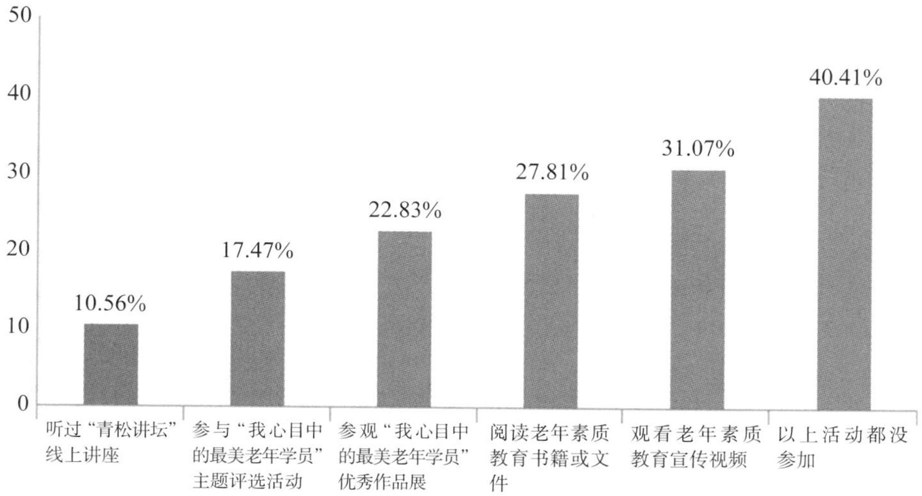

图 1　老年学员参与素质教育活动情况

因此，老年素质教育的理念和实践尚不为多数老年学校教师和学员所理解和认同，造成他们参与素质教育活动的积极性、主动性不强。从老年素质教育本身来看，老年素质教育理念和实践的宣传不到位，社会认知度不高；另一方面，缺乏政府政策支持和保障，“十四五”时期，老年素质教育相关政策及文件尚未出台，使得素质教育实践的高质量开展缺乏政策支持。

（二）老年学员参与素质教育的主体性有待提升

如图 2 所示，超过半数学员认为老年教育活动有改善身心健康、拓宽了人际交往和丰富科学文化知识的作用，但仍有约 2% 的老年学员认为几乎没有什么积极影响。说明素质教育活动确实对大多数老年人产生了积极影响，但在提升思想政治素养方面学员的获得感不强（约 25%），不到三分之一的学员认为老年素质教育活动能促进社会参与。

同时，如图 3 所示，就素质教育仍需改善的方面而言，精品课程建设、老年教育教材以及课堂教学质量成为学员重点关注的内容。课程教学是老年素质教育的主渠道，老年素质教育的高质量发展势必要做好课程、教材、教学的优化提质。

老年素质教育以学员为主体，目标是促进老年学员的核心素养发展。综上可知，老年学员参与素质教育的获得感仍不是很高，上海老年素质教育的

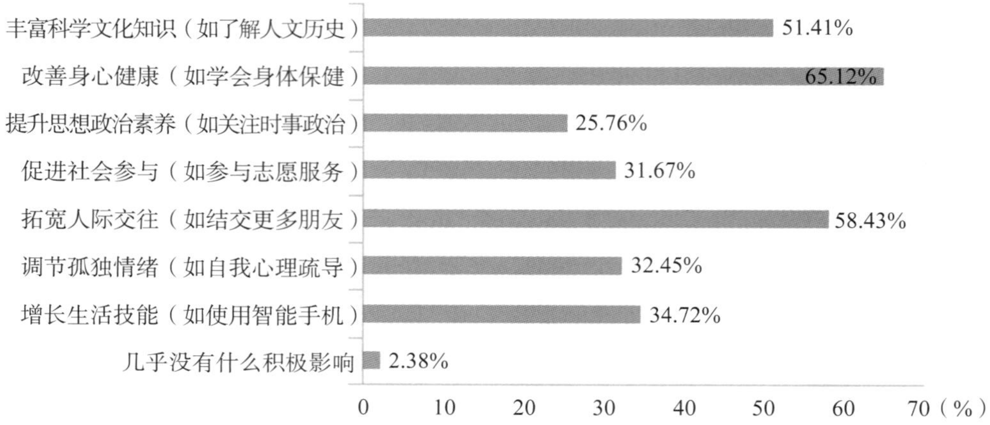

图 2　参与素质教育学习对老年学员产生的积极影响

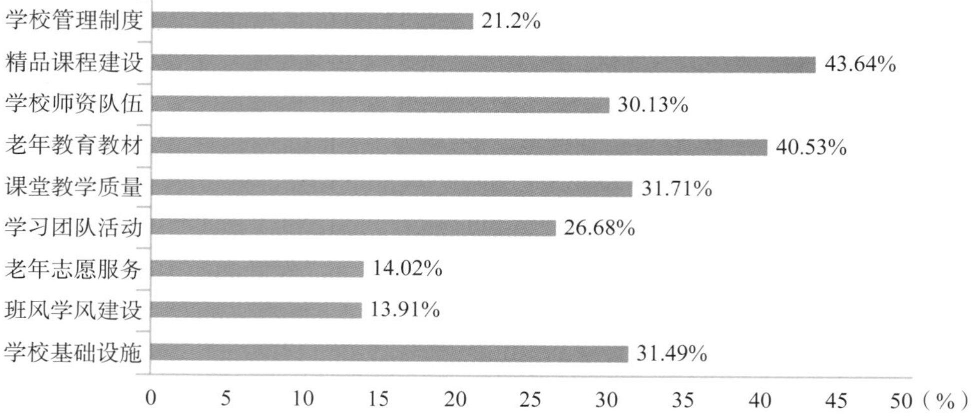

图 3　老年学员认为素质教育需要重点改善的地方

高质量发展仍要关注以下三个方面：老年学员学习需求的满足；老年学员素养的提升；老年素质教育要素的优化。老年素质教育应尊重和促进老年学员的主体性发展，为老年学员的素养提升解决课程、学校基础设施等方面的问题。

（三）教师在老年素质教育中的引领作用有待加强

如图 4 所示，由问卷调查结果可知，60.6% 的教师认为目前开展素质教育的困难是理论研究薄弱，缺少指导性的文件和书籍；47.9% 的教师认为目

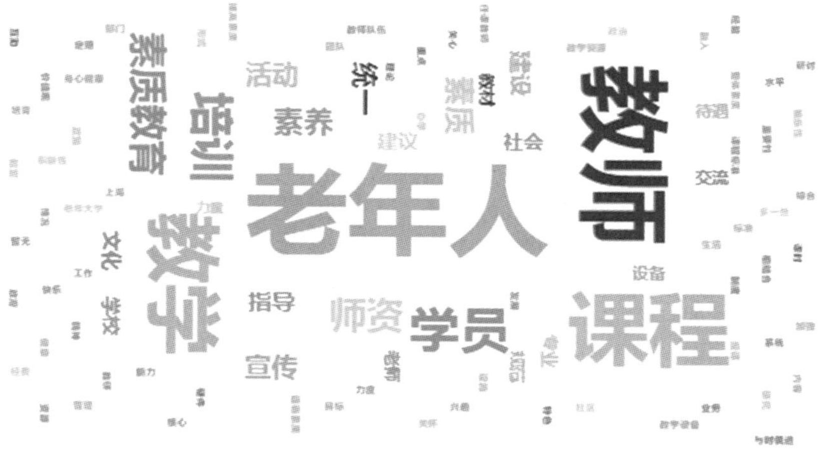

图 4　教师对老年素质教育发展的优化建议

前开展素质教育的困难是出于“不太理解老年素质教育内容，难以将素质教育理念融入教学中”；40.6% 的教师认为“缺乏课程教学评价，课程教学目标模糊”。

同时，通过对“教师对素质教育发展的优化建议”作关键词分析，“老年人”（54 次）、“教师”（51 次）、“课程”（44 次）、“教学”（40 次）、“学员”（28 次）是最高频的词汇，说明老年素质教育目前重点关注教师、学员以及课程教学，帮助老年学校教师解决课程教学中面临的困难，以更好地发挥老年素质教育主体作用，优化课程教学质量。

综上，教师在老年素质教育中发挥示范引领作用，教师的专业和思政修养将很大程度上影响学员和学校乃至老年素质教育的发展。而目前老年学校教师普遍存在难以将素质教育理念融入课程教学、较难提升老年学员的素养等问题，且在课程教学中融入“课程思政”理念的意识和能力不足，这将直接影响老年素质教育的课程建设，难以实现老年素质教育的教学目标。

（四）老年学校开展老年素质教育的能力有待强化

如图 5 所示，各级各类老年学校教师普遍反映在素质教育活动中面临的最大的困难是“不太理解老年素质教育内涵，难以将素质教育理念融入教学”，尤其是在老年学习点，近 80% 的教师反映这一情况；其次是课堂教学效果不佳，较难提升老年学员素养。同时，约 3% 的老年学员反映未参加素

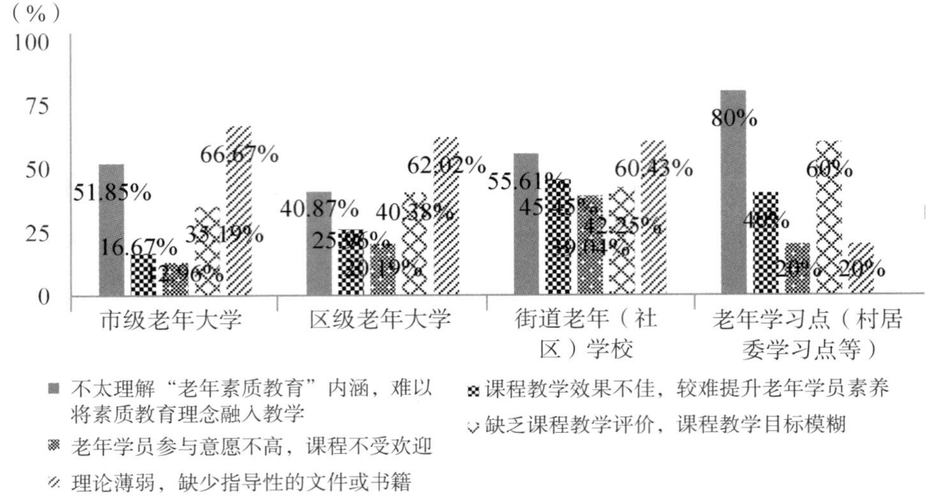

图 5　教师在目前的老年素质教育教学活动中面临的困难

质教育活动是因为没有专业教师指导，小部分老年学员反映是因为学校不重视；将近三分之一（31.45%）的学员建议学校应该改善基础设施，13.71%的学员认为应注意校风班风建设。说明各级各类老年学校在开展素质教育活动过程中能力尚显不足，具体表现为素质教育理念理解、课程建设、课堂教学质量等有待提升，同时老年素质教育也应注重班风校风建设，优化校园基础设施，为开展老年素质教育营造良好的氛围和环境。

老年学校是老年素质教育的主阵地，在素质教育理念宣传、素质教育实验项目开展、素质教育课程建设、素质教育主题活动开展、素质教育资源共享等方面发挥着枢纽作用，将老年学员、学校与素质教育指导中心链接。而目前老年学校在以上方面大多面临困境，难以保质保量地开展素质教育工作，因而如何加强学校开展素质教育的能力是重要问题，学校的软实力如班级班风建设，学校的基础设施优化、资源平台搭建等都亟待解决。

（五）实践基地示范作用发挥不充分

如图 6、图 7 所示，通过分别对学校类型与实验项目、课题研究进行交叉分析，发现实践基地在开展实验项目和课题研究上的参与率并不是很高，甚至部分学校的参与率还不如非实践基地学校。如非实践基地参加过实验项目的比重为 31.06%，高于实践基地的平均水平。

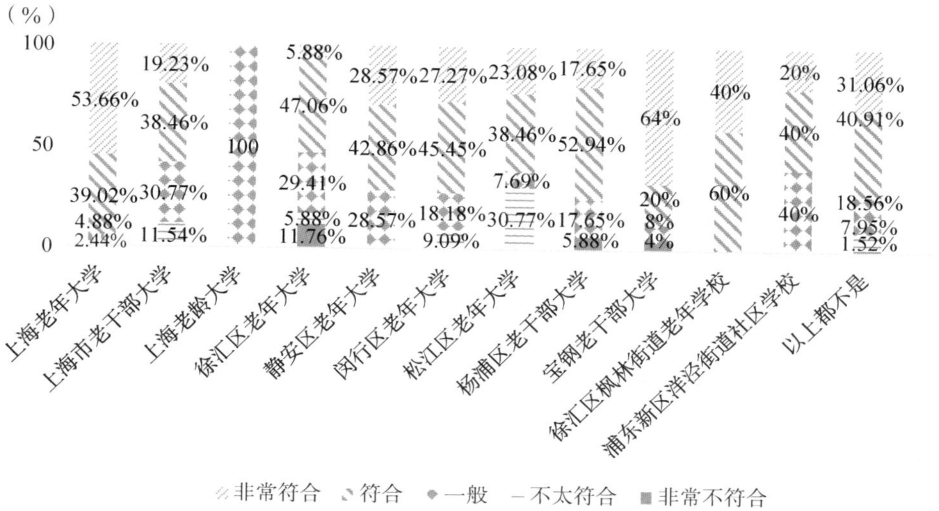

图 6　实践基地学校参与老年素质教育实验项目情况

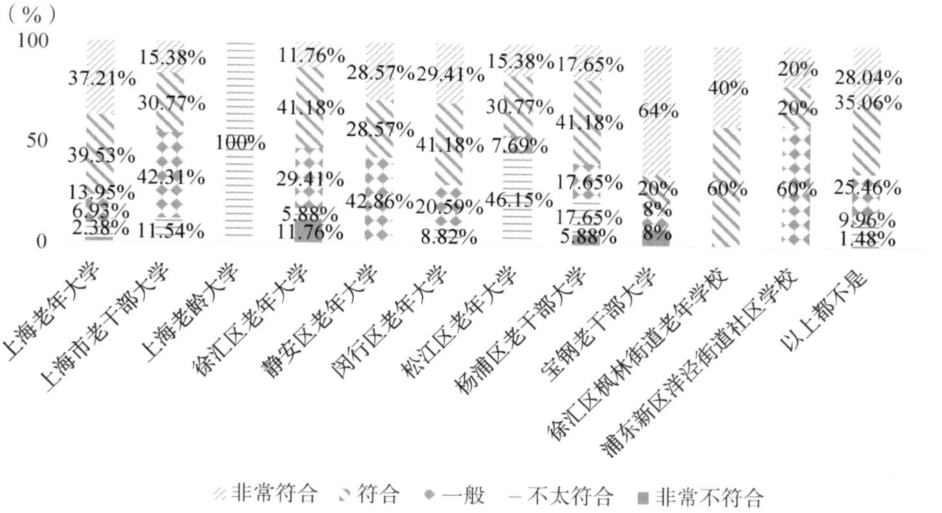

图 7　实践基地学校参与老年素质教育课题研究情况

实践基地是开展老年素质教育理念和实践探索的“先行军”，如果在课题研究和实验项目开展过程中积极性不高，其示范作用将大打折扣，也就无法立足基地特色和经验，开展品牌项目的建设和探索，素质教育典型经验难以储备。因此，如何加强实践基地的示范作用，明晰实践基地积极性不高的原因，激发参与素质教育的积极性，并给予相应的支持和指导尚需素质教育指导中心探索。

五、对策建议：上海老年素质教育高质量发展的路径初探

上海老年教育在长达近 40 年的发展中不断丰富内涵和形式，在实践和理论上积累了广泛经验和成果，从老年教育的“普及化”转向老年教育的“优质化”，从老年教育“有没有”转向老年教育“好不好”。因此，老年教育的高质量发展是老年教育在多年探索中的应有之义，应持续推进老年素质教育在教育教学、课程建设、师资队伍、学员素养等方面的优化。“十四五”时期，老年素质教育将坚持以社会主义核心价值观为核心内容，结合数字化、老龄化的社会背景和老年教育发展的内生需求，探索老年教育发展的新模式、新理念。从老年素质教育高质量发展的内涵出发，围绕创新性、主体性、系统性、开放性和示范性，寻求老年教育的高质量发展路径。

（一）老年素质教育的创新性发展

1. 努力实现“老年核心素养”指标体系

依据问卷调研结果，大部分老年学员（80.8%）参加学习是为了提升艺术素养，一部分学员（41.4%）是想要提升文化素养，可见，老年学员参加老年素质教育学习主要是为了提升自身修养。同时，教师认为目前老年学员应重点提升身心健康素养（89.4%）、思想道德素养（72.5%）和终身学习素养（72.7%）。因而素质教育应进一步明确将老年核心素养指标体系作为素质教育的教育教学目标，素质教育的高质量发展应围绕老年核心素养体系，发挥课程教学的主渠道作用，建构聚焦老年核心素养体系的老年素质教育课程体系（见图 8）。

基于上海市老年素质教育的理念探索和实践经验，素质教育指导中心创新性地提出了“老年核心素养”概念，构建了老年核心素养指标体系。依据《“十四五”规划》要求，“社会文明程度得到新提高……人民思想道德素质、科学文化素质和身心健康素质明显提高”。老年素质教育的高质量发展将进一步以老年核心素养指标体系为教育教学目标，参照“文化底蕴、自主乐龄和长者风范”等核心素养，切实提高老年学员的思想道德素养、科学文化素

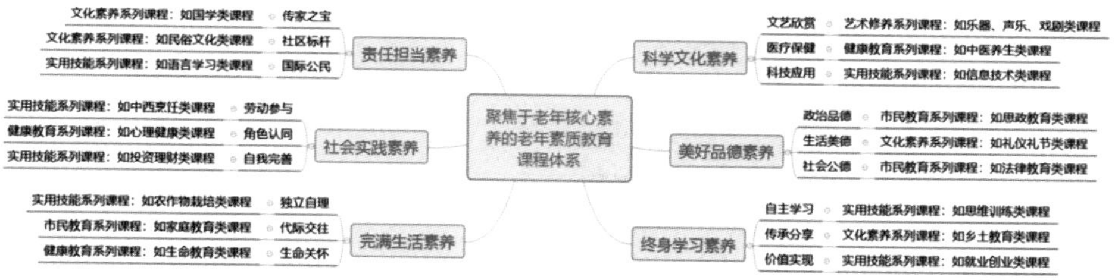

图 8　聚焦老年核心素养的老年素质教育课程体系

养和身心健康素养等。因此，老年素质教育高质量发展需要立足老年学员的身心特征、学习需求等努力提升“核心素养”，在实现老年核心素养指标的过程中培养人的能力和促进人的发展，遵循老年教育人的终身发展属性、社会公益属性和上层建筑属性等三个社会属性[8]，准确明晰老年素质教育在终身教育、提升城市文化软实力中的特殊定位，重点聚焦老年素质教育的育人价值，凸显教育性元素。

2. 坚持积极老龄化理念

老年教育的根本宗旨在于促进积极老龄化[9]，老年素质教育的高质量发展也应树立积极老龄观，尊重和肯定老年群体的价值，并通过各类教育教学活动帮助老年学员实现积极老龄化。一是老年素质教育以积极老龄观为前提，将老年学员视为终身发展的学习者。参与老年素质教育的老年学员从“被动教育”转为“主动学习”，他们并非是为适应社会发展而不得不接受教育的被动者，而是立足于个体发展和学习需求的主动学习者。老年阶段与生命其他阶段一样，有着丰富的生活方式和重要的生命意义，老年人仍然可以通过不断学习去提升自己的生命价值，为社会发展贡献力量。二是老年素质教育为积极老龄化服务，是素质发展型教育，以提高学员的核心素养为目标，以社会主义核心价值观为核心内容，始终坚持“立德树人”的基本理念，促进老年人的健康、参与。因此，老年素质教育的高质量发展需要围绕社会主义核心价值观开展老年素质教育实践，以老年核心素养指标为教育教学参考，探索素质教育的丰富内涵，鼓励老年人终身学习，促进“老有所学、老有所为、老有所乐和老有所养”。

（二）老年素质教育的主体性发展

如图 9 所示，通过问卷调研可知，老年学员参与各类老年课程学习主要

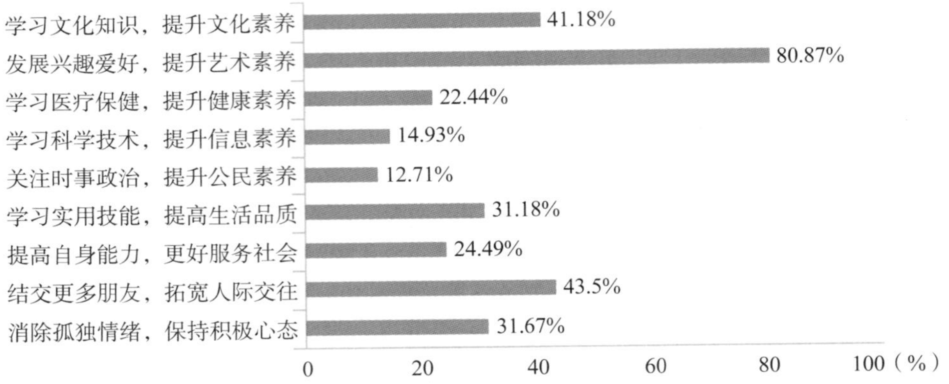

图 9　老年学员参与老年学校学习的原因

是为了提升自身素养，尤其是艺术素养（80.9%）和文化素养（41.2%）。同时，“结交朋友，拓宽人际交往”和“需要学习实用技能，提高生活品质”也是重要原因。因此老年教育的主体性发展应着重聚焦老年学员的主体性发展，为提升老年学员文化、艺术等综合素养而服务，关注老年学员的高品质生活，提升他们的社会实践能力。

1. 以老年学员学习需求为导向

由问卷调研结果可知，目前艺术素养类（60.7%）和实用技能类（21.2%）课程最受老年学员青睐，同时如图 10 所示，通过对“老年学员除目前课程外，还想学习哪些课程”的回答作关键词分析，发现书法（74）、摄影（74）、唱歌（67）、手机（66）、健康（55）类课程是学员提到最多的。值得关注的是，老年学员对实用技能类课程的需求量较为突出，尤其是摄影技术、智能手机应用等信息科技类课程。因此老年素质教育的高质量发展要以学员需求为导向，为老年学员提供更多实用技能类课程，提升老年学员的社会实践素养，帮助老年人在智能化、信息化时代享受高品质生活。

老年素质教育的主体性体现在以老年学习需求为导向，老年学习需求是老年素质教育目标和内容的重要来源[10]。党的十九大报告提出“人民日益增长的美好生活需要和不平衡不充分的发展之间的矛盾成为我国当前社会主要矛盾”，老年素质教育的高质量发展关键在于解决老年人对“美好生活”的追求中日益多样化的需求与当前老年人的教育服务不平衡的问题，从而满足老年学员高质量学习和生活需求。老年素质教育的高质量发展需坚持

图 10　除目前课程外，老年学员还想学习的课程

老年人为中心的发展思想，着眼于为促进老年人全面发展创造良好的教育教学条件，优化老年学校、教室的基础设施条件；开发在线课程，发展不同层次的、符合老年人身心发展规律的老年教育系列课程；推动老年教育体验学习，开展具有上海特色的、符合老年群体的老年学习体验项目，强化老年研学的开展。关注老年学员的身心健康需求、社会参与需求，促进建立老年教育共同体，打造多样态、场景式老年教育产品和服务。

2. 开发老龄人力资源

由问卷调研结果可知，目前老年学员的志愿服务的参与率相对较低，超过半数的老年学员（53.4%）尚未参加过任何志愿者活动，且极少数学员（4.6%）认为志愿者服务是最主要的学习方式。同时，如图 11 所示，超过半数（58.31%）的教师认为志愿服务是素质教育的主要途径。可见老年学员参与志愿服务率较低，教师对志愿服务蕴涵的教育意义认识不足，难以切实促进老年学员的学为结合。

《“十四五”规划》中提出“积极开发老龄人力资源，发展银发经济”。美国密歇根大学麦克拉斯基教授认为，老年教育是潜能开发教育[11]。老年素质教育的高质量发展要注重开发老年人力资源，引导老年学员学为结合，提高老年社会参与意识和能力，为老年人社会参与赋权增能。自上海市老年素质教育发展以来，志愿服务一直以来是老年素质教育的重要途径，依托现有的学习团队孵化老年志愿者团队是老年学员学为结合的重要抓手，体现了老年素质教育在提升学员核心素养的同时也在赋权增能。基于素质教育发展

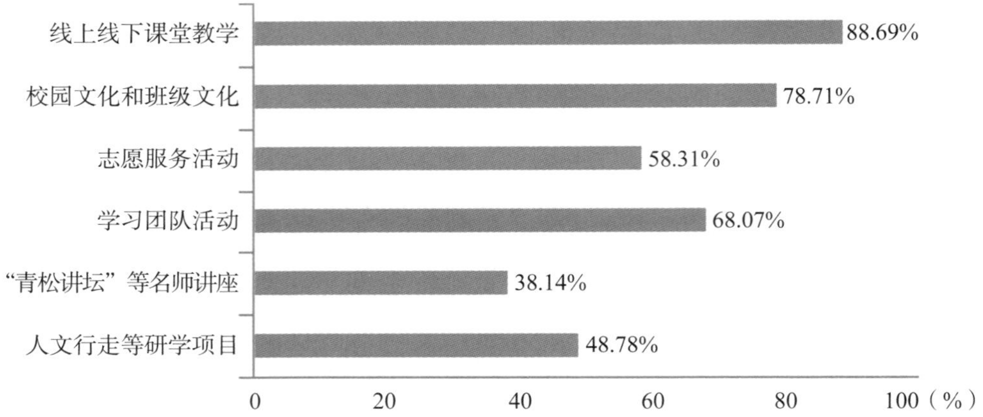

图 11　老年素质教育的主要途径

现状调研，如图 12 所示，本文认为老年素质教育赋权包括制度、机制、载体和心理赋权，增能包括增强数字生存、终身学习和社会参与能力。要充分发挥老年学员的技能、经验和智慧，激发老年学员自身力量、人力资本，促进老年人积极参与社会治理，引导老年人将学习到的知识技能反馈社会，提升老年人的社会参与度和老年教育的社会价值。

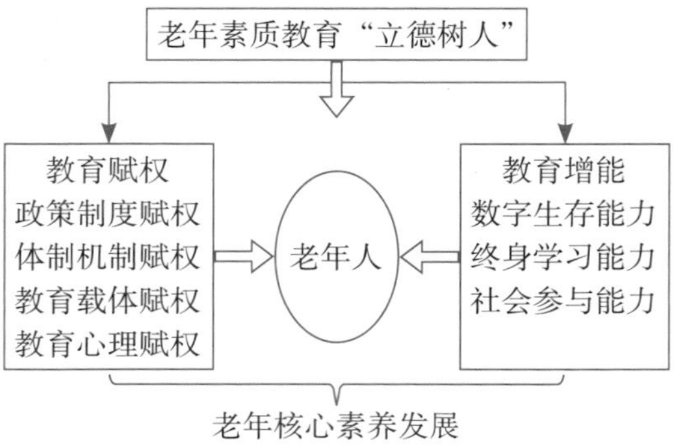

图 12　老年素质教育赋权增能的理论框架

（三）老年素质教育的系统性发展

如图 13 所示，开展素质教育存在困难，52.75% 的教师认为是由于缺乏统一的课程标准，51.61% 的教师认为是缺乏老年素质教育的教学资源，将近半数的教师认为是缺乏老年素质教育的专业指导和支持。可以说，正因为

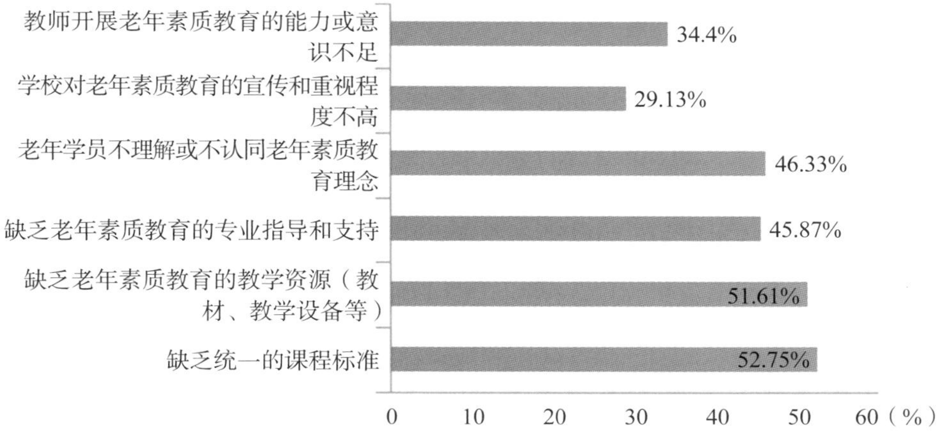

图13　教师认为素质教育开展困难的原因

教师、课程、教学资源等欠缺标准和整合，所以素质教育应努力整合各类教育教学资源，打破体制机制壁垒，形成协调共生的老年素质教育协作系统。

1. 充分利用终身教育体系的资源

《中国教育现代化2035》提出，要构建服务包括老龄群体在内的全民终身学习教育体系，老年教育现代化必然成为通向教育现代化的“最后一公里”。作为终身教育体系的一部分，老年教育的发展需要“充分利用终身教育体系在教育范畴的时空变化上固有的整合性和开放性，使教育资源得到相互沟通、补充与渗透”[12]。老年素质教育的高质量发展需要运用系统论的思维方式完善体制机制建设，通过组织、协调、优化、重构与整合现有的有形资源要素（办学场所、设施设备、办学经费、专业、课程和师资）和无形教育资源要素（办学特色、办学理念、教育品牌、教育思想等），以实现老年教育资源的重新优化配置，促进老年教育体系中教育结构与规模、质量与效益的协调发展。同时，素质教育指导中心要持续加强与高校、企业、政府合作，如聘请老年教育领域的专家学者担任中心顾问，为开展老年素质教育课题研究、推进素质教育重点工作提供宝贵建议；依托上海市老干部大学的教学和教师资源，开展“青松讲坛”讲座、编写《素质教育百问》。

2. 协调老年素质教育内部机制

正如前文所述，目前上海市老年素质教育工作机制包括决策指导层、协调层和执行层，各层协调分工，才能形成畅通合作的有机系统。具体来说，一是决策层要做好常态统筹。素质教育指导中心要整合并统一调度各类资源，整合老年教育等老龄事业相关部门的资源，为统筹应对老年教育提供重要保障。二是协调层要形成部门间的联动与合力。各区、实践基地联络员是老年素质教育自上而下贯通协调的重要力量，在老年素质教育理念的宣传和推广、老年素质教育活动的发动和参与等方面发挥桥梁作用，要坚持落实素质教育实践基地例会制度，鼓励联络员反映基层学习需求、素质教育开展现状，以更好地调配老年教育资源。三是执行层要主动建立学校联盟。通过各级各类老年大学、老年学校、教学点之间的沟通交流、信息分享、相互促进、相互渗透，形成共识，实现优质课程互补、优良师资互聘。如上海市老干部大学及其系统校要充分挖掘系统校的优势，在课程建设、学习团队活动等方面创新老年学校的系统集成化发展模式，加强内涵建设。

（四）老年素质教育的开放性发展

1. 搭建开放性的老年教育资源共享平台

搭建资源共享平台是促进并实现资源共享的有效途径，有利于各级各类老年学校分享素质教育成果、交流素质教育经验。老年教育的资源共享平台可包括设施设备资源平台、课程资源平台、专兼职师资平台等。搭建设施设备资源平台应从基层老年学习点着手，整合区域内的老年教育资源，如社区学习点、养老院及区域内教育机构如幼儿园、中小学、大学等，实现老年学习活动场所和设施设备资源共享。搭建课程资源平台应在示范性老年大学精品或优质课程资源的基础上进行开发和整合，提供各类老年人需求旺盛的优质学习资源。搭建师资平台应以各级各类老年学校现有专兼职教师队伍为基础，拓展到具有某项专长的退休教师、专家、学者、艺术家等专业人员。在数字化和疫情常态化背景下，尤其要注重在线资源共享平台的搭建，采用线上线下相结合的形式开展各类老年素质教育教学活动，灵活配置老年素质教育资源，通过数字化学习场景和在线学习情境帮助老年学员提升信息科技素养，助力老年学员跨越“数字鸿沟”。此外，素质教育指导中心应充分发挥导向作用和统筹作用，既引导各老年学校开发适应区域老人的老年素质教育品牌课程，又统筹资源共建、经验共享，在示范性老年大学精品或优质课程资源的基础上进行开发和整合，提供各类老年人需求旺盛的优质学习资源。

2. 组建开放性的老年素质教育实验项目联盟

素质教育实验项目是探索老年素质教育新成果的重要抓手，在“长三角一体化”的政策背景下，老年素质教育应坚持开放包容、取长补短的发展态度，积极主动地走出去、引进来，努力组建开放性的实验项目联盟。素质教育指导中心要做好实验项目联盟的统筹协调工作，一方面，要定期总结和梳理各区素质教育实验项目报告，并分享和提炼优秀实验案例的素质教育经验；另一方面，要针对部分有地域优势的老年大学、老年学校主动开展“长三角一体化”素质教育实验项目协作。目前，素质教育指导中心分别委托金山区开展“长三角区域老年素质教育研学资源开发与利用的实验——以长三角老干部工作联盟关联区域红色资源为例”课题探究、嘉定区开展“跨区域联合构建‘学悦课堂’推进老年素质教育的实验”课题研究。金山区的研学课题应强调研学资源的适老化、共享化，要突出“教育性”和“学习意味”，尝试在已有的红色资源中深度挖掘老年素质教育的内涵；嘉定区的学悦课堂项目要打破各地的机制壁垒，在突出地域特色的同时强调长三角地区文化的同频共振、资源共享，努力将项目打造成老年素质教育的特色品牌。素质教育指导中心以金山和嘉定区为试点，探索组建开放性的实验项目联盟的初步经验，这一过程中做好协作项目的常规化管理和评估机制，并发挥素质教育指导中心顾问团的智库作用，为协作工作的开展提供宝贵意见，不断提升上海市老年素质教育的开放性、影响力、辐射力，创新老年素质教育实验项目的新机制。

（五）老年素质教育的示范性发展

1. 开发老年素质教育“示范课”

由问卷调研结果（见图 14）可知，87.84% 的教师认为素质教育示范课应以提升老年学员的素养为课程目标，76.83% 的教师认为任课教师的专业、思政素养高也很重要，71.10% 的教师认为示范课应以社会主义核心价值观为核心内容，超过半数的教师认为课程教学应融入“课程思政”理念。

同时，如图 15、图 16 所示，学员认为示范课应重点涵盖的内容包括身心健康类课程（73.13%）、艺术人文类课程（69.49%）和科学技术类课程（49.09%），教师认为老年素质教育内容应重点涵盖优秀传统文化教育（86.47%）、身心健康类教育（86.25%）、新科技新知识教育（65.41%），这与前文提到的老年学员学习需求的内容大致吻合。以上都为打造素质教育示

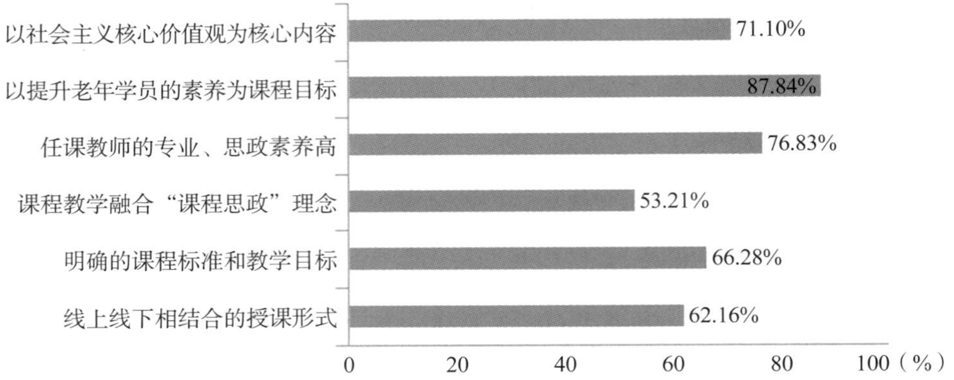

图 14　教师认为素质教育示范课应包含的特征

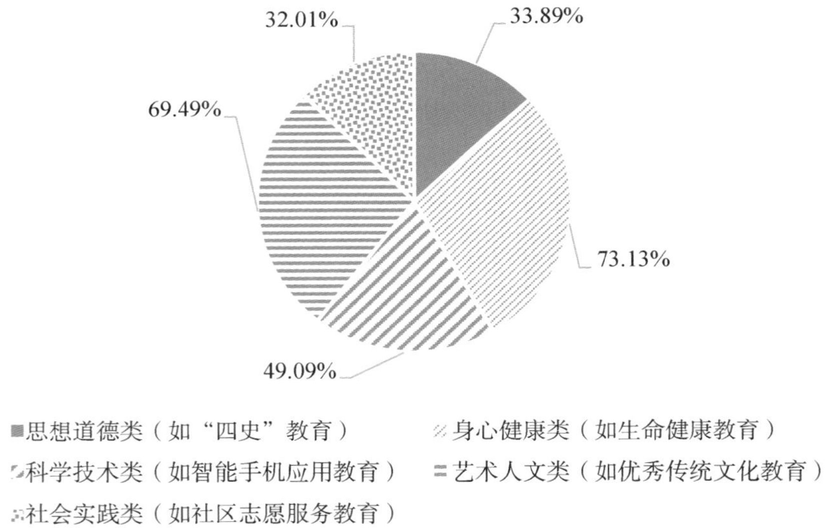

图 15　学员认为示范课应重点涵盖的内容

范课，如设计课程类型、课程内容、课程目标等提供了重要参考。

课堂教学是老年素质教育的主渠道，课程是老年素质教育的重要载体，开发老年素质教育“示范课”，培育一批优质课程及优秀教师是老年素质教育高质量发展的必然需求。《上海老龄事业发展“十四五”规划》中提出“推进老年素质教育，加强老年人政治思想教育”，可见老年人的思想政治教育是老年素质教育的重要内容。素质教育要坚持“立德树人”，发挥教师队伍“主力

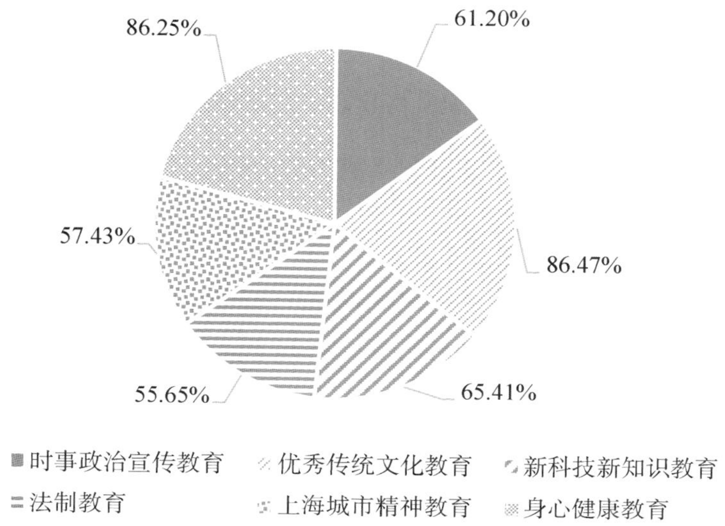

图 16　教师认为示范课应重点涵盖的内容

军"、课堂教学"主渠道"作用，强化示范引领，推进"课程思政"理念融入老年教育课程建设的全过程，如重点在文化艺术课程、生命教育课程以及信息技术类课程中融入课程思政，使素质教育示范课兼具专业和育人价值，助推上海老年素质教育高质量发展。如将"课程思政"理念融入老年素质教育课程建设，强化老年学校教师的课程思政意识，提升老年学员的思想政治素养，涵养老年群体的家国情怀。积极组织素质教育示范课交流展示活动，搭建老年学校教师共学互促、成果展示的平台，提升教师"课程思政"的意识、能力和水平，并推广"课程思政"融入老年学校教学的典型经验。

2. 打造老年素质教育"最美"系列教师品牌

由问卷调研结果可知，70% 以上的教师"指导过学员参加我心目中的最美老年学员活动"，这对推出最美教师活动打下了良好的思想和实践基础，同时，问卷调研结果显示，约 69.66% 的学员认为教师平时"尊重学员需求、严格自律"，但仅约四分之一的学员认为"教师所教课程内容围绕社会主义核心价值观"。如图 17 所示，教师认为老年素质教育教师应具备的最重要的三大素养包括具备所教学科相关的专业知识和能力，具备教育学、老年学相关的专业知识和能力，学员本位、尊老敬老。以上指标给评选"最美老年学校教师"提供了参考。

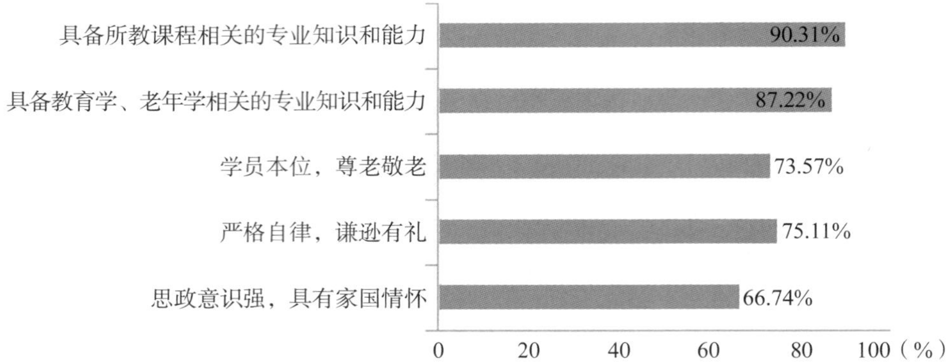

图 17　教师认为素质教育教师应具备的素养

“我心目中的最美学员”主题活动是素质教育指导中心近年来重点推进的品牌项目，对宣传老年素质教育理念、提升老年素质教育的社会影响力具有重要作用。老年素质教育的高质量发展要持续推进“最美”系列品牌建设，不断刷新“最美”系列品牌项目，从“最美学员”到“最美教师”“最美学校”等。“十四五”时期，推出“最美教师”是老年素质教育系列品牌创新的表现，拥有一支结构科学、专业负责的教师队伍是开展老年素质教育实践、深化老年素质教育理论研究的人才保障。教育对象的特殊性，教育内容的专业性和教学情境的多样性，要求教师掌握专业的课程知识，具备“课程思政”融入老年教育教学的意识和能力。首先，教师队伍的整体结构应科学合理，鼓励不同年龄、性别、地域和职业的老年教师合作交往，在实际教学中根据课程内容灵活调整、精心选择最合适的教师人选，实现课程与教法、教师与学生的最佳匹配；其次，在知识储备上，教师应具备老年人学习、身心发展的专业知识，了解老年人的学习需求和动机，掌握适宜老年人学习的教学方法和技能，让老年教育寓教于乐，老年人学有所成、学以致用；最后，在个人素养上，教师应是老年学员的关怀者和鼓励者，在传授知识和技能的过程中凸显人文关怀，尊重老年学员的主体性，耐心倾听老年人的内心感受与独特需求，在课堂教学中、生活交往中逐步走进老年人的精神世界，不断给予物质、情感等多方面鼓励和支持。

3. 加强老年素质教育实践基地、实验区示范性建设

如图 18、图 19 所示，闵行区和松江区作为老年素质教育实验区，在参

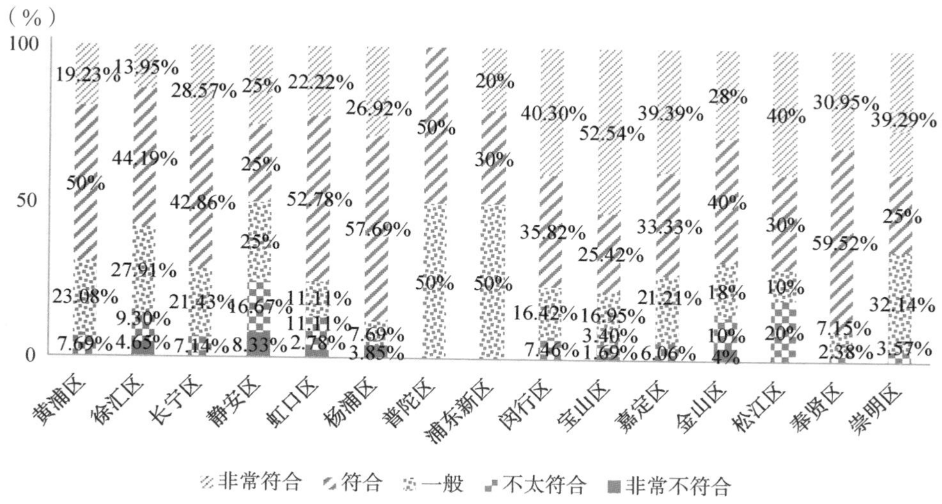

图 18　上海 15 个区教师参与老年素质教育实验项目的频率

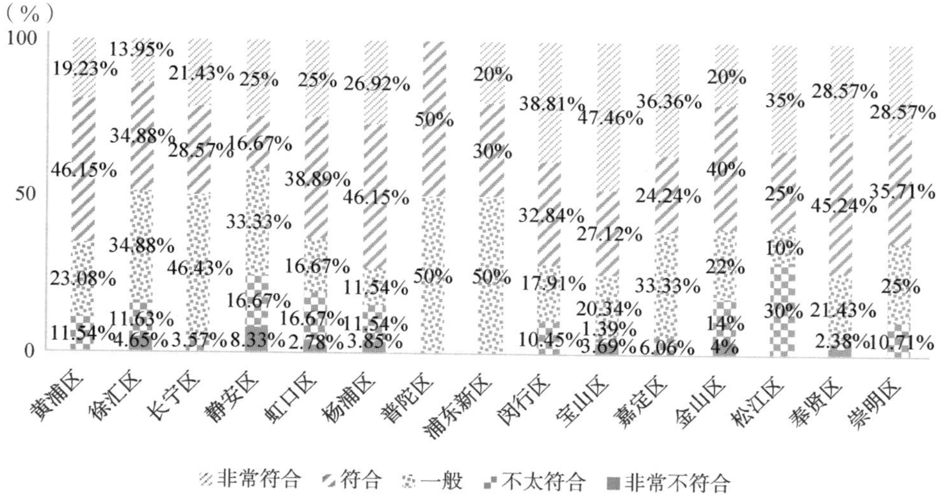

图 19　上海 15 个区教师参与老年素质教育课题研究的频率

加老年素质教育实验项目和课题研究方面较非实验区更为活跃。就数据实验项目参与率而言，闵行区，松江区约 40% 的参与率，明显高于非实验区；就教师课题研究参与率而言，闵行区，松江区近 40% 的参与率，明显高于非实验区。

老年素质教育实践基地和实验区是素质教育指导中心推行老年素质教

育实践、宣传老年素质教育理念的重要阵地，老年素质教育的高质量发展要完善实践基地、实验区建设，健全管理制度和功能发挥，大幅提升实践基地、实验区的示范引领作用，创办素质教育示范性老年大学、老年学校。老年学校是老年素质教育的主阵地，示范性大学在办学条件、管理理念、管理水平、师资队伍、对外合作发展机制、社会声誉及社会影响力等方面均居于较高水平，可以加强以下三个方面的建设：一是在教育理念、教育思想和办学模式改革方面发挥引领作用。如闵行区不断探索老年素质教育的校本经验与创新，聚焦老年人的必备素质，以“立德树人”为核心目标形成区域联动机制、部门合力机制、街镇校交流机制等三大工作机制，并开辟了老年素质教育的四条路径：打造以育人为核心的老年教育课程体系，构建以育人为己任的师资队伍，评选最美老年学员，打磨高品质示范课；二是在专业设置、课程体系、教材建设、教学内容、校园文化建设、对外合作方面发挥带头作用；三是在老年教育科研课题研究和实验项目开展方面发挥引领作用。如2021年8月，松江区率先开展老年素质教育课程思政探索，设立“课程思政”背景下老年教育教师队伍建设的实验——以松江区老年教育为例的实验项目。以老年教育“课程思政”为抓手，提升老年教育教师的思政意识及能力，通过多种方式培养一支老年教育课程思政师资队伍，结合松江区现有老年教育课程实际进行思政元素融合，并在教学中开展实践，打造一批可推广的老年教育课程思政示范课，总结形成一些“课程思政”在老年教育教学中开展的机制与经验。

参考文献

［1］李静，吴美玲．中国城乡人口老龄化发展质量：差异和预测［J］．宏观质量研究，2020（5）：1-13.

［2］马丽华，叶忠海．中国老年教育的嬗变逻辑与未来走向［J］．南京社会科学，2018（9）：150-156.

［3］魏宏东．深刻理解“高质量发展”的内涵要义［J］．政工学刊，2020（12）：9-10.

［4］苗峻玮，冯华．区域高质量发展评价体系的构建与测度［J］．经济问题，2020（11）：111-118.

［5］李金昌，史龙梅，徐蔼婷．高质量发展评价指标体系探讨［J］．统计研究，2019，36（1）：4-14.

［6］程仙平．指向未来的我国老年教育高质量发展路径选择［J］．中国职业技术教育，

2021（15）：81-88.

［7］孙玫璐，李建攀，王霞.老年核心素养体系框架初探［J］.终身教育研究.2019，30（2）：10-14.

［8］叶忠海.老年教育若干基本理论问题［J］.现代远程教育研究，2013（6）：11-16+23.

［9］叶忠海，马丽华.中国老年教育40年：成就、特点和规律性［J］.当代继续教育，2018，36（6）：4-8.

［10］李洁.老年教育目标的现实建构——基于老年学习者需求的阐释［J］.继续教育研究，2019（3）：25-31.

［11］许瑞媛，马丽华.赋权增能：美国老年教育促进老年人社会参与的策略探究［J］.职教论坛，2021，37（8）：137-146.

［12］马丽华.构建服务全民终身学习的教育体系之可能及愿景［J］.终身教育研究，2020（4）：8-11.

老年教育的人文价值向度：服务自我找寻、发展与完善[*]

——基于2019年《教育老年学》期刊相关文献的分析

张伶俐　王子寅[**]

摘　要：人口老龄化是社会发展的重要趋势，积极应对人口老龄化、推进积极老龄化，是时代赋予老年教育的发展使命，也是老年教育相关研究的核心聚焦点。通过对《教育老年学》期刊2019年度老年教育相关文献的梳理与分析，可发现其透视出了老年教育的人文价值向度，即关注到老年教育中具有整体性、独特性、主体性的"人"。由此，相关文献强调老年教育旨在为"人"营造友好的社会氛围，服务于"人"的终身学习，使之认识自己、尊重自己、成为发展的主体、持续走在追求自我完善的道路上，以此促成积极老龄化的实现。

关键词：老年教育；积极老龄化；价值向度；自我完善

一、引言

世界卫生组织（World Health Organization，简称WHO）统计数据显示，2015—2050年，60岁以上的世界人口比例将从12%增加到22%，到2050年，60岁以上的世界人口数量预计将从2015年的9亿增至20亿。60岁以

---

* 基金项目：国家社会科学基金教育学重点课题"服务全民终身学习视域下社区教育体系研究"（AKA210019）成果。

** 张伶俐，华东师范大学职业教育与成人教育研究所博士研究生，主要从事老年教育、比较成人教育研究；王子寅，华东师范大学职业教育与成人教育研究所硕士研究生，主要从事比较成人教育研究。

上的世界人口正以前所未有的速度增长着，并将在未来几十年持续加速增长，其中发展中国家尤甚[1]。

人口老龄化程度的日益加深已然成为世界各国所面临的共同议题，如何积极应对人口老龄化亦成为关注焦点。联合国于2015年9月发布了《变革我们的世界：2030年可持续发展议程》(*Transforming Our World: the 2030 Agenda for Sustainable Development*)，其中对增强老年人的权能给予了较高关注，并强调每一个人都应平等享有终身受教育、卫生保健、社会保障、心身健康和社会福利[2]。次年，世界卫生组织在第六十九届世界卫生大会中发布了《2016—2020年老龄化与健康全球战略和行动计划》(*The Global Strategy and Action Plan on Ageing and Health 2016—2020*)，做出了进一步推进“健康老龄化”与“积极老龄化”的战略部署[3]。

2017年，我国在《“十三五”国家老龄事业发展和养老体系建设规划》中明确提出促进健康老龄化理念，保障和改善民生，增强老年人参与感、获得感和幸福感，以及时应对、科学应对、综合应对人口老龄化。其中，还强调拓展老年教育发展路径，加强老年教育支持服务，促进老年教育可持续发展等，以发展老年教育、形成老年教育新格局[4]。2019年11月《国家积极应对人口老龄化中长期规划》的印发，明确了积极应对人口老龄化的战略目标，将其认定为贯彻以人民为中心的发展思想的内在需求，并强调坚持“积极应对、共建共享、量力适度、创新开放”的基本原则，以进一步完善积极应对人口老龄化的制度安排[5]。2020年10月，《中共中央关于制定国民经济和社会发展第十四个五年规划和二〇三五年远景目标的建议》也明确指出实施积极应对人口老龄化国家战略，充分保障人民平等参与、平等发展的权利，完善终身学习体系，建设学习型社会，促进社会公平，增进民生福祉，不断实现人民对美好生活的向往[6]。

综合来看，国内外均高度重视人口老龄化的积极应对，且愈发强调落实“以人为本”的观念，老年教育的重要性也随之日益凸显。

然而，在现实生活中，老年群体依旧面临着肉体和精神之间矛盾加剧，置身于急速变化的时代中无助感与无奈感加深的局面。老年人该如何寻求自身人格的统一性和整体性？又该如何发展完善？面对如此情境，老年教育该如何强调与体现“以人为本”中的老年人的“本”？又该如何促使老年人发展成为一个完善的人，实现对美好生活的向往？上述问题逐渐成为一系列老年教育研究所关注的焦点。国际老年教育相关研究对此进一步聚焦，相关研究成果也日益丰富。其中，《教育老年学》（*Educational Gerontology*）期刊作为国际老年教育研究领域极具代表性以及开展相关研究的重要学术交流平台，自 1976 年创刊以来，在老年学、成人教育学等领域做出了极具权威性的贡献[7]。

遂本文选取该期刊 2019 年度老年教育相关文献为研究对象。2019 年该期刊刊发 12 期共 72 篇文章，其中 12 篇文献与老年教育密切相关。本文着重对此 12 篇文章进行了分析。初步梳理发现，相关文献充分展现了该期刊较高的国际参与度，主要包括了中国、美国、加拿大、爱尔兰、巴西、德国 6 个国家研究者的工作成果。值得一提的是，本文所涉文献中有 4 篇为我国学者所执笔。这不仅反映了我国学者参与相关研究的积极性，也为中国故事的讲述、中国观点的提出，做了突出贡献。此外，通过文献内容梳理和分析，发现“积极老龄化”一词在相关文献中的出现频次极高，成为该年度老年教育相关研究关注的关键议题，也在一定程度上呈现了当前社会情境下老年教育的目标或指向。因而，本文拟以“积极老龄化”为主脉络，剖析相关文献背后所呈现的老年教育的主要价值向度。

二、老年教育蕴含尊“老”，助力“人”的自我找寻

世界卫生组织在《2016—2020 年老龄化与健康全球战略和行动计划》中明确将“创造有益于老年人的环境”作为优先行动领域之一，即通过相关政策和各级政府的切实行动消除年龄歧视。在实践层面，世界卫生组织开展了促进“年龄友好型”城市和社区发展的相关工作，其中包括全球“年龄友好型”城市和社区网络的构建以及信息互动共享平台的打造[8]。《联合国老年人原则》中提出了对老年人尊严的重视和获得公平对待的强调[9]。笔者将上述“创造有益于老年人的环境”以及“促进年龄友好型城市建设”理解为“尊老”的社会环境的营造，而所谓“尊”既包含“他尊”，也包含“自尊”；“老”，既包含随着年龄的增长而产生的生理和心理层面的衰老，也包含对衰老所持有的态度或价值观。相关文献强调了老年教育所蕴含的积极老龄观，主要探讨了涉老人才、老年教育机构、终身教育体系三个不同层面如何通过“尊老”，服务于“年龄友好型”社会环境的持续优化，从而助力于“人”的

自我寻得。

（一）激发教育者之“尊”，以培养积极老龄观

相关文献提及教育者对“老”的尊重，主要关注培养和提升涉老人才对老年人和老龄化的积极意识。涉老人才是老年教育的重要参与者，其积极意识的形成将直接促使其积极投入老年教育，从而有助于老年教育中人与人之间的良性友好互动，为自我的寻得营造良好的氛围。

学者 Paula Gardner 等人强调了代际服务学习项目（intergenerational service learning project）对于促进涉老人才积极态度形成的重要意义。他们认为，代际服务学习项目既可以增加项目参与者与老年人的接触机会，培养参与者对于老年人的尊重和责任感，以促进有意义关系的建立，也可以通过参与其中的体悟促使其积极采取行动，提升其未来从事老年教育的技能和促成相关支持网络的形成[10]。学者 Man Wai Alice Lun 则指出老年学导论课程中所使用的主要教学方法对于促进“尊老”所发挥的重要作用，一是通过课堂讨论，强化学生对于衰老的自我意识以及批判性思维；二是通过访谈老年人，为学生提供一个与老年人建立有意义关系的机会；三是通过信息性采访，使学生们对该领域形成更为清晰的认知，激发他们产生进一步接受相关教育和培训的动力。基于此，学者强调了整合上述不同的教学方法对于提升学生老龄化能力水平的重要意义[11]。相关文献侧重于关注如何培养“潜在”涉老人才的积极老龄观，以呈现老年教育中所蕴含的教育者之“尊老”。其中，加强与老年人的接触与交流以建立有意义的互动关系，是学者们对于如何促进教育者积极“尊老”所达成的重要共识。

（二）强调教育机构之“尊”，以关注多样化需求

老年教育机构作为开展老年教育的重要场所，其蕴含的“尊老”方式为何？相关文献呈现了两种路径，一种为上文所提及的，通过改善机构中涉老人才的老龄化意识来有效推进，另一方面则是通过第三年龄大学、老年中心等教育机构对不同层次老年群体的多样化需求的尊重与满足来实现。

学者 Marcelo de Maio Nascimento 等人以巴西利亚第三年龄大学独特的办学模式为例，提出第三年龄大学不仅可以通过为老年人社区提供定期课程

和讲座以关注老年人的认知需求，还强调了第三年龄大学需要定期组织体育锻炼以重视老年人的生理健康需求[12]。此处体现了教育机构对于老年人的精神和肉体层面需求的尊重。学者 Manoj Pardasani 则强调老年中心的构建应重视“新”老年人这一群体的学习需求，即诞生于“婴儿潮”时期年龄为 60 岁至 74 岁的老年人。学者一方面从老年中心的功能角度，肯定了其能够促使老年人过上健康、独立和丰富的生活，并鼓励其功能的发挥；另一方面则从老年中心的发展角度，建议其重视不同年龄层次老年人的不同需求，特别强调对于“新”老年人的关注与尊重，以实现可持续发展[13]，从而使“新”“老”不同年龄层次老年人的需求都能得以满足。

无论是对学习者心理层面、认知层面需求的满足，生理层面、健康层面需求的重视，还是对“新”老年人需求的关注，均强调了教育机构之“尊”体现在认识到老年教育所面向的是复杂多样的“人”。正如《终身教育引论》所强调的，“教育的目标就是要适应人作为一种物质的、理智的、有感情的、有性别的、社会的、精神的、存在的各个方面和各种范围”[14]。以及《马德里老龄问题国际行动计划》中提及的，我们需要认识到“老年人并不是一个没有差异的群体”[15]。因此，一定意义上可以将教育机构之“尊”理解为，通过尊重“人”的复杂性，重视其多样化需求的满足以优化“年龄友好型”社会环境，帮助“人”能够意识并正视自我，从而为自我的寻得奠定基础。

（三）重视终身教育体系之“尊”，以突出教育的终身性

终身教育思想的提出，越来越多地考虑整个教育，考虑教育各个阶段的连续性和相互关系[16]。教育的统一性和整体性也被予以高度关注。老年教育作为其组成部分，随着老龄化程度的日益加深，如何更好地融入终身教育体系以成全其整体性？2002 年《马德里老龄问题国际行动计划》提出，应“通过诸如终身学习的机会”，“为整个一生和晚年的个人发展、自我实现和幸福提供各种机会”[17]。这又对终身教育体系该如何支持老年教育以服务于老年人的终身学习和发展提出了进一步的要求。笔者将此要求理解为终身教育体系之“尊”应该如何实现。针对此，相关文献从不同角度进行了探讨。

学者 Yidan Zhu 等人将“主动学习”视为一种有助于老年移民积极老龄

化的终身学习方式，探讨了移民、老龄化和终身学习之间的关系，展示了老年移民如何积极参与加拿大的终身学习项目，并从个人、制度和文化三个层面提出了关于老年移民终身学习政策制定的相关建议[18]。例如，学者建议研究者和政策制定者关注老年人学习的国际、国家、地方层面的外部终身学习制度条件的完善，即一方面强调为老年人的终身学习提供制度层面的强有力支持，另一方面强调制度层面需要体现和服务教育、学习的终身性。学者Ya-Hui Lee等人针对“婴儿潮”一代所经历的与教育和退休相关的政策改革对于其退休决策、退休适应与学习的影响进行了探讨。研究发现这一时代背景赋予了这一代老年人高度的适应性和较高的学习动机，并使得他们在适应退休的过程中提出了健康、学习以及与社会贡献相关的多元化发展目标。基于研究，学者指出不同的退休决策形式会给老年人的晚年生活带来不同程度的影响[19]。因而，如何为持续发展的“人”提供持续的教育支持，帮助其在人生发展的各个阶段做出正确的抉择是需要深入考量的。学者Jie Li围绕如何消除年轻人对于消极老龄化的刻板印象、改变错误认知、避免“年老恐惧症”等问题，强调了尽早在学校提供老龄化教育的必要性和重要性，呼吁小学教材开发应该更加重视老龄化教育，以助力于“年龄友好型”社会的营造[20]。综合上述观点，笔者将相关文献中终身教育体系之“尊”的对象划分为三类，即体系为已成为老年人的个体提供制度保障，以服务其终身学习；体系为即将退休的“预备”老年人提供教育支持，以支持其终身发展；体系为“终将老去”的年轻人提供老龄化教育，以促进其积极老龄观的形成。通过指出教育所面向的是处于发展中的“从摇篮到坟墓”的“人”，突出教育的终身性，从而强调应为终身教育体系中“人”的终身全面发展提供和开发更大范围的教育活动和支持。

由此看来，终身教育体系需要重视老年教育的重要性，也需要打破老年教育仅专属于老年人群体的壁垒，从而体现《学会生存》所提及的教育的真正本性，即“完整的和终身的教育”[21]。即“积极老龄化”是需要贯穿于人一生的，老年教育是需要终身教育体系来支持其与各级各类教育之间的连续性和相互关系的形成与保持的，自我的寻得也是在此过程中得以推进和实现的。在这一过程中，老年教育所蕴含的“尊”是帮助“人”走向自我终身发展的关键一步，其中“体系”“机构”“人”所营造的“年龄友好型”氛围是实现老年人自我找寻的第一步。

三、老年教育重视教“老”，支持“人”的自我发展

“自我意味着人的全部真实”[22]。自我的找寻是老年人发现自身全部真实的过程。“尊老”中的他尊是为老年人自我寻得营造良好外部环境的关键，而发现自我全部真实的真正核心在于“自我”，即需要老年人对“自我”的尊重、认可与发展。由此，老年人对“老”的正确认识、对自身衰老变化的接受与适应以及促进真实自我的进一步发展，成为相关文献所关注的又一层次。结合《学会生存》所提出的“教育必须培养人类去适应变化，这是我们时代的显著特征”[23]，再观处于急速变化时代中的老年教育，如何顺应同样处于变化中的老年人，教育其适应不同生命阶段的自身变化、鼓励其探寻并发展不同发展阶段的社会角色、支持其积极适应时代的变革呢？相关文献探讨了老年教育之“教”在此过程中所发挥的重要作用。

（一）“教”其正视不同生命阶段的自身变化

教育“不仅需要努力使人接受变革，而且需要努力以各种方法促进教育的对象机智而有效地参与各个阶段的变革，不管这变革是发生在个人内部还是发生在他与之联系的外部世界”[24]。对于老年人而言，如何适应“内部变革”，即如何适应随着自身年龄的增长而产生的衰老变化、如何完成从工作期到退休期自身角色的转变，是其步入老年期所面临的一大挑战，这也是相关文献关注与探索的问题。

学者 Ya-Hui Lee 等人强调老年教育应该在老人退休前提供教育支持，帮助其做出正确的退休决策，强调老年教育应该事先帮助学习者完成兴趣的发掘，帮助其完成工作到退休的过渡[25]。学者 Jie Li 则呼吁通过小学教材中老龄化教育的渗透与开发帮助“人”消除“恐老”现象，树立积极老龄观，并形成对“终将老去”的“自我”的积极认知和尊重[26]。“在任何人生活出现的关键时期，教育都是必不可少的”[27]。无论是对老年人退休时的教育支持，还是对青少年时期树立积极老龄观的教育关怀，都需要老年教育在诸如此类的“关键期”中发挥重要作用。相关文献强调了老年教育帮助老年人正视生命的重要意义，更指出其应该找准人发展的重要时期施加正向引导，即帮助“人”正视自身整个生命周期的变化，有效地参与各个阶段的变化，以

更好地建立与外部的联系，支持自我的发展。

（二）“教”其适应不同发展阶段的社会角色

如果说老年人对自身整个生命周期的尊重，是老年教育促进其努力参与“内部变革”的重要体现。那么，适应社会角色和发展任务的转变则同样需要老年教育以各种方法促进老年人积极接受并参与发生在他与之联系的外部世界的变革。如何帮助老年人再次融入社会，使之再次成为一个“社会人”、发展新的社会角色，是相关文献的另一个关注点。

学者 Esra Eguz 关于老年人第二外语学习的研究中表明，以语言学习为代表的认知活动有助于提升老年人的社会效益，此类学习能够帮助老年人创建新的社交网络，即使之与他人构建起良好的人际关系，成为社会中的“人”[28]。学者 Bora Jin 等人认为老年人可以在互助中得到支持。其研究结果显示同伴引导学习法能够显著提升老年人的学习效果，老年学习者在相互引导、相互帮助的过程中也能够获得情感的支持与归属感的提升[29]。学者 Ya-Hui Lee 等人则认为老年人需要在社会服务中发挥“余热”。为此，学者们呼吁应该开设志愿服务等丰富多彩的老年教育活动，这既可以帮助老年人挖掘学习兴趣，又可以借此发挥其“余热”以贡献社会并发展自我[30]。相关文献强调了老年教育对于帮助老年人参与社会活动、发展新的社会角色、重塑社交网络、提升社会效益、获得“他尊”与“自尊”的重要作用。随着相关研究的开展，老年人作为社会一分子追求其社会价值、获得新的社会发展任务的需求，得到了越来越多的关注。

（三）“教”其面对不同时代背景的机遇与挑战

信息化、数字化、智能化时代的到来与发展，使人们所生存的世界充满机遇与挑战，尤其是老年人，又该如何应对和参与这一“外部变革”。相关文献就此探讨了老年教育应该如何帮助和支持老年人信息化态度的转变、如何服务于老年人的数字化学习等内容。

学者 Hsin-Yi Sandy Tsai 等人提出了一个高级技术探索、学习和接受（Senior technology exploration，learning，and acceptance，简称 STELA）模型来探讨老年人从技术探索到技术接受的学习过程。其研究发现，老年人感知困难的程度与他们对网络的接受和使用呈负相关。因而，若要提高老年人的技术采用率，就必须改善他们对使用技术的态度，从而呼吁为老年人专门设计技术接受的培训计划并提供可持续的支持[31]。学者 Derek Smith 等人强调了增强数字技术的认知功能对于老年人学习复杂主题的重要性，并依据相关研究揭示了认知提示、图式激活和老年人学习表现之间的重要关系，证明了认知提示在激活先验知识和图式方面对提高老年学习者更深层次学习的有效性[32]。信息化、数字化，乃至智能化所带来的时代冲击，致使相关文献的研究愈发深入，从老年人的技术探索到技术接受、再到利用信息技术开展深层次学习，以此来保障其各项权益、增强其权能，使之不被时代所“抛弃”，并能从中吸取积极内容以发展自我，实现积极老龄化。

如果说老年教育所蕴含的“尊老”是通过“自尊”与“他尊”服务于“年龄友好型”社会氛围的营造、助力于自我的寻得，那么老年教育所重视的“教老”则是对老年人自我发展的鼓励与引导，支持老年人在良好的社会氛围中实现从自我寻得迈向自我发展。老年教育需要帮助老年人正确认识衰老，适应整个生命周期中自身的不同变化，对此，一方面，需要引导老年人积极融入社会，找寻新的发展角色，另一方面，需要支持老年人积极面对时代变化所存在的机遇与挑战，实现自我发展。这一层次对“教”的强调，是从老年人作为受教育者的角色定位出发，“教”的过程则是在帮助其摆脱被动的境地，使其从被动的接受者发展为主动的参与者。

四、老年教育指向成“老”，服务“人”的自我完善

《学会生存》中提出“人是一个未完成的动物”，即人具有“未完成性”，“并且只有通过经常地学习，才能完善他自己”[33]。参考马斯洛的需求层次理论，当人的生理需求、安全需求、归属与爱的需求得到基本满足，意识到自己的存在、生命的意义与价值时，自我实现的需要成为其终极追求。而所谓自我实现，笔者将其理解为自我完善的实现。老年教育在助力老年人自我寻得、支持其自我发展后，又如何成就其主体性，使之走向自我完善，是相关文献所聚焦的更高层次。

（一）“成”健康之人

“健康老龄化”是国际社会应对人口老龄化的另一关键词。正如前文所

分析的，当下社会中老年人面临着被肉体与精神的矛盾所割裂开来的困境。肉体衰老的凸显与精神丰足的追求之间如何达成平衡？根据马斯洛的需求层次理论，“健康”需求的满足是其自我实现、自我完善的前提。相关文献首先探讨了老年教育如何使“人”成为健康之人。

学者 Bora Jin 等人关注到定期锻炼是提高老年人身心健康和社会健康水平的重要途径之一，尤其是水上运动被认为是最适合老年学习者的活动之一。他们还研究了同伴引导学习对于老年人学习游泳的影响，研究结果显示，同伴引导学习能够提高老年人运动学习的接受度和质量[34]。即同伴引导学习既可以为作为“学习者”的老年人更好地依据自身的需求参与学习活动提供支持，还可以为作为“引导者”的老年人更好地发挥健康功能提供路径。学者 Esra Eguz 则关注到老年人的第二外语学习能够有效预防痴呆症等老龄化疾病，减缓认知能力的衰退，促进健康的认知老化。学者还指出老年人在第二外语的学习过程中能够体现出较高的积极性、主动性和责任心[35]。由此看来，学习对于成就老年人的“健康”具有重要意义。但需要注意的是，此处的“健康”既包含身心健康的保持，也包含健康功能的发挥。即一方面使老年人重视身体健康，保持身体的质量，认识到自身的独特性，使之按照作为主体的自己的意愿积极生活、学习和行动，另一方面使老年人与他人、社会建立健康良好的关系，发挥其健康功能，从而成为健康之人。相关文献还呈现出了老年教育需要关注与强调老年人的主体性，即随着老年人自我的寻得、发展，其越来越成为学习主体，而非学习对象了，即这一转变也体现了老年教育需要从对教学过程的关注转向对学习过程的强调。

（二）“成”有识之人

“一个人由于认识到自己的力量，从而进一步认识到他自己的意识”，“而当他认识到大脑的机制和自己行为的意识根源与无意识根源后，他就能够解释自己和别人的一些不合理的行为”，并开始“领会、认知和理解这个世界了”[36]。笔者将此过程理解为自我的寻得与发展，其终极目标为自我完善。但在个体朝向自我完善的发展过程中，始终面临着诸多矛盾使其处于分裂或不协调的状态，如上文中所提及的肉体日渐衰老与精神丰足追求之间的矛盾。因而，成健康之人是前提，但“控制身体的力量和质量”，也“需要知识、训练和练习”[37]。随着老年人作为学习者的主体性日益凸显，相关研究着重探讨了老年教育应该如何满足其终身学习的需求，使其成为有识之人。

学者 Esra Eguz 强调了作为一项认知活动的语言学习对老年人积极老龄化具有的重要影响，且提出由于社会经济的发展、教育机会的增加、人口老龄化程度的加深等一系列因素的综合影响，老年人学习第二外语的需求也将得到进一步增加。为此，学者指出与第二外语学习相关的教材、设施以及教师等都应更多地关注老年学习者[38]。即强调老年教育对于老年人作为学习者主体性的关注。学者 Jie Xiong 等人聚焦老年人参与大型开放在线课程（massive open online courses，简称 MOOCs）的学习动机，明确提出改善认知是老年人所独有的学习动机，即老年人希冀通过在线学习保持思维活跃。据此学者们指出，在线课程的开发与设置需要充分理解老年人的学习动机，尤其是对于其独有的学习动机的关注，以提供更合适的学习内容、帮助其目标的实现[39]。从相关文献来看，老年人的学习需求被高度重视，且老年人学习需求的独特性也被挖掘出来予以强调。由此，也对老年教育提出了要求，即培养有识之人。所谓有识之人，即能够认识到自我的主体性和独特性、认识到自身的独特力量和潜能，并能够根据上述认识更好地控制自身的力量，进而成为终身学习者，持续地走在追寻自我完善的道路上。

（三）“成”完善之人

《学会生存》中提出“教育的基本目的是把一个人的体力、智力、情绪、伦理等各方面的因素综合起来，使他成为一个完善的人”，而“要成为一个完人，其生存是一个无止境的完善过程和学习过程”[40]。在此过程中，如何面对各种使之分裂的矛盾，平衡人格的各个组成部分，则需要培养人的复合态度。“复合态度是使人格的各组成部分保持平衡发展所不可缺少的因素”[41]。

学者 Yidan Zhu 等人以多伦多地区五个华人移民组织中的老年学习者为研究对象，围绕学习语言和计算机技能、学习文化和历史、学习公民参与、学习休闲、学习健康五种学习活动进行探讨。研究结果表明，五种学习活动对于老年移民在积极老龄化过程中更好地适应、参与当地社会起到了积极作用，不仅能够使老年人重新认识自身、丰富生活、改善福祉，还能够使他们很好地融入当地社会，并贡献于社会[42]。学者 Jie Xiong 等人基于研究发现，强调了老年人参与在线课程的解决问题、获取知识、改善认知、寻求乐趣、惠及他人和社会交往六种学习动机，提出了在线课程的设置需要充分考虑不同老年群体间学习动机的差异，以更好地满足其学习需求[43]。无论是五种学习活动，还是六种学习动机，相关文献均关注到了“人”的认知层面的需求、生理健康的需求、心理健康的需求，也体现了“人”的社会属性以及社会责任的承担和社会价值的实现，即将“人”视为一个复合体，尊重其差异性、主体性，鼓励其通过终身学习逐渐发展完善。

此外，如何理解培养复合态度与成为完善之人的关系？结合上文来看，无论是研究作为本土居民还是移民的个体，无论是关注“垂垂老矣”、即将退休，还是“终将老去”的个体，无论是重视作为终身学习者、教育者，还是贡献“余热”于社会的个体，无论是使之成为健康之人，还是有识之人的个体，相关文献均体现了将“人”看作是由“生物的、生理的、地理的、社会的、经济的、文化的、职业的因素所组成的复合体”的价值观念，即强调人的复杂性。基于此，人在成为完善的人的道路上，需要认识到自身作为复合体所涉及的每一个因素，并努力使每一个因素都能够发展完善。这也就呈现出了相关文献所指向的老年教育通过培养老年人的复合态度，使之认识自身的复杂性，并通过终身学习持续努力地走在个体复杂因素的厘清、发展和完善的道路上的发展方向。

五、结语

综合来看，相关文献的研究内容透视出了老年教育的人文价值向度，即关注于老年教育中的“人”。回顾《学会生存》中所提及的，“如果教育要继续成为一个生机勃勃的有机体，能够运用智慧和精力去满足个人的和社会发展的需要”，“教育必须经常检查它的目标、内容和方法”[44]。如此看来，在迅速变化着的、老龄化程度日益加剧的、终身教育作为主旋律的当下，教育，尤其是老年教育，也需要时时“检查”自身，以更好地关注到“人”。

其一，老年教育应重视“人”的整体性。正如上文提到的，老年教育面向的是完整的人，即有理智的、有感情的、有性别的、有精神的、有存在的人。因而，一方面老年教育需要以复合观、整体观去看待参与其中的“人”，另一方面，老年教育需要培养“人”的复合态度，即使之正确地认识自身的整体性、复杂性以及分裂或矛盾，并通过不断学习和努力使各部分趋于平衡和协调，逐渐成为完善的人。

其二，老年教育应该关注“人”的差异性。老年教育中的“人”不但是完整的、复杂的，也同样是变化的、发展的。“人”是处于发展变化之中的，老年教育应充分认识到不同发展时期的“人”在生理状况、心理需要、发展目标等各方面的差异，尊重其发展需求的独特性。基于此，应正确运用“教”之方法，选择“教”之内容，以促进“人”的自我寻得与发展。

其三，老年教育应突出“人”的主体性。结合上文，笔者将此处的“主体性”理解为个体主动地自我找寻、发展与完善，即“人”是这一过程中的主体，主动积极参与其中是完成或实现这一过程的核心。因而，老年教育需要重视“人”，尤其是人生阅历十分之丰富的老年人的主体性，服务其终身学习，支持其自身力量与潜能的发挥，“陪伴”其积极地走在自我完善的道路上。

虽然本文仅以《教育老年学》期刊2019年度与老年教育相关的文献为研究对象，具有一定的局限性，但笔者认为相关研究在研究方法、研究问题、研究内容上呈现出的动态趋势，具有一定的参考价值。与此同时，我国学者的“高参与”“高贡献”，在为我国老年教育相关研究添砖加瓦的同时，也能给予研究者们继续探索的底气与自信。此外，笔者也认为，相关文献中所蕴含的老年教育的人文价值向度，即“帮助一个人以一切可能的形式去实现他自己，使他成为发展与变化的主体”“实现他做自己潜能的主人”，并“帮助他通过现实去寻求他走向完人理想的道路”[45]，是值得持续关注并为之奋斗的！

参考文献

[1][8] WHO. Ageing and health [EB/OL]. (2018-02-05) [2020-12-08]. https://www.who.int/health-topics/ageing#tab=tab_1.

[2] 联合国. 变革我们的世界：2030年可持续发展议程[R/OL]. [2020-11-28]. https://www.un.org/ga/search/view_doc.asp?symbol=A/RES/70/1&Lang=C.

[3] 世界卫生组织. 2016—2020年老龄化与健康全球战略和行动计划：建设每个人都能健康长寿的世界[R/OL]. [2020-11-28]. https://apps.who.int/iris/bitstream/handle/10665/254159/A69_R3-ch.pdf?sequence=1&isAllowed=y.

[4] 中国人民共和国中央人民政府. 国务院关于印发“十三五”国家老龄事业发展和养

老体系建设规划的通知［EB/OL］.（2017－03－06）［2020－11－28］. http://www.gov.cn/zhengce/content/2017－03/06/content_5173930.htm.

［5］中华人民共和国中央人民政府 . 中共中央国务院印发《国家积极应对人口老龄化中长期规划》［EB/OL］.（2019－11－21）［2020－11－28］. http://www.gov.cn/xinwen/2019－11/21/content_5454347.htm.

［6］中华人民共和国中央人民政府 . 中共中央关于制定国民经济和社会发展第十四个五年规划和二〇三五年远景目标的建议［EB/OL］.（2020－11－03）［2020－11－28］. http://www.gov.cn/zhengce/2020－11/03/content_5556991.htm.

［7］Taylor&Francis Online. Educational Gerontology Aims and scope［EB/OL］.［2020－11－28］. https://www.tandfonline.com/action/journalInformation?show=aimsScope&journalCode=uedg20.

［9］联合国老龄化议题 . 联合国老年人原则［EB/OL］.［2020－11－28］. https://www.un.org/chinese/esa/ageing/principle.htm.

［10］Paula Gardner, Rio Alegre. “Just like us”: Increasing awareness, prompting action and combating ageism through a critical intergenerational service learning project［J］. Educational Gerontology, 2019, 45(2): 146－158.

［11］Man Wai Alice Lun. Making connections: students’ reflection on aging competency approach in gerontology education［J］. *Educational Gerontology*, 2019, 45(7): 444－453.

［12］Marcelo de Maio Nascimento, Eleftheria Giannouli. Active aging through the University of the Third Age: the Brazilian model［J］. *Educational Gerontology*, 2019, 45(1): 11－21.

［13］Manoj Pardasani. Senior centers: if you build will they come?［J］. *Educational Gerontology*, 2019, 45(2): 120－133.

［14］［16］［24］［27］保尔·朗格朗 . 终身教育引论［M］. 周南照，陈树清，译 . 北京：中国对外翻译出版公司，1985：46，47，52，88.

［15］［17］联合国老龄化议题 .2002 年马德里老龄问题国际行动计划［EB/OL］.［2020－11－28］. https://www.un.org/chinese/esa/ageing/actionplan1.htm.

［18］［42］Yidan Zhu & Weiguo Zhang. Active learning for active ageing: Chinese senior immigrants’ lifelong learning in Canada［J］. *Educational Gerontology*, 2019, 45(8): 506－518.

［19］［25］［30］Ya-Hui Lee, Chun-Ting Yeh. Baby boomers retirement decision and adaptation in Taiwan older adult learners experiences［J］. *Educational Gerontology*, 2019, 45(12): 719－727.

［20］［26］Jie Li. Aging education in elementary school textbooks in mainland China［J］. *Educational Gerontology*, 2019, 45(7): 433－443.

［21］［23］［33］［36］［37］［40］［41］［44］［45］联合国教科文组织国际教育发展委员

会 . 学会生存［M］. 华东师范大学比较教育研究所，译 . 北京：教育科学出版社，1996：109，137，180，181，192－197.

［22］伊里亚斯 . 成人教育的哲学基础［M］. 高志敏，译 . 北京：职工教育出版社，1990：151

［28］［35］［38］Esra Eguz. Learning a second language in late adulthood: benefits and challenges［J］. *Educational Gerontology*, 2019, 45(12): 701－707.

［29］［34］Bora Jin, Jihyun Lee & Lisa M. Baumgartner. Perceptions of peer-led learning among older adults in a community-based aquatic exercise program［J］. *Educational Gerontology*, 2019, 45(4): 297－308.

［31］Hsin-Yi Sandy Tsai, R. V. Rikard, Shelia R. Cotten & Ruth Shillair. Senior technology exploration, learning, and acceptance (STELA) model: from exploration touse—a longitudinal randomized controlled trial［J］. *Educational Gerontology*, 2019, 45(12): 728－743.

［32］Derek Smith, Robert Zheng, Aj Metz, Sue Morrow, Janience Pompa, Justin Hill & Rand Rupper. Role of cognitive prompts in video caregiving training for older adults: optimizing deep and surface learning［J］. *Educational Gerontology*, 2019, 45(1): 45－56.

［39］［43］Jie Xiong, Meiyun Zuo. Older adults learning motivations in massive open online courses［J］. *Educational Gerontology*, 2019, 45(2): 82－93.

▶▶ 专题四

家校社合作状态之反思

- 学习型社会视角下家校社合作的反思与重构
- 乡村家校合作现状调查报告
- 以教育联动三社主体参与欠发达乡村社区治理
  ——基于“七彩假期”项目的个案研究

学习型社会视角下家校社合作的反思与重构

邓春花[*]

摘　要：在义务教育阶段，家庭、学校与社区组织之间的合作共事，近年来逐渐成为我国教育研究者关注的重要话题。本文通过反思笔者所在学校传统学习观下的家校社合作现状，认为要实现学习型社会视角下高质量的家校社合作需要满足一定的前提条件，据此提出了学习型社会视角下家校社合作的重构策略。

关键词：学习型社会；家校社合作；反思现状；前提条件；重构策略

在义务教育阶段，中小学与家庭、社区组织之间的合作共事，近年来逐渐成为我国教育研究者关注的重要话题。家校社合作包含了家长、教师、儿童和社区组织代表等利益相关者之间多重的人际联结[1]。与此同时，这些联结的建立和维持不是一个静态过程，而是随着时间的推移，不断识别、调整和运用各种合作策略的过程[2]。

笔者所在的学校是一所珠三角地区的乡村小学，近年来，家校社合作态势发展迅速。但这是不是理想的家校社合作呢？本文反思了目前学校家校社合作的现状，据此提出了学习型社会视角下家校社合作的重构策略。

一、传统学习观下的家校社合作现状

（一）传统学习观下的家校合作是教师要求家长配合学校工作

目前家校社合作中存在的很多困难，其症结在于一种传统的学习观。这种学习观将学习视为内化知识的过程或既定知识的传递和同化过程，无论知

* 邓春花，广东省佛山市南海区里水镇旗峰小学一级教师。

识是被“发现”的，由他人“传递”的，还是在与他人的“交互中体验”到的。该观点在内在和外在之间采用了鲜明的“二分法”，即学习是属于大脑的内在活动，并把个体看作学习的分析单位[3]。这种学习观形成了学校教育的一种内隐理论，即把学视为教的直接结果。具体而言，在教与学的关系中，教是自变量，学是因变量；在理想情况下，学生的学与教师的教在质量上是等同的。这种对教与学关系的理解内含在学校教育的制度设计和运行机制中。一般而言，学校相当于一个知识输入与输出系统，学生是这个系统的输入对象与输出产品。为了保证输入的质量，学校需确保所有的学生都接受同样的教学；为有计划地输出产品，学校需要一种统一的教学评价体系。同样的输入、统一的评价体系与有计划地输出构成了学校教育的整体，并把机会均等与平等的理念付诸实施[4]。

因为教师在学校计划和执行教学，并且他们的教学努力借助其在学生身上产生的效果直接加以测量与控制，所以学校和教师为保证所有学生在课程上获得同样或相当的教学，会力图消除可能产生的干扰。除了在学校的教学工作以外，教师还考虑到家庭的因素，会要求家长支持孩子更好地完成学校布置的学业任务。家长在这种传统学习观和评价制度影响下，会对学校绝对依赖和无条件配合学校及教师完成有关学生学业需要的教与学的任务。

笔者作为班主任，经常会在班级微信群编辑信息发布公告时加上一句话：“感谢您的理解和配合！”之前，笔者从来没有想过这句话有什么不妥之处，现在回想起来，才知道这根本不是合作。家校合作不是单向的过程，而是双向的互动。当教师向家长单向地传递信息，而没有获得家长的反馈时，这不是合作，而只是“通报”“告知”，若家长对学校教师的认识、理解、感受、期待没有清晰地表达出来，则离“合作”依旧遥远，合作一定是主体之间在相互了解和尊重基础上的共事，而是不是单方面的行为[5]。

（二）无系统政策支持下的家校合作是家长只能配合学校

我校（旗峰小学）近两年来家校合作态势发展迅速。首先是在政府推动下，成立了区、镇层面的家长促进委员会，而在学校成立了校级层面的家长委员会，每个班成立了班级家长委员会。而所有家委会成员所做的事情都是在配合学校和老师，服务于孩子的学业需要。如班级家委会帮助购买学习用品，为班级进行环境布置，在学校举办活动时为班级提供后勤保障等。校级家委会帮忙维持学校门口交通秩序，有时会代表家长参与区、镇的会议，配合上级部门完成家校合作的事项。总之，当学校和老师提出要求，他们就会配合去完成。虽然表面看上去家校合作轰轰烈烈，但不容忽视的是，这都是在原有学校治理结构基础上的修正、完善，并没有性质的改变。家长教育参与到什么程度、参与什么、怎么参与，事实上是由学校校长、教师决定的。而家长的参与度有限，参与面有限，参与的创造性也是有限的——都在校长、教师认可、期望的范围内开展[6]。

如新学期开学后，不同年级都有学生向家长反映学校食堂的饭菜味道比之前差了，吃不饱或者不想吃的现象增加了。较多家长向班主任和学校家委群反馈，期待能有所改善。学校也确实在调整，首先是改善了食堂的饭菜，其次，让教师通过主题班会引导学生珍惜粮食，提倡光盘行动；最后，承诺让家委进入食堂，了解学校食堂操作流程，期待能和家长加强沟通并得到理解。从以上事例可以看出，学校是注重学生的健康饮食的，也是重视家长的意见的。但从处理过程来看，家长和学校双方都没有意识到可以合作解决问题，而是学校占主导来解决问题的。

而另一个案例，则说明了无系统政策的支持，学校和家长不知道怎样合作的问题。2020 年国庆节的前一周，学校发了冬装礼仪服，这套冬装礼仪服是校服改版后的新款式，价格和质量由政府组织统一招标后确定，而款式和颜色则是家委代表和学校一起确定的。在这三方参与的过程中，家委代表只是在衬衣的衣领颜色上提了一点小意见。没有想到的是，当学生把校服带回家后，有相当一部分家长对校服的款式、质量和价格提出了质疑，请求学校给出一个解决的方案。学校认为，尺寸和质量的问题会和厂家协调退换，但款式、价格等问题已经无法改变。

以上两个案例说明，学校和家长双方都没有合作解决问题的意识，甚至有的时候，家长的强烈诉求没有得到解决时，还会向上一级部门投诉，造成家校双方对立的局面。“家长教育参与被定义为家庭与学校之间的沟通，在家庭中支持学习，参与学校活动以及在学校行政部门作决定时能起到一定作用[7]。”目前家校之间存在的问题也从侧面反映出：一部分家长有强烈的家长教育参与的倾向，但苦于没有政策支持，没有成熟的组织系统引导，不知道如何去参与，所以有时运用的方式可能不太恰当；还有些家长可能对学校的一些做法有想法，但也没有什么途径去改变，也只能是配合学校完成，而不是共同找出更好的解决方案。

（三）目前的家校社合作处于无序状态

什么是家校社合作？我们来看以下几个概念。社区教育：社区工作人员通过教育努力提高社区成员的素质和生活水平的过程。社区学习：儿童参与社区组织的促进学生在社区发展的学习活动的过程。学校—家庭—社区合作：学校、家庭和社区相互利用资源，互相帮助和支持，以满足其需求，共同培养儿童的过程[8]。

2021年，我校有学生4 300多人。这些学生的背后，有着相关数量的成人和家庭，如果能实现家校社合作，那将是一个美好而又丰富的画面。但在笔者看来，目前学校、教师、家长方面还没有形成一个有效而又稳定的合作模式。通过和德育主任的访谈及个人回忆，以我校近几年与社区有关的单位活动为例，做如下的梳理和总结。

第一，学校没有家校社合作的意识。学校的上一级行政部门即教育局没有要求学校在家校社合作方面开展工作，学校也就没有这方面的意识或积极性去组织相关的与社区合作的活动。

第二，行政社区与学校的合作多为完成任务而开展。笔者印象比较深刻的一是2020年学校所属的社区组织才艺大赛，通过学校层面极力邀请学生去参加；二是2021年7月份另一个社区进行龙舟竞赛时邀请我校学生参与，同时还邀请体育老师担当评委。这两个活动在学校没有造成很大的影响，最主要的是所参与的学生寥寥无几。

第三，社区的单位、机构或企业愿意支持学生发展，但缺乏规划，属于偶发行为。2018年暑假至今，我校在部分实验班级进行了学生假期生活的变革研究，学生在寒暑假期间自主组建小队到社会开展各种各样的实践活动。当这些小队或班级有需要时，社区的其他单位、机构、企业是愿意支持学生的发展的。如环保企业瀚蓝公司为学生提供参观、体验的环境并组织学生到社区进行环保知识的宣传；非遗文化藤编企业为学生提供了参观、体验活动的资源；社区革命旧址为学生提供讲解服务体验等。但这些活动并没有一个系统、长程的规划，只是偶发性的合作，后续也没有相关的跟进计划。

（四）目前在学校看不到明显的学习型城市的概念和意识

“学习型城市”是指一个城市能有效地调动各领域资源推动从基础教育到高等教育的包容性学习，包括激活家庭与社区内的学习，推进职业场所的学习，拓展现代教学技术的应用，提升高质量与卓越的学习，并且培养终身学习的文化。在此过程中，提高个人能力，增强社会凝聚力，促进经济与文化的繁荣，同时推动可持续发展[9]。

学习型城市有三个主要特征，分别是“绿色和健康的学习型城市、公平和包容的学习型城市、学习型城市中的体面工作和创业精神”。其中，创建“公平和包容的学习型城市”要求通过各种正规、非正规的和正式、非正式的学习机制，使用灵活多样的学习路径、切入点和重入点，为各年龄段和各教育层面的人提供终身学习的机会[10]。

全民终身学习是我们城市的未来。学校是教育系统内的基础教育机构，有义务和责任满足社会中所有群体的学习需求，以利于促成公平和包容。学校目前存在的可以推动学习的群体有学生、教师、学校行政、后勤工作人员和家长，其中占主导地位的是学校行政和教师，其次是学生和家长。首先是学校行政的规划和推动，学校行政是有“继续教育”意识的，每一年也有意识推动教师进行自觉的“继续教育”，比如说给教师购买一些阅读书籍，布置教师写读后感等。但同时我也看到，学校行政本身也难抽身出来进行自觉的“继续教育”，他们每天的时间被各种任务、活动、检查排得满满的，节假日加班是经常性的事情。而教师也对学校这种“雷声大雨点小”的“继续教育”安排早习惯了，书购买回来了不一定要看完，读后感可以网络上下载。“继续教育”的评价制度一般来说是奖励小部分读后感写得比较好的教师，而大部分没有得奖的教师都觉得无所谓。还有一种是省级专业技术继续教育管理系统每年硬性规定要学习的公共课和专业课。这两种课程一般来说是通过观看视频来学习的，教师们几乎都是将视频打开，然后就去忙上课、备课、批改作业、处理学生问题等，一个视频放完了，又接着放另一个视频，直至全部内容“学习”完了，却不知道学到了什么。继续教育、终身教育对他们来说，只是职称评定时所需要的一种凭证，至于是否能继续学习不是那么重要。因为大部分教师没有终身学习的意识，所以很少会向学生推荐终身学习的活动；而通过学生向家长推荐终身学习项目，促进学习型城市的创建，更是少之又少。

二、学习型社会视角下高质量的家校社合作的前提条件

2021 年 7 月，中共中央办公厅、国务院办公厅印发了《关于进一步减轻义务教育阶段学生作业负担和校外培训负担的意见》（简称“双减”政策）。这一政策将“学生过重作业负担和校外培训负担、家庭教育支出和家长相应精力负担 1 年内有效减轻、3 年内成效显著，人民群众教育满意度明显提升”作为政策目标之一，引发了广泛的社会关注[11]。“双减”政策是一项系统工程。从长远来看，在“双减”政策逐步落地和实施的过程中，改变的是学校当前赖以存在的教育生态。特别是在家校社协同减负的框架体系中，学校在观念和意识上需要进行转变，逐步确立起、塑造出与之相适应的新角色[12]。

基于对以上现状的反思，结合目前“双减”政策搭建的家校社协同减负的框架，笔者认为要提升家校社合作的品质，学校、教师、家长、社区都要不断地适应和调整，才有可能创建学习型社会视角下的家校社合作共同体，推进学校教育朝现代化的目标前进，从而更好地推动“双减”政策目标的实现。

（一）学校要开放足够自由的权限支持家长的教育参与

李家成“将家长参与以学校为本的各类活动”界定为“家长教育参与”。他认为家长教育参与可以成就学校治理的升级。他还明确指出治理结构的系统改进方法：“家长教育参与需要形成全员、全程、全领域的特征，从而充实学校治理结构。所有家长都需要被接纳到学校治理结构中。而参与的内容不能仅仅停留在志愿服务上（即使这些志愿服务也不能以家长付出体力、时间、钱财为特征，家长的智力投入更重要），新的学校治理体系应该欢迎、接纳家长参与学校办学、教育教学的全领域、全过程，包括学校决策、教师评价、教研活动、课程开发等[13]。”

目前在笔者看来，家长对学校决策、教师评价、教研活动、课程开发等几乎完全没有介入，而更多的，是家长对学校某一方面不满意向学校提意见，但真正调整、改善的权利还是在学校。其实，我们要提升家校合作的品

质，提升家长的教育参与，就应该做到理念上的真正调整与情感上的真切认同。从专业的角度来看，校长、教师、家长都应该是学校的“主人”，而事实上，学校管理中的绝大部分事情都没有家长的参与。而从现代学校治理的角度看，这样的理念需要更新。作为公共教育机构，学校应该是公共服务体系的重要构成部分。因此，认识学校的性质，认清教师的地位，特别是尊重、接纳、认可、亲近家长，应该是学校治理改革与发展必须完成的一项任务[14]。在学校发展层面，要在学校治理中真正体现“共建共治共享”的治理理念，把学校视为一个开放系统，以新的治理体系保障、促进教育工作者治理能力的现代化[15]。《中共中央关于制定国民经济和社会发展第十四个五年规划和二〇三五年远景目标的建议》中明确提出：“健全学校家庭社会协同育人机制。”家校社协同育人表现为家庭、社会对学校育人过程的介入，首先触发的是学校办学主体的改变，即从学校一元主体转变为家、校、社多元主体[16]。因此，学校在育人过程中需要关注、回应来自家庭、社会培训机构、社区、各类社会组织，以及整个社会文化环境的声音。从这个角度看，学校在家校社协同育人过程中处于引领地位，应不断调整自身观念和行为，积极建构与家庭、社会等教育主体的和谐关系，推动家校社协同育人机制的良性运行[17]。只有这样，才有真正提升家校社全面合作品质的可能性。

（二）教师要有足够自信面对家校社合作

目前，我看到的大部分教师，其实并没有家校社合作的意识，家校合作对于他们来说就是家长配合学校，而家校社合作对于他们来说，就是增加工作量，他们的内心是非常抗拒的。

以我校的一个家校社合作的项目为例。区教育局推动了一个名为“430进校园”的托管服务，即由校外的托管机构进入学校，在每天 16 : 30 以后，对一些因家长上班无人照看的学生或者想发展某一特长的学生进行学习培训，主要是针对艺术特色学习和拓展思维的学习。当进行活动宣传时，笔者看到家长对学校和托管机构有较多质疑，这是比较正常的，但也说明这不是真正的合作。而大部分教师对此事没有明确发表意见，大概觉得不关自己的事。而有一部分教师，特别是一部分的班主任，则持抗拒的态度，主要原因有两点：一是认为学生去了托管学习，可能会导致他没有时间做作业，影响学习；二是认为孩子在学校内托管，有时会需要班主任协同管理，无疑会增加自己的工作量。这个案例中，不需要老师去和家长、社区如何合作，更不需要老师们带领学生去对社区资源进行挖掘和运用，但据大家的反应，可以判断出大部分教师对家校社合作在意识和能力上都有非常大的提升空间。

“双减”政策在对校外培训机构办学行为进行规范的同时，对学校教育也提出了“提升学校课后服务水平，满足学生多样化需求”的明确要求[18]。因此，伴随“双减”政策的贯彻落实可以预见，各类校外机构的资源将进入学校场域，学校面临整合校内外各类资源开展课后服务的现实任务[19]。如何激励学校管理者和广大教师走出“舒适区”，积极回应减负需求至关重要，是学校面临的重要任务[20]。正如李家成所说：“当下，不少教师缺乏与家长合作的意识，更有本能的恐慌——不会与家长合作，甚至不敢与家长合作。作为教师专业素养的构成，作为校长工作专业性的构成，要高度重视教育工作者与家长合作的能力素养。教育工作者‘专业性’的更新，要容纳对家长的理解，包含与不同类型家长联系与沟通、互相理解、共事和相互学习的能力[21]。”

（三）家长要有足够的自觉意识

笔者作为一名班主任，多年来一直和家长保持联系沟通。这几年，笔者认为家长们还是有一定的变化的，变化最明显的是配合学校的能力提升了。但如果说从学习型社会视角对家长行为进行分析判断，很少看到家长有明显的终身学习意识。笔者所带的班级是“新基础教育”实验班级，几年来开展了不少的活动，有全班一起开展的，也有小队合作开展的。每次活动，大部分家长们都会陪伴出现。通过观察和沟通，笔者发现较多的家长认为学习是孩子的事，成年人已经不需要学习了；还有一部分家长非常害怕学习，根本不愿意去承担不会或者不擅长的任务，非常担心失败。也有一小部分“种子家长”，他们是愿意通过学习来承担任务的，但并不是因为有了终身学习的意识，而是为了配合学校、老师完成任务。特别是“双减”政策实施后，学校布置的作业量减少，孩子在家空闲时间比较多，家长却不知如何高质量地引导和陪伴孩子，显得有些不知所措。2022 年 1 月 1 日起施行的《中华人民共和国家庭教育促进法》明确指出：“父母或者其他监护人应当树立家庭是第一个课堂、家长是第一任老师的责任意识，承担对未成年人实施家庭教育的主体责任，用正确思想、方法和行为教育未成年人养成良好思想、品行和习惯。”这无疑更加明确了家长的责任，同时对部分家长来说，也是一种全新的挑战。

基于以上的观察和思考以及家庭教育实际形势的迫切要求，笔者认为：家校社合作研究亟待唤醒、更新家长的学习观，让家长有终身学习的“生命自觉”。“生命自觉”是人的精神世界的能量可以达到的一种高级水平，它可以使人在与外部世界沟通、实践中产生主动性，同时还对自我的发展具有主动性[22]。唤醒、更新家长的学习观，和提高教师的专业素养一样，需要相关部门联动、多元、持续、创造性地投入和推动，笔者相信会有越来越多具有“生命自觉”的家长加入终身学习的行列，提升家校社的合作品质。

（四）相关部门要提供系统的政策支持

家校社合作涉及多学科的问题，如从法律意义上说，家校社合作包含对家庭、学校和社区组织及其相应主体基本权利和义务的界定和确认。家校社合作在学习观的更新上已经包含了心理学、社会学、教育学等多学科的渗透。不仅如此，家校社合作还包含个体、组织或团队、社区等不同层面的探讨，以及不同层面之间的交互作用。因此，有效的家校社合作项目是多维的、多层面的[23]。

我国的社会制度和国情决定了政府在学习型社会中的主导地位。但是，政府主导并不排斥其他利益关系人的参与。为鼓励其他利益关系人的参与积极性和投入热情，需要不断深化民办教育和合作办学等领域改革和管理办法，尤其要加大继续教育领域的改革力度[24]。

在学习型社会建设中，政府的职责是为各类人群提供最基本的学习机会和资源，但政府所拥有的公共资源是有限的，这就需要政府相关部门用系统的政策支持社会不同层面之间的交互作用，形成多维、多层面的互动，这样才有可能实现终身教育体系在可持续发展方面形成新的时代特征。但是，目前笔者看到的家校合作现象是这样的：“尚缺乏对可持续发展教育进行系统设计的规划文件，迫切需要加强顶层设计。”同时，“在方式上，要善于把终身教育的理念、原则、方法纳入实质承担可持续发展任务的各机构、战略、政策与行动当中，努力推动终身教育的主流化。这意味着教育会成为所有人的事情，成为社会各组织的新型任务，全社会都要为此担负起相应职责。这既是终身教育本质意义与内涵的直接体现，也是学习型社会建设和国家教育治理现代化的必然要求[25]。”

三、基于学习型社会视角下家校社合作的重构策略

党的十九届四中全会通过的《中共中央关于坚持和完善中国特色社会主义制度、推进国家治理体系和治理能力现代化若干重大问题的决定》明确要求“加快发展面向每个人、适合每个人、更加开放灵活的教育体系，建设学习型社会”。这一教育体系包含了教育的各个层次（学前教育、义务教育、高中教育和高等教育）与类型（特殊教育、职业技术教育、继续教育、民办教育、合作办学、家庭教育等），并特别指出“发挥网络教育和人工智能优势，创新教育和学习方式”等[26]。基于“双减”政策为学校在家校社协同育人中发挥引领地位提供了重要契机，关于学习型社会视角下家校社合作的重构，笔者有以下几点建议。

（一）创建共学互学的学生班级

朗格朗曾指出：“人们会懂得，终身教育的概念是圆周式的：只有当人们在儿童时期受到了良好而合理的教育，这种教育以实际生活的需要为基础，又为社会学、心理学、身心卫生的研究成果和数据所阐明，他们才可能有名副其实的终身教育；但是，除非成人教育在人们的思想和生活方式中牢固地确立了自己的地位，除非它有了坚实的组织基础，否则就不能完成这样一种教育[27]。”可见，朗格朗强调终身教育与生活需要、生活方式、理论探讨连接在一起，强调个体对于终身教育促使美好生活实现的信念。终身教育虽可被理解为一种思想、观念，但其不仅仅只是停留在对思想、观念的纯粹追求之上。终身教育体系的建构必然需要将理论转化为具体的、可见的、可操作的实践。因此，在面对终身教育体系建设中的具体教育行为时，无论是学校外的成人教育，还是学校内的儿童教育，均存在人的主体间关系的重建问题。在儿童教育、成人教育乃至老年教育中，倘若不能将多元主体共同学习、相互学习积淀为一种思想认识和生活方式的话，终身教育将会继续被视为束之高阁的观念，而难以以具体可行的实践方式走向每一个体的生活和生命之中[28]。而笔者认为，共学互学很适合对班级内学生与家长的唤醒与训

练，从而达到推广终身教育的目的。

共学互学学生班级的创建可以从以下几方面着手。第一，学习对象和形式的明确，如班级内全员参与，班主任和科任老师也以学习者、推动者、合作者身份参与其中，可以是一对一、“1+X”、小组与小组之间的共学互学，也可以是“线上线下”、家校社合作相结合等形式。第二，学习内容和项目的统计和统筹，学习内容可以是学科知识的融通，生活技能的提升，家乡文化的传承等。第三，学习时间的安排和推进：可以是平时上学时间、周末、寒暑假。第四，学习成效的评价与展示：班级内制订相关的评价机制提高学习积极性，提供各种平台给学生展示学习成果。这样的探索，其目的就是恢复不同教育时段内人与人之间的共学互学关系，从而创生出新的教育形态，体现终身教育学习的独特性。

（二）创建共学互学的学习型家庭

《国家中长期教育改革和发展规划纲要（2010—2020 年）》提出了“到 2020 年基本形成学习型社会”的伟大目标。习近平于 2015 年明确了建设“人人皆学、处处能学、时时可学”学习型社会的教育“中国梦”。党的十九大报告正式提出了“完善学习型社会与终身教育体系，建设学习型社会”[29]。家庭是社会的细胞，在学习型社会建设和终身教育的背景下，家校联合创建学习型家庭，是其中一种比较好的解决问题的方式。

当共学互学型班级创建和实践到一定程度时，可以由班级推进到家庭、社区，而“教”与“学”的主体也开始由同学拓展到家长、邻居、朋友……一个典型的家庭学习项目模式有三种类型：仅成人参加的学习活动、仅儿童参加的学习活动、成人和儿童共同参与的学习活动。这些项目通常由当地的幼儿园和小学、基于社区和信仰的机构、社区组织和成人教育提供者来实施[30]。不同的背景、目标群体、学习需求、机构设置和能力水平导致了许多不同类型的家庭学习项目的形成，最值得推荐的是家庭阅读甚至是家族阅读。研究表明，家庭读写项目对儿童和成人兼具即时性与长期性的积极影响。也有证据表明，这些项目吸引了很多原本不愿意参与教育的成年人。同时，这些项目也能以低成本高收益的方式来创造丰富的学习文化环境[31]。

家庭阅读可以是家庭成员之间共读一本书、共读同一主题的书，以不同的方式进行成果展示；也可以是家庭与家庭之间自主组合小组，自主确定主题，聘请合适的家长导师，选择包括阅读、延伸、现场实践学习等方式的复合探究型阅读模式，依据“小组大主题—家庭小主题—实践创意性成果展”的研读思路展开实践[32]。

目前，我国有关学习型家庭的创建项目，取得了很好的效果，值得推荐。如祖父母教孩子们做传统的美食，玩传统的游戏，指导学习生活技能、地方方言等，传承了传统文化；孩子们教祖父母用微信支付、玩微信视频、用手机导航、网上购物等，让祖父母跟上了时代的步伐，给他们的生活带来了很大的便利[33]。而学校教师还可以在寒暑假、传统节庆日等时间推动班级孩子带动家庭进行多主体的共学互学，如深圳市某班级在寒假期间，发起了编织活动，经历了前期策划、过程实践、总结思考等阶段。这一综合活动实现了学生、父母、祖父母、教师的共同参与，促成了多方共学互学[34]。还有另一个班级以传统节日活动为契机，让祖孙间经历了解、理解、相处、相长的过程，拉近了祖孙间的距离，让祖孙关系更加和谐；同时也为孩子和老人提供了一个共同进步的平台，让他们在活动中达到祖孙互学的状态[35]。而近年来不断加强的对“家风、家训、家教”的研究中，在对重阳节、春节等重大节庆、节日的研究中，都会彰显老年人所拥有的文化财富，强调文化传承，并蕴含着老年人与未成年人之间互相学习、共同传承传统文化的方向[36]。

共学互学由班级走向家庭的创建，即每个人均可成为“教者”和“学者”，如学生可以成为教师和家长的“教者”与“学者”，教师可以成为家长和学生的“教者”与“学者”，家长还可以成为教师和学生的“教者”与“学者”。每一个主体均会在终身教育体系中发挥其双重性甚至多重性的作用，建立起其自身既是“学者”又是“教者”的完整、统一、和谐与平衡的身份，“教者”和“学者”也就在不同主体之间相互转化、彼此成全[37]。

（三）创建共学互学的学习型家长群体

李家成认为：“每个人都是学习型社会建设的主体。孩子是学习的主体，没有孩子主动参与，就没有高品质的幼儿教育、基础教育；老人是学习的主体，没有老人的主动投入，老年大学的品质不可能得到保障；家长是学习的主体，没有家长的主动学习，就没有完整的家庭教育。教育是人与人之间的交往，是基于人的主动学习而实现的[38]。”在他看来，“如此思考，在现有的教育体系中，首要的任务在于促进‘每个人’成为他已经身在其中的教育机构、教育系统的主人”[39]。同时，“我们不仅需要深刻理解可持续发展教育，更要通过教育领域的改革去实现包括经济、社会、环境乃至更多领域在内的全球可持续发展目标”[40]。

笔者所在的教育系统，所服务的对象是基础教育阶段的小学生。笔者认为，基础教育也可以与终身教育相融合；对于家长的终身教育，在教育系统范畴内，可创建学习型家长群体，让家长成为真正的学习者，而不是家校社合作中的附属品。

创建学习型家长群体的实施策略如下。第一，提前确定“种子家长”，健全班委制度，制订学习计划。第二，开学时，和学生一起启动学习型家长开班仪式。第三，建立“铁三角学习型家庭小组”，在学习过程中，家庭与家庭之间互相支持，共学互学，多学共进。第四，开发可持续发展的家长学习教材。第五，开展“线上线下”相结合的可持续发展的终身学习。第六，创建可持续性发展的评价制度。开发、实施具有良好基础的参与式举措，可以推动全民终身学习；创建学习型家长群体，是其中的一种方式。目前国内外关于这一方面的研究还比较缺乏，期待更多的探索和实践推动这项目的发展。

（四）创建全纳型学校治理系统

习近平指出：“让和平的薪火代代相传，让发展的动力源源不断，让文明的光芒熠熠生辉，是各国人民的期待，也是我们这一代政治家应有的担当。中国方案是：构建人类命运共同体，实现共赢共享[41]。”“家校合作就是微观层面上的命运共同体建设[42]。”家长是“社会—学校—家庭”教育共同体中的一员，可以参与监督、管理、创新整个教育系统等事务[43]。全纳教育是1994年6月10日在西班牙萨拉曼卡召开的“世界特殊需要教育大会”上通过的一项宣言中提出的一种新的教育理念和教育过程。它容纳所有学生，反对歧视排斥，促进积极参与，注重集体合作，满足不同需求，是一种没有排斥、没有歧视、没有分类的教育[44]。笔者认为理想的全纳型学校治理系统，指将家长参与或家校合作建立在学生发展的立场上，全面开放学校权限，全面综合家长教育期待，教育实践全过程让家长参与合作的学校治理系统。

要创建全纳型学校治理系统，需要多方职能部门采取重大举措，科学配置教育行政权力，建立完整的公共教育权力制衡机制，归还学校办学自主权，同时学校也必须完善内部治理机制，才能形成改革合力，实现教育治理体系现代化[45]。且在学校内设机构设置科学合理，校务委员会、社会参与的监督机构、学生自治组织等有关机构全部建立并正常运行，教职工（代表）大会制度、家长委员会制度、章程建设、校务公开制度等管理制度完善健全的前提下进行[46]。当全部家长都被接纳到学校的治理结构中时，就会出现各种各样的家长资源。学校可以将家长资源进行合理分配，如可以将比较有能力的“种子家长”分成参与学校决策、教师评价、教研活动、课程开发等若干小组，而专门组织一个小组对家长的终身学习进行开发、评价、持续研究等。当然，创建全纳型学校治理系统也不是一蹴而就的，目前了解到，国内的大部分学校对此实践比较少，该领域仍旧具有较大的开发价值与研究空间。

（五）创建符合实际需要的家校社合作资源网

2020 年 9 月 22 日，习近平在教育文化卫生体育领域专家代表座谈会上发表讲话，明确强调“要完善全民终身学习推进机制，构建方式更加灵活、资源更加丰富、学习更加便捷的终身学习体系”[47]。《学习型城市与可持续发展目标：行动指南》与城市相关的可持续发展目标中关于公平和包容的具体目标（示例）指出：根据组建伙伴关系的经验和资源配置战略，鼓励和推动建立有效的公私部门伙伴关系和民间社会伙伴关系[48]。创立安全、和谐和包容的社区[49]，鼓励并使个人积极参与各自城市的公共生活[50]。笔者认为，目前的社区对学校学生和家长来说，只是一个个公共服务的部门而已，这些部门与教育部门之间的关系都是割裂的。那么，如何“建立基于社区的学习空间，为家庭和社区学习提供资源”[51]？如何“对全体公民提供足够的信息、指导和支持，激励他们通过多种途径进行学习”[52]？笔者认为，学校完全可以开发和统筹社区合作资源网，并且“开发实施具有良好基础的参与式举措，推动全民终身学习”[53]。

1. 创建家校社合作人力资源网

人力资源管理是指运用科学方法，协调人与事的关系，处理人与人的矛盾，充分发挥人的潜能，使人尽其才，事得其人，人事相宜，以实现组织目标的过程[54]。家校社合作的人力资源主要集中于三种人群。第一，以在校学生为主的青少年人群。以某学校长达五年的假期生活研究为例，该校学生参与社区单位的慰问活动、垃圾分类活动、义卖活动、才艺展示及参与“禁放烟花炮竹”的劝导活动等，参与了对社区的“服务治理”“文化治理”“法规治理”。在这样的活动过程中，学校发挥了主导作用，形成了由教师指导学生，再由学生带动学家长，进而辐射社区的合作路径，同时，社区人员在参与过程中真正实现了融入与合作，形成了社区人员与学生家长共商共事的新生态，创升出多元赋能的家校社学习场。[55]第二，以学校老师、职能部门的职员及家长为主要人群。例如，学校教师对社区的青少年活动中心进行专业指导；警察、医生、环保工作者进入校园为学生提供专业的知识学习；社区的妇女、儿童权益组织、家庭服务中心等社区单位，为教师、家长举办各类主题讲座等。这些人力资源是家校社合作的中坚力量，整合和利用好这些优质资源对家校社的合作起到至为关键的作用。第三，学生家长中的长辈和学校附近社区中有合作能力的老人、志愿者等人群。以此借鉴欧洲代际学习的案例。“班级爷爷”项目基于瑞典学校中师生比上升、单亲儿童（父亲缺失）数量庞大、女教师比例大且工作压力大（需应对家中没有男性榜样的小男孩）的现状，鼓励退休老年男性进入学校班级，与老师配合，通过代际互动，为教师减负，培养孩童的安全感，同时促进老年人提高自我效能感[56]。而在国内，以李家成为代表的教育研究者与教育实践者、教育管理者协同推进，让老年大学的老人与小学生共同合作，实现了文化传承使命、终身教育需求、隔代关系优化等高层次的联通[57]。

2. 创建家校社合作场地资源网

“社区是落实和实施终身教育与学习型社会建设的重要载体”[58]。一方面，社区本身所拥有的教育资源，如图书馆、博物馆、体育馆、青少年活动中心等，可以为家校合作活动的展开提供必要的场所和设备，以弥补学校和家庭在这方面的不足。另一方面，学校的资源要对外开放，学校的场地、设备、人员，要有计划地向社区开放[59]。家庭、学校与社区合作也是践行终身教育和实现终身学习的有效途径，能够通过不同教育场域之间的联通实现多元主体的合作，以“多力驱动，多环交融”清晰学习型社会的发展观[60]。

3. 创建家校社合作信息化系统

当今社会进入信息时代，各种部门、企业、事业单位、社区机构都通过网络平台或者各种小程序宣传或者发布信息，连一个班级都有了自己的公众号。有学者认为，信息化有助于政府、企业、大学以及中小学协同链接……由此，当今社会所要建构的终身教育体系，必须带有信息化的烙印，凸显信息化的特征，归根到底是一种信息化的终身教育体系[61]。

在这多元的信息时代，学校可以设立专门的家校社协调机构，由专门的行政领导统一指挥，全面负责家校社合作的调查研究、方针制定、方案落实、评估检查等各项工作，以保证家校社可以共同携手、资源共享、合力融通，从而搭建起线上平台＋线下合作，家校社一体化与社会化相结合的信息化系统。

需要补充的是，基于当前我国家校社合作的现实关系，创建符合实际需要的家校社合作资源网任重而道远，它和李家成教授研究教育机构之间的合作关系的可能路径相同：创建和发展符合实际需要的家校社合作资源网，需要社会各界、教育研究者、教育实践者及教育决策者秉持互联互通的立场，更新思想观念，加强教育研究，探索教育实践，推进政策落实[62]。

我国的家校社合作目前处于形成和发展初期，面临诸多挑战和困惑，政府、社区、学校、教师、家长都面临着许多障碍，不可能一蹴而就。同时我们可以看到，这是一个有很大发展空间的领域。如果学习型家庭、学习型班级、全纳型学校治理系统等项目成功创建和实施，相信会对构建适合中国国情的家校社合作的概念框架、理论体系、模型建构、推进策略和成效评估，起到弥补和丰富的作用。

参考文献

[1][2][3][4][21] 张永，张艳琼．家校社合作的反思与重构：基于实践共同体的视角［J］．终身教育研究，2020（3）：41–46.

[5] 李家成，王培颖．家校合作指导手册［M］北京：北京大学出版社，2016：1.

[6][13][14][15][44] 李家成．家长教育参与：实现学校治理的品质提升［J］．教育家，2020（16）：36–37.

[7] 李家成，王娟．陈忠贤，等．可怜天下父母心［J］．教育科学研究，2015（1）：5–18.

[8] Li, Y.; Morgan, L.; Li, Y. & Li, J. Calling for Children Friendly Community Life: Voices of Children and Parents from China［M］// Crosby, C., & Brockmeier, F. Community Engagement Program Implementation and Teacher Preparation for 21st Century

Education. PA: Hershey, 2016: 209–236.

[9][10][49][50][51][52][53] 联合国教科文组织终身学习研究所．学习型城市与可持续发展目标：行动指南[EB/OL]．[2021–10–10]. http://unesdoc.unesco.org/images/0026/002604/260442C.pdf.

[11][12][16][17][18][19][20] 王东．家校社协同减负视角下学校的角色和任务[J]．中小学校长，2021（10）：23–26.

[22] 韩映雄．我国学习型社会建设的政策转向和目标[J]．终身教育研究，2020（4）：13–15.

[23] 朱敏．如何理解作为体系的终身教育[J]．终身教育研究，2020（4）：4–7.

[24][26][27][28][37][48] 李家成，程豪．共学互学：论终身教育体系中的主体间关系[J]．终身教育研究，2020（6）：22–26.

[25][29] 张永．构建服务全民终身学习的教育体系面临的社会结构挑战[J]，终身教育研究，2020（4）：7–10.

[30][31] 联合国教科文组织终身学习研究所政策简介 9 中文版发布[EB/OL]．（2020–06–17）[2021–10–10]. http://www.smile.ecnu.edu.cn/a4/6c/c21621a304236/page.htm.

[32] 王怀玉．家庭阅读嘉年华[J]．中国教师报，2021–2–3（10）.

[33] 丁小明．创生互学共长的隔代教育新样态[J]．教育视界，2019（4）：33–35.

[34] 林小燕．以综合活动促进多主体的共学互学——以“你好，寒假！”项目的“红围巾”活动为例[J]．教育视界，2019（4）：39–41.

[35] 卓苑芳．在活动中重建祖孙关系——以传统节日活动为例[J]．教育视界，2019（4）：36—38.

[36] 李家成．隔代教育的实践类型与发展走向——兼论学习型社会建设中的隔代学习[J]．教育视界，2019（4）：31–32.

[38][39][40] 李家成．十四亿的“每个人”：学习型社会建设的挑战与机遇[J]．终身教育研究，2020（4）：16–18.

[41] 习近平．共同构建人类命运共同体——在联合国日内瓦总部的演讲[N]，光明日报，2017–01–20（2）.

[42] 李家成．建设学生、家长、教师的命运共同体——家校合作的教育追求与生命意蕴[J]．新课程评论，2020（8）：7–13.

[43] 吕珂漪，吕聪，李家成．家长参与：为儿童、学校与社会赋能——2019 欧洲家长教育参与联盟（ERNAPE）第十二届双年会述评[J]．教育学术月刊，2020（3）：33–39.

[45] 百科名片．[EB/OL]．（2018–05–04）[2021–10–10]. https://baike.sogou.com/m/v168067954.htm?rcer=Q9PEmk2kVIvu-wIIl.

［46］张志勇．建立现代教育治理体系亟须遏制权力扩张［J］．中小学管理，2014（7）：12－14.

［47］佚名．加强现代学校制度建设提升学校治理能力的实施方案［EB/OL］．（2020－05－27）［2021－10－10］．https://www.docin.com/p-2371235623.html.

［54］赵曙明．人力资源管理研究［M］．北京：中国人民大学出版社，2003：36.

［55］李家成，林进材．学习型社会建设背景下的寒假学习共生体研究［M］．上海：上海交通大学出版社，2019：245.

［56］欧阳忠明，李书涵．欧洲代际学习项目的跨个案研究［J］．宁波大学学报（教育科学版）2020（6）：8－17.

［57］丁小明．创生互学共长的隔代教育新样态［J］．教育视界，2019（4）：33–35.

［58］李家成，王培颖．家校合作指导手册［M］．北京：北京大学出版社，2016：278.

［59］李家成，王培颖．家校合作指导手册［M］．北京：北京大学出版社，2016：283.

［60］李文淑，李家成．以共同学习赋能终身教育的未来——来自第七届终身教育上海论坛的观点［J］．中国远程教育，2021（2）：59－65.

［61］［62］李家成，程豪．互联互通：论终身教育体系中教育机构间的关系［J］．中国电化教育，2021（1）：58－64.

乡村家校合作现状调查报告

刘海霞　温镜霞　李凤英　钟威锋　刘新云　陈忠强*

摘　要：本报告以广东省兴宁市五所乡村学校的教师和家长为研究对象，通过问卷调查，试图清晰地了解乡村家校合作现状。调查发现，乡村家校双方具有合作的意识和意愿，但乡村家校沟通远程传达多，互动交流少；乡村家校合作方式比较单一，内容比较狭窄；乡村家长和教师关注点错位，乡村家长比较被动；乡村家长教育子女能力较为匮乏，自我效能感低；乡村教师对家长存在误解。这些导致乡村家校合作效果不容乐观，不利于乡村孩子的成长和发展。基于此，本报告提出乡村家校合作未来发展的对策建议。

关键词：乡村；家校合作；调查研究；协同育人

党的十九届五中全会通过的《中共中央关于制定国民经济和社会发展第十四个五年规划和二〇三五年远景目标的建议》明确要求“健全学校家庭社会协同育人机制，提升教师教书育人能力素质，增强学生文明素养、社会责任意识、实践本领，重视青少年身体素质和心理健康教育”，这是深入贯彻习近平总书记关于“办好教育事业，家庭、学校、政府、社会都有责任”“全社会要担负起青少年成长成才的责任”等系列重要论述精神的集中体现[1]。教育不是单纯一方发力就可以取得理想效果的，家校协同机制就是要让教育形成合力，学校要发挥好教育引导者的作用，引领家长提高参与度，家长同样的也要积极参与学校活动，只有学校和家庭联手，共同发挥教育功能，才能更好地促进学生发展[2]。

然而，在乡村学校，部分家长由于自身文化素质不高，没有教育孩子的

* 刘海霞，广东省兴宁市罗岗中学教师；李凤英，广东省兴宁市罗岗中学教师；温镜霞，广东省兴宁市罗岗中学教师；钟威锋，广东省兴宁市罗岗中学教师；陈忠强，广东省兴宁市罗岗中学高级教师；刘新云，广东省兴宁市罗岗中学高级教师。

意识，“放羊式”管理孩子；还有部分家长外出打工，将孩子托付老人，或者忙于工作、家庭关系不和谐等原因，无暇顾及孩子；还有部分家庭，父亲常年在外工作，母亲对孩子的教育不得当，尤其男孩缺乏自信和阳光之气。乡村教育在这种发展趋势下，更需要学校与家庭密切合作，更需要家校协同育人。因此，仔细研究乡村家校合作状态，就显得非常重要。

一、研究基础

20 世纪 90 年代以来，家校合作一直受到社会各界的广泛关注，在理论和实践的各个方面，已经成为学校教育改革的重要内容之一。在家庭与学校合作实践领域，教育工作者不断更新家庭与学校合作的概念。华东师范大学黄河清把“家校合作”界定为家庭和学校之间的双向活动，家长参与到学校教育，学校给予家庭教育指导，为促进孩子的全面发展而共同努力[3]。马忠虎提到，“家校合作”指的是在对学生进行教育的过程中，学校教育需要家庭方面更多的支持，同时家庭教育也应该得到学校方面更多的指导，学校和家庭齐心协力地对学生进行教育[4]。美国霍普金斯大学“家庭—学校—社区合作”研究专家乔伊斯·爱波斯坦（Joyce Epstein）把家校合作的范围扩展到社区，创建了“交叠影响域理论”（overlapping spheres of influence），指出家校合作是学校、家庭、社区合作，对孩子的教育和发展产生叠加影响的过程。合作伙伴关系不仅将家庭和学校看作家校关系中的平等成员，还强调了社区对儿童发展和成长的影响和作用[5]。综上所述，家校合作是一种双向活动，是家庭教育与学校教育的相互配合，家长要对学校教育给予支持，学校要对家庭教育做出指导；家校合作活动围绕的中心是学生，学生是家庭和学校共同的服务对象，促进学生的全面发展是家校合作活动的最终目的；家校合作是社会参与学校教育的一个重要组成部分，因而家校合作必然会进一步扩展至社区乃至社会方方面面的合作。

关于家校合作理论研究，有研究者讨论了家庭、学校各自的优势和局限，认为两者应相互配合、优势互补，以此实现教育最优化的目标[6]。也有研究者认为在儿童教育方面，家庭、学校之间要保持一致，进行沟通合作，着重发挥家校的“合力”作用[7]。关于家校合作模式研究，主要分为

“以校为本”[8]和“以家为本”[9]两类。“以校为本”的家校合作活动主要包括：家长访校、家长会、家访、电访、成立家校合作委员会等；“以家为本”的家校合作活动主要包括：家长学校、社区家长与儿童发展中心、家长咨询委员会、家庭学习活动等。关于家校合作的实践模式研究，刘峻认为大致分为两个阶段：第一阶段为指导模式。20世纪八九十年代，家校合作基本以学校为主导，家庭为主体，学校指导家庭，教师教育家长。“教师讲家长听”是这一阶段最为形象的写照。第二阶段为服务模式。随着家庭参与度的增加，学校由指导者变为服务者，从原来的只关心学生的知识学习到关注学生各方面的成长，包括学习能力、个性特征、心理健康、品德修养、人际交往等；从只关心孩子的发展到关注孩子和家长的共同发展[10]。

关于乡村家校合作的研究，由于起步较晚，目前理论、实践研究相关著作很少。研究者一般是结合自己所在学校的实际情况，对家校合作和重要性进行阐述，忽略了乡村家校合作中的特殊情况，如办学条件、家长素质、影响因素等[11]。

综上所述，我国家校合作虽然一定程度上得到了重视，也取得了一定的成效，但依然存在不少问题，成效不显著。现有的研究主要以城市为主，对乡村家校合作的研究比较薄弱，仅有的少量相关研究对乡村家校合作存在的问题和原因认识还不够深刻，对策研究及相关的理论研究也不完善。

本报告通过对兴宁市部分乡村学校的家校合作情况进行调查，真实了解乡村教师和家长对家校合作的意识和态度，重点分析乡村家校合作存在的问题，并提出对策建议。

二、研究过程

本报告于2020年11月开始筹备，2021年1月开展了“乡村家校合作现状”问卷调查。问卷包括教师问卷和家长问卷，内容分为两部分，第一部分为基本信息，了解教师的职务、教龄、学历和任教学段，家长的身份、年龄、学历、职业和孩子所在学段；第二部分是乡村家校合作现状问题，了解教师和家长对家校合作的意识、态度、参与、存在的困难和期望。问卷的具体维度如表 1 所示。

表 1　问卷设计的具体维度

	教师问卷	家长问卷
基本信息	职务、教龄、学历和任教学段	身份、年龄、学历、职业和孩子所在学段
家校合作的意识	家校合作的认识	
	家校合作的意义	
	家校合作的主体	
家校合作的态度	家校合作的必要性	
	家校合作的意愿	
	家校合作的满意度	
家校合作的参与	家校沟通的途径	
	家校合作的形式	
	家校合作的内容	
	家校沟通的频率	
家校合作的困难和期望	影响家校沟通的因素	
	家校合作指导培训需求	教育孩子遇到的困难及解决方式
	家校合作需要加强的形式和内容	

2020 年 12 月，问卷定稿后进行了试测，根据试测过程中发现的问题，对问卷进行了修改和完善。2021 年 1 月，开始正式实施调查。采取抽样的方式，选取兴宁市的一所山区完中、一所九年制乡村学校、一所乡村初级中学、一所乡镇中心小学、一所乡村小学共 5 所学校的部分教师和家长作为调查对象。一共 144 位教师和 1 594 位家长在线参与，其中班主任 58 人，占 40.28%，科任老师 69 人，占 47.92%，学校行政领导 17 人，占 11.81%（见表 2）。小学生家长 873 人，占 54.77%，初中生家长 639 人，占 40.09%，高

中生家长 82 人，占 5.14%（见表 3）。调查结束后，笔者运用问卷星软件进行了数据统计和数据交叉分析。

表 2　教师的职务（*n*=144）

职　　务	人　　数	占比（%）
班主任	58	40.28
科任老师	69	47.92
学校行政领导	17	11.81

表 3　各学段家长（*n*=1 594）

学　　段	人　　数	占比（%）
小学生家长	873	54.77
初中生家长	639	40.09
高中生家长	82	5.14

三、研究结果

（一）乡村家校双方具有合作的意识和意愿

1. 乡村家校双方能认识到合作的必要性

教师和家长对家校合作重要性的看法是有效开展家校合作的前提和基础。本调查显示，98.63% 的乡村教师和 98.81% 的家长认为家校合作是有必要的（见表 4）。其他相关研究[12]显示 96.55% 的教师和 91.2% 的家长表示有必要进行家校合作。也有研究[13]显示，84%（*n*=63）的乡村教师认为家校合作非常重要，16%（*n*=12）的乡村教师认为家校合作比较重要，“一般”“不太重要”“不重要”等选项无人选择；52.51%（*n*=188）的家长认为家校合作非常重要，32.96%（*n*=118）的家长认为家校合作比较重要。这些数据表明，大部分乡村教师和家长已认识到家校合作的实施在孩子教育问题中存在很大的必要性，其发挥的作用不可轻视。

表 4 “当前教育模式下，我认为家校合作的必要性”

家校合作的必要性	教师（*n*=144）		家长（*n*=1 594）	
	人数	占比（%）	人数	占比（%）
非常有必要	117	81.25	994	62.36
有必要	25	17.36	581	36.45
没必要	2	1.39	19	1.19

2. 乡村家校双方认为合作具有重要意义

对家校合作意义的看法是教师和家长开展家校合作的首要条件，也是使家校合作长期有效实施的保障。本研究发现，79.17% 的乡村教师和 67.19% 的乡村家长能认识到家长与学校之间是一种合作伙伴关系，认同家校要共同努力促进学生的发展（见表 5）。乡村教师和家长都认为家校合作最重要的是融合家庭教育和学校教育，家校协同促进学生的全面发展（见表 6）。相关研究[14]也显示 72.9%（*n*=35）的教师和 75.3%（*n*=73）的家长认为家校合作是有意义的。可见，大部分乡村教师和家长认为家校协同育人具有重要意义。

表 5 “我对家校合作的认识”

对家校合作的认识	教师（*n*=144）		家长（*n*=1 594）	
	人数	占比（%）	人数	占比（%）
由教师牵头，召集家长参加教育子女的活动	23	15.97	234	14.68
家长主动与教师交流	4	2.78	140	8.78
家长与学校之间是一种合作伙伴关系，共同努力促进学生的发展	114	79.17	1 071	67.19
学校负责孩子的教育工作，家长只需要对孩子的生活负责	2	1.39	71	4.45
不清楚	1	0.69	78	4.89

表 6 “我认为家校合作的意义”

家校合作的意义（按重要程度排序）	教师（n=144）	家长（n=1 594）
	平均综合得分	平均综合得分
融合家庭教育和学校教育，家校协同促进学生的全面发展	5.51	4.14
有助于了解学生成长中的问题，家校协同教育	3.57	2.41
有助于学生在家和在校的信息互通	3.46	2.12
有助于家庭和学校教育资源的共享	2.36	1.44
有助于提高学生的学习成绩	1.9	1.69
促进学校教育与学校管理	1.84	/

3. 乡村家校双方能意识到彼此同等重要

对各自所担负责任的认识是建立家校合作关系的基础。关于孩子的教育责任问题，本研究发现 83.33% 的乡村教师和 81.81% 的乡村家长认为教师和家长同样重要，家校应共担教育职责，而且彼此不可替代（见表 7）。相关研究[15]则显示 64.6%（n=31）的教师和 51.5%（n=50）的家长认为在学习上教师担负主要责任，生活上家长担负主要责任。也有研究[16]显示，95.65%（n=66）的教师认为学生的教育责任由家庭和学校共同承担。可见，大部分乡村教师和家长均能意识到在孩子成长的过程中自身应担负的教育责任，认为家庭和学校同等重要。

表 7 “我认为在孩子的教育中担负责任的主体”

在孩子教育中担负责任的主体	教师（n=144）		家长（n=1 594）	
	人数	占比（%）	人数	占比（%）
家长担负主要职责，教师次之	17	11.81	142	8.91
教师担负主要职责，家长次之	6	4.17	117	7.34
教师与家长共担教育职责，而且彼此不可替代	120	83.33	1 304	81.81
不清楚	1	0.69	31	1.94

4. 乡村家校双方有合作愿望，但不是很强烈

教师和家长的合作愿望强烈与否，是有效开展家校合作的出发点。本研究显示（见表 8），100% 的乡村教师表示愿意开展家校合作活动，78.43% 的乡村家长也表示愿意参加家校合作活动。虽然乡村教师和家长在思想上表示愿意开展或参加家校合作活动，但也有研究[17]显示，不常主动地和对方进行交流和沟通的教师和家长均超过 60%，有 14.6% 的教师和 20.6% 的家长从不主动和对方进行交流、沟通。本次调查也发现，家长的合作愿望还不够强烈，其具体原因还有待继续研究。

表 8 “我是否愿意开展 / 参加家校合作活动”

家校合作的意愿	教师（*n*=144）		家长（*n*=1 594）	
	人数	占比（%）	人数	占比（%）
A. 非常愿意	92	63.89	717	44.98
B. 愿意	52	36.11	852	53.45
D. 不愿意	0	0	25	1.57

（二）乡村家校合作效果不容乐观

1. 乡村家校沟通远程传达多，互动交流少

家校合作是双向互动活动，是家长和教育工作者互相了解、互相支持的过程。然而，调查结果显示，乡村家校日常交流远程传达多，互动交流少。从表 9 可以看出，乡村教师与家长沟通最多的方式是电话（82.64%），其次是 QQ、微信、钉钉等网络方式（81.25%）；乡村家长与教师沟通最多的方式是 QQ、微信、钉钉等网络方式（66.81%），其次是电话（54.27%）。而通过面对面方式交流的乡村教师和家长只有 41.67% 和 15.12%。其他相关研究显示，打电话在农村小学的教师和家长联系方式中占据首要地位，而面对面的交流沟通方式几乎没有[18]；QQ 和微信是大部分家长和教师的首要选择[19][20]；网络平台的使用主要以反映问题、统一发布信息为主，深入合作、单独交流的效果并不显著[21]。

表 9　家校日常交流的方式

家校日常交流的方式	教师（n=144）		家长（n=1 594）	
	人数	占比（%）	人数	占比（%）
A. 电话	119	82.64	865	54.27
B. QQ、微信、钉钉等网络方式联系	117	81.25	1065	66.81
C. 手机短信或校讯通	81	56.25	522	32.75
D. 面对面	60	41.67	241	15.12
E. 孩子传达	44	30.56	251	15.75
F. 与家长接送孩子时短暂的交流	38	26.39	132	8.28
G. 其他	16	11.11	105	6.59

家长会作为乡村家校合作常用的方式，虽然几乎各学校每学年都要开 1～2 次，但家长会几乎是教师单独表演的舞台，教师和家长之间的互动交流少之又少。以笔者所在学校的家长会为例，家长会内容主要是教师向家长介绍一学期的学校和班级情况，其中学生的学习成绩分析是关键内容；此外，教师会有针对性地要求家长做好配合工作；有时让个别家长介绍家教经验；教师很少征求家长意见，也一般不给家长表达看法的时间；至于教师和家长或家长之间的交流，则是利用会前会后的时间匆匆而为。

这说明，乡村家校合作不是双向互动的过程，双方均缺乏平等对待的心态，乡村教师只是单纯向家长传达相关教育信息和对家长的要求，乡村家长也没有认识到作为家长对于教育和合作的正当权益。这种不平衡的状态极大抑制了家长参与教育的热情，一定程度上阻碍了家校合作的实现。

2. 乡村家校合作方式比较单一，内容比较狭窄

在家校合作中，双方常用的方式通常能够反映合作层次，也可在一定程度上揭示双方对合作的关注程度。从表 10 可以看出，乡村家校合作方式有很多，如家长会、家校互访、家长进课堂、家长志愿者、亲子活动、家长学校等，但实际实施情况差强人意。乡村教师和家长最常用的合作方式均为

家长会，87.5% 的乡村教师表示所在班级开展过家长会，79.11% 的乡村家长表示参加过家长会。其次是家校互访，但教师家访的比例远远高于家长访校，88.19% 的乡村教师表示开展的家校合作活动有家访，而仅有 12.23% 的乡村家长表示参加过访校活动。家长进课堂、亲子活动、家长志愿活动、家长学校等新兴家校合作方式比例非常低。其他相关研究也显示农村初中家校合作的形式比较单一，家长会仍然是主要的合作形式，一些能够显示家校合作深度和水平的形式较少，比如家长开放日，有的农村学校根本没有开展过[22]。

表 10 “曾开展或参加的家校合作活动有哪些”

开展或参加的家校合作活动	教师（*n*=144）		家长（*n*=1 594）	
	人数	占比（%）	人数	占比（%）
班级家长会	126	87.5	1 261	79.11
教师家访 / 家长访校	127	88.19	195	12.23
家长进课堂	21	14.58	87	5.46
学校大型活动	48	33.33	180	11.29
亲子活动	18	12.50	117	7.34
研学旅行	9	6.25	12	0.75
家长学校	29	20.14	60	3.76
家庭教育讲座	/	/	147	9.22
家长志愿活动	/	/	61	3.83

学生的全面发展包括德智体美劳等多个方面，青少年儿童在不同的年龄阶段所表现出的身心特点和成长需求也是不一样的。而促进德智体美劳全面发展，既是学校教育的目标所在，也是习近平总书记关于人的全面发展重要论述的体现[23]。在观念上，乡村教师和家长普遍能认识到关注学生全面发展的重要性。然而，在实际工作中，教师和家长关注的重点还是放在学生的

学业成绩上，学生其他方面的发展得不到家长和教师的重视，教育双方对学生心理情况和兴趣爱好的关注十分薄弱，学业成绩和品德行为依然是教育者评价学生的关键。[24][25]本研究也显示（见表11），乡村家校交流内容按重要程度排序，排在前三位的是孩子的学业成绩、思想品德、身心健康，而孩子的兴趣爱好、生活习惯、人际交往、未来发展规划则排在后位。可见，乡村家校合作内容比较狭窄，更加注重孩子的学习成绩，而忽略孩子的爱好、行为、情感等方面的内容，这对乡村孩子的全面发展很不利。

表11　家校合作交流内容

家校合作交流内容比重	教师（n=144）	家长（n=1 594）
	平均综合得分	平均综合得分
孩子的学业成绩	4.15	5.86
孩子的身心健康	5.15	3.90
孩子的思想品德	5.92	4.38
孩子的兴趣爱好	3.13	2.61
孩子的生活习惯	3.13	2.01
孩子的人际交往	2.81	2.54
孩子的未来发展规划	1.77	1.32

3. 乡村家长和教师关注点错位，乡村家长比较被动

在平时的工作中，教师经常跟家长讲的是“先成人，再成才”。家长虽然大多表面上赞成学校的观点，但在涉及具体的培养目标和对孩子的发展期望时，却始终“以成败论英雄”，只要成绩好，其他方面差一点也行。调查结果显示（见表11），乡村教师认为家校合作交流内容最重要的是孩子的思想品德，其次是身心健康，然后才是学业成绩，然而，乡村家长则认为家校合作交流内容最重要的是孩子的学业成绩，其次才是思想品德。其他相关研究也显示[26]，农村家长更看重自己孩子的文化学习成绩，而思想品德

相对成绩来说还是次要的，在他们看来，没有好的成绩考不上大学，跳不出农民的圈子，再好的思想又有何用呢？而教师却不同，看重学生思想品德教育，把思想品德教育放在首位。双方看法不同，导致观点错位，影响合作与交流。

合作关系一定是双向的，需要双方投入并经营。家校共育活动的开展是一种双向互动的合作，需要家庭和学校互相了解、配合[27]。然而，调查结果显示，77.78% 的乡村教师表示一学期内不管有没有事都要与家长保持联系，而仅有 19.45% 的乡村家长表示一学期内不管有没有事都要与教师保持联系，一半以上的乡村家长表示偶尔或很少与孩子老师沟通，而且 2.57% 的乡村家长表示从来没有联系过孩子老师（见表 12）。由此说明，在家校沟通方面，教师希望家校之间多联系，而家长则显得相当被动。

表 12　一学期内，家校沟通交流的频率

家校沟通交流的频率	教师（n=144）		家长（n=1 594）	
	人数	占比（%）	人数	占比（%）
不管有没有事都要保持联系	112	77.78	310	19.45
经常沟通	14	9.72	322	20.20
偶尔沟通	14	9.72	663	41.59
很少沟通	3	2.08	258	16.19
没联系 / 没找过老师	1	0.69	41	2.57

4. 乡村家长教育子女能力较为匮乏，自我效能感低

从图 1 可以看出，46.74% 的乡村家长表示在教育孩子中遇到的主要困难是不知如何教育孩子，其次是孩子叛逆厌学、不知如何与孩子沟通。可见，乡村家长对孩子的教育非常苦恼，不知所措。从图 2 可知，当遇到孩子的教育问题时，乡村家长通常的解决方式是凭自己的个人想法、经验（38.9%），通过书报或网络等渠道查找资料和找老师帮忙仅占 14.24% 和 19.51%。可见，不知如何教育孩子的乡村家长遇到孩子教育问题时，很少想到通过学习或家校合作来解决。其他相关研究[28]也显示，大部分农村家长

文化程度相对较低，初中的学生作业对于家长来说，基本上辅导不了，使得家长教育子女的自我效能感比较低。家长的自我效能感是家长对自己能否辅导学生作业以及是否有能力参与学校管理的自信心。动机理论强调人们总是趋向做自己认为能成功完成的事情，只有这时人的动机才最强。同理，如果家长自己没有信心，缺乏自我效能感，那么他就不会参与或者不会主动参与学校教育管理[29]。

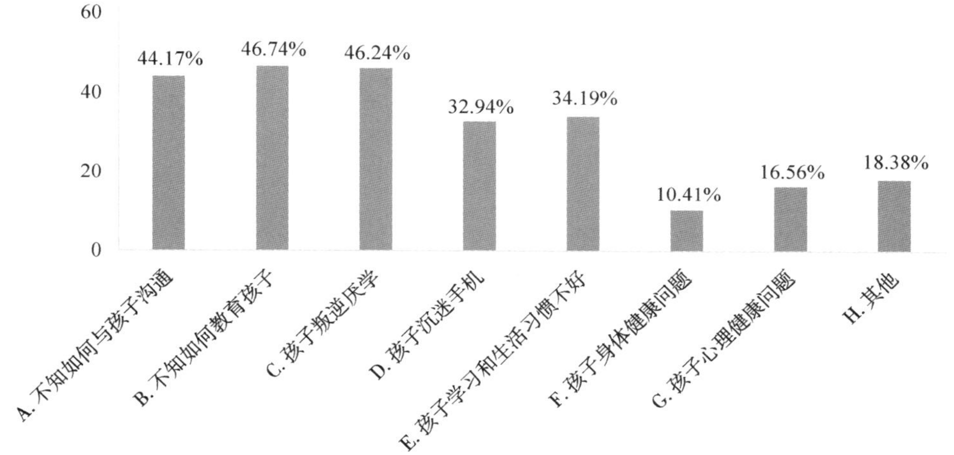

图 1　家长在教育孩子方面遇到的困难（*n*=1 594）

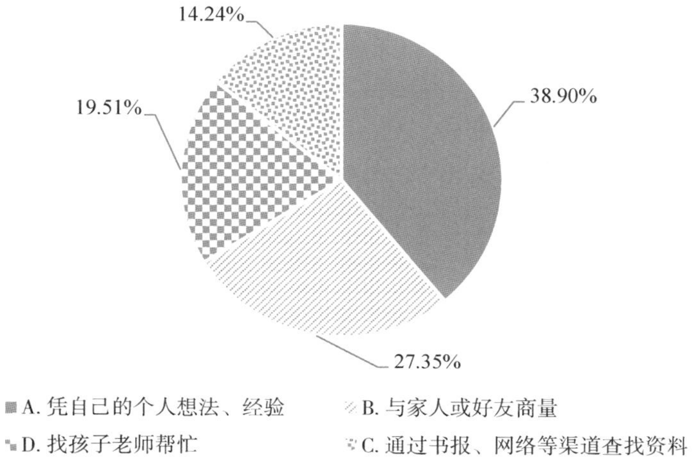

图 2　家长遇到孩子教育问题时的解决方式（*n*=1 594）

5. 乡村教师对家长存在误解

调查结果显示（见表 13），乡村教师认为家校联系的主要障碍排在前三位的分别是“家长缺乏合作沟通的能力”“家长不重视教育”“家长工作太忙”；乡村家长则认为家校联系的主要障碍排在前三位的分别是“自己工作太忙”“自己缺乏合作沟通的能力”“孩子成绩不好，不好意思与老师沟通”。由此可见，乡村教师对家长存在误解，虽然乡村家长的教育能力确实比较匮乏，工作也比较忙碌，但朴实无华的他们不仅深知自身的能力不足，也因此感到自卑，更因为自己没有教育好孩子感到不好意思联系老师。

表 13 “我认为家校联系的主要障碍”

家校联系的主要障碍比重	教师（n=144）	家长（n=1 594）
	平均综合得分	平均综合得分
家长缺乏合作沟通的能力	4.23	4.14
家长不重视教育	4.12	/
家长工作太忙	3.87	4.3
教师工作太忙	2.72	2.24
没有方便合适的联系方式	1.63	1.24
教师缺乏与家长合作沟通的能力	1.47	1.46
孩子成绩不好，不好意思与老师沟通	/	2.38

四、乡村家校合作未来发展的对策建议

调查结果显示，乡村家校双方具有合作的意识和意愿，但乡村家校沟通远程传达多，双向交流少；乡村家校合作方式比较单一，内容比较狭窄；乡村家长和教师关注点错位，乡村家长比较被动；乡村家长教育子女能力较为匮乏，自我效能感低；乡村教师对家长存在误解。这些导致乡村家校合作效果不容乐观，不利于乡村孩子的成长和发展。基于此，我们提出乡村家校合作未来发展的对策建议。

（一）转变教育主体的观念

1. 加强乡村学校和教师对家校共育的重视

虽然乡村家校合作制度保障非常重要，但笔者认为，作为乡村家校合作的主要阵地和关键人，乡村学校和教师对家校共育的重视程度更为主要。在学校方面，特别是教师，多认为自己在教育学生上居主导地位，认为家长在文化水平上良莠不齐，就忽视了与家长的交流；学校也忽视了对家长心理教育上的引导，如果学校没有认识到家校共育的重要性，就会使工作流于形式，只为了完成任务去实施[30]。而且家长教育参与到什么程度、参与什么、怎么参与，事实上由学校校长、教师决定。而当前家长的参与度有限，参与面有限，参与的创造性也是有限的——都在校长、教师认可、期望的范围内开展[31]。因此，唯有乡村学校和教师重视家校共育，重视家长的教育参与，才会有双向互动的家校合作。教师作为专业人员，一定要承担起家校合作领导者的责任，成为推动、建设、发展、修复家校合作的关键人[32]。

2. 提高乡村教师家校合作的信念和能力

在思想上重视家校共育重要性之后，乡村教师还需要有家校合作的信念，也就是从心底相信家长的力量。试想：为了孩子，哪有家长不愿意更好地与教师合作？有研究者指出："基于一般常识，我们可以这样认为：没有哪一家的家长会甘愿自己的孩子道德品质败坏，而是都希望自己的孩子不仅能够在社会上立足而且能够过上一种有尊严的生活，都有着希望自己的孩子'成人'的责任[33]。"这份信念可以激励乡村教师勇于与家长互动合作。正如李家成教授所指出的："家校合作是一种信念。当你信时，它更易变为现实；当你不信时，它就难以显现[34]。"本文第一作者正是在这样的信念下开展了"以微信群为载体，促进乡村家长的教育参与"的实验研究[35]，该研究表明，不仅是留在家乡的家长，即便是在外地的家长，通过互联网的支持，也是可以并愿意参与相关教育活动的，而且家长也是能够学习的。因此，还需要继续相信家长的能力或可以发展的能力，相信家长能够投入真正的实践之中。

当然，光有信念是远远不够的，乡村教师也需要有家校合作的能力。首先，乡村教师可以通过外在学习提高家校合作的理论知识和实践能力。以色列学者 Audrey Addi-Raccah 和 Yael Grinshtain 的一项问卷调查发现：相比于家长，教师更能认识到家校关系具有的协作性和冲突性，因此教师教育应为教师提供专业知识和技能的支持，使其更好地将处理家校关系与自身的职业发展相融合。教师在家校合作中的专业性是教师在与家长交往过程中表现出来的、能够影响家校之间有效沟通的重要因素，其中包括了专业的态度、专业的能力、专业的知识等[36]。其次，乡村教师可以通过自身实践提高家校合作的能力。无论之前的基础状态如何，无论处于何种发展环境，家校合作都可以从当下的每一天、每一件事、每一个人的努力开始。[37]因为我们不能期待家长主动或家庭的条件改善了之后再进行家校合作，也不能期望通过引进更多优秀的教师、获得更多教育行政部门的资源支持来改变目前的发展现状；我们可以依赖的只能是实践本身，以教育工作者的自主性、创造性，来打开家校合作的大门[38]。在李家成教授引领下的乡村班主任工作与发展研究团队里，来自全国各地的乡村班主任的家校合作实践研究表明，立足班级实际，勇于探索实践，是可以不断提高家校合作能力的。如安徽的刘茜老师，她在实践中谈道："在乡村家校合作中，班主任要认真探究家校合作的可能途径，唤醒乡村家长的内生力，找到乡村家校合作的平衡点，从而实现协同育人的目标[39]。"浙江省海宁市斜桥镇中心小学姜曙华老师，在班级成功开展"三一亲子家校联动共读活动"，她从一堂有教师指导的亲子阅读课出发，倡导持之以恒的亲子阅读，开展丰富的亲子阅读延伸活动，通过家校联动的亲子阅读形式改变家长的家庭教育观念和亲子相处方式，养成阅读习惯，促进亲子和谐健康成长[40]。

3. 提升乡村家庭的教育质量和乡村家长的教育理念

乡村家庭和家长作为家校合作的主要阵地和关键人，同样需要提升家庭的教育质量和家长的教育理念，才能跟得上乡村学校和教师的教育步伐。家庭是社会的基本细胞，是人生的第一所学校。家庭教育是儿童青少年健康发展的起点和基础，是国民教育的重要组成部分[41]。习近平总书记在 2015 年 2 月新春团拜会上提出"重视家庭建设，注重家庭、注重家教、注重家风"的重要主张，鲜明地提出了"要使千千万万个家庭成为国家发展、民族进步、社会和谐的重要基点"的目标要求[42]。同年 10 月，教育部印发了《教育部关于加强家庭教育工作的指导意见》，指出"我国正处在全面建成小康社会的关键阶段，提升家长素质，提高育人水平，家庭教育工作承担着重要的责任和使命"[43]。因此，乡村学校可以联动家庭、学校、社区的力量共同提升家庭教育的质量。2019 年全国妇联印发了关于开展家风家教主题宣传月活动的通知，将每年 5 月—6 月定为家风家教主题宣传月，集中开展家风家教宣传展示活动。为确实落实好通知精神，2019 年 5 月 5 日，兴宁市妇联正式启动了家风家教主题宣传月活动，成立了家庭教育讲师团。从成立家庭教育讲师团以来，20 位讲师分别走进兴宁市各乡镇学校、村委、社区开展“好家庭好家教好家风”的家庭教育巡讲活动。家庭教育讲师团的主要任务是向家长宣传普及科学的家庭教育理念、知识和方法，引导家长树立正确的儿童观和育人观，组织开展形式多样的家庭教育实践活动，增进亲子之间的沟通和交流，使家长和儿童在活动中共同成长进步，增进家庭与学校的有效沟通。另外，乡村学校还可以开设线上线下相结合的家长学习平台，形成系统性的家长学习课程，以此提升乡村家长的教育理念。

（二）乡村学生也可以成为促成家校合作的主体

在家校合作中，学生既是受益者，也同样可以成为促成家校合作的主体[44]。美国家校合作专家乔伊斯·爱波斯坦在建立的家校合作模型中，认为学生应位于模型的中心位置，学校、家庭和社区对儿童的教育与发展会产生叠加影响[45]。随着学校教育的改革与发展，学生的主动性、创造性、多元性都已今非昔比。在学校和家庭生活中，学生可以策划、组织丰富多彩的活动，家校合作就可能因此而成为现实。通过学生的参与，家长与教师可以被很好地组织进活动、系统之中，成为以学生为主体而发起的家校合作的参与者。而教师、家长所需要做的，是更多倾听学生的声音，支持、鼓励、指导学生策划相关的活动，主动参与其中，成就学生，也成就家校合作[46]。本文第一作者在 2016 年暑假就开启了“把活动的组织权交给学生”[47]的尝试实践。这一次的尝试实践打开了她家校合作的思维。在此后的实践中，她怀着“你信任孩子，孩子便会还你一份创造的惊喜”的信念，勇于开展以学生为主体的家校合作实践活动。

（三）促进乡村学校—家庭—社会协同育人

2004 年 12 月 1 日，教育部发布了《关于推进社区教育工作的若干意见》，强调了落实《2003—2007 年教育振兴行动计划》中提出的“推进社区教育”的任务。可以说，发挥社区在教育中的积极作用，在学校与社区之间营建一种相互促进、共同发展的关系已经成为当前我国教育发展的一个重点[48]。从家校合作扩展到家庭、学校、社会三方面的合作，从家长参与学校教育活动发展为全体社会成员参与，从合作意识的培养到合作制度的建立，全社会关注教育、参与教育的风气就会逐渐形成。当学校、家庭和社会把儿童教育方面的合作扩展到全民教育中时，“教育社会”便成为现实。

随着学生假日的增多，如何指导学生有效利用假期，开展体现假日特色的自主教育活动，正引起人们的普遍关注。据统计，现在一年中学生获得的假期时间长达 150 天，但不少学生并不懂得如何有效利用。根据这一现象，上海的部分学校成立了学生社区志愿者服务大队，在小区内开展护绿保洁、便民服务、帮困扶贫、文明宣传等活动，获得了良好的教育效果[49]。在李家成教授引领下的“你好，寒暑假！”项目，吸引了来自全国各地的学校、教师联动家庭、社区开展各类家校社实践活动。如广东省兴宁市新陂镇新金村在“三社联动”模式下开展的“七彩假期”暑假活动[50]，该“三社联动”模式是指，以社区为平台，以社会组织为载体，以社会工作者为专业人才支撑，以满足社区居民需求为导向，由社区居（村）委会、社区义工和社会组织运用社会工作方法整合社区内外部资源，为社区居民提供专业化和个性化的服务，旨在解决社区问题，促进社区发展，在社区内实现多元服务供给的一种新型社区治理模式。如山东省滕州市姜屯中学（农村寄宿制中学）在假期指导家长协助学生建立互助营，取得了良好的效果[51]。该校指导学生以同一自然村为范围，以 3～6 人为基本人数，以家长全程参与为保障，以教师微信指导为协助，组成互助营，哪位营员的父亲或母亲可以在家陪伴式管理，就设定为固定活动地点，制订切合互助营实际的计划，既有规定动作，更有个性发挥，使整个营中的孩子做到以己之长助人，因己之短励己。

教育不仅是国家、学校的事情，更是社会和每个家长的事情。教育的成败关系着家庭、社会各界的切身利益，家长和社会人士拥有监督、评议学校工作的权力，更有关心、支持、配合学校管理的义务[52]。儿童的教育仅靠学校的力量是难以完成的，而且“学校以外的事比学校以内的事更重要，并且校外的事可以支配校内的事”[53]。因此，学校教育必须向社会开放，努力吸纳社会上的各种力量，尤其是家长的力量，与学校相互配合，才能更好地促进学校教育的发展和学生的全面发展。而这一新体制的建立与完善，又以适应现代社会对人的发展要求为出发点，着眼于人的全面发展的需要，体现以学生发展为本的思想，为人的终身可持续发展奠定基础。

五、研究反思

由于本研究只选取了兴宁市 5 所乡村学校的部分教师和家长进行问卷调查，没有结合访谈和案例分析，存在样本不大、研究方法单一的不足，数据信度有待进一步提高。另外，因研究水平所限，对乡村家校合作有关问题的分析不够深入、文字表达不够准确。这些不足之处都将作为后续研究的努力方向。

参考文献：

[1] 陈宝生.建设高质量教育体系[N].光明日报，2020-11-10(13).

[2][10][27][30] 高晓娜.家校共育：标准、困境与突破路径[J].基础教育研究，2019(12)：86-87.

[3] 黄河清.家校合作导论[M].上海：华东师范大学出版社，2008：37.

[4][7] 马忠虎.家校合作[M].北京：教育科学出版社，1999：57，2-3.

[5] Epstein, J. L., Sheldon, S. B. School, Family, and Community Partnerships: Your Handbook for Action [M]. SAGE Publications, 2009.

[6] 马和民.新编社会教育学[M].上海：华东师范大学出版社，2002：312-316.

[8] 于红光."以校为本"的农村初中家校合作模式探究[J].语文学刊，2013(7)：112-113.

[9] 曲丽君.以家为本的家校合作的研究[J].辽宁师专学报(社会科学版)，2006(4)：73-74.

[11] 汤岚.农村小学家长委员会参与学校教育管理研究——以苏南 J 市为例[D].南京：南京师范大学，2014.

[12][21][24] 余美卿.农村小学家校合作对策研究——以中山市坦洲镇 X 小学小学为例[D].武汉：华中师范大学，2020：22，30，33.

[13][20] 陈园园.农村小规模学校家校合作的调查研究[D].济南：山东师范大学，2020：21，28.

[14][15][17][18][25] 薛静.农村小学家校合作问题研究——以唐县仁厚镇农村小学为例[D].保定：河北大学，2016：12，13，13，15，17.

[16] 左东芳.农村初中家校合作问题研究——以四川省富顺县为例[D].西南大学，2008：13.

［19］许珑缤．小学班主任与家长沟通问题研究［D］．延边：延边大学，2016：14.

［22］魏红．农村初中家校合作问题及对策研究［D］．四川师范大学，2018：28.

［23］杨少雄，李静亚．体美劳协同推进新时代育人的实现路径［J］．毛泽东邓小平理论研究，2019（11）：27−32.

［26］［28］［29］赵士亮．农村家长参与学校教育的阻抑性因素研究——以宿迁地区 J 中学为个案［D］．上海：华东师范大学，2007：26，30，31.

［31］［34］［37］李家成．建设学生、家长、教师的命运共同体——家校合作的教育追求与生命意蕴［J］．新课程评论，2019（18）：7−13.

［32］李家成．实现乡村学生、家长、教师间的互联互通、互学互鉴［J］．教育视界（智慧管理），2019（10）：4−7.

［33］张国霖．家长的教育责任［J］．基础教育，2017（2）：1.

［35］刘海霞．以微信群为载体，促进乡村家长的教育参与［J］．教育视界（智慧管理），2019（3）：31−33.

［36］ERNAPE−2019 Parent Engagement as Power: Empowering Children, Schools and Societies. Books of Abstracts［C］. University of Gdansk, 2019: 57.

［38］［44］［46］李家成，王培颖．家校合作指导手册［M］．北京：北京大学出版社，2016：22，13，15.

［39］刘茜．消除乡村学校合作“厚障壁”，找寻乡村家校合作平衡点［J］．江苏教育（班主任），2018（6）：45−47.

［40］姜曙华．基于改善农村家庭亲子关系的亲子共生式阅读探究——以“三一亲子阅读家校联动共成长活动”为例［C］//“乡村社区治理背景下的家庭、社区、学校合作”研讨会暨第三届全国乡村班主任发展研究论坛论文集，2019：88−93.

［41］北京师范大学中国基础教育质量监测协同创新中心，等．全国家庭教育状况调查报告（2018）［EB/OL］．（2018−09−26）［2021−09−01］. https://news.bnu.edu.cn/docs/20180927154939425593.pdf.

［42］习近平．在 2015 年春节团拜会上的讲话［EB/OL］．（2015−02−17）［2021−09−01］. http://www.gov.cn/xinwen/2015−02/17/content_2820563.htm.

［43］教育部关于加强家庭教育工作的指导意见［EB/OL］．（2015−10−16）［2021−09−01］. http://www.moe.gov.cn/srcsite/A06/s7053/201510/t20151020_214366.html.

［45］（美）爱波斯坦，等．学校家庭和社区合作伙伴：行动手册［M］．吴重涵，薛慧娟，译．南昌：江西教育出版社，2012：4.

［47］刘海霞．把活动的组织权交给学生：乡村班主任的一次尝试［EB/OL］．（2016−08−04）［2021−09−01］. https://mp.weixin.qq.com/s/uMokVw3GoLMCQAJKkS9-tw.

［48］杨颖秀．美国：营建学校与社区关系的几种常用方法［J］．中小学管理，2005

（3）：12－13.

［49］吴大锶 . 假日社区志愿者服务活动的实践［J］. 上海教育，2001（2）：39.

［50］许滢，刘海霞，李家成 .“三社联动”参与欠发达农村地区社区治理的实践研究［C］//“乡村社区治理背景下的家庭、社区、学校合作”研讨会暨第三届全国乡村班主任发展研究论坛论文集，2019：1－17.

［51］张庆坦 . 成长互助营“赢”在家庭中［C］//“乡村社区治理背景下的家庭、社区、学校合作”研讨会暨第三届全国乡村班主任发展研究论坛论文集，2019：155－159.

［52］郭继东 . 关于社会参与学校管理的思路与实践对策［J］. 天津市教科研学报，1999（6）：171－172.

［53］（日）冲原丰 . 比较教育学新论［M］. 吴自强，译 . 南昌：江西教育出版社，1986：42.

以教育联动三社主体参与欠发达乡村社区治理

——基于“七彩假期”项目的个案研究*

许　滢　刘海霞　李家成**

摘　要：自21世纪以来，在现代化冲击下，乡村社会分化加剧，以村庄集体组织为载体的治理模式难以适应现代社会的发展，乡村基层社会治理模式亟待转型。本文以新金村“七彩假期”项目为个案研究对象，通过访谈法、参与观察法和实物分析法，总结提炼“三社联动”参与欠发达农村地区社区治理的具体路径，尝试回答“三社联动”模式对于乡村治理的重要意义。研究发现，“三社联动”模式在新金村的实践中探索出一条以教育联动三社主体参与乡村社区治理的特色路径。融入教育性特色的参与方式既解决了留守儿童假期无人看管的现实难题，又开辟了以乡村社区为中心的学习场域，实现了对乡村社区的有效治理。

关键词：三社联动；乡村社区；基层治理；乡村教育

改革开放后，市场经济的强势发展不断冲击着传统的农耕经济。在乡村工业化、城镇化的浪潮下，乡村社会分化加剧，大量农民从乡村涌向城市地区，与此同时，大批外来居民也开始向东部沿海发达乡村地区流动。在珠三角和长三角城镇化农村，本地人与外来人口倒挂现象十分严重，超过

* 基金项目：国家社会科学基金教育学重点课题“服务全民终身学习视域下社区教育体系研究”（AKA210019）成果。

** 许滢，上海市嘉定区震川中学教师，主要研究领域为乡村教育、家校合作；刘海霞，广东省兴宁市罗岗中学教师；李家成，博士，教授，博士生导师，上海终身教育研究院执行副院长，华东师范大学“生命·实践”教育学研究院研究员，教育部人文社会科学重点研究基地华东师范大学基础教育改革与发展研究所研究员，主要研究终身教育、教育基本理论。

1：10甚至1：20的不在少数。有的行政村，本地人口只有一两千，外来人口有三四万[1]。传统乡村社会的社会结构正在发生着根本性的变革。"以固化身份、突出人身依附及行动约束为基础的村庄组织化治理方式，已经难以适应现代开放、流动社会发展的要求，实现乡村治理的现代化发展已经成为历史必然选择[2]。"这一转变要求也直接体现在国家关于乡村建设、基层治理体系和治理能力现代化建设的政策文件中。

2017年6月，民政部发布了《关于开展全国农村社区治理实验区建设的通知》，强调"着力建立健全'社区、社会组织、社会工作'联动机制，完善社区社会组织发展扶持政策，建立健全政府购买服务机制和培育孵化基地，扶持农村社区服务类社会组织和社区社会组织"[3]。2017年10月，中共第十九次全国代表大会报告又再次强调："打造共建共治共享的乡村治理格局……加强社区治理体系建设，推动社会治理重心向基层下移，发挥社会组织作用，实现政府治理和社会调节、居民自治良性互动[4]。"可以看出，在建设新时代中国特色社会主义新农村的过程中，以村庄集体组织为载体的"单向治理"方式已经退出历史舞台，而以乡村社区为载体的"多主体治理"方式正成为当代乡村基层治理的发展趋向。唯有多主体凝聚形成治理合力，才有可能实现乡村振兴。

一、问题的提出

（一）"三社联动"的概念辨析

"三社联动"是我国社会工作者在社区实践工作中总结出来的一种基层社区治理的创新模式。这一模式发端于上海，最初称为"三社互动"。2014年，上海市民政部最先提出了社区、社会工作、社会团体"三社互动"概念，并形成了"以社区为工作平台，以社工为队伍抓手，以社团为组织载体"的工作思路[5]。随着社区治理工作的深入，"三社互动"模式又进一步发展为"三社联动"模式。2017年10月，中共中央、国务院在《关于加强和完善城乡社区治理的意见》中，正式提出统筹发挥社会力量协同作用，推进社区、社会组织、社会工作"三社联动"[6]。这一模式由此正式确定下来。在国内学术界，徐永祥是较早开始对"三联互动"及其运作机制进行研究的学者。他从参与主体的角度将"三联互动"定义为居委会、社会组织和社会工作者在社区领域围绕社区居民开展的社区治理活动[7]。叶南克、陈金城则从参与要素的角度将“三联互动”视作通过“社区建设、社会组织培育和社会工作现代化机制”三个社会管理要素联动而形成的治理机制[8]。顾东辉综合以上两种解释，提出“三社联动”可以视为“主体联动”和“要素联动”的整合，其中社区传统机构、社会工作机构和其他社会机构，针对社会议题，基于社会理性而协作行动，并依托社会工作方法，实现社区发展任务[9]。

通过对“三社联动”概念的分析，发现学者关于“三社联动”的主体界定基本达成共识，即社区、社会组织和社工，个别概念对于“社区”主体加以具体化，特指社区居委会。但是现阶段的研究对于“三社联动”的运行机制尚未形成清晰的分析框架。因此，本文所指的“三社联动”模式是指，以社区为平台，以社会组织为载体，以社会工作者为专业人才支撑，以满足社区居民需求为导向，由社区居（村）委会、社区义工和社会组织运用社会工作方法整合社区内外部资源，为社区居民提供专业化和个性化的服务，旨在解决社区问题，促进社区发展，在社区内实现多元服务供给的一种新型社区治理模式。

（二）“三社联动”参与社区治理的研究现状

就“三社联动”模式在我国社区治理的发展现状来看，较为成功的案例主要集中在城市社区；较少有关于“三社联动”参与乡村社区治理实践的研究成果。徐富海曾在《“三社联动”如何“联”如何“动”？》中系统阐述了南京、广州、上海、北京、嘉兴、苏州六所城市运用“三社联动”参与社区治理的不同做法[10]。如，南京的做法是收回原先下放到社区的公共服务，从而强化街道层面的服务平台作用；广州的做法是建立街道家庭综合服务中心，面向全体社区居民提供专业的社工服务；上海的做法是大规模推动社会工作者专业队伍深入社区；北京的做法则是在街道和社区层面建立三社联动联席会议制度。还有一些硕博士论文对于其他城市的基层社区进行了具体的案例研究[11]。少数关于乡村社区治理的研究也主要是对单个主体参与治理的现状进行论述，缺少对多主体如何运作“三社联动”模式参与乡村社区治理的现实实践与研究。

总之，关于“三社联动”参与社区治理的研究目前仍处于起步阶段，已有的研究大多还是就“三社联动”的内涵及组织形式进行理论层面的探讨，至于基层社区治理的实践也主要集中在发达城市社区，鲜少有关于欠发达地区的乡村社区治理的案例研究。因此，本文选择位于广东省兴宁市新陂镇的新金村为案例研究对象，旨在深入分析“七彩假期”项目运用“三社联动”模式参与乡村治理的具体路径与工作机制，进而尝试就如何进一步发展“三社联动”模式提升乡村社区治理水平提出合理化建议。

二、研究方法与过程

本研究采用质性研究范式，采用案例研究法作为研究的主要方法。美国学者罗伯特·K. 殷（Robert K. Ying）指出，案例研究是探索难于从情境中分离出来的现象时采用的研究方法[12]。因为情境本身具有丰富性和变化性，所以把情境纳入进来也给案例研究带来了挑战。为了解决这一问题，案例研究还需要采纳多种资料收集方法作为补充。因此，在具体研究方法方面，本文案例研究选择了访谈法、参与观察法和实物分析法，力图从多个渠道收集信息素材。

（一）访谈法

本文研究使用半开放型的访谈形式，具体使用了微信访谈和面对面访谈的方式。访谈对象包括兴宁市阳光义工协会会长、新金村的村委书记、3 位志愿者老师、15 位参与本次“七彩假期”项目的学生和 6 位参与活动的学生家长。首先由案例中的刘老师事先设计一份访谈提纲，根据自己的研究设计对村委书记、义工协会会长和志愿者老师进行访谈。然后，根据第一批受访者的回答情况对访谈提纲进行修改和调整，再对参与活动的学生和家长进行访谈。访谈通过分析村委书记、社会组织和参与学生三方对于“七彩假期”项目的评价，佐以访谈者自身的参与，实现“三角互证”，真实反映“七彩假期”项目在新金村的实施情况与活动效果。

（二）参与观察法

质性研究范式认为，观察不只是对事物的感知，而且取决于观察者的视角和透镜[13]。在观察类型上，本文研究采用参与观察法。由案例中的刘老师担任观察者，通过和被观察者一起参与“七彩假期”项目，在密切的相互接触和直接体验中倾听和观看志愿者老师、参与学生和家长的言行，了解“七彩假期”项目开展的真实效果。

（三）实物分析法

任何实物都是一定文化的产物，都是在一定情境下某些人对一定事物的看法的体现[14]。因此，实物分析是质性研究的一种重要的资料分析方法。本文研究也采用了实物分析法，收集5位参与活动的学生在每一天课程结束后记录的日记和完成的作业，作为对“七彩假期”项目效果评价的重要参考。

三、“三社联动”参与乡村社区治理的实践探索——以新金村为例

（一）新金村概述

新金村隶属于广东省梅州市兴宁市新陂镇，位于新陂镇北部，距离兴宁城区约4公里，离济广高速出入口和市工业园区1公里左右，有226省道由村中经过，因此该村也是新陂镇一个重要的交通枢纽。新金村总面积约2.26平方公里，平原广布，由金子岭、下马石、金岭围、陂土围、永恭围、宁静围、上下王、华紫围（上岭、赖屋）8个自然村组成，设有25个村民小组。据当年村委会统计，目前全村共776户，人口3 000。

新金村历来以农业为主业。20世纪90年代之前，水稻种植是村民的主要收入来源。伴随着城镇化的进程，新陂镇出现了工业园，圩镇也有了商场，越来越多的村民进入工厂、商场打工，工资收入逐渐成为村民的第二收入来源。据新金村村委会统计，外出务工、经商人员大约占新金村劳动力总数的45%左右。外流人口的增多导致大批留守儿童的出现，他们往往与祖父母共同生活。暑假期间，一方面由于祖父母忙于农活，无暇陪伴他们；另一方面，由于村里缺少公共的文化设施和教育场所，孩子们唯一的学习资源就是学校统一分发的《暑假作业练习册》，电视和手机成为孩子们打发暑假的玩具，更是家长用来阻止孩子外出玩耍、确保孩子安全的工具。一位老人在访谈中说：“农村孩子最需要的是安全。对于我们老人来说，暑假时间孩

子最好待在家里，非常安全。不用我们老人操心，我们也可以安心干活。”再加上新金村距离城区较近，鲜少有社会组织来新金村举办公益活动，村里也没有成立公益组织。一位村干部在访谈中说：“以往村里接触到的公益活动都是关爱、慰问、安全宣传这样的，不仅时间较短，接触面也不广，内容一般都是知识宣传和物质馈赠。”因此，如何有效利用暑假时段，联动社会组织和社区共同开展面向留守儿童的公益活动成为“七彩假期”项目的缘起。

（二）“七彩假期”项目走进新金村

2019 年 8 月 12 日，由团市委主办、兴宁阳光义工协会承办的“七彩假期”项目在新陂镇新金村村委会正式启动。本次活动的主题为“七彩假期 温暖童心”，由张韫欣和小超两位志愿者担任总负责，义工张韫欣负责活动课程安排，义工小超则负责联系村委会、申请活动场地、召集村里的小朋友以及村民志愿者。此次活动主要分为前期准备、正式上课和评价总结三个环节。

1. 前期准备

义工小超同时担任新金村村委会的委员，他的双重职务为该项目在新金村顺利开展带来了便利。小超召集的第一位志愿者是刘海霞老师。刘老师既是新金村的村民，也是一位中学数学老师。在筹备活动期间，小超和刘老师首先联系新金村的村委书记，与他共同商议活动开展的相关事宜以及活动场地的安排。村委书记十分支持这个项目，并提议可以到老人活动中心（原新金小学）开展。但是义工们在后期实地走访中了解到，老人活动中心虽然有舞蹈室，但没有可供上课的桌椅。因此，刘老师提议向附近的村民借桌椅，小超则建议将活动场地改为村委会的会议室，理由是：“村委会的会议室有投影设备，还是两个月前刚安装好的，至今没试用过，这次活动刚好可以派上用场。而且会议室既有桌椅，又有空调。”通过小超的沟通协调，村委书记答应了这个提议。至此，“七彩假期”项目的活动场地正式确定下来。

2. 活动开展

在村委会和村里义工们的宣传下，本次“七彩假期”项目一共召集到 20 名学生，他们的年龄在 5～14 岁之间。义工组织共由 10 位成员组成，包括 2 位新金村的老师、2 位新金村的中学生、3 位新金村的村委会干部以及

3 位来自兴宁市阳光义工协会的志愿者。此外，还有 2 位学生家长主动报名担任本次活动的志愿者。

本次项目为期 7 天，一共开展了 7 项课程活动，主题分别是：爱国爱党、护法幼苗、心理健康、感恩孝亲、快乐阅读、传统文化和安全自护。由韫欣老师、检察官小白老师、小洁老师和佳乐老师担任课程主讲教师，由刘海霞老师担任手语舞蹈《感恩的心》的指导教师。8 月 18 日下午，"七彩假期"项目举行结业典礼。新陂镇妇联领导、共青团兴宁市委员会领导、新金村党支部书记、村妇联主席、兴宁市阳光义工协会会长，以及城乡一线记者悉数来到现场观摩此次活动。结业典礼共分为四个环节，分别是课程回顾、安全自护竞赛、手语舞蹈表演和结业颁奖。学生们的精彩表现赢得了在场家长和领导的一致好评。新金村的"七彩假期　温暖童心"主题活动圆满落幕。

3. 活动效果

结业典礼结束后，笔者通过微信访谈和面对面访谈的方式与学生、家长、志愿者及村委会领导进行了交流。大家一致对这次活动给予了高度评价，并希望村里以后可以举办更多类似的公益活动。具体来说，此次活动对于参与的学生、志愿者教师、村委会和社会组织都产生了积极的影响，促进了各参与主体在不同层面的发展与提升。具体表现在以下方面。

1）丰富了学生的假期生活

新金村有许多留守儿童，由于父母长期不在身边，他们在以往假期里基本上都是以手机或电视陪伴。本次"七彩假期"项目为这些学生带来了一个不一样的假期生活。本次活动的服务对象是乡村留守儿童，因此课程设计十分贴近学生日常生活。在寓教于乐的教学方式下，既有利于学生们知识能力的提高，也有利于他们行为与性格的改善。

丹丹小朋友的奶奶说："孩子非常喜欢七彩假期，一回家就拿出本子写日记。今天上午一回来就对着歌词一遍一遍练习动作，虽然我看不明白她在做什么，但第一次见她这么认真心里很欣慰。感谢七彩假期的老师们，让孩子变化这么大。"

子优小朋友在日记中写道：今天，我非常开心，因为老师在课堂上讲了传统文化和剪纸游戏。在剪纸的过程中我觉得特别难，剪完之后我就觉得好开心，因为这么难我都剪得很好，而且我是第三名。

姗姗小朋友在日记中写道：今天老师和我们讲了如何保护自己，还给我们看了保护自己的视频，教我们怎么样躲避坏人，还教会我们几句话。我懂得，水是温柔的，也是可怕的。火永远比你想象中要可怕。

无论是参与学生家长的评价反馈，还是参与学生的活动体会，都可以看出此次活动对于人的发展的积极意义。“价值与目标是教育研究的核心构成，既是一切教育行为的出发点，也是归宿”[15]。“七彩假期”项目的发起理念就是促进留守儿童健康发展。基于这样的目标，该项目通过多方合作、资源整合、课程开发，实现了不同于课堂教学的新发展，开发了假期生活的育人价值。

2）提升了志愿者的教学水平

“七彩假期”项目也是志愿者老师提升自我的宝贵机会。不同于学校的课程，活动课程主题鲜明，形式灵活，需要多门学科知识的融合，因此对于志愿者而言也是一个挑战。已有三年教育工作经验的小洁老师也表示：“这是工作以来我第一次参加这种志愿活动，在学生时代就一直有这样的想法。抱着一边能提升自己一边能帮助留守儿童的心态，在 2019 年 8 月 12 日正式开始了自己的志愿工作。一开始懵懵懂懂并不知道该做些什么，后来慢慢熟悉了工作。作为一名在深圳从事教育行业三年的教师，第一次感受到留守儿童对知识的渴望以及内心的孤独。最后也希望自己记得珍惜眼前的一切，在收获的同时，心存感恩！”可见，此次假期活动不仅为志愿者们提供了深入了解留守儿童的途径，还有利于志愿者提升教学水平，积累教学经验，实现自身专业水平的发展。

3）提升了村委会的亲和力

“七彩假期”项目得以顺利开展的关键因素之一是得到了新金村村委会的全力支持。本届村委会成员的亲力亲为也得到了村民的一致好评。项目执行人更是反复强调：“如果没有村委会的大力支持，项目是难以在乡村开展的。”作为新金村义工的刘老师也说道：“经过这次活动的开展，我对其他村干部的看法也有所改变。以前是彼此不了解不熟悉，所以不方便开展活动，现在有志愿者小超在村委会工作，一切都变得亲切很多。”作为乡村的群众性自治组织，村委会的领导风格对于整个乡村的发展至关重要。治理理论的代表学者库伊曼指出，“治理之发挥作用，是要依靠多种进行统治的以及互相发挥影响的行为者的互动”。[16]这意味着，办好事情不再限于政府发号施令，而是需要政府对公共事务进行引导与组织。以“七彩假期”项目为例，新金村村委会在场地安排、人员调配以及活动组织方面都积极做了统筹与组织工作，体现出了强大的执行力。这样的“善治”不仅有利于拉近村委会与村民的距离，提升村委会的公共形象，还提高了村民主动参与乡村社区事务的积极性。

4）扩大了社会组织的影响力

因为新金村本身接近城区，鲜少有公益组织来新金村提供服务，而村里仅有的几次小型活动也多是物质捐赠、安全宣传等形式，缺少与村民实质性的交流互动，导致村民对于社会组织缺乏了解。此次“七彩假期”持续时间长，内容丰富多彩，尤其是志愿者教师的认真投入，给村民留下了深刻的印象，也有利于让村民深入了解社会组织的性质和工作内容，因此也极大地提升了社会组织的影响力和公信力，也为之后相关活动的开展打下了基础。村委会也做出承诺：“我们村委会计划把‘七彩假期’做成长期的关爱村里孩子的公益项目。首先成立新金村志愿者服务队、寻找挖掘有特长有公益心的村民，然后利用节假日，与兴宁市阳光义工协会共同合作开展相关的学习实践活动。”

四、新金村“三社联动”模式参与社区治理的经验总结

“三社联动”模式的运用，使得“七彩假期”项目在新金村的首次实践取得了极佳的效果。那么从本文研究案例来说，“三社联动”模式究竟是如何参与乡村社区治理的呢？这个案例又可以带给我们哪些经验与启示呢？

（一）“三社联动”模式参与乡村社区治理的路径分析

首先，由兴宁市团委通过微信公众号向全市发布“七彩假期”项目的申请信息，符合条件的社会组织有权自主申请项目。申请成功的社会组织可领取一份课程资源包，里面包含各类主题活动的教学设计建议和教具，直接帮助社会组织解决了课程设计的难题。

其次，兴宁市阳光义工协会负责人考虑到协会成员小超同时担任新金村村委会委员，便主动联系小超。在小超的沟通协调下，新金村的村委书记很快批准了开展这次活动，并表示全力支持。一方面，村委会主动提供会议室

作为活动场地；另一方面，村委会又积极召集村里义工协助此次活动。在村委会和义工的大力宣传下，此次活动共召集到20名学生。此后，参与人数不断增多，到最后一天共计28名学生参加了结业典礼。

最后，在成功解决活动场地和参与学生的问题之后，社会组织又根据当地乡情和学生学情对于之前的课程加以创新和改造，并邀请新金村的义工共同担任课程的主讲教师。在课程进行的同时，不少家长也主动报名担任志愿者，帮助维持课堂纪律和参与课程互动。由此，在村委会、社会组织、社区义工和村民的共同努力下，“七彩假期”活动成功开展。对“三社联动”模式参与乡村社区治理的具体路径进行分析后，可以归纳形成哪些值得借鉴的经验呢？

（二）新金村“三社联动”模式的教育治理逻辑

“三社联动”模式的本质追求是保障社区民生、提高社区居民福祉，促进社区自治参与和实现社会公平正义。在新金村“七彩假期”项目中，社会组织、社会工作者和社区村委会以推动社区发展为目的，在合作中发挥所长，环环联动，使假期活动得以圆满举行。不同于以往的“三社联动”模式，新金村开拓的“三社联动”模式最大特色就是以教育之力联动多方主体共同参与社区治理。教育是一个复杂的系统工程，正因为如此，需要把它加以分解，以理解其内涵与价值。故而，本文通过教育者、教育对象、教育资料等三大教育基本要素和教学过程来解析新金村“三社联动”模式的教育性之所在。

1. 教育者的专业性

自党的十六大首次提出“健全社会组织，增强服务社会功能”以来，社会组织在各地蓬勃发展起来，并逐渐成为参与社区治理的重要主体。社会组织因其成员的多元性和民间性，更能深入社区内部，发挥资源动员、社会服务、政策倡导、参与事务等功能。而就发起新金村“七彩假期”项目的义工协会组织而言，其最大的优势就是有教师志愿者的参与。相比于来自其他行业的志愿者，教师不仅具有丰富的教学和管理经验，而且因其长期与学生接触，与学生在情感交流、沟通互动等方面都具有无可比拟的优势。因而，由专业教师担任志愿者本身就使得该活动具有教育性的特点。

以阅读课为例，担任该课的主讲教师是已有三年语文教学经验的小洁。

她在上课之前，第一步的工作就是熟悉学情，并基于学情制订了一套系统的教学方案。考虑到学生年龄偏低，理解能力偏弱，在教学方法上，她选择以播放视频和开展“猜书迷”游戏的方式教授学生一些实用的教学技巧，并挑选适合学生年龄层次的绘本作为课堂阅读材料，指导学生书写读后感。在她的悉心指导下，每一位学生在课程结束后都成功完成了一篇读后感的写作，口语表达能力也有显著提升。

2. 教育对象的特殊性

新金村“七彩假期”项目的一个特殊性就表现在其面向的对象是广大的留守儿童。首先，因为这些留守儿童长期与父母分离，缺少亲情慰藉，所以更需要社会各界的关爱与重视。其次，由于乡村经济落后，公共设施匮乏，这些留守儿童唯一了解外界的渠道只有教材，平时的娱乐方式也仅只有手机游戏，因此他们需要更多丰富的课外知识去拓展视野。而留守儿童的特殊性还表现在其所需要的知识必须具有针对性和实用性。这是因为他们的父母长期不在身边，而祖父母由年事已高，文化水平又较低，根本难以教导与照料他们，因此生活自理能力与自我保护能力首先是留守儿童必须掌握的两项关键能力。

针对留守儿童的特殊性，“七彩假期”项目首先在课程上进行了精心的计划。经过与新金村村委会和当地社工的多次商议，最后确定开设爱国爱党、护法幼苗、心理健康、感恩孝亲、快乐阅读、传统文化、安全自护等 7 项课程，力求实现针对留守儿童群体的个性化和温情化的服务。这样的课程也受到了学生和家长的一致好评。如，优优小朋友说：“我舍不得‘七彩假期’结束，舍不得欣欣老师。非常喜欢‘七彩假期’，因为课程丰富有趣，如果学校也有这些课程该多好。”雅婷妈妈也说道：“以前没有参加过这样的活动。（这次）社会组织能想到我们村民，关爱留守儿童，（真好）。（我）在旁听过程中也提升了自己的家庭教育（理念）。”

3. 教育资料的育人性

教育的三要素中，教育者有目的的活动与受教育者的相应活动以教育资料为中介，才得以实现。[17]在“七彩假期”项目中，联系教师与学生的重要纽带就是课程，而这里的课程不局限于显性的言传或书面的教材，还包括隐性的身教。身教大于言传，正是这个项目的教育价值所在。首先，课程内容贴合留守儿童需求，具有明确的目的性与方向性；其次，课程内容不仅具有普及知识的作用，更具有形成人的价值的作用。例如，在“感恩孝亲”主题课程上，韫欣老师通过播放视频的方式，介绍学生父母童年时的玩具，让学生了解父母的童年；然后又通过提问的方式，诸如“你知道爸爸妈妈最大的心愿是什么吗？”“爸爸妈妈都喜欢什么歌曲？”，引导学生回忆父母的喜好，加深他们对父母的了解；最后，老师给孩子们每人发了一张信纸，鼓励他们写下自己想对父母说的话。课后，学生们纷纷在日记本上记录下了自己的上课感受。

子优同学写道：今天是‘七彩假期’的第三天，我们学习了感恩父母、孝顺父母、了解父母。老师先说爸爸妈妈小时候的玩具是什么。最后我写了一封信给爸爸妈妈，我很想他们。

刘雨欣同学写道：今天老师在上课前播放了一段视频，视频的内容讲了爸爸妈妈和爷爷奶奶童年时候的玩具。上课时，老师给我们每人发了一张纸，让我们写信给家人，并把信带回家给家人看。上完这节课，我领悟到应感恩家人，感恩家人这么多年对我的照顾。

刘雨丹同学写道：今天，我怀着激动的心情去村委会上课。这节课讲的是给爸爸妈妈和爷爷奶奶写一封信，可我想了很久还是不会写。在老师的帮助下我终于写出来了。这节课不仅让我学会了写信，还让我体会到了爸爸妈妈和爷爷奶奶的辛苦……我一定要好好孝敬他们。

从学生们的课后反馈看出，“感恩”是被提及频率最高的词语。同学们通过纪录片的形式加深了对于自己父母及祖父母的了解，也更懂得了他们对自己的付出，所以才会不约而同地表达对于父母们的感谢，这也证明了教育价值之所在，即影响人的身心发展。

4. 教学过程的互动性

课程内容在教与学的互动过程中实现了延伸。在教育活动中，教师虽然是教育内容的传授者，但也必须关注如何才能使学生接受，促进学生的成长。学生虽然是教育内容的接受者，但也必须要将所学内化为自己所用，促进自己的发展。因此，课程内容必须同时兼顾教与学的需要。在“七彩假期”项目中，教师首先需要了解学情，制订适合学生的教学内容。其次，在教学过程中使用问题法、合作法、游戏法等方式，将课堂还给学生，让学生也主动参与进来。最后，在课程结束后，老师还会鼓励学生写下自己的课堂感受，并收集学生对课程的评价，用作下一次课程改进的参考。通过课前教

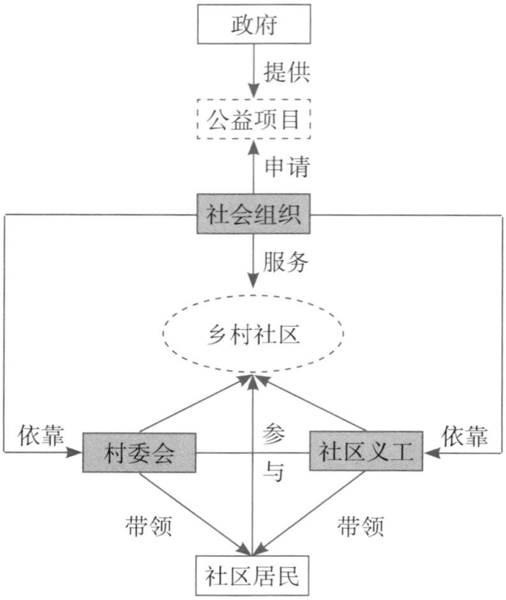

图 1 “三社联动”模式参与乡村治理的路径

研—课堂互动—课后评价—教学改进这一套系统的流程，我们充分发挥了教育资料的育人性，实现了教师与学生的共同成长。

“教育是基于生命、直面生命、为了生命、通过生命所进行的人类生命事业”[18]。教育的对象是人，必将致力于人的全面发展。因此，“终身教育既包括从生命运动的一开始到最后结束这段时间的不断发展，也包括了在教育发展过程中的各个点与连续的各个阶段之间的紧密而有机的内在联系”[19]。寒暑假作为连接学期的空隙阶段，因其蕴藏的丰富教育资源，而成为一个重要的“第四教育世界”[20]。“七彩假期”项目借由暑假契机，以课程为纽带，依托教与学的互动创生了一套以教育促进社区治理的“三社联动”模式（见图 1）。

五、“三社联动”模式参与乡村社区治理的意义与优化策略

新金村的“三社联动”模式探索了以政府提供支持为保障，以社区发展为目标，以居民需求为导向，以项目驱动为动力的新路径，通过将社区、社会组织、社会工作等多方力量整合起来，针对居民需求开发并提供公共服务项目。这一模式的成功实践对于乡村社区治理有何重要意义？思及未来，这一模式又可以实现怎样的发展？

（一）重要意义

1. 有利于丰富乡村社区治理的实践主体

“治理是各种公共的或私人的个人和机构管理其共同事务的诸多方式的总和。它是使相互冲突的或不同的利益得以调和并且采取联合行动的持续

的过程。”[21]不同于自上而下的单向管理，治理理论强调管理主体的多元性。城市经济的迅速发展，给乡村带来的直接挑战就是大量青壮年劳动力的流失，留在乡村的多为老人和儿童。单一的人口结构无法满足治理理论的要求，因此乡村社会需要新鲜血液的输入。“三社联动”模式丰富了乡村社会治理的主体类型，同时，由于“三社联动”模式具有鲜明的民间性与公益性，也更加贴近村民生活，有利于提高村民的参与度，树立建设乡村的服务意识。

2. 有利于补给乡村社区的公共服务资源

相比于城市，乡村发展滞后的原因之一就是公共教育资源的匮乏，“三社联动”模式的运用恰好弥补了这一劣势。由于社会组织的成员来自各行各业，他们聚集了大量潜在的教育资源，这些资源也在无形中增加了社会组织的“社会资本”。组织成员可以充分利用自己的职业优势，将乡村政府部门能力不及的优质资源整合起来，针对社区居民多样化的需求，为乡村社区提供丰富多样的公共服务。同时，三方的相互联动也有利于打通乡村与外界的沟通壁垒，加速信息流通，吸引更多社会资源流入，共同助力乡村建设。

3. 有利于提升乡村社区治理的专业水平

于社区治理理论而言，良好的治理就是社会、政府与市场三方协力的结果，是组织、层级、市场三种治理机制的结合和互为补充。[22]虽然政府在宏观调控方面具有不可替代的优势，但是它的局限性也表现在难以关注微观层面。社会组织本身具有高度的专业性，却不熟悉乡村社区的实际情况，而社会工作者的参与有效地解决了这一难题。三大主体虽各有优势，但又有局限，因此合作借力的方式不仅有利于提高工作效率，也弥补了各自职能的短板。此外，社会组织和社会工作者的参与为政府和基层社会打通了沟通的渠道，能够帮助政府深入民情，了解民意，从而改进治理方式，合力建设美丽乡村。

（二）“三社联动”参与乡村治理的优化策略

1. 注重顶层设计，建设“三社联动”的保障机制

“三社联动”的理想图景是搭建以社区为服务和治理场域的多系统内外部之间平衡互动的网络式联动[23]。鉴于政府在宏观调控方面具有绝对优势，政府必须主动担当组织者角色，加强“三社联动”模式的顶层设计，在资源

调配、政策制定、机制建设、资金扶持等方面发挥引导和支持作用，切实保障每一环节的正常运行，从而推动该模式形成常态化工作机制。

2. 切合乡村实情，创新“三社联动”的联动机制

“三社联动”是基于各地社区的基层实践经验而提炼概括出的一种治理方式，从其诞生之初就具有鲜明的地方性。新金村的成功经验是因为其已经具备专业义工，所以才能迅速配合社会组织开展公益活动。因此，要提升社区治理能力，必须建立适宜本土的“三社联动”模式。在模式的选择上，应该具体到每个乡村社区点，从社区实际状况出发选择适合的“三社联动”模式。

3. 加强组织建设，建设“三社联动”的协作机制

“三社联动”是基于社区、社会组织和社会工作者之间的协调与合作。要提升“三社联动”合作的质量，首先必须提升各参与主体的专业化水平，从而提高公共服务的质量。为此，应当从以下两方面入手。一是加大对社会工作者能力的专业培训。通过建立培训机构或开展培训项目加强社工队伍建设，提高社会工作者的整体素质。二是培育乡村社区的自组织。发挥本地的人才优势，建设本土社区的志愿者组织。

4. 实现项目驱动，建设“三社联动”的动力机制

满足社区居民多元化、个性化的需求，为社区提供专业化、精准化的社区服务，是“三社联动”模式参与社区治理的现实旨归。“项目化服务有利于信息的沟通，能把居民分散的意见、多样的诉求、不同的建议集合起来，进行科学分析与综合，形成符合群众利益的政策建议，推进科学决策、协调配置社区服务资源”[24]。因此，精准针对居民需求，有效整合乡土资源，开发本土项目，实现以项目联动各主体与要素，是推动“三社联动”模式融入乡村治理的可行之径。

“三社联动”是多元主体参与社区服务和社区治理的新型社会动员机制，不同主体职责明确、各司其职、分工合作、资源共享、协同联动，有利于建构服务性、参与式社区治理模式[25]。“七彩假期”项目在新金村的成功实践，展示了“三社联动”模式参与乡村社区治理的可能性与现实性。一方面，其依托假期项目，有效解决了留守儿童无人看管的现实难题；另一方面，其直接促成了社会组织、村委会和社区义工三方的合作，开拓了以乡村社区为中心的学习场域，实现了不同主体的共学互学。“七彩假期”项目给

予乡村建设的重要启示是：打破乡村社会的封闭性，促进社会资源的有效流动，推动多主体的联动合作，既为促进乡村社区治理提供了现实路径，也为学习型乡村的建设提供了工作思路。

参考文献

［1］叶前，钟玉明．校正失衡的“同城待遇”［EB/OL］．［2011－06－20］．http://news.sohu.com/20110620/n310799565.shtml.

［2］李增元．“社区化治理”：我国农村基层治理的现代转型［J］．人文杂志，2014（8）：114－121.

［3］民政部．关于开展全国农村社区治理实验区建设的通知［EB/OL］．［2017－04－09］．http://www.mca.gov.cn/article/gk/wj/201706/20170615004874.shtml.

［4］习近平．决胜全面建成小康社会 夺取新时代中国特色社会主义伟大胜利［EB/OL］．［2017－10－27］．http://www.gov.cn/zhuanti/2017－10/27/content_5234876.htm.

［5］上海民政．2004 年上海民政工作发展报告书．［EB/OL］．［2005－03－24］http://mzj.sh.gov.cn/gb/shmzj/.

［6］中共中央国务院．关于加强和完善城乡社区治理的意见［EB/OL］．［2017－06－12］．http://www.gov.cn/zhengce/2017－06/12/content_5201910.htm.

［7］徐永祥，曹国慧．“三社联动”的历史实践与概念辨析［J］．云南师范大学学报（哲学社会科学版），2016（2）：54－62.

［8］叶南克，陈金城．我国“三社联动”的模式选择与策略研究［J］．南京社会科学，2010（12）：75－80+87.

［9］顾东辉．“三社联动”的内涵解构与逻辑演绎［J］．学海，2016（3）：104－110.

［10］徐永祥，曹国慧．“三社联动”的历史实践与概念辨析［J］．云南师范大学学报（哲学社会科学版），2016（2）：54－62.

［11］毛勇庆．“三社联动”推动社区治理个案研究［D］．苏州：苏州大学，2018；胡越群．制度理论视角下“三社联动”社区治理模式的现实困境与出路研究［D］．长春：东北师范大学，2019.

［12］［美］罗伯特·K. 殷．案例研究方法的应用［M］．周海涛，李永贤，李宝敏，译．重庆：重庆大学出版社，2009：11.

［13］［14］陈向明．质的研究方法与社会科学研究［M］．北京：教育科学出版社，2000：227，257.

［15］李家成，郭锦萍．你好，寒假！：学生寒假生活与学期初生活重建［M］．北京：北京大学出版社，2018：17.

［16］［21］俞可平．治理与善治［M］．北京：社会科学文献出版社，2000：3，5.

［17］陈桂生．教育原理（第三版）［M］．上海：华东师范大学出版社，2018：14.

［18］［19］叶澜．回归突破——“生命·实践”教育学论纲［M］．上海：华东师范大学出版社，2015：237.

［20］李家成．在教育空隙处开展教育研究——以“你好，寒假！”之寒假生活与学期初生活研究为例［J］．教育学术月刊，2017（6）：20-31.

［22］罗家德，梁肖月．社区营造的理论、流程与案例［M］．北京：社会科学文献出版社，2017：35.

［23］［25］姜振华．社区协同治理视野中的“三社联动”：生成路径与互构性关系［J］．首都师范大学学报（社会科学版），2019（2）：73-82.

［24］张岩．朝阳区将台地区探索“三社联动”北京实务模式［J］．中国社会组织，2015（5）：13-15.

专题五

终身教育研究之国际视野

- Parenting beliefs and strategies for children’s self-regulation and social skills and the Internet use

- 让公共图书馆发挥终身教育的作用
  ——对芬兰埃斯波市公共图书馆的个案研究

- 欧洲国家的老年人终身学习政策与实践策略综述

Parenting beliefs and strategies for children's self-regulation and social skills and the Internet use

Stuart McNaughton, Naomi Rosedale, Jacinta Oldehaver, Erica Corkin, John Siryj, Rachel Williamson, Zhu Tong*

Abstract: Children's use of the Internet has increased markedly, increasing parents' roles in promoting self-regulation and social skills for and through their online use. Parents (n=162) of 8 year old to 13 year olds in 15 low SES culturally diverse schools provided data on their experience and familiarity with digital tools, beliefs about the Internet's impact on their children's self-regulation and social skills, and the frequency of providing support and use of parenting strategies. The context was a digital innovation in schools where norms, values and practices for students' digital use were well socialised in its teaching, parent and student community. Almost 9 out of ten parents reported supporting their child's skills and most used multiple strategies. While some parents viewed the Internet as relatively neutral, parents of older children (10 to 13 years) had increased concerns, but reported reduced frequencies of support. Parents' beliefs about impact and their familiarity were also related to the frequency of providing support; but parents' education level, and their digital expertise and familiarity, were not related to the

* Stuart McNaughton，新西兰政府首席教育顾问，Woolf Fisher 研究中心主任，奥克兰大学教授，上海终身教育研究院特聘研究员。Naomi Rosedale，新西兰奥克兰大学 Manaiakalani 教育信托基金研究员。Jacinta Oldhaver，奥克兰大学教育与社会工作学院、课程与教学学院讲师，Woolf Fisher 研究中心副主任。Erica Corkin，教育学士（Tchg），目前正在奥克兰大学完成她的荣誉学位，专注于为有不同学习需求的学生提供指导和支持，也是奥克兰大学暑期研究学者。John Siryj，统计学荣誉理学硕士，奥克兰大学研究员，Woolf Fisher 研究中心数字世界发展项目团队的研究成员。Rebecca Jesson，奥克兰大学副教授。Zhu Tong，奥克兰大学 Woolf Fisher 研究中心名誉研究员，中国上海诺华公司首席统计学家。

number or types of strategies. Aspects of the context likely meant parents had common practices; however a small group were identified that had low familiarity and experience, provided low rates of support, were very concerned about impact and wanted more support from the schools. Identifying such groups will be important for targeting advice and training for parents.

Key Word: self-regulation; social skills; the Internet use

1. Introduction

Children's use of the Internet has increased markedly. For example, the average amount of time 15-year-olds in OECD countries reported spending on the Internet increased 66% from 21 to 35 hours per week between 2012 and 2018, around 77% being outside of school [1]. Accessing the Internet begins early, in some countries the majority of pre-schoolers are online [2].

Like digital tools more generally, the Internet creates both risks and opportunities for the development of social and emotional skills [3]. An increase in online bullying behaviour, reflecting weaknesses in, or undermining of both empathy and perspective-taking in young people, has been documented amongst students frequenting social media sites [4]. However, increased social connectedness, with positive effects on well-being has also been found for some groups of users [3]. A U-shaped function links both no use and excessive use of the Internet to a negative impact on mental well-being; but moderate use has a small positive effect [2]. There is evidence that the prevalence of anxiety and depression has been increasing since the 1980s in many countries associated with the rise in digital and social media usage, and at the same time positive interpersonal relationships can be created, developed and sustained through integrated online and offline interaction [2].

2. Theoretical approaches

Given the increased access and use at home, parents likely have an increasingly important socialisation role in promoting social and emotional skills with online use. Parental socialisation practices are related to their own identities, and beliefs about valued activities for development. The specific activities in which they engage with children both express and construct valued skills, as well as through the configuration of interactions and the guidance strategies used [5]. The construct of parental mediation, developed in studies of the relationships between the child and media generally, draws attention to how parents increase benefits and decrease risks [6]. Iqbal, Zakar and Fischer (2021) proposed an encompassing socio ecological framework to develop predictors of impact on children's resilience, their skills and knowledge to manage these risks and benefits [7]. Parents' backgrounds, their experiences, familiarity with media and digital tools, as well as systems of advice and knowledge transmission from both formal and informal instructional sites contribute to their practices.

Together, these approaches identify parental values, beliefs and intentions, as well as educational level and aspects of their experience as predictors of what strategies they use and for what purposes. One area of parental focus related to digital use is social and emotional skills such as sociability and self-regulation. These skills generally are influenced by parenting behaviour [8][9], but the evidence base for parental practices, specifically in the use of the Internet, is limited.

Apart from the extremes, time spent on the Internet by school-aged students has not been shown to have reliable or significant impacts on self-regulation and social skills [2][10], what matters to self-regulation and social skills is the multifaceted nature of the activities in which students engage, including the individual's intentions and capabilities, the content and structure, and the online and offline social interaction, including those of parental socialisation.

3. Use of the Internet and impacts on self-regulation and social skills

The Internet provides access to social media and games which are considered to be powerful "impulsogenic" forces, which at high levels undermine individual self-control and self-regulation [11]. Additional negative impacts of social media use on self-regulation and social skills are described by Aiken (2016) as online disinhibition and escalation effects [12]. The former is exhibited in impaired judgements about the appropriateness of actions and increased impulsivity, and the latter in amplification of problematic social and emotional skills, seen in online aggression and reduced empathy in messaging. Specific activities and content accessed on the Internet, and some online communities can promote dysfunctional stereotypes and inappropriate norms and values such as those for sexual behaviour which further undermine empathy and perspective taking [3][11].

Much of the research focus has been on these risk factors and controlling or mitigating these. There is little research on the direct benefits and the conditions under which these benefits occur, apart from the evidence such as the U shaped function noted earlier about moderate usage and positive effects on mental well-being through greater connectedeness for some groups. This picture is complicated because the Internet is also used for school-related activities at home which, like homework more generally, could provide practice and feedback for self-regulation [13], but again, impacts of Internet based forms of inquiry, project work or homework on self-regulation are not known.

Students become aware of the impulsogenic features. A recent study of 9 to 12 year old students found they had heightened awareness of needing to self-regulate in digital contexts, rating their self-regulation lower than in non-digital contexts [14]. High frequencies and durations of fun activities at home on the Internet (e.g., posting photos or blogs, chatting, and games) were associated with lower ratings of self-regulation, but in contrast, these same Internet activities were associated with higher self-ratings of social skills in digital contexts. These patterns suggest that under the conditions experienced by these students, of ubiquitous access at school and home, where explicit norms and practices for online behaviour were being socialised, the social activities can have a positive effect, but that self-regulating was a challenge.

4. Family influences on self-regulation and social skills

There are known links between parenting practices and self-regulation and social skills, from studies which have not included the Internet use as a major site. For self-regulation these include the influence of family climate, indirect observational or modelling effects, and more direct child focused guidance [9]. In terms of specific guidance, how responsive parents are in joint activities, what supports for independence are provided, and the degree of parental control, each influence the development of self-regulation. For example, being overly restrictive, or overly permissive have both been related to lower levels of emotion and behaviour regulation, whereas teaching or coaching aspects of self-regulation such as strategies for maintaining attention or for inhibitory control have been associated with increased self-regulation [9][15-18]. These relationships between socialisation and self-regulation, especially those involving parental guidance are dynamic and likely to be context specific as children become more self-regulating across the school years [19].

Like the relationships with self-regulation, parental responsiveness and support, as well as positive monitoring have been related to prosocial skills and sociability and high levels of restrictive or negative control have been associated with behavioural and peer problems at school [8]. Additional conditions related to family functioning are identified in a recent meta-analysis from experimental family-school interventions focused on family members promoting the social and emotional outcomes valued at school [20]. Moderate effect sizes over a range of social and emotional competencies (e.g. prosocial skills, peer relationships, self-regulation, externalising problems) were identified. Those interventions which involved close relationships and communication between schools and families had significant effects, whereas those focused on less direct operational activities such as implementing homework, were not.

4.1 Parenting practices in digital contexts

The general parenting literature suggests parents can have both indirect effects (e.g. through modelling) and direct effects (e.g. through monitoring and guidance) on the social and emotional skills. Given the context provided by new technologies and new digital activities used by schools, questions are raised about whether the same effects obtain in the digital environments established by schools, and where widely available at home, and what sources parents draw on to adapt to parenting with online activities. The digital activities students engage in at home through which social and emotional skills develop can take two general forms. Parenting practices could impact self-regulation and social skills with either or both. There are school-related activities, and there are uses of digital media including social media and the Internet, for enjoyment and self-directed interest.

In Aotearoa New Zealand, where this study was conducted, the potential for parental influence in both forms is considerable, given current levels of engagement with digital technology out of school. Adolescents spend more time than the OECD average on screen time and Internet usage outside of school, nearly 30 hours per week[1]. They are highly engaged with digital technologies, and use digital tools frequently, for both interest and enjoyment, as well as for school related activities[21].

In both forms of use, there are strategies that parents might use to promote skills that are modifications or additions to the direct and indirect forms already identified for non-digital activities. Studies of parental mediation of the potential negative effects of media and new digital tools identify four: active mediation in the form of talking about content; restrictive mediation through setting rules and limits; co-viewing (parallel use); and participatory learning that involves interacting together with and through digital media[22]. The strategies that limit access and use are more often associated with parents with fewer skills with digital technology, while those that are more enabling of skills are more likely to be adopted by parents who are more digitally skilled[2].

Variable use of these strategies has been found. In the UK, Ofcom's trackingof media literacy shows that nearly all parents of school aged children mediate their child's use of the Internet in some way, either through technical tools, supervision, rules or talking to their child about staying safe[23]. More than a third of parents use all four of these approaches. Ofcom (2020) also reported that there has been an increase in parents reporting that controlling screen time has become harder[23]. This may be related to age related changes in use of the

Internet with up to a third of children younger than 13 years reportedly using social media in European studies.

Research from pre-schoolers through to adolescents shows that parents generally worry about negative effects on social and emotional skills, particularly on social isolation and the addictive properties of some content [2][22]. But the evidence also suggests that more positive effects are perceived by parents with higher education levels, who are more familiar with the Internet and have older children, but that concerns may be increasing even for older children and adolescents as the intent develops and access increases [2]. Rouchun et al., (2019) found that Chinese parental beliefs around their child's use of the Internet can vary based on the parent's socioeconomic status (SES) [24]. Specifically, high SES parents were more likely to encourage their children's use of the Internet in comparison to parents of low socioeconomic status, believing it is beneficial. This is due to the likelihood of high SES parents obtaining more knowledge of the Internet, as well as having higher levels of education [24]. A study of Latine mothers and fathers in the United States also found educational and SES differences [25]. Parents with a high school diploma or beyond stressed the importance of co-using devices and low-income parents with diverse educational levels, expressed the importance of continuously monitoring device use to avoid the risks of inappropriate content.

However, despite parental concerns about the Internet increasing, parents in some cases are becoming less likely to moderate their child's activities, although European studies have suggested surveillance and restrictive controls may be of increasing concern, for middle class families [2]. But with widespread access, adolescents now report feeling bad and upset when access is taken away, for example through parental surveillance and control [2][21]. Intensive studies of parenting with preschool children also indicate multiple strategies are used to promote effective use of devices [6]. It is not known what range and types of strategies parents use in Aotearoa New Zealand, but the strategy of restricting access to the Internet is not seen as helpful by a majority of adolescents who have been surveyed, and fewer than half identify parental monitoring as a helpful protective measure, which may mean low rates of this strategy [21].

The digital activities are new to the current generation of parents and traditional sources parents access for their parenting beliefs and practices may be restricted. The usual sources have been intergenerational transmission, educational and other institutional sites (e.g. religious or sporting clubs), community transmission and experiences including familiarity with what works [14]. In the case of new digital tools and activities some of these sources, such as intergenerational transmission are not available, and as a consequence others such as direct experience or transmission from schools may become more significant than previously. Direct experience may provide a means for parents' developing beliefs and strategies for themselves. An increased role for schools is likely because the adoption by schools of digital platforms that can be shared and accessed from home increases the potential influence of school advice [26]. Studies of the use of digital media for parent education show that it can be a powerful cost effective vehicle for parenting practices [27]. It also increases the potential for participatory learning whereby parents learn through and with their children best ways to support their children. Consistent with this, the meta analysis by Sheridan et al. (2019) found larger effect sizes of family influences of a range of social and emotional skills associated with closer connections between family and schools focused on fun and recreational uses compared with a focus on homework, although these studies were not of digital strategies [20]. Again, there is little systematic evidence about the presence and role of messaging between schools and their communities about Internet use.

4.2 Parenting practices and culture

How parents mediate Internet use might also reflect aspects of cultural practices and their beliefs about the Internet. There is an indirect mechanism through which this could operate, whereby differential engagement with schools might influence strategies used. In Aotearoa New Zealand different patterns of engagement with schools have been described, with Pasifika parents (parents from the Pacific Islands communities) less likely than others to engage directly [27].

Parenting is also a vehicle for cultural practices relating to social and emotional skills [17], which is a more direct mechanism for possible differences in mediation. Studies of the social and emotional skills of different ethnic groups report few if any ethnicity and gender differences in adult [29] and adolescent samples [30] on standardised measures. This may indicate few differences overall in parenting practices. However, there is little evidence about parenting practices relating to self-regulation and social skills and the Internet.

A caveat is important when considering culture in parenting practices. There is a danger of homogenising cultural practices. Because cultural practices are dynamic, the variation in specific activities, for example those associated with language and literacy development within cultural groups, typically is at least as wide as the variation between cultural groups [5], and this might also be the case for mediation of Internet use and social and emotional skills; for example parents' own experience with the Internet and educational involvement may contribute to socialisation practices. It is likely these attributes will be associated with major variations in any practices, and in the case of digital activities levels of skills associated with digital tools [2].

5. This study

The limited evidence we have on parenting for self-regulation and social skills through mediation of Internet use suggests that parents are likely to have variable ways of promoting derived from a variety of sources. Their direct influence on skills could include specific guidance, monitoring and teaching of strategies. Indirect effects are likely through modelling of effective usage. Their engagement would be related to beliefs about need, the age of their child and would, at least in part, reflect their children's learning at school and the schools' foci, depending on their engagement with schools. parents' own familiarity and experience would likely be associated with parenting patterns.

These predictions were examined in the following study. The context was a digital innovation in a number of schools. The home school relationships were relatively standardised and beliefs about norms and practices were well socialised across the school and its teaching, parent and student community. A previous study [14] showed that a third of students in these schools reported that their parents infrequently (never or almost never) monitored their Internet usage at home, but a further third reported that their parents mostly or always monitored their Internet usage at home or after school. Higher levels of parental monitoring (always monitoring) reported by students had a weak positive association with higher levels of ratings of self-regulation. This was only found on ratings for self-regulating in digital contexts, not on general measures of executive function, indicating context specific effects. It was not found for ratings of social skills.

Three research questions were posed:

(1) What beliefs about children's need to develop self-regulation and social skills for the Internet do parents of 8 year olds to 16 year olds have and are there age-related differences?

(2) What patterns of support for self-regulation and social skills for Internet use at home do these parents use?

(3) How were these patterns related to parents' characteristics such as familiarity with digital tools, educational levels or experience?

6. Method

6.1 Schools

The participating schools (n=15) had been in a digital innovation development from between 6 months to 5 years in a city in Aotearoa, New Zealand. The schools served mostly low socioeconomic communities ("decile" 1 and 2, see www. education. govt. nz/school/funding-and-financia ls/resourcing/operational-funding/school-decile-ratings/) and were culturally diverse, and three schools were special character Māori medium schools. The innovation had features beyond the sheer adoption of personal devices known to contribute to conditions which promote social and emotional skills. They included school wide norms and practices and deliberate instruction [31]. These features provided a context for the development of self-regulation and social skills . They had developed a "community of practice" across and within schools summarised as "Digital Citizenship" . This was widely promoted across classrooms and socialised in a set of norms and practices termed being *cybersmart* which included responsibilities such as "*Being accountable for our actions.*" Students signed detailed statements about the responsibility of the learner such as being in the right place at the right time online, respecting both the tools and their impact on others use online, and activity undertaken with the device. The agreements covered very specific online behaviour such as not sending or receiving naked pictures, how online behaviour can affect future job prospects and further education, alerting parents to inappropriate content received including harassment and not using social media without seeking parental permission.

The digital initiative did not include add on programmes specifically for self-regulation and social skills. However, the pedagogy developed within and adopted across the schools provided a structured "learning cycle" for using devices and applications (e.g., Google Apps for Education). The cycle is summarised as *Learn-Create-Share*. Topics within curriculum areas are designed around a learning phase (e.g., gathering and using textual resources); a create phase (e.g., using resources to develop an informed, digital response to a topic) and a share phase (e.g., creating a Digital Learning Object (DLO) to share with others). There was a focus in each of these phases on both self-regulated learning and social skills associated with the Share phase.

Observations in classrooms show that there were high levels of collaborative activity and teachers and students often focused on self-regulation when learning with the devices. Teachers provided high levels of guidance and feedback during collaboration and when using the devices [32]. The focus on self-regulated learning often took the form of general prompts for independent reflection or referred to strategies students could use (e.g. "When you are reading, why do you ask questions?"). This guidance for self-regulation and collaboration is typical of New Zealand classroom practice (e.g. McNaughton & Lai, 2012) [33] and at age 15 years students have high and successful rates of collaborative problem solving in game based formats on computers relative to OECD averages [34].

6.2 Home contexts

All students had access to their own personal devices (Chromebooks) at home for school and recreational purposes. All the homes had access to broadband (provided through philanthropic funding). Students could access classroom learning sites and archived resources from home. Schools set expectations through the agreement protocols which students, teachers and parents signed about usage, but access to the Internet was not controlled by the schools. Self-reported data from a sample of students from the same schools and the same age range indicated Internet use at home was high, close to 60% of students reported using the Internet most days of the week although a fifth reported low Internet usage (less than or about once a week). A typical online session was 1. 7 hours for school-related work and 2. 7 hours for non-school-related work [14].

There was extensive information flow between schools and homes, accompanied by free courses which ranged from foundational computer skills through to how to help support and protect their children's online presence and skills. The agreement protocols parents signed explicitly stated that if they were unsure about the device use, or how to support the values and norms they would attend a parent Chromebook training session. All parents were expected to complete a basic parent Chromebook training session before the device went home.

6.3 Parents

Parents were approached through the schools involved in an ongoing design based research partnership [32]. A total of 162 parents of students aged 8 years to 13 years provided data (as shown in Table 1). The groups of parents were split between those with children in the 8 and 9 year band (n=66) and those in the 10–13 year band (n=96), reflecting what is generally considered the middle and upper years of primary schooling.

Table 1 Demographic and Digital Competency of Parents

Percent of Parents			
	8–9 year olds (*n*=66)	**10–13 year olds (*n*=96)**	**Total (*n*=162)**
Ethnicity			
Māori	27.3%(18)	53.1%(51)	42.6%(69)
Pasifika	28.8%(19)	14.6%(14)	20.4%(33)
European	30.3%(20)	24.0%(23)	26.5%(43)
Other	13.6%(9)	8.3%(8)	10.5%(17)
Educational level			
No secondary	10.6%(7)	13.5%(13)	12.3%(20)
secondary	30.3%(20)	21.9%(21)	25.3%(41)
diploma	9.1%(6)	16.7%(16)	13.6%(22)
degree	37.9%(25)	31.3%(30)	34.0%(55)
other	12.1%(8)	16.7%(16)	14.8%(24)
Occupation			
Managers & Professionals	37.9%(25)	31.3%(30)	34.0%(55)
Community, Service & Administrate	28.8%(19)	35.4%(34)	32.7%(53)
Other	33.3%(22)	33.3%(32)	33.3%(54)
Experience			
Extensive	27.3%(18)	33.3%(32)	30.9%(50)
Limited	57.6%(38)	57.3%(55)	57.4%(93)
Other/missing	15.2%(10)	9.4%(9)	11.7%(19)
Expertise			
High	77.3%(51)	63.5%(61)	69.1%(112)
Low	18.2%(12)	32.3%(31)	26.5%(43)
Missing	4.5%(3)	4.2%(4)	4.3%(7)

The majority of the parents self-identified as Māori (42.6% of all parents), however, there was notable variability of parents' ethnicity between the different age ranges. Nearly half the parents had a post-secondary qualification including a diploma or degree, but a number had not completed secondary education (n = 20), there was a sizable group (n= 24) for whom educational level was not provided. The occupational data were organised in accordance with the ANSCO categorisation of occupations (Stats). They were later synthesised into three key categories producing relatively even percentages of those in managerial and professional occupations, those in service and administration employment and others (e.g. in education, manual work, house parent). Very few parents identified that they were "unemployed" (1.2%).

Experience was categorised based on whether they used devices and where. The majority of parents used a device either at home or at work (57.4%), but nearly a third (30.9%) reported using in both contexts (categorised as "extensive" experience). Parents also rated their expertise, with the majority reporting a high level of familiarity when using digital devices (69.1%), but notably around quarter of parents (26.5%) felt they had a low level of expertise.

6.4 Measures: Parents, questionnaire

Measures of parents' demographic characteristics, digital skills, beliefs about impact and frequency of support and strategy use came from their responses to an online questionnaire. The questionnaire consisted of Likert scales, open ended questions, multi-choice questions, and pull down menus on Google Forms. Effects of the Internet on their child's self-regulation and social skills such as interactions with friends or others online were rated on a 5 point Likert scale from "Very bad" through to "Very positive". In the analyses reported below the responses were grouped into three categories: "Very bad", and "Slightly bad" were classified as negative; "Made no difference" was classified as none; and "A little positive" and "Very positive" were classified as positive. The frequency of their providing support for social skills such as *thinking about others' feelings online*; *being kind to others online*, also used a 5 point Likert scale from "daily" through to "not sure" (if ever).

The responses were also grouped: "Daily" , and "Weekly" were categorised as high frequency; "Monthly" and "Hardly ever" were classified as low frequency; and "Not sure" as not sure. Parents were also asked questions in regard to their support given and strategies and were delivered in a "yes" or "no" format. Parents' rated their familiarity with devices and online uses on a 4 point likert scale from "Not familiar" to "Expert user" . Their responses were grouped into three categories: "Not familiar" and "Novice user" were classified as low familiarity; "Intermediate user" and "Expert user" were classified as high. Parents identified their experience with digital devices and the Internet on a weekly basis as either "At home" , "At work" , "At home and at work" , and "Other" . The responses were also grouped: "At home" , and "At work" were categorised as limited; "At home and at work" were classified as extensive; and because a number of parents did not answer, "Other" was categorised as missing. Parental educational levels were grouped into secondary and below (Low Educational level) and above secondary (High).

Drawing on the available literature, six summary dimensions of their parenting were derived from linked self-ratings and grouped into three or two levels. These were the extent of their experience with digital devices; degree of expertise; level of concern about the impact of the Internet on their children's social skills; felt need for more support for parenting skills; how many guidance strategies were used (from a pull down menu); and how frequently any guidance was provided.

7. Analysis

Summary descriptions of the parents' reported beliefs about parenting and their reports of guidance were completed. Multiple Chi squared analyses were used to determine associations between parent characteristics and aspects of beliefs and guidance. Following the current evidence, the focus in these was on relationships between parents' educational level, experience and familiarity as major determinants of patterns (being the significant variables underlying associations with SES). In the results reported below sample sizes can be less than the n=162, reflecting where there were missing data (e.g., educational level wasn't known). Yates correction was used with the 2 × 2 tables.

Regression models were not used to examine how the variables collectively related to strategy use because the parent measures were categorical and the sample was not large enough to use numbers of covariates. However, a third analytic strategy was used to get a more holistic picture of the types of parenting occurring within this group. Six of the variables were transformed into three or two level scores (as shown in Table 2). K-means clustering was used to estimate the number and features of different groups of parents present in the data. Four significant clusters were found using the typical diagnostic scree plot. The method employed to deduce k was to look for the "elbow" of the scree plot of the various k-means solutions, which occurred at K=4.

Table 2　Numerical Scales for Parenting Dimensions

Parenting		
Dimension	**Description**	**Self-Report scale 1–3**
Experience	Using devices	1 (none) 2 (limited-either home or work) 3 (extensive-both home and work)
Familiarity	Level of expertise with devices	1 (none) 2 (low-unfamiliar or novice) 3 (intermediate or expert)
Concern	Direction of impact on social skills	1 (low-positive) 2 (neutral-no impact) 3 (high-concerned)
Need	How much support for parenting	1 (low not needed) 2 (high-needed)
Strategies	How many strategies used	1 (none) 2 (limited-one or two) 3 (multiple-three)
Support given	How frequently focused on social skills	1 (never) 2 (low-not sure, hardly ever, monthly) 3 (high-weekly or daily)

8. Results

Table 3 provides a summary of the parents' beliefs about the effects of Internet use on self-regulation and social skills, and their strategies use, for the age groups andin total.

8.1 Beliefs about impact

Parents mostly were neutral about whether the Internet had positive or negative effects (42% reported none), although over a third believed there were positive effects. However, there was a significant difference associated with the age of the child, with parents of older children more likely to identify negative effects than parents with younger children, and fewer believing there were no effects χ^2 (n= 162) = 15.64, p <0.001. As shown in Table 3, In an open ended section, parents were also asked whether they would like more support, and two thirds of the total group (68.5% of parents) identified mechanisms such as *more collaboration as a school community*, connecting with other parents, and *accessible resources* (e.g. guidelines). Further, parents expressed that having support would help them feel more equipped to support their child with online issues they might face, as well as helping them to feel more confident that the skills and tools they are teaching their child are more aligned with what is being taught in schools. There were no age related differences in asking for more support χ^2 (n=162) = 1.27, p=n.s..

Table 3 Parents' Beliefs about Impact and Support for Self-Regulation and Social Skills for Internet Use at Home

	Percent of Parents		
	8–9 year olds (n=66)	10–13 year olds (n=96)	Total (n=162)
Internet effects***			
Negative	7.6%(5)	29.2%(28)	20.4%(33)

continued

Percent of Parents			
	8–9 year olds (n=66)	10–13 year olds (n=96)	Total (n=162)
None	57.6%(38)	31.3%(30)	42%(68)
Positive	34.9%(23)	39.6%(38)	37.7%(61)
Support given*			
High frequency	34.9%(23)	31.3%(30)	32.7%(53)
Low frequency	42.4%(28)	60.4%(58)	53.1%(86)
Not sure	22.7%(15)	8.3%(8)	14.2%(23)
Strategies			
Monitor	81.8%(54)	78.1%(75)	79.6%(129)
Discuss	83.3%(55)	86.5%(83)	85.2%(138)
Teach[n. s.]	66.7%(44)	64.6%(62)	65.4%(106)
Alongside	75.8%(50)	67.7%(65)	71%(115)
Support needed			
Self	74.2%(49)	64.6%(62)	68.5%(111)

Note. *p<0.05; ***p<0.001; n. s.=not significant

8.2 Support and Strategies

Overall, 85% of the parents reported supporting their children to develop self-regulation and social skills, with a third (32.7%) reporting high frequency, on a "daily" or "weekly" basis. There was a significant shift in frequency across the two ages, with a higher percentage of parents of older children reported low frequency, but fewer of these parents reported they were unsure of how often χ^2 (n=162) = 8.24, p <0.05, suggesting they had greater awareness of a role in providing guidance.

Most parents used each of the four strategies and most parents (52.5%) reported they employed all four to support skills online, however, the most common was "discuss" , with examples such as "[discussing the] *advantage/disadvantage of using that digital world of communication*" , and "*reminding him of what we do online can impact on others*". The least common approach used by parents was "teach" (65.4%), which parents described as "*teaching them to treat others how they want to be treated*" , "*how to use different sites and how to communicate with others online*" , and "*Anytime and whenever I have time. Talk with her everything that I know and understand, although I don't know much about technology*" . Because of the common use of almost all strategies, teaching was the only strategy tested for age differences, which were not significantly different; χ^2 (n=162) =0.01, p = n. s..

8.3 Relationships between parents, characteristics and strategy use

The relationships between parent characteristics and strategy use are summarised in Table 4, where the results of multiple χ^2 tests are provided. Summaries are for the total groups only, and χ^2 tests are not reported for the two age bands except where results for χ^2 total group were significant.

Table 4 Summary of χ^2 Tests of Relationships Between Beliefs and Parent Characteristics and Strategy Use

Strategy Use /%										
			Frequency			Number				Type
Parent background	Hi	Lo	Not		4	Fewer		Teach	Not	
			sure							
Beliefs										
Negative	26.4	20.9	4.3	*	17.6	23.4	n. s.	18.9	23.2	n.s.

continued

Strategy Use /%										
	Frequency				Number			Type		
None	30.2	40.7	73.9		44.7	39.0		41.5	42.9	
Positive	43.4	38.4	21.7		37.6	37.7		39.6	33.9	
Experience										
Extensive	31.1	36.7	36.8	n.s.	34.7	35.2	n.s.	33.7	37.3	n.s.
Limited	68.8	63.3	63.2		65.3	64.8		66.3	62.7	
Familiarity										
High	58.0	76.2	90.5	*	70.7	74.0	n.s.	70.9	75.0	n.s.
Low	42.0	23.8	10.5		29.3	26.0		29.1	25.0	
Ed level										
High	51.1	56.0	57.9	n.s.	54.2	55.1	n.s.	56.5	51.0	n.s.
Low	48.9	44.0	42.1		45.8	44.9		43.5	49.0	

Note. *p<0.05; n.s.=not significant

In general, beliefs and parent characteristics were not related to strategy use. One of only two significant relationships was found between parents' beliefs about the impact of the Internet and the frequency of reported support for strategies, χ^2 (n=162) =13.26, p<0. 05. This difference was only significant for the total group. Three quarters of the parents (73.9%) who were not sure whether they provided any support believed that the Internet had no impact. Parental beliefs about impact were not related to the number of strategies used [χ^2 (n=162) = 0.96, p= n.s.] , or to the use of teaching [χ^2 (n=162) = 0.67, p=n.s.] .

Parents' experience with using computers also was not related to the frequency of supporting [χ^2 (n=143, 0.42, p=n.s.] ; whether 4 or fewer strategies were used [χ^2 (n=125) = 0.11, p=n.s.]; or the use of a teaching strategy [χ^2 (n=143) = 0.18, p=n.s.]. However, whether parents rated themselves as expert or as a novice was related to the frequency of supporting χ^2 (n=155) = 0.42, p<0.05); those parents who rated themselves as expert were more likely to provide low frequencies of support and almost all of the parents (n=19) who were unsure of how much support they provided rated themselves expert. The relationship was only significant for parents of older children χ^2 (n=92)=6.39, p<0.05. But familiarity was not related to the use of four or fewer than four strategies [χ^2 (n=155) = 0.03, p=n.s.]; or the use of teaching as a strategy; χ^2 (n = 155) = 0.29, p=n.s..

Finally, educational level was not associated with reported frequency of support [χ^2 (n=141) = 0.37, p = n.s.]; the use of all four strategies compared with using fewer, [χ^2 (n=141) = 0.01, p=n.s.] or using or not using teaching strategies [χ^2 (n=141) = 0.39, p=n.s.].

8.4 Parenting Groups

The K-means clustering identified 4 significant clusters. Their means on the 6 dimensions are shown in Table 5. Perhaps reflecting their familiarity with ubiquitous access to and use of digital tools and the socialised norms, expectations and practices, all but one cluster had high scores on Familiarity, Experience, and Strategies.

The largest group was labelled *Highly Engaged* (64% of parents), characterised by frequently supporting skills by using multiple strategies, but also wanting more support. The next largest group was *Confident* (32% of parents), and these parents did not need more support and provided limited or unknown support, but used multiple strategies. *The Low Engagement* group comprised 27 parents (17% of parents) characterised as needing more support, who used only 1 or 2 strategies with relatively low frequency. There was a small (n=9) *Novice* group who were unfamiliar with digital tools with no or little experience at home or at work and provided the lowest frequency of guidance using fewer than 3 strategies, but had the greatest concern.

Table 5 Four Parenting Groups

Dimensions (rating range)						
Group (n=161)	Experience (1–3)	Familiar (1–3)	Concern impact (1–3)	Need support (1–2)	Strategies number (1–3)	Guidance frequency (1–3)
Highly Engage (74)	2.38	2.91	1.81	1.92	3.00	2.53
Confident (51)	2.45	2.88	1.78	0.35	2.74	1.80
Low Engagement (27)	2.41	2.89	1.81	1.89	2.07	1.33
Novice (9)	1.22	1.22	2.22	1.44	2.11	2.11

9. Discussion

Children's use of the Internet is increasing at a fast rate and it is important we understand how parents can best support their social and emotional development with this use; how they promote benefits and mitigate risks. This study addressed three questions; what beliefs did parents of 8 to 13 year olds have about the effects of the Internet on self-regulation and social skills; what patterns of support for their children did they provide; and how were these patterns related to characteristics of the parents such as their own familiarity and expertise with digital tools, as well as educational and occupations.

9.1 Parental beliefs

Parents of pre-schoolers through to adolescents have mostly been reported as being worried about the negative effects of the Internet on social and emotional skills[2][22][24][25]. In the current study the beliefs were mixed with some seeing positive benefits for self-regulation and social skills, and four in ten parents viewing the Internet as relatively neutral in impact. But parents of older children

(10 to 13 years) had a more differentiated set of beliefs, split between either seeing positive effects or markedly increased concerns compared with parents of 8 to 9 year olds. This age-related trend in increasing concern replicates what others have found [2]. But the evidence also suggests that more positive effects are perceived by parents with higher education levels, who are more familiar with the Internet and have older children [2][24][25]. These relationships with positive beliefs were not found, nor with the parents' own experience with using computers.

The parents in the current study were from diverse ethnic groups in what the New Zealand Ministry of Education designates as a generally very low SES community based on local community data. But the actual sample varied in terms of educational levels, occupations, familiarity and experience, and these relationships were still not found. This suggests that the age related trends are particularly important. In addition, the characterisation of mainstream middle class parents having greater concern about the impact of the Internet than lower SES and cultural groups traditionally not well served schools [2], may not accurately represent the variability within different groups.

9.2 Support and strategy use

The current evidence predicts that parents generally would provide guidance to support their children developing self-regulation and social skills [8][9]. The frequency of reported support for Internet use varied between weekly or daily to monthly or less frequently. In a previous study, relatively low frequencies of support were reported by a third of the students in this age range from this community who reported their parents never or almost never monitored their Internet usage at home [14].

The frequency of parents providing support was related to their beliefs about the impact of the Internet on self-regulation and social skills, the age of the child and their specific experience as expert users, variables identified by Iqbal et al., in their socio-ecological framework [7]. Parents who did not believe strongly in either a negative or a positive impact appeared to be less aware of providing support. In contrast, parents with differentiated beliefs (either positive or negative) were much more aware of how often they supported. But parents who were very familiar with using digital devices were more likely to provide lower frequency support, or were less aware of providing support. Age was an important factor with parents of older children more likely to report lower frequencies of support, but were more aware that they were providing support, reflecting previous research showing greater concern [2], but this concern was balanced with the need to support their children's growing independence.

These complex patterns may be explained by two conditions. One is the reciprocal influences between children and parents over the transition to adolescence. Self-regulation and self-control generally develop over the middle and upper primary years [15]. But guidance within families and at school leads to variability across individuals [35] and typically non-linear patterns from childhood to adolescence, with drops in self-regulation, reflect biological and hormonal changes in adolescence [24]. When transitioning into adolescence, parents might reduce their support as their children become more competent. Also, older children might be more inclined to reject close monitoring by parents with greater sense of agency. In Aotearoa New Zealand, restricting access to the Internet is not seen as helpful by a majority of adolescents [21].

The second condition relates to confidence. One of the parenting groups that emerged from the clustering was termed "Confident" (n=51). These parents saw themselves as experts, generally did not perceive a need for more support and provided limited or no support for their children. More direct measures of confidence were not used in this study, and it may be that the group overall had high rates of self-efficacy, which when associated with specific areas of parenting, have been shown to relate to practices [36].

The evidence base also predicts that parents are likely to use multiple strategies [6][23], and that the level and type of support provided would vary by parental characteristics such as educational level, familiarity and experience [2][22][24][25]. The majority of parents (53%) in the current study reported using all four strategies, but surprisingly educational level was not related to either multiple use or to the least often reported strategy of teaching, which in the more general parenting literature is more clearly related to educational levels. Two likely explanations for not finding these relationships are possible.

The first explanation is context specific effects. A feature of the ecosystem of the schools and home was extensive and long standing experience with digital tools and Internet use, where information, norms, values and practices were shared between the two "micro systems" [7]. This may have meant that the sources of knowledge coming from the parents' own education were superseded by the role of the schools in providing more directly relevant knowledge. Consistent with this interpretation, evidence from experimental family-school interventions focused on prosocial skills, and self-regulation [20], which shows those interventions which involve close relationships and communication between schoolsand families have significant effects on children developing these skills suggesting the value added to parents' practices of membership in coordinated micro systems.

Despite the close connections, most parents in the current study wanted even more support, suggesting dynamic and reciprocal relationships between parents' socialisation practices and their children's development, especially in new and school related areas where there are few traditional sources of knowledge for practices, such as those between generations [2][5]. As Iqbal et al., point out, further research using a socio ecological framework is needed to unpack how parents' backgrounds, their experiences, familiarity with media and digital tools, as well as systems of advice and knowledge transmission from both formal and informal instructional sites, contribute to their practices [7].

The second explanation is methodological. The small sample size and nature of the measures precluded using analyses that could examine the separate and combined contributions of these variables to the beliefs, and strategies used by parents. Finding only a few significant relationships when using multiple comparisons can lead to false positives. Alternatively, many null results in multiple comparisons with small samples can lead to false negatives. These issues could be especially problematic when cell sizes are small, and may account for the low rates of significant findings. Given the likely role of the home-school relationship in the ecosystem, larger scale analyses which can examine the interplay between these variables but also the impact of more encompassing eco-system features at different classroom, school and cluster levels, are needed.

9.3 Parenting Groups

The parents were not a homogeneous group when their support, beliefs and backgrounds were considered as a whole. Four groups of parents were identified; those that were Highly Engaged; those very Confident; others with Low Engagement; and a small Novice Group. The identification potentially contributes to our understanding of socialisation practices and the role of schools in two ways. One is that this may enable more precise investigations of how best to support children's development and especially how to provide that support as children get older. As noted above developmental patterns over this age range mean reciprocal and dynamic changes in parent-child relationships are likely and knowing how and when different strategies and different levels of support might be needed will be important.

Identifying such groups also may provide a means for planning how best to provide the advice that different concerned agencies are calling for. Currently, that advice identifies such strategies as co-viewing; ongoing communication about onlinecitizenship and safety, including treating others with respect avoiding cyberbullying and sexting; being wary of online solicitation; and being able to regulate by avoiding communications that can compromise personal privacy and safety[3][37]. But the Novice group for example, was unfamiliar with digital tools, and had no or little experience at home or at work. They had the greatest concern, provided lowest frequency of guidance and used fewer than 3 strategies, and so advice about strategies would be important. But they also need greater access to and familiarity with the tools and the Internet themselves as conditions for being able to act on that advice.

10. Acknowledgements

We are grateful for the time given and access provided to the research team by all the school students, teachers, principals, parents and whānau (families). Funding The New Zealand Ministry of Business Innovation and Employment Health and Society—Targeted Research Grant: UOAX1412. The research was approved by The University of Auckland Human Participants Ethics Committee (UAHPEC Ref: 013, 280) and all requirements were adhered to.

References

[1] OECD. 21st-century readers: Developing literacy skills in a digital world [C]. PISA, OECD Publishing, 2021.

[2] Burns, T., & Gottschalk, F. Educating 21st century children: Emotional well-being in the digital age [C]. Educational Research and Innovation. OECD Publishing, 2019.

[3] Chassiakos, Y. L. R., Radesky, J., Christakis, D., et al. Children and adolescents and digital media [J]. Pediatrics, 2016, 138(5): 1−18.

[4] Gardella, J. H., Fisher, B. W. & Teurbe-Tolon, A. R. A Systematic Review and Meta-Analysis of Cyber-Victimization and Educational Outcomes for Adolescents [J]. Review of Educational Research, 2017, 87(2): 283−308.

[5] McNaughton, S. Ways of parenting and cultural identity [J]. Culture & Psychology, 1996, 2(2): 173−201.

[6] Scott, F. L. Family mediation of preschool children's digital media practices at home [J]. Learning, Media and Technology, 2021: 1−16.

[7] Iqbal, S., Zakar, R., & Fischer, F. Extended theoretical framework of parental Internet mediation: Use of multiple theoretical stances for understanding socio-ecological predictors [J]. Frontiers in Psychology, 2021: 12.

[8] Bartholomeu, D., Montiel, J. M., Fiamenghi Jr, G. A., et al. Predictive power of parenting styles on children's social skills: A Brazilian sample [J]. Sage Open, 2016, 6(2): 1−7.

[9] Morris, A. S., Criss, M. M., Silk, J. S., et al. The impact of parenting on emotion regulation during childhood and adolescence [J]. Child Development Perspectives, 2017, 11(4), 233−238.

[10] Wilkinson, C., Low, F. & Gluckman, P. Screen time: The effects on children's emotional, social, and cognitive development [EB/OL]. 2021 [2021 −12 −05]. https://informedfutures.org/screen-time/.

[11] Mair, D., Smillie, L., La Placa, G., et al. Understanding our political nature [R]. Publications Office of the European Union, 2019.

[12] Aiken, M. The cyber effect [M]. London, UK: John Murray Publishers, 2016.

[13] Hattie, J. Visible Learning: A Synthesis of over 800 Meta-Analyses Relating to Achievement [M]. London, UK: Routledge, 2009.

[14] McNaughton, S., Zhu, T., Rosedale, N., et al. In school and out of school digital use and the development of children's self-regulation and social skills [J]. British Journal of Educational Psychology , 2022, 92(1): 236–257.

[15] Duckworth, A. L., Gendler, T. S., & Gross, J. J. Self-control in school-age children [J]. Educational Psychologist, 2014, 49(3): 199–217.

[16] Panadero, E. A review of self-regulated learning: Six models and four directions for research [J]. Frontiers in Psychology, 2017, 8(422): 1–28.

[17] Weis, M., Trommsdorff, G., & Muñoz, L. Children's self-regulation and school achievement in cultural contexts: The role of maternal restrictive control [J]. Frontiers in Psychology, 2016, 7(722): 1–11.

[18] Zimmerman, B. J. Investigating self-regulation and motivation: Historical background, methodological developments, and future prospects [J]. American Educational Research Journal, 2008, 45(1): 166–183.

[19] Duckworth, A. L., & Steinberg, L. Unpacking self-control [J]. Child Development Perspectives, 2015, 9(1): 32–37.

[20] Sheridan, S. M., Smith, T. E., Moorman Kim, E., et al. A meta-analysis of family-school interventions and children's social-emotional functioning: Moderators and components of efficacy [J]. Review of Educational Research, 2019, 89(2): 296–332.

[21] Netsafe. New Zealand teens' digital profile: A factsheet [EB/OL]. 2018 [2021–05–22]. https://www.netsafe.org.nz/youth-factsheet-2018.

[22] Clark, L. S. Parental mediation theory for the digital age [J]. Communication Theory, 2011, 21(4): 323–343.

[23] Ofcom. Children and parents: Media use and attitudes report 2019 [EB/OL]. 2020 [2021–05–30]. https://www.ofcom.org.uk/research-and-data/media-literacy-research/childrens/children-and-parents-media-use-and-attitudes-report-2019.

[24] Rouchun, D., Zongkui, Z., Shuailei, L., et al. Family socioeconomic status and the parent-child relationship: Children's Internet use as a moderated mediator [J]. Current Psychology, 2019, 40(9): 4384–4393.

[25] Ochoa, W., & Reich, S. M. Parents' beliefs about the benefits and detriments of mobile screen technologies for their young children's learning: A focus on diverse Latine mothers and fathers [J]. Frontiers in Psychology, 2020: 11.

[26] Blau, I., & Hameiri, M. Ubiquitous mobile educational data management by teachers, students and parents: Does technology change school-family communication and parental involvement? [J] Education and Information Technologies, 2016, 22(3): 1231–1247.

[27] Russell, B. S., Maksut, J. L., Lincoln, C. R., et al. Computer-mediated parenting

education: Digital family service provision [J]. Children and Youth Services Review, 2016, 62: 1–8.

[28] Morton, S. M. B., Grant, C. C., Berry, S. D., et al. Growing up in New Zealand: A longitudinal study of New Zealand children and their families [EB/OL]. 2017 [2020-05-20]. https://cdn.auckland.ac.nz/assets/growingup/research-findings-impact/GUiNZ_Now%20we%20are%20four%20report.pdf.

[29] Sibley, C. G., & Pirie, D. J. Personality in New Zealand: Scale Norms and Demographic Differences in the Mini-IPIP6 [J]. New Zealand Journal of Psychology, 2013, 42(1): 13–30.

[30] Black, S., Pulford, J., Christie, G., et al. Differences in New Zealand secondary school students' reported strengths and difficulties [J]. New Zealand Journal of Psychology, 2010, 39(3): 19–23.

[31] Durlak, J. A., Weissberg, R. P., Dymnicki, A. B., et al. The impact of enhancing students' social and emotional learning: A meta-analysis of school-based universal interventions [J]. Child development, 2011, 82(1): 405–432.

[32] Jesson, R., McNaughton, S., Rosedale, N., et al. A mixed-methods study to identify effective practices in the teaching of writing in a digital learning environment in low income schools [J]. Computers & Education, 2018(119): 14–30.

[33] McNaughton, S. & Lai, M. Testing the effectiveness of an intervention model based on data use: a replication series across clusters of schools [J]. School Effectiveness and School Improvement, 2012, 23(2): 203–228.

[34] OECD. PISA 2015 Results (Volume V): Collaborative Problem Solving [C]. PISA, OECD Publishing, 2017.

[35] Shulman, E. P., Smith, A. R., Silva, K., et al. The dual systems model: Review, reappraisal, and reaffirmation [J]. Developmental Cognitive Neuroscience, 2016, 17: 103–117.

[36] Sanders, M. R., & Woolley, M. L. The relationship between maternal self-efficacy and parenting practices: Implications for parent training [J]. Child: Care, Health and Development, 2005, 31(1): 65–73.

[37] Blum-Ross, A. & Livingstone, S. Families and screen time: Current advice and emerging research [R]. Media Policy Brief 17. Media Policy Project, London School of Economics and Political Science, 2016.

让公共图书馆发挥终身教育的作用*

——对芬兰埃斯波市公共图书馆的个案研究

匡　颖**

摘　要：公共图书馆作为社会教育机构和文化机构，自诞生之初就承担着以人为本、平等包容、促进公民民主参与的使命，与终身教育思想不谋而合。本文分析公共图书馆从诞生之初至今的角色演变，探索公共图书馆的终身教育功能。在此基础上，以芬兰埃斯波市公共图书馆作为个案，通过案例说明该市的公共图书馆如何发挥终身教育功能。最后对我国公共图书馆发挥终身教育的作用提出一些发展建议，包括为所有人提供贯穿一生的教育与学习支持、提供包容全纳的服务以缩小各方面差距、促进机构互联互通推进全民终身学习。

关键词：公共图书馆；终身教育；芬兰；埃斯波市

一、引言

蔡元培先生曾说："教育并不专在学校，学校以外，还有许多的机关。第一是图书馆[1]。"公共图书馆作为国家公共文化服务体系的一环、面向大众的社会文化教育机构，对推进全民终身学习起着不可替代的作用。

近年来，我国政府及相关部门相继出台了《"十三五"时期全国公共图书馆事业发展规划》《中华人民共和国公共图书馆法》等，旨在满足人民群众日益增长的多元文化需求。据《中华人民共和国文化和旅游部2019年文化和旅游发展统计公报》统计，较2018年，2019年我国在公共图书馆数

* 基金项目：国家社会科学基金教育学重点课题"服务全民终身学习视域下社区教育体系研究"（AKA210019）阶段性成果。

** 匡颖，华东师范大学职业教育与成人教育研究所硕士研究生，主要从事老年教育、终身教育、图书馆教育研究。

量、公共图书馆就业情况、图书藏量、设施建设以及读者阅读和借阅情况等方面，都有了不同程度的上升[2]。我国公共图书馆事业的发展对提升全民科学文化素养，推动社会文明进程以及促进全民终身学习，建设学习型社会都起着不可忽视的作用。但同时，我国公共图书馆发展仍面临着诸多挑战，如城乡区域发展差异较大，发展水平不平衡、不充分，公共图书馆的传统空间、服务功能有限，图书馆专业队伍建设有待提高等[3]。

放眼国际，各国政府和相关国际组织均十分重视发挥公共图书馆在教育、科研与文化传承上的功能。美国公共图书馆从 18 世纪诞生之初，就成为非正式教育机构，最大程度发挥了图书馆的教育职能以及推进社会民主进程的功能[4]。联合国教科文组织（UNESCO）1949 年首度发表《图书馆宣言》[以下简称《宣言》(1949 版)]，并分别于 1972 年、1994 年在国际图书馆协会联盟（The International Federation of Library Associations and Institutions，简称 IFLA）的协助下，对它加以修正、扩充和完善[以下简称《宣言》(1972 版、1994 版)]，突出了图书馆“作为人们寻求知识的重要渠道”[5]“为个人和社会群体进行终身教育、自主决策和文化发展提供基本条件”的功能[6]。

芬兰作为人口仅 550 多万的欧盟国家，以先进的基础教育享誉全球。公共图书馆作为该国重要的社会文化教育机构，对培养和发展公民科学文化素养，促进全民终身学习以及公民积极参与社会可持续发展等各项事业起到了重要作用，也对新时期我国公共图书馆的发展有一定的借鉴意义。

二、公共图书馆的终身教育作用

正如芝加哥大学图书馆学教授乔克尔（Joeckel）所说：“熟悉公共图书馆的成长历程能够更好地理解每个时期公共图书馆发展的样态[7]。”公共图书馆最初在欧美国家作为民众受教育的重要方式而发展壮大，后由国际组织制定一系列政策文件不断完善其性质、使命和功能。与之相对应，终身教育最初从成人教育中孕育而生，并且在巴兹尔·耶克斯利、保尔·郎格朗等成人教育学家以及国际组织的共同推动下，形成其独到的思想观点和价值取向。图书馆与终身教育两者之间有着内在联系，前者在性质、使命方面分别发挥了不同的终身教育作用。

（一）公共图书馆的性质反映了终身教育的思想观点

公共图书馆的性质可以从各国公共图书馆发展实践以及各类图书馆政策文件中探寻。

首先，公共图书馆在诞生之初就具备民主性、公共性和平等性的特点。1833 年美国新罕布什尔州彼得伯勒镇为了满足当地居民的学习需要，决定为当地居民免费开放镇图书馆；1848 年美国马萨诸塞州议会通过了在波士顿市建立公共图书馆的法案，并于 1854 年向公众开放波士顿公共图书馆（Boston Public Library）[8]。其次，国际文件进一步明晰了公共图书馆具有普及终身教育的性质。《宣言》（1949 版）将公共图书馆定位成“大众教育机构”，并指出公共图书馆作为现代民主的产物，“是将‘普及教育’这一民主信念作为终身进程的实践”[9]；《宣言》（1972 版）则进一步阐释“民主信念”是把“全民教育作为一个持续和终身的过程”[10]；《宣言》（1994 版）在强调提供大众教育、服务社会、促进民主的基础上，更是突出了推进包容平等的特点，要求公共图书馆“必须向由于种种原因不能利用其正常服务和资料的人，如语言上处于少数的人、残疾人或住院病人及在押犯人等提供特殊的服务和资料”[11]。

终身教育思想观念最初从成人教育中孕育而生，1919 年英国重建部成人教育委员会（Adult Education Committee of the Ministry of Reconstruction）在《1919 报告》（*1919 Report*）中率先提出成人教育的终身性和普遍性：“成人教育不应被视为少数精英的奢侈品，也不应只关注短期或成年早期，而应是一国永久的必需品、是公民权利不可分割的一部分，应该普遍和终身。”而《宣言》（1949 版）中也明确提到“公共图书馆的主要目的是服务成人的教育需要，同时也应该补充学校的工作，发展儿童和青少年的阅读”。1925 年巴兹尔·耶克斯利（Basil Yeaxlee）在其《终身教育》一书中借鉴了约翰·杜威（John Dewey）“教育就是不问年龄大小，提供保证生长后充分生活的条件”的观点，同时吸纳了爱德华·林德曼（Edward Lindeman）将“人文主义”视为成人教育核心的思想[12]，系统论述了终身教育思想的终身性、平等性、民主性和人文性。保尔·郎格朗在《终身教育引论》中指出“终身教育是一系列很具体的思想、实验和成就，换言之，是完全意义上的教育，它包括了教育的所有各个方面，各项内容，从一个人出生的那一刻起一直到生命终结时为止的不间断的发展，包括了教育各发展阶段各个关头之间的有机联系[13]。”

由此可见，公共图书馆具备的包容平等、服务大众以及教育贯穿所有人一生等性质，体现了终身教育的思想观念。

（二）公共图书馆的使命体现了终身教育的价值取向

从三版《宣言》和各国的公共图书馆政策中可以找到公共图书馆的四大使命，即教育使命、文化使命、推进民主与平等的使命以及促进人的全面发展使命。

首先，在《宣言》（1949 版）中规定了公共图书馆“必须向儿童、青少年、男性和女性提供机会并鼓励他们不断自我教育”，以让所有人“吸收各领域的新知、自由表达意见并对一切公共议题发表有建设性的批判、成为国家及国际的社会公民与政治公民、提高日常生活效率、促进其在文学与艺术方面的创造力和鉴赏能力以及利用闲暇时间促进个人幸福及社会福祉”[14]。其次，《宣言》（1972 版）在此基础上添加了公共图书馆的信息使命，认为其拥有“教育、文化与资讯的活力”[15]。最后，《宣言》（1994 版）认为公共图书馆是“各地通向知识之门”，并单独列出了 12 项使命，可归纳为教育使命、信息使命和文化使命。[16]此外，芬兰公共图书馆委员会（Council for Public Libraries）还增加了公共图书馆促进人们互动交往的使命，[17]认为“图书馆是人们的聚会场所，图书馆能够交流思想、鼓舞人心、给人惊喜、赋予人力量”。[18]

与此相对应，终身教育的价值取向则表现为以下三点：是正规教育和非正规教育相互促进完善的发展路径，是实现人的全面发展的生活哲学和方式，是促进社会民主参与和构建人类命运共同体的追求。首先，终身教育表现出了教育学的价值取向，即最大程度促进正规和非正规教育不断发展完善，这恰恰与图书馆的教育使命相呼应。其次，终身教育蕴藏的人性观要求对人的“未完成性”进行持续探索[19]，即“使人日臻完善；人格丰富多彩，表达方式复杂多样；使他作为一个人，作为一个家庭和社会的成员，作为一个公民和生产者、技术发明者和有创造性的理想家，来承担各种不同的责任”，[20]而公共图书馆的文化使命正是对人的全面发展的良好回应。最后，终身教育构建人类命运共同体的价值取向则体现在，作为国际社会认可的理念，它能为不同国家和地区的合作提供共同的话语基础，这与图书馆为人们提供聚会和交流的场所，旨在推进社会民主和公平的使命不谋而合。

通过对公共图书馆宣言以及政策的分析，不难得出，公共图书馆的性质和使命分别体现了终身教育的思想观念和价值取向。下文将以芬兰埃斯波市公共图书馆为例，进一步探究公共图书馆如何发挥终身教育功能，促进终身教育思想在全社会的传播和落实。

三、芬兰埃斯波市公共图书馆推进终身教育的实践

芬兰是世界上图书馆分布率最高的国家之一，埃斯波市的公共图书馆是最受市民喜爱的公共服务机构之一。该市拥有 17 座公共图书馆，其中 11 座为自助式图书馆。除此之外还有 2 辆流动巴士，为全市提供文化服务[21]。之所以选择该市作为个案研究的对象，一是因为该国的图书馆法案与上文所分析的三版《图书馆宣言》以及终身教育思想有高度一致的精神内涵。二是该市的公共图书馆在推进终身教育进程中，充分发挥了支持和主导功能。三是该市于 2015 年获得联合国教科文组织学习型城市奖，并在 2019 年的伦敦书展被选为全球最佳图书馆。下文通过案例分析该市图书馆如何促进人、机构、社会的持续发展。

（一）以包容平等促进人的全面发展

为促进人的全面发展，埃斯波市公共图书馆处处彰显着包容平等的人文关怀，尤其是对社会中弱势人群和少数群体的关注。如兼顾城乡发展的公共文化事业，又如跨文化语言班、彩虹图书区、阅读犬等服务，这些既满足了民众的阅读和文化需求，也促进了社会的和谐发展。

包容平等首先体现在图书馆的位置分布上。这里既有位于市中心商业广场的大型图书馆，也有位于郊区的小型自助式图书馆，还有图书馆巴士提供免费送书的服务，覆盖全民。

其次，芬兰是一个多语言国家，埃斯波市更是一座拥有近四分之一非芬兰语人口的多语言城市[22]。公共图书馆每周会举行 3～5 次跨语言的学习班，为市民提供免费学习的机会[23]。

图书馆还设立了彩虹图书区，为各类人群提供了解自己和自主学习的途

径。[24]图书馆还引入了阅读犬服务项目，阅读犬都是经过专业培训并且持有相关资质证书的，它们在独立的空间内陪伴在患有阅读障碍读者的身边，耐心地充当忠实听众。这一服务旨在为患有阅读障碍的群体提供阅读支持，以恢复读者的阅读信心和能力[25]。

此外，图书馆还设有各种桌游和乐器如吉他、尤克里里、钢琴、小提琴等，供市民使用，市民可以在图书馆中使用也可以将它们借回家[26]。

（二）以互联互通推动机构间交流合作

图书馆以不同的方式与其他社会机构积极合作，编织社会教育网络。如通过图书馆场馆的设置与分布，促进不同机构的非正式合作，又如与学校、企业的合作既丰富了图书馆服务的内容，又促进了终身教育体系的建构。

首先，埃斯波市图书馆多分布在母婴咨询室、心理咨询所、矫正中心等机构的附近，以便人们结束咨询或治疗后在图书馆内获取更系统的知识和信息支持。[27]图书馆还定期组织志愿者去临终病房与病人一起阅读，进行潜移默化式的生命教育。上述提到租借乐器的读者也被要求定期去图书馆附近的养老院为老人们演奏。

其次，位于奥塔涅米（Otaniemi）高中内的图书馆是图书馆与人有机联结的产物，该图书馆由该校学生组织创办，建立之初就向全市所有市民开放。每周一下午由学生组成志愿团队，为全市需要数学和科学学科辅导的市民提供帮助[28]。这种后喻文化式的图书馆教育方式营造了良好的全民教育与学习氛围，是陶行知“小先生制”在当代图书馆教育中的重现。

最后，图书馆的创客中心还引进了当地企业提供的3D打印机，AI、VR体验设备，以及各种修理工具，例如自行车修理工具箱、计算机装拆维修工具等，这些工具供所有市民使用，人们可以在图书馆员的帮助下，在图书馆进行操作，也可以租借回家使用。图书馆内还提供缝纫机，人们可以带上布料来图书馆缝纫，还有专业人士指导[29]。此外，埃斯波市图书馆是大赫尔辛基图书馆联盟的成员，能够与其他三所公共图书馆共享各种资源。

（三）以终身教育思想加速学习型社会构建

在埃斯波市，图书馆的服务可谓是“从母胎到坟墓”，即使是刚出生的婴儿也可以在监护人的帮助下拥有自己的图书证，图书馆针对不同年龄阶段、具有不同兴趣爱好的读者提供各种活动和工具，保证人们有终身受教育的机会。

首先，终身教育思想体现在培养孩子对图书馆的兴趣上。图书馆会为每一个即将步入小学的孩子提供免费的图书馆指南，以绘本的形式，帮助孩子了解图书馆从借书到游戏再到一系列丰富有趣的服务，提升图书馆在孩子心目中的亲和力，进而养成孩子们的阅读兴趣。

其次，终身教育思想还体现为服务内容的与时俱进。图书馆重视全民数字技能的培养，大多数芬兰人第一次接触并学会使用计算机就是在图书馆中。图书馆员也为老年人提供弥补数字鸿沟的支持和帮助。值得一提的是，芬兰乃至欧洲都十分重视国民数字素养的提升，并由欧洲图书馆联盟开发了一套课程，从各种品牌的手机、平板、电脑操作指南，到不同软件的使用教程都以系列网课的形式在官网上供人们学习和参考。

最后，公共图书馆内还设有大小研讨室，免费向不同规模的社会组织或团体开放，鼓励借助社会各组织机构的力量促进城市可持续发展的活动。例如，为了应对气候变化问题，图书馆引入了“对话之夜”（dialogue evenings）活动，邀请来自不同专业领域的专家和市民，以讨论和对话的形式，让更多的人参与环境保护的行动，促进学习型社会的形成[30]。

四、对我国公共图书馆发展的启示

通过上述对西方公共图书馆角色演进以及芬兰埃斯波市公共图书馆个案的分析和研究，不难发现，公共图书馆的成长与终身教育思想的发展由于有着相似的时代与历史背景，在内涵上都具有面向全民、以人为本和平等包容等特点。图书馆在我国从诞生之日起就具有免费、公共的性质。[31]“十二五”时期以来，我国公共图书馆在法制化、规范化、财政投入、服务设施网络建设等方面都取得了重要进展。但也还面临着城乡区域发展差异较大，公共图书馆事业发展水平不平衡、不充分，公共图书馆的传统空间、服务功能有限，图书馆专业队伍建设有待提高等问题[32]。借助终身教育思想，以及对芬兰埃斯波市的个案研究，笔者就如何进一步扩大图书馆在我国社会发展中的教育作用和影响力，做以下几点归纳。

（一）为所有人提供贯穿一生的教育与学习支持

目前我国公共图书馆的服务功能比较单一，服务方式也比较粗放，尚未形成贯穿所有人一生、适合各年龄层的服务体系。

首先，我国公共图书馆的空间分布较为传统，大多数图书馆为一座单独的建筑，通常只能服务图书馆周围居民。建议将图书馆的外部空间分布与购物中心、文创中心、娱乐中心、各学区或者是城郊的集市等地相结合，深入社区，服务更多的居民。广东省佛山市于 2018 年启动"'千家万户'阅暖工程——邻里图书馆"项目，依托公共藏书资源，帮助社会家庭建立可对外服务的"邻里图书馆"，使图书馆走进社区和家庭，惠及更多的家庭和民众[33]。

其次，图书馆内部分布也需要针对不同特征的人群进行有机调整，提供多元教育与文化服务。例如增设休闲区、娱乐区、3D 打印区、音乐室、AI 体验区、工具室、创客空间等一系列能够吸引不同年龄阶段、拥有不同爱好和特长的人来图书馆进行体验、交流、分享和互动，突破图书馆的围墙，满足人们的多元需求。

再次，图书馆在满足大众学习需要的同时，应尽可能体现建筑的美学设计。在这一方面，公共图书馆也许可以在满足人们基本教育与文化需求的基础上，借鉴并学习一些书店，例如南京市先锋图书馆多次被评为中国乃至全球最美书店，其建筑美学和空间设计的开放性为读者营造了一种轻松、舒适、和谐的环境和氛围。公共图书馆若能在建筑和空间布局上创新，则能彰显当地文化与艺术特色，也能够成为区域地标，成为当地经典的教育文化象征。[34]

最后，服务方式的优化离不开图书馆专业队伍的建设。图书馆既要为广大群众提供优质的基本借阅服务，还要满足上述提到的一系列专业服务。这就需要图书馆在招聘时，要吸收来自多元专业背景的馆员或志愿者，兼顾自然与人文学科。同时在培训馆员或志愿者时，要贯彻终身教育、终身学习的思想，顺应时代发展潮流且能以前瞻的眼光，不断吸纳新的技术，学习如活动策划宣传、人工智能、数字化等方面的知识。

（二）提供包容全纳的服务以缩小各方面差距

公共图书馆的首要目标是为大众提供教育与文化服务，满足不同群体，尤其是社会弱势群体的学习需求，缩小城乡区域差距，保证所有人群都享有良好的教育资源和学习途径。如何减小城乡区域差异是我国公共图书馆亟待解决的问题。

首先，在进一步完善图书馆总分管制的基础上，还可以在城市周边的郊区或农村地区建设自助型图书馆，社区图书馆建设与发展也是新时期公共文化服务体系建设的重要内容[35]。最关键的是要在充分调研当地居民对图书馆的期待和需求的基础上，有针对性地建设自助型图书馆，进而思考是否需要从当地招募志愿者协助居民享用图书馆服务，或通过走访各户发放图书馆使用指南，扫除城郊或农村偏远地区人口的阅读障碍，提升公共图书馆的大众亲和度，培养人们对阅读和学习的兴趣和能力。自助图书馆的地理位置要便于居民到达，最好能够将林间村落的优美景色和当地特色文化传统也融入其中，建成有地方特色的图书馆。

其次，针对行动不便的长者或有阅读障碍、语言障碍的弱势读者，图书馆要主动帮助弱势人群争取阅读与学习的权利，市级图书馆可以与省级、国家图书馆共享资源，通过图书巴士送书上门，或者引入读书亭、阅读犬等服务，给有特殊需要的读者带来全纳包容的阅读服务。

最后，各级各类图书馆应积极与当地其他组织机构展开合作，例如与医院、养老院、临终关怀病房、监狱以及各类咨询中心、社区矫正中心展开合作，或与当地社工、居委展开合作，由点到面地为不同人群提供他们所需要的知识与信息。

（三）促进机构互联互通推进全民终身学习

图书馆不是唯一的信息提供者，但是图书馆作为城市或农村地区公共的教育和文化活动阵地，应当在提供居民文教活动的基础上，自发地联通其他各机构，调动不同机构组织的积极性，促进共享共治的学习型社会建设。

首先，各图书馆之间需要形成紧密联结，各级各类公共图书馆、高校图书馆、中小学图书馆甚至当地一些书店都可以共享资源和各类服务。《中华人民共和国公共文化服务保障法》明确提出鼓励社会力量积极参与提供公共文化服务，佛山市于 2014 年组建了“佛山阅读联盟”，旨在将公共图书馆从公共文化服务组织，转型为区域性行业管理组织，吸引、联合、培育相关领域的其他社会组织，形成合力，推广全民阅读[36]。

其次，图书馆与其他机构，如幼稚园、托儿所、大中小学、少年宫、公园、动植物园、博物馆或者高科技园等机构可以有目的、有意识地进行合作，并在图书馆志愿者或馆员的协助下，号召不同领域或专业的读者自发组成促进地区可持续发展的活动，形成全民阅读、交流互动、终身学习的良好氛围。

最后，面对日益严峻的数字鸿沟，图书馆作为信息传播中心，应当肩负起提升全民数字素养的使命。图书馆应联合高校或高科技园等机构组织，召集数字化和信息化领域的专家学者，开发针对不同年龄阶段的数字课程，并且通过与社区、居委合作，普及高品质的数字技能。同时也需要培养图书馆员的数字技能，实现点到点、面对面提升读者数字能力的目标，以多元开放的方式让每一个人都能踏上数字化快车，通向畅通无阻的终身学习之路。

此外，中央和地方各级政府在履行发展公共图书馆基本责任的基础上，还应当呼吁社会其他机构或企业支持公共图书馆事业，营造良好的合作联通氛围，共同促进公共图书馆成为全社会获得终身教育机会、满足终身学习需求的重要社会教育和文化机构。

五、结语

通过对《图书馆宣言》和埃斯波市公共图书馆实践经验的梳理和分析，不难发现，公共图书馆中蕴含着深远的终身教育思想，并且具有发挥终身教育作用的性质特征和使命。埃斯波市图书馆在发展过程中体现出的平等包容、互联互通等特点在理论与实践上对我国公共图书馆发挥终身教育功能提供了经验。

我国公共图书馆作为西学东渐的产物，从最开始就具备终身教育的思想观念和价值取向，在促进社会的包容平等、人的全面发展上拥有巨大潜力。虽然目前不同地区、城乡区域发展仍然存在不同程度的差异，但这正为我国新时期进一步增加全民终身教育机会创造了机遇。

参考文献

［1］高平叔．蔡元培全集：第四卷［M］．北京：中华书局，1984：13.
［2］［32］王惠君．面向未来创新发展——公共图书馆事业高质量发展思考［EB/OL］.

（2021-01-09）[2021-02-18]. http://kns.cnki.net/kcms/detail/44.1306.G2.20210127.1138.004.html.

[3][8][31] 郑永田. 美国公共图书馆思想研究（1731—1951）[M]. 北京：社会科学文献出版社，2015.

[4] IFLA. A Library Manifesto for Europe [EB/OL]. [2021-01-25]. https://www.europe4libraries2019.eu/.

[5] UNESCO.The Public Library a Living Force for Popular Education [EB/OL]. [2019-03-01]. https://unesdoc.unesco.org/ark:/48223/pf0000147487.

[6] The UNESCO Public Library Manifesto [M] //Guidelines for Public Libraries: Prepared for the IFLA Section of Public Libraries, München: K.G.Saur, 1986: 57-60.

[7] Joeckel C B. The Government of the American Public Library [M]. Chicago: The University of Chicago Press, 1935: 1; 18.

[9][14] United Nations Educational, Scientific and Cultural Organization. The Public Library: A Living Force for Popular Education [EB/OL].（1949-05-16）[2021-01-12]. http://unesdoc.unesco.org/images/0014/001474/147487eb.pdf.

[10][15] 吴曦.《公共图书馆宣言》的问世 [EB/OL].（2011-09-05）[2021-01-12]. http://blog.sina.com.cn/s/blog_8cc6212e0100tpog.html.

[11] 教科文组织公共图书馆宣言 1994 年 [EB/OL]. [2019-03-01]. http://archive.ifla.org/VII/s8/unesco/chine.pdf.

[12] Smith, M. K. Basil Yeaxlee, lifelong learning and informal education, The encyclopedia of pedagogy and informal education. [EB/OL].（2020-11-28）[2021-01-25]. https://infed.org/mobi/basil-yeaxlee-lifelong-learning-and-informal-education/.

[13] 保尔·朗格朗. 终身教育引论 [M]. 周南照，陈树清，译. 北京：中国对外翻译出版公司，1985：69，139.

[16] 柯平. 公共图书馆的使命——《公共图书馆宣言》在公共图书馆事业发展中的价值 [J]. 图书馆建设，2019（6）：13-19.

[17] IFLA public library service guidelines [M]. Walter de Gruyter, 2010.

[18] Tuominen, K. & Saarti, J. The Finnish library system: open collaboration for an open society [J]. IFLA Journal, 2012, 38(2): 115-136.

[19] 李家成，程豪. 思想观念·价值取向·思想方法·发展战略——对“终身教育”内涵的认识 [J]. 终身教育研究，2020（3）：19-23+69.

[20] 联合国教科文组织国际教育发展委员会. 学会生存——教育世界的今天和明天 [M]. 华东师范大学比较教育研究所，译. 北京：教育科学出版社，1996：3.

[21] City of Espoo. Espoo voluntary local review [EB/OL]（2018-12-31）[2021-02-20]. https://www.local2030.org/pdf/vlr/EspooVLR2020Web.pdf.

[22][30] Espoo. Research and Statistics[EB/OL].[2021-02-18]. https://www.espoo.fi/en-us/City_of_Espoo/Information_about_Espoo/Research_and_statistics.

[23] HELMET. Remote Finnish language cafe on Thursday[EB/OL].(2021-02-02)[2021-02-20]. https://www.helmet.fi/en-US/Events_and_tips/Events/Events/Finnish_Language_Cafe_Extra_on_Skype(212365).

[24][27] HELMET. Spaces[EB/OL].(2020-05-29)[2021-02-20]. https://www.helmet.fi/en-US/Libraries_and_services/Sello_Library/In_Sello/Spaces(1602).

[25][28] HELMET. Otaniemi, Espoo City's new branch library[EB/OL].[2021-02-20]. https://www.helmet.fi/en-US/Libraries_and_services/Otaniemi_library/Whats_going_on/Otaniemi_Espoo_Citys_new_branch_library(209777).

[26] Borrow a ukulele from Tapiola Library![EB/OL].(2020-01-02)[2021-02-20]. https://www.helmet.fi/en-US/Libraries_and_services/Tapiola_Library/Librarys_services/Borrow_a_ukulele_from_Tapiola_Library(209786).

[29] HELMET. Espoonlahti Makerspace(2020-08-31)[2021-02-20]. https://www.helmet.fi/en-US/Libraries_and_services/Soukka_Library/In_Espoonlahti/Espoonlahti_Makerspace(175789).

[33] 屈义华，黄佩芳.佛山市邻里图书馆项目：缘起、路径与成效[J/OL].图书馆论坛，1-6[2021-02-24]. http://kns.cnki.net/kcms/detail/44.1306.G2.20201209.0913.012.html.

[34] 申艺苑，袁曦临.高校图书馆建筑空间布局及其功能定位研究——基于东南大学图书馆与先锋书店的比较[J].新世纪图书馆，2020(4)：23-27.

[35] 李调莲.全民阅读视域下公共图书馆的服务创新与发展——以天水市属图书馆阅读为例的分析[J].天水行政学院学报，2020，21(6)：116-119.

[36] 贾磊.公共图书馆与社会阅读力量联动发展实践探索——以“佛山阅读联盟”为例[J].河南图书馆学刊，2018，38(6)：36-38.

欧洲国家的老年人终身学习政策与实践策略综述

李文淑 *

摘　要：终身学习已成为世界各国倡导积极老龄化战略中的决定性因素。作为人口老龄化比较严重的欧洲国家和终身学习政策先行制定的国家，其相关政策文件内容在不断完善以满足老年人的学习需求。研究发现，欧洲国家的老年学习者比例较低，典型的学习者是中产阶级女性，老年男性和少数民族的学习人数明显不多，"在线"和"独立"学习的老年人数量上升。欧洲国家通过秉持授权、能力发展、社会参与和融合的四个关键原则以及强化这些原则在学习过程中的实施程度，使其在老年人学习过程中取得了良好的实践效果。目前，欧洲国家正通过正规和非正规途径改善老年人学习状况，包括扩大参与、高等教育、生产性老龄化、退休前教育和"第四年龄"学习。

关键词：欧洲国家；老年教育；终身学习；老年学习

目前，终身学习已成为世界各国倡导积极老龄化战略中的决定性因素，作为人口老龄化比较严重的欧洲国家和终身学习政策先行制定的国家，其相关政策文件内容在不断完善以满足老年人的学习需求，例如联合国马德里国际老龄问题行动计划和欧洲委员会成人学习等国际宣言的内容中一直关注马耳他等国家积极老龄化战略政策[1]。人们相信，老年人学习有助于他们持续保持健康、独立和积极社交的生活状态。

本文首先论述欧洲国家的老年人学习概况和欧洲老年学习相关政策；其次，讨论欧洲国家在老年教育中做出良好实践的案例；最后讨论欧洲国家老年学习政策的未来发展方向。

---

* 李文淑，山东建筑大学法学院讲师。

一、欧洲国家老年人的学习现状概述

老年学习是指老年人“个体之间或与其他群体之间的良性互动、沟通或直接接触，有目的地反思、验证、转化，赋予个人意义并寻求整合老年人认知方式”的过程。老年人学习需求的上升和满足其需求的关键催化剂构成了“第三年龄”的发展[2]。“第三年龄”这个词首次在20世纪50年代诞生和构思，以抵消对老年人生活的刻板印象，这是一个短暂的时期，它被疾病、无效和大多数情况下的贫困所困扰，而老年人学习需求的上升和相关政策的制定构成关键催化剂，促成了“第三年龄”的发展。

“第三年龄”是指人口老龄化中特定的社会人口发展趋势，它暗示了如何将长寿和其他社会因素——从早期退休、改善健康状况、建立退休福利机构和退休金计划，到更积极的价值观和对老年人的信念的结合，开辟了被宽泛地称为生命的新阶段[3]。在国外，人们习惯于将人生分为四个相继的年龄期：儿童及青少年期、职业及谋生期、退休期、依赖期。“第三年龄”指的是退休期，“第四年龄”则指的是依赖期。因此，这也意味着老年人在退休后的相对活跃年份中花费了相当多的时间，即在这种情况下，老年学习提供了探索以往所树立的学习目标的机会。人们在生命历程的早期阶段往往很忙而没有去追求一些目标，例如开发反思思维模式和思考生命的意义等。

一个人的老年过去往往是作为对死亡的准备，以及对自我实现和精神进步的追求而存在。例如，拉塞尔描绘了一幅关于第三年龄者面临暂时焦虑的图景，其中内容蕴意：一方面老年人只剩下有限的年龄，另一方面则意味着有更长的退休时间[4]。她认为，这使他们的日常生活异常紧张，导致他们会积极寻找并参与有意义的学习项目。同样，Peroni指出，“第三年龄”的特点是正在进行的学习，即持续学习。学习不仅仅是获取技能、知识或理解等，还为退休人员提供了持续进行个人建设和重建的机会。

目前，关于欧洲国家老年人学习参与率的数据并不多，少数数据也往往是“不可靠”和“不具有可比性”，因为这些数据包括对“正式”和“非正式”学习的不同定义。然而，通过对相关文献的梳理，我们发现了三个明显的特征。[5]

首先，与年轻人相比，老年学习者的比例较低，尤其是70岁以上的老年人群体。在英国，50 岁以上的人只有 20% 是“学习者”，而 75 岁以上人口的这一比例仅为 7%。在大西洋的另一边，加拿大的大多数继续教育仍然以就业为导向，因此，65 岁以上的教育参与率下降到 15% 左右。然而，好的方面是老年人在非正式学习上花费的时间几乎与中年人一样。参与率随着年龄的增长而下降，主要原因包括情境障碍（与后来生活的独特环境有关的障碍），体制障碍（排除后辈和自愿长者的意外障碍），信息化障碍（机构沟通失败），心理社会障碍（态度信念和抑制老年人参与的观念）[6]。

其次，典型的学习者是中产阶级女性，老年男性和少数民族人群的学习人数明显不多。例如，Sue Webb 等研究者指出，在澳大利亚和新西兰的多元文化环境中，人们期望看到至少一些亚洲人的面孔、毛利人和太平洋岛屿居民参与老年人学习，然而，事实并非如此，参与学习的成员大多来自盎格鲁–撒克逊社区的成员[7]。此外，虽然大多数关于老年人学习的调查揭示了男女比例情况，例如，在英国和马耳他为 1∶3，澳大利亚为 1∶4，西班牙为 1∶2.5，但某些学习项目参与者（特别是第三年龄大学）的精英主义特征十分明显[8]。事实上，虽然大多数学习项目都没有规定老年会员的参与资格，但许多项目倾向于“迎合已经学会发挥作用的、自命不凡的老年资产阶级”。

最后，老年人学习的当代趋势正在发生重大变化。以英国为例，虽然自 2015 年以来，50 岁以上老年人整体学习的人口比例没有显著变化，但其中，在大学学习的人数减少了一半（从 21% 减少到 9%），而在线和独立学习的人数则有所上升。换言之，目前老年人的学习方式包括独立学习、线下学习（大学学习）与在线学习等，虽然老年人在大学学习的比例显著下降，从 2015 年的 40% 以上降至 2020 年的 17%，但在线学习的老年人数量有所增加，其比例增加了 12%，50 岁以上的老年人群体正在“在线学习”。关于那些报告中所指出偏好从事“非正式学习”的人，也存在同样的发展趋势，其中 16% 的 50 岁以上的老年人“独立学习”。值得注意的是，对于 75 岁以上的人来说，“在线学习”人数上升到 75%，独立学习者则上升到 14%[9]。

二、欧洲国家老年人终身学习的相关政策

近年来，欧盟委员会（EC）发布了一系列关于终身学习的政策文件。

欧盟（EU）将终身学习作为一项综合战略，以满足单一欧洲市场的需求，并解决结构性失业率增加的影响。由于欧洲社会的老龄化趋势，出生率下降，家庭规模缩小，劳动力市场中年轻人数量减少以及预期寿命增加，欧盟委员会（2012）发布了关于终身学习的政策，指出为老年人规划和实施进一步的教育机会[10]。欧盟认为，老年学习是一种积极的投资，不仅可以带来经济增长的积极回报，还可以改善老年人的生活质量，促进社会发展。

在宣布1996年为欧洲终身学习年之后，欧洲委员会发布了关于终身学习的重要政策文件，并出版了《终身学习备忘录》《实现欧洲老年人的终身学习》等书籍，其中终身学习被定义为“终身的所有学习活动，旨在提高知识、技能和能力，以及获取与个人、公民、社会和就业相关的认知”[11]。此外，2012年6月，欧洲国家元首和政府首脑会议通过了一项关于终身学习的决议，以之作为成员国教育和培训改革的指导原则，认为终身学习是“促进社会凝聚力不可或缺的手段，包括积极的公民身份、个人和职业的实现、适应性和就业能力”，并指出终身学习“应该使所有人获得必要的知识，成为知识社会和劳动力市场中的积极公民”[12]。

尽管相关政策内容正在持续完善，但老年学习政策的制定仍稍显缓慢，在2006年第一份政策文件出台的大约11年之后，才首次提到了老年学习。虽然忽略老年学习这一论点在就业方面仍然根深蒂固，但有人认为，终身学习和培训应该为老年人提供适应就业市场变化的必要技能。而且有一点值得我们注意：终身学习和《成人学习行动计划》已经在试图为老年人学习制定一个更全面的学习方式，并强调欧洲更多的退休人员应被视为成人学习的潜在来源，同时，提出了老年人终身学习的两个目标。

一是确保更长的工作寿命，有必要提高技能，增加老年人的终身学习机会，扩大退休人士的学习范围，鼓励各类大学更开放地为老年人提供多样化学习课程。[13]

二是《成人学习行动计划》重申，在“知识型”和“老龄化”社会，终身学习是经济增长和社会凝聚力的一个发展条件。然而，尽管呼吁各国应确保对老年人的教育进行充分的投资，但令人失望的是，该文件没有具体讨论解决老年学习的主要问题，只是寻求为所有弱势群体找到一个解决学习问题的办法。例如，这项行动计划的重点是那些由于文化水平低、工作技能不足和无法成功地融入社会而处于不利地位的人，这些人包括老年人、妇女或残疾人[14]。

虽然我们强调现行终身学习政策对老年人的重视程度应不断提高，但相关文献指出，在这类论述中仍有三个关键的空白点。

首先，提高老年学习的重视度是对老年人晚年生活的一种新自由主义建构，在这种建构中，“公共问题”被投射为“私人问题”，即指望老年人通过持续学习来解决与退休有关的当代问题是不现实的，因为这些问题是由于更广泛的结构性社会困境而出现的。因此，这表明老年学习的相关理论依然不完整[15]，而且从现实发展情境来看，不论老年人的兴趣和对学习机会的渴望如何，社会的宏观结构环境会继续对老年人参与学习的程度产生重大影响。大部分老年学习者普遍对参加学习活动不感兴趣的状态并不足以作为老年学习在终身学习政策中不被重视的理由。

其次，老龄化是一种社会现实和需要激发的潜在生产力，但目前仅将生产性老龄化限制在了经济领域忽略了教育和学习领域。虽然欧盟委员会提出的终身学习目标也包括包容、积极的公民身份和个人发展，但是，将“学习”和“晚年”联系起来的论述偏重于经济领域，这是因为人们的生活往往容易受经济市场的影响。考虑到欧盟委员会从一开始就提出有必要扩大终身教育和学习，使其具有“竞争优势”，“日益依赖人力资本投资”，并使知识和能力成为“经济增长的强大引擎”[16]，因此，这种立场并不令人惊讶。

最后，政策将“第四年龄”段的老年人排除在外。即使是相对年轻的年龄，许多老年人也会出现中风、糖尿病和神经系统疾病的并发症，这类患有特殊或严重疾病的、体弱的、无法参与常规性学习的、需要依赖他人照顾的老人被称为“第四年龄”。例如，欧洲有 995 万老年人患有痴呆症。事实上，在欧盟 65 岁以上的人口中，约有 8% 居住在长期护理机构中[17]。因此，若要使终身学习真正成为“终身”学习，亦应向居于院舍及护理院的长者提供学习机会，同时亦不可忽视体弱长者的学习需要及兴趣，因为他们的行动能力、视力及听力受损会使得他们不方便离家，我们应该考虑设计较为周全、全面、涉及广泛的老年人学习计划。

三、欧洲国家老年人学习的实践方式

欧洲的一些国家通过秉持四个关键原则（授权、能力发展、社会参与和融合）以及强化这些原则在学习过程中的实施程度，使其在老年人学习过程中取得了良好的实践效果。近年来，人们注意到有另一种乐观的老龄观点的出现和发展，这种观点认为促进老年人学习能够有效减轻人们对老年人普遍依赖和需要照顾的成见[18]。然而，只有政策为老年人的社会参与制定适当的参与渠道，才能建立一个真正“积极的老龄化”社会。毫无疑问，教育是这方面的关键催化剂，具有不可估量的潜力，有助于提高老年人为自己做事的能力。当一个人知道门被打开并且新的可能性出现时，这个人便会对新打开的世界充满希望。换言之，即老年教育和学习计划可以作为更高水平的社会和个人转变的工具，即使没有效果，也会使老年人对生活充满希望。例如，教育老年人使用互联网不仅仅是传授技能，也能提供他们使用互联网的能力，使他们能够轻松获取社会即时信息，增加他们的自信心，加强他们的自主权，帮助他们尽可能长时间保持积极活跃的心态。[19]

虽然能力发展可能是所有教育形式中最容易被接受的目标，但在老年人学习中并非总是如此。这源于一种猜想，即老年人不需要新的技能或知识，或者他们没有机会使用他们的新能力，这是与年轻人相比，老年人获得较少学习机会的主要原因。然而，这种假设忽视了学习是现代老龄社会的必要条件，为了跟上新兴事物的发展，无论年龄大小，所有人都需要不断学习。在更积极的层面上，社会参与是老年人学习中最明显的表现之一，因为许多项目组织者都非常清楚，老年学习有助于促进社区发展和提高社会凝聚力。最后，包容性原则促进了这样的观点，即不应将老年人作为一个单独的群体来对待，而应将其纳入社区教育发展和终身学习的行列中，当然，同时确保满足他们的特定需求和利益[20]。

在过去的几十年中，欧洲国家的许多老年人学习计划因为设计得深受老年学习者的欢迎而证明了它们的成功。大多数成功的活动都是那些为“老年人”提供学习机会的活动，这些活动鼓励老年人积极参与，包括英国的“第三年龄大学”、荷兰和爱尔兰的“退休学习计划”、瑞典的“学习圈”等。例如，保加利亚的“Chitalista”，这是一种特殊类型的文化和教育机构，提供广泛的教育活动和课程，包括音乐会、电影、外语和音乐欣赏课程。又如希腊教育和学习机构 KAPI（Kentron Anikiti Prosthea），这种机构往往以“老年人开放学习中心”的首字母命名，这样的社区中心大约有 300 个，面向希腊

60岁以上的人群，大部分位于雅典[21]。

虽然能力发展可能是很多欧洲国家老年政策中最易被接受的目标，但每个国家所设置的中心机构制订的学习计划会根据成员的兴趣而有所不同。每个机构还有一个由相关领域专家监督的规划委员会。理事会定期举行会议，通过成员发布的需求信息建立计划，安排融资并宣传计划，一般来说，这些学习计划具有社交、教育和娱乐的性质。

另一个较为成功的项目是意大利的老年大学，大约有1 000个中心，提供无认证形式的学习计划，其中最受欢迎的课程是识字、语言课程，以及陶瓷、修复、绘画、雕塑、玻璃制品和艺术等课程。而荷兰的老年人协会也值得关注，除了作为老年教育的推广者之外，协会还为其成员开展了广泛的文化、体育、娱乐活动和服务等非正规教育项目。与此同时，我们也应关注一些生活在农村社区的老年学习的项目，例如，英国兰卡斯特大学的继续教育部开展了一项"家庭学习"创新计划，鼓励老年群体（其中许多人是农村地区的老年人）通过视频会议进行学习。另一个成功典型案例的主题是"我们这个时代的故事"——由北爱尔兰工人教育协会和北爱尔兰时代协会共同设计开展，旨在为农村老年人提供机会，虽然他们年龄在不断增长，但也希望在影响他们生活和学习的相关问题上听到他们的"声音"，并为他们提供使用数字技术学习某些新技能的机会[22]。

上述实践案例表明，为老年人提供参与终身学习的机会是影响老年人终身学习质量的重要因素之一，同时，对积极老龄化社会的持续性建设具有重要的作用，而就学习而言，则为通常"被冷落"的部分老年人提供了重要机会。另外，老年学习也有助于削弱社会上普遍存在的对老年人的不良刻板印象，即老年人是一个需要照顾和依赖家人的群体，是养恤金和福利服务的被动接受者。不可否认，虽目前仍没有设计出一个科学合理的研究计划，一方面能够调查老年人的学习质量，另一方面能够研究老年人身体素质和认知改善之间的关系，但仍然有许多有效且可靠的研究表明，在生活中持续的精神刺激有助于老年学习者保持其身体和认知处于健康状态。此外，Peroni和Timmer的调查结果显示，大多数老年学习计划能够为老年群体提供各种健康促进和疾病预防课程，协助他们积极和持久地应对健康问题，给老年人带来很多有助于身心健康的益处[23]。

四、政策的未来发展趋势

鉴于老年学习需求是终身学习过程中增长最快的一种类型，因此，迫切需要针对老年学习制定更加周密、详尽和科学的教育政策。值得注意的是，政策指令应以理性为指导，在社会平等、社会凝聚力和社会正义的价值观中逐渐强化终身学习。只有这样，老年教育才有可能将“民主—公民”优先于“未来的工人—公民”作为后工业社会的主要资产[24]。因此，欧洲国家在不断完善终身学习政策，解决老年学习问题，以便对老年人的学习需求做出回应。与此同时，促使相关学习计划尽量能够“开箱即用”，在实践工作中也在进行反复尝试和实验，如相关信息通信技术和电子学习战略的学习计划应关注并考虑到部分老年人不愿参与相关组织机构开展的在线学习活动这一决定性因素，从而为老年人提供更加多元化学习机会。

在社区，相关组织机构应在老年学习的规划、协调和筹资方面发挥更明确的作用和承担责任。社区组织机构应与第三方机构合作，发挥学习中心的作用，将所有“提供者（公共、私人）聚集在一起，协调资源，以促进老年人的学习”。此外，社区相关组织机构应该认识到将老年人与儿童、青少年、成年人甚至更年长的群体联系起来协调组织教育活动所带来的益处，增加不同代际之间的合作、互动和交流。

目前，欧洲国家正努力制订计划以改善老年人学习状况，无论是正规还是非正规途径，其未来的政策发展趋向如下。

一是扩大参与。需要建构“扩大参与”议程，对老年人做出回应。学习计划制订者需充分考虑老年群体的多样化需求，以便后期学习计划能够吸引更多老年人参与其中。可以尝试提供和设计非正式参与环境，以便在正式参与环境之外为老年人提供学习机会，这些老年人通常可以参与传统和非传统的学习活动。当然，毫无疑问，在当前人工智能教育迅速发展的时代，信息通信技术和电子学习战略的教学是“扩大参与”议程的核心优先事项。

二是高等教育。高等教育部门需要在满足人的生命历程各个阶段的学习需求方面发挥关键作用。除了支持老年人从全日制工作转向各种形式工作的就业相关计划外，高等教育还应该提供“个人发展”计划，以便在多元化的50后市场中识别新类型的课程和市场。“健康和社会关怀”计划应面向与老年人合作的专业人士，包括从基础学习到持续专业发展模块[25]。

三是生产性老龄化。需要实施就业学习方面的举措，使其适用于那些仍在或正在寻求有偿工作的老年人。应不仅仅提供正式资格认证的课程，还包括更新技能和知识的计划，并将先前的经验应用于新环境。计划应该关注性别差异或工作差异，并尊重那些可能仍想接受“退休文化”的人的选择。

四是退休前教育。既然国家建设大约18年的教育系统和花费大量的金融资本，使公民为进入工作世界做好准备，但仅仅是人们刚退休就停止教育和学习，显然是对老年人的偏见。社会有义务为公民提供学习计划，帮助他们计划“第三年龄”和“第四年龄”阶段的学习。值得注意的是，真正民主的退休前教育并不仅仅是关于养老金、遗嘱和健康的手续，还应包括心理调节和社会策略，引导老年人改善他们的生活质量[26]。

五是“第四年龄”学习。应向参与照顾老年人的家庭亲属和志愿者提供学习举措，这些计划的重点是让他们感知“第四年龄”段老年人的感受和观点，关注老年人的学习成效和质量，增强老年人的发展和能力提升。与此同时，这些“第四年龄”段的老人，也即正在接受照顾的老年人也迫切需要护理院实施相应的学习支持举措，以便所有老年人，即使是那些患有特殊疾病的老年人，都有机会参与学习活动。

五、结论

随着欧洲各个国家老年人口数量的持续增加，老年人学习政策的不断完善与实践活动的持续开展将会对建立积极的老龄化社会产生极为重要的正向性影响。而且老年人的终身学习能够帮助他们适应快速发展的社会生活，并协助他们提高社会生活技能和个人能力，也有助于消除年龄歧视和社会排斥现象。

然而，真正有助于老年人的终身学习发生积极变化的策略，应不仅包括不断更新的可供老年人学习和掌握的技能，还要设计以老年人为中心的实现终身学习的教育计划。这一发展方向具有巨大的潜力，可以为老年学习构建一种更全面的方法，对老年群体的异质性及学习行为对不同人的不同含义全面体现。

如此，我们才能逐渐建构一个更加包容和可持续发展的社会，在这个社会中，所有群体的不同形式的学习都能够受到重视，尤其是老年群体的学习，使每个人都能够成为一个终身学习者。

参考文献：

[1][2] Formosa, M. European Union policy on older adult learning: A critical commentary [J]. Journal of Aging and Social Policy, 2012a, 24(4), 384–399.

[3] Markus, M. Governing policy expansion in a collective skill formation system: the case of vocational education and training for adults in Switzerland [J]. International Journal of Lifelong Education, 2022: 23–45.

[4] Elder, H. Participation and registration [J]. Retrieved on 12 January 2010 from http://www.exploritas.org/.

[5] De Greef, M., Verté, D., & Segers, M. Evaluation of the outcome of lifelong learning programmes for social inclusion: A phenomenographic research [J]. International Journal of Lifelong Education, 2012, 31(4), 453–476.

[6] Council of the European Union (CEU). Council recommendation of 19 December 2016 on upskilling pathways: New opportunities for adults [EB/OL]. Retrieved from https://eur-lex.europa.eu/legal-content/EN/TXT/PDF/?uri=CELEX:32016H1224(01)&from=E [Google Scholar].

[7][26] Webb, S., Holford, J., Hodge, S., et al.. Waller, R. Learning cities and implications for adult education research [J]. International Journal of Lifelong Education, 2020, 39 (5–6): 423–427.

[8] Eisen, M.J. Current practice and innovative programs in older adult education [J]. New Directions for Adult and Continuing Education, 2017, 77, 41–53.

[9] Lemmetty, S. & Collin, K. Throwaway knowledge, useful skills or a source for wellbeing? Outlining sustainability of workplace learning situations [J]. International Journal of Lifelong Education, 2020, 39 (5–6): 478–494.

[10][11][12][16] European Commission. Rethinking Education: Investing in skills for better socio-economic outcomes (COM(2012) 669 final)[EB/OL]. Strasbourg: Author.

[13][14] EAGLE (European approaches to Intergenerational Life-long Learning). Country Report: England. Retrieved June 1, 2017, from www.eagleproject.eu/ welcome-to-eagle/policies-programs-initiatives/.

[15] Elena, T. Equity and social exclusion measures in EU lifelong learning policies [J]. International Journal of Lifelong Education, 2020, 39: 1, 5–17.

[17] Bonoli, G. & Liechti, F. Good intentions and matthew effects: Access biases in participation in active labour market policies [J]. Journal of European Public Policy, 2018, 25(6), 894–911.

[18][19] Mercken, C. Education in an ageing society [M].Baarn, The Netherlands: Odyssee, 2010: 98.

[20][21] Boyadjieva, P. & Ilieva, P. Between inclusion and fairness: Social justice perspective to participation in adult education [J]. Adult Education Quarterly, 2017, 67(2), 97–117.

[22] Elderh, L. Mental stimulation and lifelong learning activities in the 55+ population [EB/OL]. Retrieved July 2, 2010, from http://www.exploritas.org/research/ lifelonglearning/LifelongLearning55.pdf .

[23] Peroni, L. & Timmer, A. Vulnerable groups: The promise of an emerging concept in European human rights convention law [J]. International Journal of Constitutional Law, 2013, 11(4), 1056–1085.

[24] Panitsides, E. A. & Anastasiadou, S. Lifelong learning policy agenda in the European union: A bi-level analysis [J]. Open Review of Educational Research, 2015, 2(1), 128–142.

[25] Desjardins, R. Participation in adult education opportunities: Evidence from PIAAC and policy trends in selected countries [EB/OL]. Background paper prepared for the Education for All Global Monitoring Report 2015. Retrieved from http://unesdoc.unesco.org/images/0023/002323/232396e.pdf.

[26] Virokannas, E., Liuski, S., & Kuronen, M. The contested concept of vulnerability—A literature review [J/OL]. European Journal of Social Work, 2018, 1–13.

课题研究报告

- 城市社区教育信息化发展指数研究
- 成人教育学科对标报告

城市社区教育信息化发展指数研究*

"城市社区教育信息化发展指数研究"课题组**

摘　要：城市社区教育信息化发展指数是衡量城市社区教育信息化发展水平和发展进程的综合性指标（数据标准），包括城市在开展社区教育中运用信息技术满足市民学习需求的管理、服务、保障能力，学习者运用信息技术参与社区学习和技术应用能力，以及所获得的学习体验和成效等，体现了信息化对社区教育发展和变革的推动作用。本研究在理论研究与实证调查的基础上，旨在构建符合我国国情的、具有理论前瞻及指导意义、富有实践价值的城市社区教育信息化发展指数，最终为全国城市社区教育信息化发展及评价提供科学、适用的依据，并进一步丰富这一研究领域的理论成果。研究从研究综述、现状调研、指数研制、指数应用四个方面展开。本研究结果有助于了解和掌握社区教育信息化发展的动态变化，为政府客观评价现状、制定政策提供科学依据，从而推动我国社区教育更全面、有效地发展。

关键词：城市社区教育信息化；发展指数；研制；测评

信息技术的飞速发展，日益影响着经济社会的各个领域，带来社会形态的深刻变革，成为人类社会发展的新动力，也成为推动教育改革与发展的重要引擎。党和政府一直高度重视信息化建设，21 世纪以来把信息化建设提升到国家发展战略的高度，强调信息化要与工业化、城镇化和农业现代化同

* 基金项目：全国教育科学"十三五"规划 2017 年度教育部重点课题"城市社区教育信息化发展指数研究"（课题批准号 DKA170406）成果。

** "城市社区教育信息化发展指数研究"课题组组长：宋亦芳，副组长：丁海珍，成员：张华亮、仵明辉、崔东浩、袁海燕、王峰，本文执笔：宋亦芳。宋亦芳，上海开放大学航空运输学院、上海市长宁区社区学院教授，上海终身教育研究院兼职研究员，研究方向为成人教育、社区教育及教育技术。

步发展。2015 年，习近平在《致国际教育信息化大会的贺信》中强调，因应信息技术的发展，推动教育变革和创新，构建网络化、数字化、个性化、终身化的教育体系，建设“人人皆学、处处能学、时时可学”的学习型社会[1]。《中国教育现代化 2035》指出，要“利用现代技术加快推动人才培养模式改革，实现规模化教育与个性化培养的有机结合”[2]。随着智慧城市建设的兴起，城市信息化发展受到高度重视，“工业文明是以城市为载体而发展和丰富的，信息文明同样青睐城市这个人才流、技术流、资金流、信息流的集聚地”。[3]社区教育信息化是教育信息化的重要组成部分，也是学习型城市建设的重要支撑。2013 年，联合国教科文组织《北京宣言》把社区学习和信息通信技术（ICT）列入学习型城市建设的六大支柱，指出“现代城市必须有能力让所有公民和居民将信息和通信技术的巨大潜力用于学习和自我提升”。教育部等七部门《关于推进学习型城市建设的意见》提出，要有效应用现代信息技术，拓展学习时空，将促进全民终身学习纳入城市信息化建设。[4]随着我国城镇化的推进，城市社区教育信息化建设将成为重点。为此，通过科学的测评手段衡量城市社区教育信息化发展水平，将有助于了解和掌握社区教育信息化发展的动态变化，为政府客观评价现状、制定政策提供科学依据，从而推动我国社区教育更全面、有效地发展。

一、研究设计

（一）概念界定

1. 社区教育

社区教育的概念有着多种解释。本研究中社区教育是指在社区中开发、利用各种教育资源，以社区全体成员为对象，开展旨在提高成员的素质和生活质量，促进成员的全面发展和社区可持续发展的教育活动。

2. 社区教育信息化

社区教育信息化指在社区教育中以提高信息素养为目标，有效应用现代信息技术促进社区教育方式变革，形成以数字化学习为重要手段、具有明显数字化学习特征的社区教育发展形态。

3. 城市社区教育信息化发展指数

城市社区教育信息化发展指数（Urban Community Education Informatization

Development Index，简称UCEIDI），是衡量城市社区教育信息化发展水平和发展进程的综合性指标（数据标准），包括城市在开展社区教育中运用信息技术满足市民学习需求的管理、服务、保障能力，学习者运用信息技术参与社区学习和技术应用能力，以及所获得的学习体验和成效等，体现了信息化对社区教育发展和变革的推动作用。研究认为，通过横向比较，发展指数“可以反映各个国家或地区信息化发展的现状”；通过纵向比较，发展指数“能够反映一个国家或地区信息化的发展进程”[5]。

（二）内容设计

本研究的目标是在理论研究与实证调查的基础上，尝试构建符合我国国情的、具有理论前瞻及指导意义、富有实践价值的城市社区教育信息化发展指数，最终为全国城市社区教育信息化发展及测评提供科学、有效的依据，并进一步丰富这一研究领域的理论成果。

1. 城市社区教育信息化发展研究梳理

作为指数研究的理论基础和政策背景，课题组围绕与课题相关的重要理论和政策进行专题梳理，主要包括“城镇化”“智慧城市”“学习型城市”“教育信息化政策”“社区教育信息化研究”等，了解国内外相关研究的最新进展和政策取向，借鉴相关研究成果，从而使本研究能够站在全局的视野进行系统思考。

2. 城市社区教育信息化发展现状调研

作为指数研究的实证依据，课题组在全国范围内以城市信息化发展和社区教育信息化发展现状为重点，选择有代表性的城市和地区，尤其是上海地区，分层开展相关调研。调研将基于对社区教育信息化发展现状基本认识进行相关假设，选择政策、管理、平台、资源、服务、应用、成效等维度展开，在此基础上进行定性和定量判断。

3. 城市社区教育信息化发展指数研制

作为指数研究的关键环节，课题坚持以理论和政策为导向，充分尊重社区教育信息化发展现状和趋势，借鉴国家信息化发展指数和教育信息化发展指数的成功经验和做法，借鉴近年来全国在推进社区教育信息化建设及智慧城市建设中的评估指标体系，从演绎到归纳、抽象，提炼形成指数测试版，并进行多次试测形成指数试用版；在此基础上，开展相关测评工具研究。

4. 城市社区教育信息化发展指数应用

选择上海等城市作为研究对象，进行试测分析，对指标体系的可行性进行验证，并进行理论提升，进一步深化指标内涵和测算方法。在此基础上，进行一次全面测评工作，从数据采集、指数测算到整体分析，进行整体发展趋势和差异性比较，并作出初步判断，并以此检验指数的有效性和指数测评的意义。

（三）方法设计

课题研究根据不同的研究阶段和内容，设计相应的研究方法（见表 1）。

表 1　研究方法分解

研究内容	研究任务描述	研究方法	成果形式
方案设计	1. 城市社区教育信息化发展指数相关研究的文献综述 2. 城市社区教育信息化发展现状的分析	文献研究法 调查研究法	课题方案
研究梳理	1. 城市社区教育信息化发展关键概念的理论梳理 2. 城市社区教育信息信息化发展的政策梳理	文献研究法	相关论文
现状调研	城市社区教育信息化发展现状分析：基于代表性城市或地区的调研	调查研究法 案例研究法	调研报告 相关论文
指数研制	1. 指数案例的整理与分析 2. 指数指标体系的设计 3. 指数的调试及完善 4. 指数测评程序设计	比较研究法 实验研究法 行动研究法	指数体系 测评程序 相关论文
应用研究	1. 指数应用试测分析及理论反思 2. 指数全面测评、数据分析、反思	调查研究法 比较研究法	调研报告 相关论文

（四）过程设计

根据研究内容设计，本课题将研究过程分为四个基本步骤（图 1）:

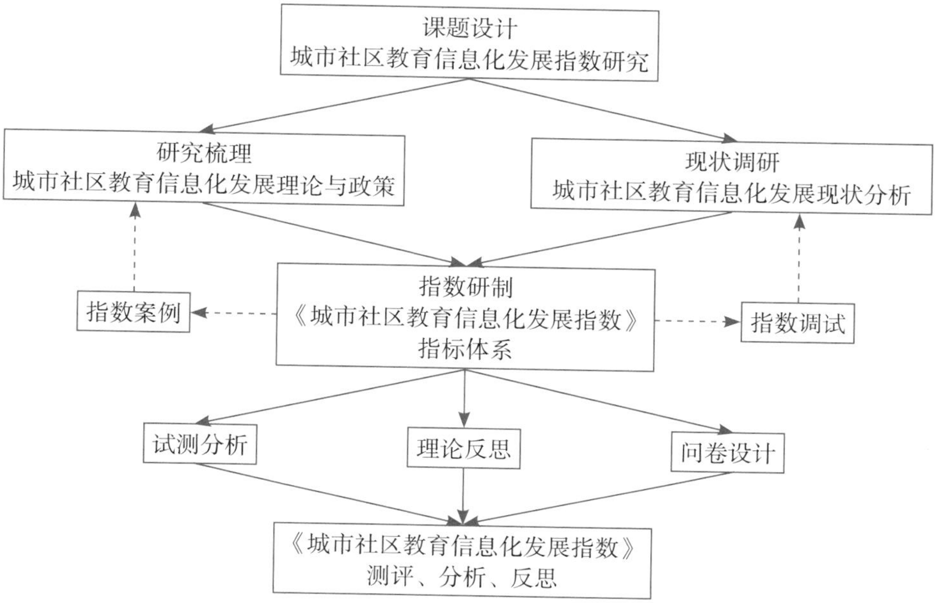

图 1　研究技术路线

二、研究发现与结果

限于篇幅，本文不再详述理论与政策的梳理结果，而集中阐述如下三大研究进展。

（一）发展现状调研结果

本研究依托 2017 年度全国 30 个数字化学习先行区申报材料开展了研究，并通过书面问卷、网上沟通、专家座谈等形式开展，对象是北京市 1 家，上海市 2 家、重庆市 1 家、江苏省 1 家、浙江省 4 家、广东省 1 家、安徽省 2 家、山东省 6 家、湖南省 2 家、湖北省 6 家、吉林省 2 家、辽宁省 1 家、新疆维吾尔自治区 1 家，总体涉及 13 个省（自治区、直辖市），材料包含大量的实证案例和数据。同时，以上海市推进“云视课堂”实践为例，重点围绕环境建设调研与分析展开。

1. 社区教育信息化建设发展现状

各地在社区教育信息化建设方面取得了一定成效。首先，领导重视，有效落实规划。各地区从党委政府到教育部门给予了社区教育信息化工作高度的重视，组建了专门的领导机构和推进组织，大多数地区能够出台社区教育信息化建设推进规划或意见。其次，落实经费，环境不断提升。各地区在社区教育信息化项目中都能够积极投入必要的经费，有的地区还提供专项经费，经费投入逐年有所增长，近年来在环境建设，软硬件设施配备等方面有很大的改善。还有，顺应需求，更新移动平台。大部分地区建立了独立的可供居民访问和学习的网站，并通过购买、共享或者自建的方式积极推进资源的建设，通过平台功能的拓展满足社区居民多样化学习需求。近年来随着移动学习的推进，还及时建设了移动学习 App 和微信公众号，为居民学习提供了便利。

本次调研也总结出社区教育信息化四个方面的不足。第一，独立运营的学习平台有待完善，主要表现在个别地区没有建立社区教育专属的学习平台，部分地区的学习平台没有完善的学习功能。第二，学习平台资源质量有待提升，各地区数字化学习资源满足居民学习的时效性和针对性还很不足，特色资源不足。第三，数字化学习的支持服务有待提升，在学习环境和设施不断改进的情况下，包括专业技术队伍的配备、平台的升级换代、资源的更新等持续性的支持服务没有跟进。第四，数字化学习的推广力度有待加强，很多地区在平台建设方面虽然有所建树，但是忽视了信息化学习方式的推广，社区教育信息化教学活动开展较少，活动未彰显出数字化学习的特色。

2. 上海云视课堂推进现状

云视课堂是利用云视频技术将教学现场与多个远程课堂及学习者在线相互连接，同步进行音视频教学和互动，以此拓展传统课堂教学活动空间的一种数字化教学模式，其基本方式就是借助互联网、云计算、大数据等技术和移动学习理念，在社区教育中将授课现场、社区学习点和学员等在线连接起来，使用云视频会议系统开展网上教学，实现线上线下教与学即时互动。自2015 年以来，在上海市教委终身教育处、上海市学习型社会建设服务指导中心办公室的指导下，在上海市推进数字化学习社区建设协作组成员的共同推进下，长宁区牵头开展社区教育“云视课堂”建设的实践与探索，经过试点、推进、全覆盖、拓展等阶段，在体制机制建设、教育教学方式创新、技术服务保障等方面取得了初步成效。2018 年 11 月 3 日，“云视课堂”在上海全市 16 个区实现全部覆盖，上海各区之间开展了在线课程互选，各区和街道（镇）、居民在线选课和收视，并与授课老师进行远程即时互动，初步形成了上海社区数字化学习的新局面。同时，长宁区以“云视课堂”为支撑的对口帮扶工作有序开展，涉及云南、新疆、四川等地，为各地深层次协作交流提供了跨越时空、实时共享、交流互动的新方式。

“云视课堂”作为一种新的学习方式，现阶段还存在一定问题，从学员用户端来说，当前面临的障碍主要在于优质课程太少、网络不稳定、互动效果不理想等，而从管理者和教师的访谈中，也印证了这一点，他们认为有时候软硬件技术的薄弱限制了云视课堂功效的发挥。云视课堂作为一个平台建设的范例，其意义在于为社区教育信息化平台建设提供了可以借鉴的思想方法，实践告诉我们，面对市民多样化的学习需求，要实现“泛在、可选”的社区教育支持服务，需要有全新的思维和全面的认识。但是，由于受到传统思维的影响，目前上海各区的学习平台主要是网站平台，以网页资源学习为主，平台的终端离不开电脑，这就使平台的服务人群以及学习规模受到限制，数字化学习的途径和方法比较单一，在很大程度上影响了平台作用的发挥。

3. 调研的主要发现

本次面向全国 30 个数字化学习先行申报区的调研，大量的案例给了我们很好的启示，不管是正向还是反向的案例，对于构建指数具有很好的借鉴意义。从指数架构角度，重点需要关注以下若干问题。

一是创新体制机制，促进长效发展。社区教育信息化建设工作，要重视管理体制机制的建设与创新。城市区（县、市）应该成为数字化学习社区创建的重点，在政府统筹领导下，由教育部门主管，形成条块结合、广泛参与、上下畅通、整合优化的运行体制。不断完善制度、经费、队伍、考核、激励机制，管理运行机制改革的取向，逐步向政府统筹下的社会化公共服务体系方向发展，提高发展能力，提高专业化水平，提高服务水平。充分运用现代信息技术，如大数据、云平台、虚拟现实、人工智能等，促进社区数字化学习在资源共享、学习模式、个性化管理、数据分析等方面不断创新。

二是突出便捷理念，彰显服务多元化。面对社区学员在各方面存在的差异，社区教育信息化平台服务一方面要突出便捷的理念，主要体现在界面友好、布局合理、多维服务、智能度高等方面，尤其是在技术要求和智能化程度较高的情况下，操作需简单，使平台体现步骤清晰、易于操作的特点。另一方面也要提供多元化的服务，满足学员多样化的、个性化的学习需求。例如，提供个性的支持服务，使学习者可以按照自己的时间，安排合理的学习计划，并可根据随时产生的学习需求，获取网上的学习资源；利用微信、QQ 等新的交流工具，提供更为丰富的交互手段，增强即时通信的同步交互功能。

三是注重技术支持，加强人文环境。良好的学习环境既要技术环境支持，也需要人文环境支持。首先从技术上，为学习支持提供多种多样的学习网络和终端设备的硬件设施、软件系统及技术条件支持等。例如，使用国际领先的技术（如 SAAS 技术）保证平台的稳定性和先进性。其次从文化上，营造有利于开展交互的平等、自由、宽松的学习氛围，帮助学习者扫除心理上的障碍。例如，在交互中教师要特别注意情感因素的运用，多采用鼓励性的话语，少采用批评的言语，并且能根据不同学习者提出不同的学习建议，使学习者的学习态度积极向上，获得积极的情感体验。

四是体现动态开放，强调人本精神。动态开放性主要表现在“以学习者为中心、技术开放和资源开放”三个方面。首先是坚持以学习者为中心，即对学习者的学习需求进行分析。通过分析学习者习惯的交互体验方式，研究学习者的兴趣爱好以及学习状态和态度，设计开发出满足学习者需求的优质学习资源。其次是技术的开放性，即从多方面发挥技术的优势来促进学习者参与，提高学习的感受性。比如体验学习是利用虚拟技术对社会场景的营造和模拟，为学习者提供近乎真实的场景；移动技术是突破时空限制，让学习碎片化、移动化；云技术让多点远程资源共享互动成为现实，等等。最后是资源的开放性。数字化学习资源建设需要大量经费、人力、资源、技术等方面的投入，因此需要进一步提高终身教育管理者和学习者认识水平，加强信息技术、社会资源等多方面的整合，建立广泛的社会资源网络。

（二）发展指数研制结果

指数研制经历了三个阶段。一是在上述理论与实践研究的基础上，形成城市社区教育信息化发展指数的理论和政策依据；二是进行全国性的社区教育信息化建设调研，以 2017 年度数字化学习先行区 30 个参评区为对象开展调研，并召开了多次专家座谈会，形成指数的实践依据；三是强调从特殊到一般、从演绎到归纳的抽象提炼，形成发展指数测试版，并运用 30 个参评区的案例和数据进行多次试测，在专家多次论证及指导下形成指数 1.0 版，并于 2018 年 11 月 29 日正式发布。

1. 形成核心概念

“城市社区教育信息化发展指数”是衡量城市社区教育信息化发展水平的综合性指标（数据标准），包括城市在开展社区教育中运用信息技术满足市民学习需求的管理、服务、保障能力，学习者运用信息技术参与社区学习和技术应用能力，以及所获得的学习体验和成效等，体现了信息化对社区教育发展和变革的推动作用。

2. 形成架构原则

第一是针对性。首先考虑城市特征，因为城市在信息化发展中具有特殊地位和作用；其次是社区特征，与学校相对封闭的环境相比具有开放性；最后是人群特征，学习者以社区各类居民为主，其中老年人居多。

第二是概括性。指标设置具有集中性和代表性，不求大而全，注重以点带面，通过最少量的指标反映社区教育信息化发展整体水平。

第三是操作性。在指数测算中每项指标可视、可及，指标量化概念明确、准确，所设指标能够获取较为准确的数据，确保量化评价能够有效进行。

第四是时代性。指标体系既符合社区教育发展实际，也体现国家信息化发展和教育信息化发展的新时代特征，并具有一定前瞻性。

第五是导向性。指标设置对社区教育信息化发展具有引领作用，引导社区教育信息化发展方向，促进各地社区教育信息化缩小差距、协同发展。

3. 形成指标体系

发展指数（1.0 版）包含 4 个一级指标和 20 个二级指标，所有指标赋予一定权重并通过计算可以获得指数值（见表 2）。

表 2　城市社区教育信息化发展指数体系（1.0 版）

一级指标		二级指标（观测点）	
A1	管理与服务指数	B1	城市领导力（市 + 区级关于社区教育信息化规划、制度、设施、科研等项目平均立项数）
		B2	政府投入（市 + 区元 / 人）

续　表

一级指标		二级指标（观测点）	
		B3	社会投入（元 / 人）
		B4	服务机构（个 / 万人）
		B5	从业人员（名 / 万人）
		B6	人员培训（培训人数占从业人员比例 %）
A2	环境与设施指数	B7	社区公共计算机（市 + 区 + 街 + 居台数 / 万人）
		B8	学习平台（市 + 区网站、移动等平台数 / 万人）
		B9	平台应用（市 + 区各类平台点击量总和 / 人）
		B10	学习资源（市 + 区总资源数 / 万人）
		B11	资源共享（市 + 区共享资源数占总资源比例 %）
A3	参与与应用指数	B12	个人投入（元 / 人）
		B13	学习时间（每天学习小时 / 人）
		B14	学习参与（学习参与人数 / 万人）
		B15	技术应用能力（转换值：专业能力 100、很好 90、好 80、一般 60、不好 0）
A4	体验与成效指数	B16	学习体验（转换值：非常快乐 100、快乐 90、满意 80、一般 60、不满意 0）
		B17	学习提升（转换值：全面提升 100，很有提升 90，有提升 80，一般 60，没有提升 0）
		B18	学习组织创建（团队、学习圈、小组等数字化学习组织数 / 万人）
		B19	学习项目创建（网上读书、体验、比赛等数字化学习项目数 / 万人）
		B20	服务社区教育（数字化学习人数占社区教育学习总人数比例 %）

（1）管理与服务指数（A1）。这个分指数是从政府和社会角度进行测评的，反映城市在开展社区教育中运用信息技术满足市民学习需求的在管理、服务方面的能力。下设 6 个二级指标：城市领导力指数、政府投入指数、社会投入指数、服务机构指数、从业人员指数和人员培训指数。

（2）环境与设施指数（A2）。这个分指数也是从政府和社会角度进行测评的，反映城市在开展社区教育中运用信息技术满足市民学习需求在环境、设施方面的保障能力。下设 5 个二级指标：社区公共计算机指数、学习平台指数、平台应用指数、学习资源指数、资源共享指数。

（3）参与与应用指数（A3）。这个分指数是从学习者角度进行测评的，反映学习者运用信息技术参与社区学习和技术应用能力。下设 4 个二级指标：个人投入指数、学习时间指数、学习参与指数和技术应用能力指数。

（4）体验与成效指数（A4）。这个分指数是从综合性角度进行测评的，反映运用信息技术开展社区学习所获得的学习体验和成效，是学习质量的标志。下设 5 个二级指标：学习体验指数、学习提升指数、学习组织创建指数、学习项目创建指数和服务社区教育指数。

4. 形成测算方法

第一，根据问卷获得的数据确定观测点原始值（X），原始值通过三种方式获得。一是直接从管理部门的问卷原始数据中得到，如从业人员培训比例等；二是根据指数测算要求对调查原始数据进行计算后得到，如政府投入换算成人均投入等；三是将调查所获得的主观判断赋值（如 100，90，80，60，0），然后根据公式（$100\times f_1+90\times f_2+80\times f_3+60\times f_4+0\times f_5$）计算平均值后得到。

第二，对观测点数据进行标准化处理，根据原始值（X）的范围确定 $X_{\min}$ 和 $X_{\max}$，其中 $X_{\max}$ 取测评范围相应二级指标最大值，$X_{\min}$ 为最小值，然后根据公式 1 转换成无量纲的标准值（Z），以便直接进行无量纲数值计算。

$$Z_i=\frac{X_i-X_{min}}{X_{max}-X_{min}} \qquad （公式 1）$$

第三，确定各指标权重，本指数权重采用德尔菲（Delphi）专家调查法[6]，确定各指标的权重值。

第四，根据观测点各指标权重和一级指标权重，运用公式 2 计算出各分类指数值（四个一级指数），再加权计算出总指数。其中，UCEIDI 代表“城市社区教育信息化发展指数”的数值，n 为一级指数的个数，m 为二级指数的个数，W 为权重，P 为标准化后的数值（观测点就是 Z 值）。在此基础上，形成各级指数的汇总图表。

$$\text{UCEIDI} = \sum_{i=1}^{n} W_i \left(\sum_{j=1}^{m} W_{ij} P_{ij} \right) \qquad \text{（公式 2）}$$

上述统计方法，参照国家统计局统计科研所信息化统计评价研究组在“国家信息化发展指数”统计中提出的“简单线性加权的方法”，通过对每个具体指标的标准化数据进行加权计算获得指数值；同时，考虑到各区指标数值分布基本均匀，对标准值采用“一般标准化公式”计算[7]。

5. 形成测评程序

在对指数内涵进行分析的基础上，从系统架构、功能模块、关键类图等方面对指数测评模型进行了系统设计，形成了“UCEIDI 指数测评模型系统”。指数测评模型采用了 B/S 架构，用户使用浏览器通过互联网向服务器提交请求、接收反馈结果，客户端不需要安装额外的应用程序。为了便于在手机等移动设备上使用，技术上严格遵循 HTML5 开发规范，并将功能整合到微信公众号中，用户只需要关注微信公众号就能便捷使用。指数测评模型部署在互联网的服务器上，服务器分为网站服务器和数据库服务器。网站服务器用来处理所有的用户提交请求，数据库服务器存储和处理相关的数据。

指数测评模型的服务器端软件选型如下。指数测评模型服务器采用 Windows Server 2008 操作系统；数据库服务器采用 Microsoft SQL Server 2008 提供数据存储服务，主要存放公共源数据、源数据、各级指数及计算结果；Web 服务器采用 ASP.NET 架构，使用 IIS 提供 Web 服务，并单独为指数测评模型分配应用程序池，使 IIS 在隔离模式下工作，增强可靠性。

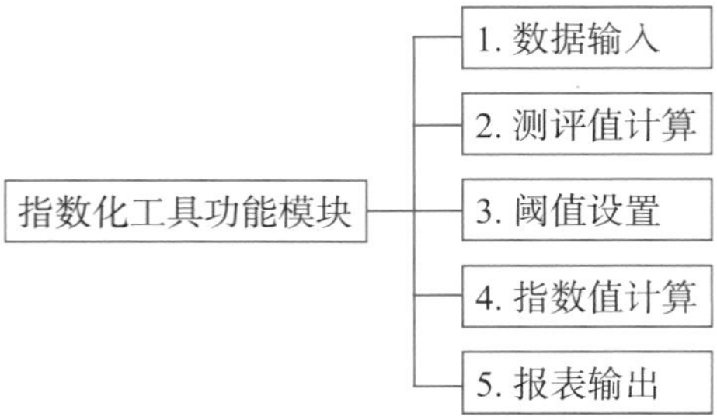

图 2　UCEIDI 功能模块示意

指数测评模型按其业务流程一共划分为五个功能模块，功能模块如图 2 所示。其中，① 数据输入模块主要功能为设置公共源数据以及输入源数据。公共源数据包括观测城市、观测年份、参评区（县）、市常住人口数以及参评区（县）常住人口数等 5 项。源数据包括市里的源数据和区（县）的源数据总共 75 项。② 测评值计算模块主要功能为计算指标测评值。系统根据已输入的源数据自动计算所有二级指标的指标测评值，测评值的计算公式应根据源数据项的定义及含义进行设置。③ 阈值设置模块主要功能为设置最小阈值和最大阈值。最小阈值和最大阈值直接影响到指数计算结果，可以根据各个指标一定时期内的测评值和将来预测值综合确定。④ 指数值计算模块主要功能为计算指标指数值。系统根据已计算的测评值和最小阈值、最大阈值，自动计算出二级指数、一级指数和总指数的指数值。不同城市不同年份的指数值采用统一标准计算，因此进行横向纵向比较。⑤ 报表输出模块主要功能为输出各类报表和统计图形。系统根据已计算的指数值，以不同维度多种展现形式提供各类报表和统计图形，图形包括柱状图、折线图、蛛蛛图等。

（三）发展指数测评结果

为实现指数有效运行，课题组以第一届 NERC 杯全国社区教育“互联网 +”优秀项目和上海为研究对象进行了试测分析，对指标体系的可行性进行了相关验证。根据疫情带来的新常态，课题组再一次从理论上对城市社区教育信息化提出了新的诠释，并以上海 5 区为研究对象，进行了一次全面测评工作。

1. 试测分析与理论反思

2019 年下半年，本研究重点以“第一届 NERC 杯全国社区教育‘互联网 +’优秀项目”获得地区为试测对象，分指标进行试测分析。比如，关于城市领导力指标，以长沙市为例，从 2015 年起，长沙社区大学通过征文比赛、开通“乐学长沙”微信公众号，推进线下活动和线上学习体验，推出“老年 E 生活”系列送课活动等，使学习人数迅速上升。2018 年注册人数达 47 万，访问量 1 900 万人次；2020 年注册人数 63 万，访问量 2 679 万人次。根据学习效果，课题组对城市领导力的项目作了重新定义，认为项目应该以具体实施项目为主。又如，沈阳市和平区突出摄影特点，支持学员自主学习、互动学习，实现知识建构，收到了很好的效果。所以关于指标中对于学习团队和学习时间的定义，实践告诉我们应该更加宽泛。通过分析，课题组认为，指数的指标内涵有必要通过实践作适当调整。

2020 年，在突发新冠肺炎疫情的情况下，上海市教委提出了社区教育

"停学不停课"的具体要求，积极完善上海市民终身学习云空间，开通了上海市民终身学习云"空中课堂"；启动了"网上体验基地"小程序，制订网上体验项目；开发了线上人文行走资源，尝试线上学习模式；上海学习网打造了"上海老年教育直播课堂大课表"；上海市学习型社会建设服务指导中心办公室举办了"致敬，在阅读的您"的社区网上读书活动；上海市老年学习团队指导中心积极探索团队学习新载体，从22个市级学习团队工作室及五星级学习团队中，选择合适的老师开展直播课堂，等等。由于线下教学全部停止，市、区、街道（镇）三个层面相互衔接，积极发挥各自的作用：市教育行政部门和业务指导部门加强指导和统筹，各区社区学院和老年大学发挥骨干引领作用，街道（镇）社区（老年）学校发挥基础作用。

疫情促使在线教学升温，也引发了我们对城市社区教育信息化的新思考，在新常态下，学习者将从基于资源的学习转变为基于空间的学习。引入"空间"概念寓意着在线学习的相关性因素更多了，空间不单是网络，也不单是教室，涉及教育的方方面面。社区在线学习空间就是面向社区全体成员的、基于互联网技术的在线学习环境，也是以网络平台为核心的在线学习系统，性质上属于虚拟学习空间，结构上包括网络平台系统、学习环境系统、管理服务系统等，具有"社区性、整合性、开放性"等显著特征。社区在线学习空间的基本点是面向社区全体成员提供在线学习服务，运行机制靠的是社区内各类教育机构、网络平台、数字资源等的充分整合；它也是一个面向社区全体成员的公共空间，对于整合资源的要求极高，包括整合平台资源、课程资源及技术资源等。同时，社区学习是以学习者需求为导向的学习，可以是学校型的，也可以是活动型的；可以是组织型的，也可以是自发型的；可以是计划型的，也可以是临时型的，等等。

基于试测及疫情新常态下社区在线学习空间的理念，课题对指数1.0版的测算内容和方法作了相应的调整。主要包括：一是关于城市领导力中的"项目"口径问题，更加注重具体的实施项目及项目的作用和效果；二是关于服务机构、服务人员、学习平台等指标，不限于市和区两级，街道社区学校发挥了重要的基层作用，其相关数据应该全面纳入指数统计范围；三是学习团队在统计上更加宽泛，不限人数、不限时间、不限课程，鼓励各种非正式的学习组织开展网上学习；四是学习时间不限于参加有组织的学习，更强调自主学习，强调在任何地方、任何时间、任何方式的学习都应该作为有效学习进行统计。同时，在指数测评过程中注意将数据向社区基层延伸，向学习者直接获取。

2. 上海测评与主要发现

本研究依据《城市社区教育信息化发展指数（1.0 版）》指标体系，对上海部分中心城区进行了一次发展指数调研和测评，在形成区域发展指数的基础上，进行了整体发展趋势和差异性比较，并由此作出初步判断。

（1）测评设计。上海是全国社区教育信息化发展相对靠前的地区，目前有全国数字化学习先行区 13 个，占 81.25%。社区教育信息化的管理服务体系不断健全，市、区两级平台、资源建设不断推进，各项信息化学习项目不断涌现，有效地支持了社区学习者终身学习的需要。课题组采用问卷调研法，以上海城区为单位，对 2018—2020 年社区教育信息化发展情况进行连续评估。在问卷调研过程中，选取有代表性的 5 个区（S1 区、S2 区、S3 区、S4 区、S5 区）为研究对象，其中客观性指标数据的采集通过直接向社区教育管理部门发放问卷获得，问卷共 5 份，两次全部有效；主观性指标通过问卷网直接向社区学习者征求获得，两次分别收到网上有效答卷 3 567 份和 2 391 份。

本研究选取“城市社区教育信息化发展指数”作为指标体系，该指数通过理论及实践研究、专家充分论证、模拟试测、综合评价等环节后形成。课题组向社区教育管理者和信息化专家（共 10 位）进行了问卷咨询，在听取专家意见基础上，采用德尔菲（Delphi）专家调查法，确定了各指标的权重值（见表 3）。

表 3　城市社区教育信息化发展指数权重

一级指标	权重	二级指标（观测点）	权重
A1 管理与服务指数	0.25	B1 城市领导力	0.20
		B2 政府投入	0.20
		B3 社会投入	0.10
		B4 服务机构	0.30
		B5 从业人员	0.10
		B6 人员培训	0.10

续 表

一级指标	权重	二级指标（观测点）	权重
A2 环境与设施指数	0.25	B7 社区公共计算机	0.30
		B8 学习平台	0.20
		B9 平台应用	0.20
		B10 学习资源	0.20
		B11 资源共享	0.10
A3 参与与应用指数	0.25	B12 个人投入	0.20
		B13 学习时间	0.20
		B14 学习参与	0.30
		B15 技术应用能力	0.30
A4 体验与成效指数	0.25	B16 学习体验	0.30
		B17 学习提升	0.30
		B18 学习组织创建	0.10
		B19 学习项目创建	0.10
		B20 服务社区教育	0.20

（2）区域社区教育信息化发展趋势比较。通过对调查原始数据统计、计算，课题组采用综合指数法分别测算出全市 2018 年、2019 年、2020 年 5 区社区教育信息化“管理与服务”“环境与设施”“参与与应用”“体验与成效”一级指数和相应的二级指数及综合发展指数，并对一级指数和综合指数进行汇总（见表 4），从而获得了一组上海区域社区教育信息化发展的直观数据。

表 4　2018—2020 年各区社区教育信息化发展指数

区/年份 指数	S1 区			S2 区			S3 区			S4 区			S5 区		
	2018	2019	2020	2018	2019	2020	2018	2019	2020	2018	2019	2020	2018	2019	2020
A1 管理与服务	0.73	0.75	0.84	0.86	0.88	0.92	0.59	0.62	0.72	0.64	0.64	0.74	0.39	0.46	0.66
A2 环境与设施	0.89	0.93	1.19	0.88	0.92	1.17	0.71	0.76	1.03	0.75	0.83	1.07	0.61	0.77	0.96
A3 参与与应用	0.93	0.92	1.26	0.95	0.95	1.41	0.92	0.94	1.27	0.82	0.85	1.10	0.78	0.83	1.14
A4 体验与成效	0.91	0.97	1.11	0.93	0.98	1.13	0.88	0.95	1.04	0.77	0.92	0.97	0.62	0.82	0.93
区综合指数	0.86	0.90	1.10	0.91	0.93	1.16	0.77	0.82	1.02	0.74	0.81	0.97	0.60	0.72	0.92

1）发展呈现持续上升趋势

发展指数主要以研究发展趋势为主，为此，本研究以 2018 年为基准年，以 2018 年数据为参照标准（其指数值本身仅表示当年在 5 区中的位置，不具备比较意义），重点观察 2019 年、2020 年的指数变化。为方便分析，课题组依据表 4 所列数据，分别计算出 2018—2020 年 5 个区一级指数和综合指数的平均指数值以及相对 2018 年的增长率（见表 5、图 3），通过数据比较和案例分析，获得一些研究结论。

表 5　2018—2020 年 5 区社区教育信息化发展平均指数及增长率

年份 指数 / 增长率	2018	2019		2020	
A1 管理与服务	0.64	0.67	4.69%	0.78	21.88%
A2 环境与设施	0.77	0.84	9.09%	1.08	40.26%
A3 参与与应用	0.88	0.90	2.27%	1.24	40.91%
A4 体验与成效	0.82	0.93	13.41%	1.04	26.83%
区综合平均指数	0.78	0.84	7.69%	1.03	32.05%

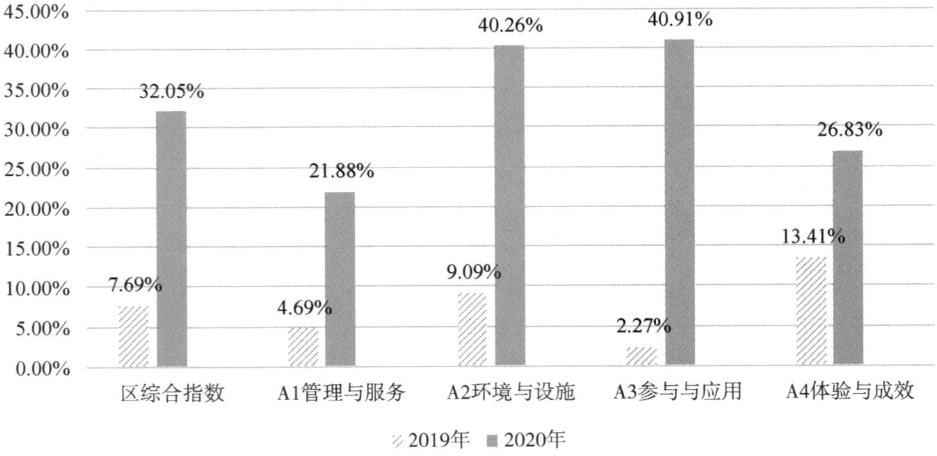

图 3　5 区社区教育信息化发展平均指数增长率

从表7和图3显示的数据可以看出，以2018年为基准，综合平均指数2019年增长7.69%，2020年增长32.05%，其中“管理与服务”增长21.88%，“环境与设施”增长40.26%，“参与与应用”增长40.91%，“体验与成效”增长26.83%。基本动因在于，一是近年来信息技术飞速发展和政策驱动，2018年教育部发布《教育信息化2.0行动计划》，2019年中共中央、国务院发布《中国教育信息化2035》，提出教育信息化的新要求，强调信息化在教育现代化中的重要地位的作用；二是终身学习多样化需求，推动社区教育信息化的不断探索和推进，上海一直坚持走在全国的前例，管理与服务、环境与设施不断改善；三是突如其来的新冠肺炎疫情，催生了在线教育的升温，促进社区学习全部转入线上，使上海原来比较平稳的参与度出现直线上升（从2019年的2.27%上升到2020年的40.91%），“在线教育以其较高的教学灵活性、较低的教育成本、优质资源的共享性等诸多优势在疫情期间大放异彩”[7]，同时体验与成效也比较显著。

2）发展呈现明显结构特征

第一，管理力度不断加大，但投入机制有待加强。

“管理与服务”指标下设6个二级指标，也是6个重要观测点，体现“管理与服务”的主要内容（见表6、图4）。从统计来看，这6个指标发展程度并不完全一致。比较明显的是人员培训、城市领导力及从业人员指数增加明显，服务机构指数也有一定增加，但投入方面的指数增长并不明显。

表6 “管理与服务”二级指标平均指数与增长率

年份 / 指数/增长率	2018	2019		2020	
A1 管理与服务	0.64	0.67	4.69%	0.78	21.88%
B1 城市领导力	0.74	0.63	−14.86%	0.91	22.97%
B2 政府投入	0.80	0.87	8.75%	0.83	3.75%
B3 社会投入	0.30	0.27	−10.00%	0.27	−10.00%
B4 服务机构	0.68	0.74	8.82%	0.77	13.24%
B5 从业人员	0.62	0.68	9.68%	0.73	17.74%
B6 人员培训	0.38	0.52	36.84%	0.98	157.89%

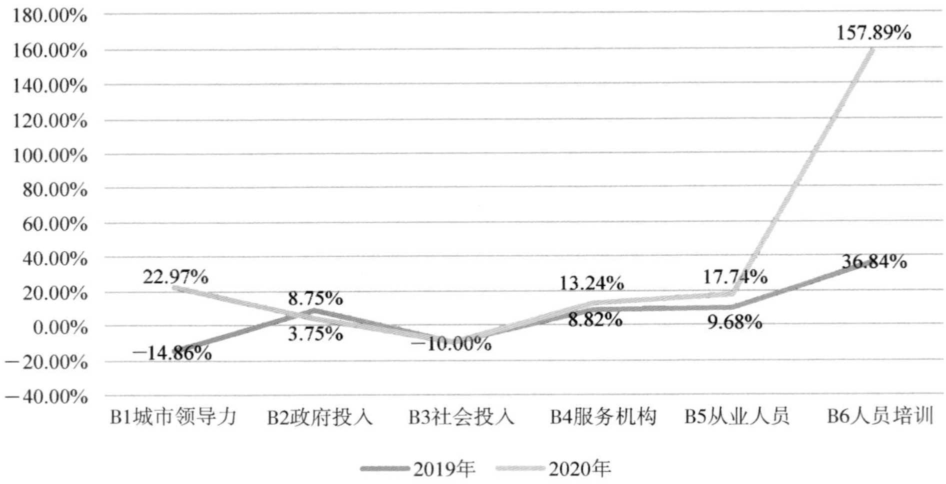

图 4 “管理与服务”二级指标平均指数增长率

具体来看，2018—2020 年上海社区教育信息化管理工作得到加强，各项举措也比较有力。

首先，政府层面加强对社区教育建设的统一规划，制订了相应的措施，纷纷推出了信息化发展规划以及智慧教育、在线教育等项目，2020 年城市领导力指数较 2018 年增加 22.97%。如在上海开放大学带领下，部分区推动智慧教室建设项目，疫情期间推出多个在线学习平台。

其次，从业人员培训得到加强，2019 年从业人员培训同比提升 36.84%，2020 年较 2018 年提升 157.94%，如上海市教委推出信息化专项培训，引发了各区教师信息化素养培训，上海市老年学习团队指导中心建立了区域直播教学师资培训机制，疫情期间部分区成立了在线教学研究团队等。

此外，各区增加了信息化师资队伍，增派信息化教师加入社区教育行列。

不足的是，这三年政府投入增幅较小，2020 年的增长率甚至较 2019 年减少了 5%，据了解，某区的一所社区学校在疫情期间，因为收不到学费，无法支付在线免费课程所要求的信息化设备费用，从而放弃了在线教学活动；同时，社会投入长期处于低位，调研的原始数据表明，部分区有一定社会投入，从几千元至上万元不等，金额不大，而且也不是经常性的，长期以来社区教育领域社会多元投入机制一直没有形成，经费渠道主要靠政府全力支撑。

第二，平台建设和应用加强，但学习资源还需盘活。

在“环境与设施”二级指标中，主要包括硬件、平台、资源及应用等内容，是社区学习的技术支持环境。指数数据显示，近年来学习平台建设和应用较为突出，计算机设备得到一定增加，但数字化学习资源建设比较平稳，资源共享途径和方法不够明显。（见表 7、图 5）

表 7 “环境与设施”二级指标平均指数与增长率

指数 / 增长率 \ 年份	2018	2019		2020	
A2 环境与设施	0.77	0.84	9.09%	1.08	40.26%
B7 社区公共计算机	0.83	0.89	7.23%	0.91	9.64%
B8 学习平台	0.71	0.94	32.39%	1.83	157.75%
B9 平台应用	0.84	0.87	3.57%	1.15	36.90%
B10 学习资源	0.62	0.65	4.84%	0.65	4.84%
B11 资源共享	0.87	0.86	−1.15%	0.86	−1.15%

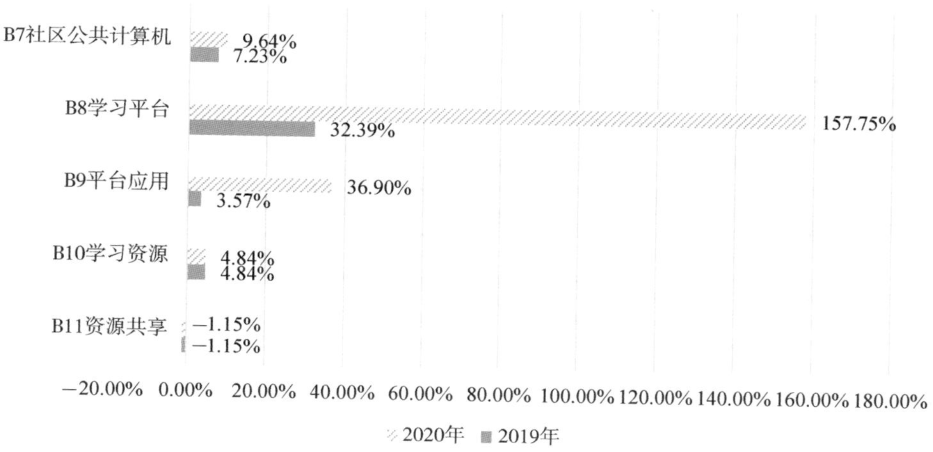

图 5 环境与设施二级指标平均指数同比增长率

在这一指标中，最为突出的是学习平台这一项，2019 年同比增长 32.39%，2020 年较 2018 年增长 157.75%；同时，平台应用指数 2020 年增长 36.90%。

为了证实这些数据，我们对涉及区域的平台建设和应用情况又作了进一步调研。首先，随着数字化学习方式的不断变化，很多区自 2019 年开始积极开展各类学习平台建设，包括平台升级、改造、链接，比如“云视课堂”进行管理功能升级，建立“上海老年慕课平台”区学习子平台，因应教育信息化 2.0 的要求建立智慧教育平台等；其次，疫情催生了在线平台建设，原来各区一个网站主打的格局被打破，区和街道纷纷建立了适合在线学习的平台，平台数量大大增加，比如“光启 e 学堂”“学在南翔直播平台”等的涌现；最后，疫情下广大社区学习者纷纷加入网上学习、交流、讨论大军，尤其是新建的在线平台，1 000 人的并发量远远无法满足学习者的需求。除此之外，近年来上海网上学习资源建设节奏总体不快，且各区的资源建设如出一辙，如何整合各方资源、对存量资源进行盘活，缺少比较有效的举措。

第三，学习参与率大幅提升，但个体投入并未同步增长。

“参与与应用”指数，主要是从学习者角度进行测评的，反映了学习者运用信息技术参与社区学习的个人经费和时间投入、技术应用能力及参与率等情况。根据 5 个区统计的二级指数（见表 8，图 6），市民参与数字化学习的投入及技术状况基本上呈现稳定且略有增长的态势，比较突出的是，2020 年学习人数呈爆发式增长，指数值也出现了巨大波动，所以“学习参与”指数成为一级指数“参与与应用”指数的主要贡献者。

表 8 “参与与应用”二级指标平均指数与增长率

年份 指数 / 增长率	2018	2019		2020	
A3 参与与应用	0.88	0.90	2.27%	1.24	40.91%
B12 个人投入	0.89	0.90	1.12%	0.90	1.12%
B13 学习时间	0.91	0.93	2.20%	1.01	10.99%
B14 学习参与	0.81	0.87	7.41%	1.93	138.27%
B15 技术应用能力	0.91	0.91	0.00%	0.92	1.10%

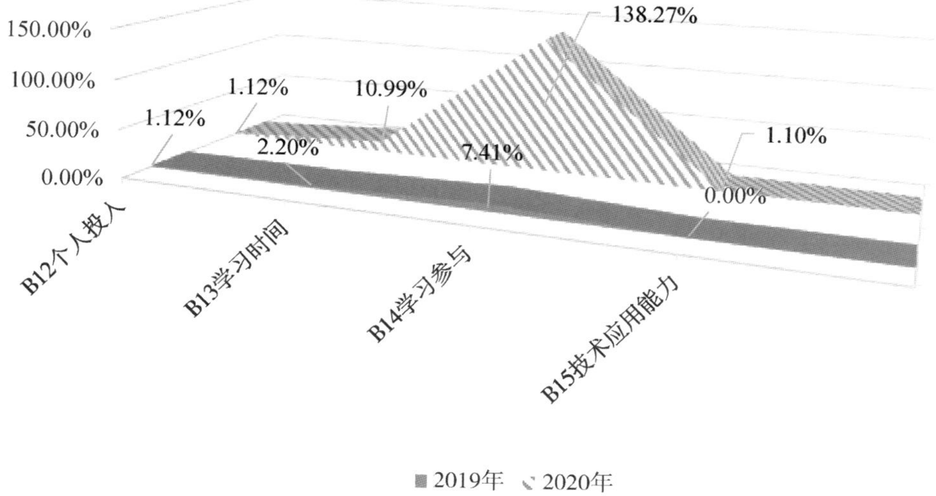

图 6 参与与应用二级指标平均指数增长率

综合 5 个区的二级指数变化，课题组得出了一些基本规律，通过调研也验证了这些规律。首先，市民参与数字化学习主要是以线上资源学习为主，2019 年学习参与指数增长 7.41%，这是一个比较平稳的增长数字；其次，突如其来的新冠肺炎疫情，使数字化学习在既有线上资源学习的基础上，还增加了在线直播学习等形式，这使得部分学习者由线下转入了线上（当然这只是线下学习者的一部分），尤其是线下的学习团队、学习小组转入线上后，人数增长迅速，5 区调研填报的参与率增长都在 100% 以上，这就使 2020 年学习参与指数增长达 138.27% 之高；最后，在“停课不停学”的号召下，社会各方的有效组织，也促成了数字化学习的活跃。尽管如此，市民个人投入指数 2019 年、2020 年均增长 1.12%，即 2020 年相比前一年为零增长；学习时间（每天学习时间）指数 2019 年同比增长 2.20%，2020 年较 2018 年增长 10.99%，说明个体每天投入学习时间小幅增长；技术应用能力指数 2019 年零增长，2020 年增长 1.10%，在学习者调查问卷设立的“专业、很好、好、一般、不好”5 个选项中，大部分填写了“好”和“一般”，说明学习者技术能力变化不大，而且水平普遍不高。

第四，组织学习能力明显增强，但学习效果有待改善。

“体验与成效”指标设计旨在反映数字化学习组织是不是有效，对社区教育的作用是不是有效，以及学习者是不是有收获等。通过“体验与成效”指数的统计分析可见（见表 9、图 7），近年来，数字化学习项目有较大拓展，学习型组织有很好的发展，对社区教育的作用也明显提升；同时，学习者对学习的体验感和学习收获感变化不是很大。

表 9 “体验与成效”二级指标平均指数与增长率

指数 / 增长率 \ 年份	2018	2019		2020	
A4 体验与成效	0.82	0.93	13.41%	1.04	26.83%
B16 学习体验	0.88	0.89	1.14%	0.92	4.55%
B17 学习提升	0.91	0.90	−1.10%	0.93	2.20%
B18 学习组织创建	0.73	1.12	53.42%	1.20	64.38%
B19 学习项目创建	0.72	1.25	73.61%	1.74	141.67%
B20 服务社区教育	0.70	0.79	12.86%	0.94	34.29%

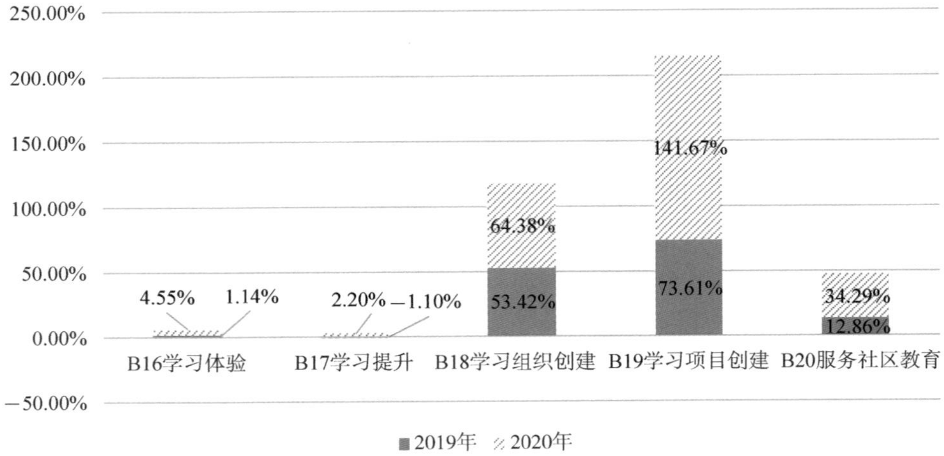

图 7 “体验与成效”二级指标平均指数增长率

本研究呈现的表 9 和图 7 统计结果表明，数字化学习组织工作成效明显，但个体学习效果没有太大的变化。从组织成效来看，学习项目创建指数 2019 年同比增长 73.61%，2020 年比 2018 年增长 141.67%；学习组织创建指数 2019 年同比增长 53.42%，2020 年相比 2018 年增长 64.38%；服务社区教育指数 2019 年同比增长 12.86%，2020 年相比 2018 年增长 34.29%。从近几年发展来看，上海数字化学习项目发展迅速，如市教委推出的终身教育云空间项目，在各区形成连锁反应，大部分区建立了相应的云学习项目；“上海老年慕课平台”项目的推出，带动了区域各种学习项目的不断跟进；上海体验基地、人文行走等项目的开展，促进了区级项目的大量推出。由此，也使数字化学习项目对“服务社区教育”指数的贡献大大增加，2019 年同比增长 12.86%，2020 年比 2018 年增长 34.29%。但市民“学习体验”指数 2019 年同比增长 1.14%，2020 年比 2018 年增长 4.55%，问卷中学习者对三年中的学习体验，多数选择了“满意”和“一般”，说明学习体验一般；“学习提升”指数 2019 年为−1.1%，2020 年增长 2.2%，说明学习者对数字化学习的认同度没有大的变化，而且从调查问卷来看学习者对此评价也不是特别高。

3）区域社区教育信息化差异性比较

（1）各区发展水平存在差距，但差距有一定缩小。从区综合指数来看，虽然总体趋势都在上升，但 5 个区的社区教育信息化水平仍存在较大差距，S2、S1 区相对较好，S5、S4 相对较弱，而且差距比较明显。同时，为了运用指数工具比较各区之间差距的大小，本研究从两个维度进行了量化分析：一是分别计算出 2018—2020 年各区之间指数最大差值（见表 12）；二是用统计数学中的方差反映各区指数之间的波动程度，方差越大，指数的波动越大；方差越小，指数的波动就越小[8]。因此，我们引用方差公式（公式 3），其中 S^2 为方差值，I_i 为指数值，$\bar{I}$ 为各区指数平均值，n 为区的个数，本研究 $n=5$，由此分别计算出 2018—2020 年区综合指数的方差值（见表 6）。在此基础上，作进一步综合判断。

$$S^2=\frac{\sum_{i=1}^{n}(I_i-I)}{n} \qquad \text{（公式 3）}$$

表 10　2018—2020 年 5 区综合指数汇总及差距分析

年份 \ 区域 / 差值	S1 区	S2 区	S3 区	S4 区	S5 区	5 区指数均值	方差 S^2	指数最大差值
2018	0.86	0.91	0.77	0.74	0.60	0.78	0.011 48	0.31
2019	0.90	0.93	0.82	0.81	0.72	0.84	0.005 48	0.21
2020	1.10	1.16	1.02	0.97	0.92	1.03	0.007 52	0.34

运用表 10，我们从两个角度分析判断：从方差来看，2018 年方差值较大（为 0.011 48），而 2019 年和 2020 年方差值明显下了一个台阶（分别为 0.005 48 和 0.007 52），说明区之间的平均差距总体在缩小；同时，由于 2020 年的方差值仍然比 2019 年略大，说明各区发展还不是特别稳定。从指数最大差值来看，虽然各区水平都在上升，但极端差距并没有缩小且不稳定，两级化现象仍然比较严重，尤其疫情下的 2020 年，两极现象较前两年都有一定加剧。

（2）区域分类差距缩小不够稳定，学习参与率差距明显加大。为了分析区域发展差距的分类特征，找出差距的关键点，我们选取表 2 中各区一级指标的指数值，运用方差分析方法（公式 3）分别计算出 2018—2020 年一级指数的方差值（见表 11，图 8）。

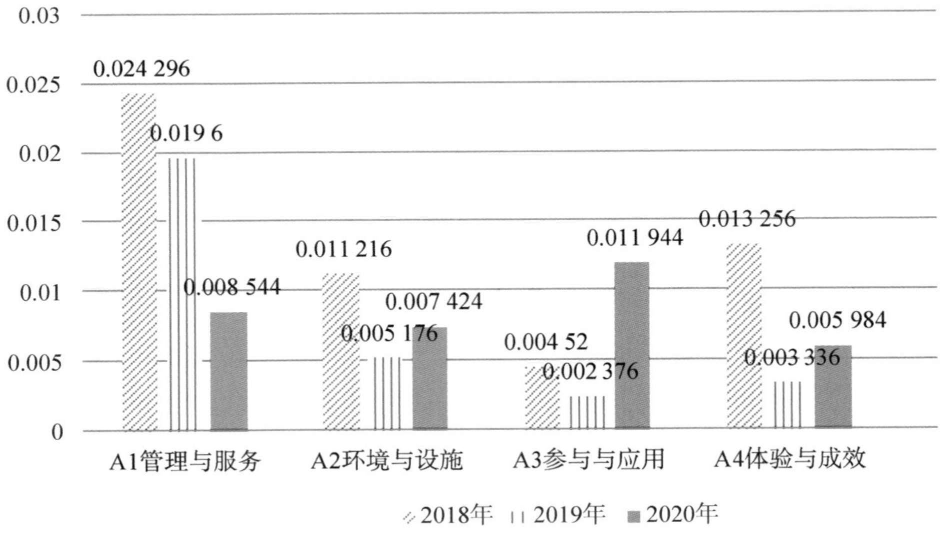

图 8　2018—2020 年一级指数方差对比

表 11 2018—2020 年一级指数方差值

一级指数＼年份	2018 年	2019 年	2020 年
A1 管理与服务	0.024 296	0.019 600	0.008 544
A2 环境与设施	0.011 216	0.005 176	0.007 424
A3 参与与应用	0.004 520	0.002 376	0.011 944
A4 体验与成效	0.013 256	0.003 336	0.005 984

从“管理与服务”指数看，差距在逐年缩小，尤其 2020 年下降明显。这一指数也是对综合指数差距缩小贡献最大的一级指数。调研原始数据表明，各区普遍重视社区教育信息化建设规划，不断推进学习项目，注重信息化队伍建设，2020 年队伍培训量大幅增加；调查问卷数据还显示，原来基础较弱的区学习项目推进、培训工作开展等反而走在了前面，缩小了这种差距。

从“环境与设施”指数看，2019 年差距明显缩小，2020 年差距略有加大。主要是各区平台建设存在较大差异。调研数据显示，近年来基础较弱的区在计算机硬件、平台建设方面有较为明显的举措，并在疫情期间得到了加强；但各区在环境设施建设方面受各种因素影响，存在一定波动性，平台建设情况存在不确定性因素。还有，从平台应用来看，点击率随机性较大。

从“参与与应用”指数看，2019 年差距明显缩小，但 2020 年差距急剧加大，这个原因使综合指数年度差距在 2020 年出现一定反弹。从原始资料获知，各区学习者的经费投入、时间投入和技术能力变化并不大，但 2020 年基础一直较好的 S2 区和 S1 区参与人数急剧增加，而原来较弱的 S4 和 S5 区增长幅度有限，所以学习者参与差距比原来大幅放大。

从“体验与成效”指数来看，2019 年差距也有明显缩小，2020 年差距有所加大。据调查原始数据分析，原来基础较弱的 S4 区和 S5 区在项目推进、学习组织建设方面有较大起色，带来了 2019 年差距的缩小；但 2020 年疫情期间各区加强学习项目和学习组织打造，以适应在线学习的需求，基础较好的 S2 和 S1 区的优势再度体现，差距再度扩大。但相比 2018 年，差距总体是大幅缩小的。

综合上述分析，从区域差距程度来看，差距水平仍然比较明显，而且不太稳定；同时，参与率差距加大，2020 年其他项目差距出现反弹，反映了发展较弱区的增长速度远远赶不上先进区的发展，这有可能成为一种新的常态。

（3）各区发展各有侧重，但难点问题突破不大。城市社区教育信息化发展指数设立的二级指标，细化了各区在不同层面的工作开展情况和进展，能够具体反映各区的特点。在强化管理服务方面，S2 区起点较高，管理服务比较稳定，能够把主要精力放在扩大参与面上，学习人数明显提升；在环境与设施建设方面，S5 区能够加快平台建设，逐步缩小与先进区的差距，2020 年平台建设明显加快；在参与与应用方面，S2 区和 S3 区增长快速；在体验与成效方面，各个区在学习项目打造方面都有很大进展，说明大家都非常关注学习项目培育，把项目作为数字化学习的重要载体，所以各区差别不是很明显。

但各个区都面临共同的难点，且近年来并没有明显的突破。在社会投入方面，指数值连续处于低位，而且没有太大的变化，反映了各个区在信息化建设方面基本是以政府承担为主；学习资源建设速度放缓，各区数字化学习资源共享度普遍不高，反映各区对于资源的整合力度不强，缺乏对社会资源的关注；涉及学习者的几项指标，如经费投入、时间投入、技术能力、学习体验、学习提升等方面变化不大，说明各区在学习者服务方面效果不明显，学习者的反映以“维持现状”为主。

（4）基本判断。通过比较分析，我们得出基本判断：上海各区在社区教育信息化建设项目方面逐年加强，注重对支持服务队伍的建设，体现了较强的管理和服务能力；具有较强的网络平台支持，各区因时因地加强平台建设和应用，尤其疫情期间呈现多元平台协同发展格局；各区学习参与率保持稳定增长，尤其疫情期间能够有效推进在线学习，成效显著；各区的学习项目不断涌现，学习方式有所创新，数字化学习成为社区教育的重要手段。同时，各区社会投入不足，学习资源整合度不高，学习者的认同度提升缓慢，影响学习的效果。本研究形成的研究结果，对于全面认识上海社区教育信息化发展现状和趋势，具有重要的参考意义，对全国各城市也有借鉴作用。

本次研究采用本课题组研制的指数工具，整体分析突出指数的发展特征，指数的指标体系较好地体现了社区教育发展的各个层面，有助于进行比较研究，尤其在上海的测评取得了很好的效果；指数分析从原始调研开始，形成了基础调研表格，在此基础上形成各类指数的分类表，有利于从不同维度进行分析，形成问题的交叉点，同时辅之于案例论证，较好地体现了研究的科学性。同时，指数研究试图以量化的办法了解人文科学中的定性问题（如人的感知度问题），存在一定局限，人的随意性会影响研究中的分析判断；社区教育的特点又使调研中的原始数据不一定完整准确，被调研者的认知会影响数据的准确性等。

三、研究结论与分析

本课题从研究综述、现状调研、指数研制、应用研究四个方面开展研究，从研究内容的把握、方法的运用到路径的选择来看，整个研究形成一个完整的体系。从研究过程和取得的研究结果来看，可以得出三点结论。

（一）发展指数首要立足“全局性”

发展指数研究的全局性指从党和国家的方针政策出发、从国家经济社会发展大局以及从信息化发展的大势出发，深入分析指数研究的意义以及其与全局的关联性和互动性。本研究围绕“城市社区教育信息化发展指数”这一研究标的，基于“城镇化”“智慧城市”“学习型城市”“教育信息化政策”“社区教育信息化研究”“信息化发展指数”研究视角及全国、上海现状调研结果，着力全局的视野进行分析与思考，为研究奠定了坚实的基础。

1. 全局性强化了指数研究的现实意义

从城市发展来看，当前我国正处于经济转型升级、加快推进社会主义现代化的重要时期，也处于城镇化深入发展的关键时期。但城镇化并不是简单追求数量的多少、规模的大小，而是需要建立适应经济可持续发展要求的新型城市，也就是城市现代化。《国家新型城镇化规划（2014—2020 年）》指出，要顺应现代城市发展新理念新趋势，推动绿色城市建设、智慧城市建设和人文城市建设，要利用信息技术，创新发展城市教育、就业、社保、养老、医疗和文化的服务模式。同时，学习型城市概念自 20 世纪 90 年代提出以来，终身教育、终身学习及学习型社会渐趋成为社会关注的焦点，《建设学习型城市北京宣言》指出，在发展学习型城市过程中，要重振家庭和社区学习活力，推广应用现代学习技术。

从教育信息化政策来看，为适应经济社会发展的要求，党和政府加大了信息化的政策力度，为信息化发展提供了强有力的保证。近年来，我国全面实施国家发展战略，不断促进信息领域消费的发展，积极推进“互联网+”行动，持续开展智慧城市建设；同时，加强了教育信息化的全面规划，突出了社区教育信息化的作用。基于国家信息化发展政策的视域，我们有必要进一步思考社区教育信息化如何同步发展，尤其是城市如何引领社区教育信息化发展等问题。

从社区教育信息化研究和现状来看，比起学校类型的教育信息化，社区教育谈不上真正意义上的信息化。但是，自2000年开展实验工作以来，社区教育发展迅速，在满足人民群众日益增长的学习需求方面作用显著，运用信息技术推动社区教育发展成为必然，近年来也形成了一些好的做法和研究成果。同时，从全国30个数字化学习先行申报区的现状调研来看，城市社区教育信息化的发展与城市发展、社区教育发展还存在很多不足。《中国教育现代化2035》提出要“加快信息化时代教育变革”。我国各个教育领域，信息化发展指数已经成为衡量信息化发展水平的重要工具，成为教育高质量发展的重要推动力。

2. 全局性体现了对指数研究的指导性

在现代化建设中，信息化具有后发优势，为发展注入新的活力；城镇化既为信息化提供载体和平台，又有赖于信息化的发展。近年来，智慧城市建设引领并推动了教育信息化的快速发展，教育信息化建设也逐步纳入智慧城市建设总体规划，形成了与智慧城市协调发展的局面；同时，智慧教育等一批高层次、高水平的教育信息化项目不断涌现。有研究者认为，智慧教育必须有比智慧城市更多、更丰富的内涵，一个完整的智慧教育体系，需要有智慧教师、智慧学习、智慧课程、智慧学习评价、智慧创造室、智慧学术平台、智慧校园等[9]。

党的十九届五中全会指出：建设高质量教育体系，发挥在线教育优势，完善终身学习体系，建设学习型社会。我国政府一直高度重视教育信息化发展水平的评价工作，并给予了前瞻性的政策指导。2001年，原信息产业部会同相关部委提出了《国家信息化指标构成方案》；2012年，教育部在《教育信息化十年发展规划（2011—2020年）》中提出，要“鼓励发展性评价”，“逐步建立工作规范和评价标准”；2015年，国家标准化管理委员会研制形成了《新型智慧城市评价指标体系总体框架》，标志着教育领域分指标体系基本形成，等等。

从我国“信息化发展指数”体系研究来看，指标构成简洁明了，数据运算简单便捷，有利于指数的有效运用，体现了科学性、综合性、可操作性、可比性、导向性等基本架构原则。信息化发展指数（Ⅰ）由5个分类指数构成，包含10个具体指标。“十二五”期间，优化后的信息化发展指数（Ⅱ）仍然由5个分类指数组成，但指数内容包含12个具体指标。我国政府在推进信息化过程中，对以指数为工具的测评体系一直具有较高的关注度和认同度，并运用这一指数体系全面分析了国内信息化发展水平，还有针对性地进行了国际分析比较，为各个领域信息化发展指数研究提供了理论和实践上的示范。

3. 全局性强调了指数研究与全局的互动性

在城市建设中，“社区教育”“社区教育信息化”始终处于重要的地位，社区教育对于城市发展具有其他教育不可替代的作用，社区教育专家陈乃林认为：“发展社区教育是建设学习型社会的奠基工程[10]。”国家发改委等八部委《关于促进智慧城市健康发展的指导意见》就提出，要把优质教育信息惠民行动计划作为智慧城市建设的重点任务；教育部《教育信息化“十三五”规划》指出，“教育信息化要更好地服务国家重大需求，在‘一带一路’‘互联网+’、大数据、信息惠民、智慧城市、精准扶贫等国家重大战略中发挥作用”。[11]社区教育信息化作为教育信息化的重要组成部分，当然也不可或缺，城市社区教育信息化指数研究对于提升城市品质具有重要作用。

国家对教育信息化的发展要求为社区教育信息化发展带来了机遇和条件。社区教育信息化与一般意义的教育信息化既有相同之处，也存在一定独特性，要实现社区教育信息化的特色发展，必须丰富其内涵，基于社区教育的社区特性下功夫。社区教育信息化在融入民生、服务民生，立足“数字惠民”实现社区教育信息化与社区服务的深度融合方面，具有先发优势，社区教育在提升信息化发展水平的同时，对教育信息化发展也是一个有力推动。从指数角度来看，目前已经形成诸多教育领域的信息化发展指数，但与社区教育信息化发展相关的指数还较少，这是指数研究的一个缺位。

（二）发展指数重点突出“发展性”

发展性是发展指数的本质特征，指数体系本身代表城市社区教育信息化的变化与未来趋势，具有前瞻性；同时，也表明指数是随着社区教育发展和信息化发展不断完善，处于动态变化中的。在本课题历时三年的研究中，教育信息化发展进入了新阶段，2018 年教育部出台《教育信息化 2.0 行动计划》，2019 年中共中央、国务院发布《中国教育现代化 2035》，2020 年经历突如其来的新冠肺炎疫情，以及当前正在制定中的《教育信息化中长期发展规划（2021—2035 年）》和《教育信息化“十四五”规划》等，这些对发展指数的形成和测评具有直接影响。因此，唯有用发展的眼光才能发挥发展指数的作用。

1. 发展性强调指数设计，秉承发展理念

首先，本课题从开始之初，就着力从全局的视野研究发展问题，如针对城市的发展，立足城镇化发展、智慧城市发展和学习型城市发展，强调社区教育信息化发展对城市发展的基础作用和推动作用；其次，聚焦信息化发展，基于国家信息化发展战略，加强对最新政策的认识和理解，充分认识到当今社会以物联网、云计算、大数据、人工智能等为代表的新一代技术正以前所未有的速度向前发展，影响着教育的方方面面，成为推动教育改革与发展的重要引擎。最后，注重社区教育信息化发展现状，通过全国 30 个数字化学习先行申报区及上海的调研，获得有参考价值的案例和数据，坚持立足当前，着眼未来的态度。

在指数体系中，指标设立坚持发展优先的理念。比如，以城市领导力作为重要指标，旨在强调社区教育信息化发展保障体系的重要性，这从全国 30 个先行申报区的调研经验中得到了证实，也从上海疫情期间的二次调研中再一次得到印证；作为社区教育发展的未来趋势，社会投入作为引导性指标，符合《中国教育现代化 2035》提出的“推进教育治理体系和治理能力现代化”“培育多元办学主体”的要求，也是社区教育机制创新的体现；而将服务机构及从业人员作为重要指标，是基于目前社区教育信息化服务体系不够完善的现状，这也是社区教育高质量发展的要求。此外，在对上海的测评中也充分体现了发展性，核心的指标被赋予了较高的权重，比如“服务机构”“社区公共计算机”“学习体验”等。

2. 发展性促进指数在研制中不断完善

本指数的研制过程，经历了文献研究和调查研究、借鉴国家信息化发展指数、分析国内发展现状、在部分地区开展试测及调试、多轮专家咨询与论证等环节。其间又经历了国家重大发展政策的出台，《中国教育现代化 2035》及党的十九届五中全会都提出要实现教育的高质量发展，这对发展指数的定位提出了明确的要求。2020 年，新冠肺炎疫情带来的变化，使指数研究又经历了二次调研及相关理论研究，通过对疫情下上海社区开展互联网学习情况的调查与分析，课题组又对部分指标的内涵和测算方法进行了调整，强化了指数的针对性和实效性，使发展指数可以更加有效地适应新情况、新常态的要求。

新冠肺炎疫情下社区在线教育的不断升温，也促进了理论上的不断探索和创新，本课题关于“社区在线学习空间”的提出，拓展了城市社区教育信息化发展的视野，用“空间”概念解释城市社区教育信息化中的服务方式和学习形态，是新常态下对信息化新的认识。“空间”概念寓意着与教育信息化相关性的因素更多了，空间不单是网络，也不单是教室，涉及教育的方方面面，突出了社区教育信息化“社区”的特征，正如北京师范大学陈丽教授在中国教育技术协会 2020 年年会学术报告中指出的，疫情后在线教育的转型升级将以“空间建设为主，面向终身学习，整合社会资源，消费驱动服务，重构组织体系”。基于“空间”的理念，本研究后期对指数的内涵和侧重点又作了进一步调整，充分体现了指数研制过程的发展性。

3. 发展性推动指数以发展视野面向未来

2020 年 5 月，教育部高等教育司司长吴岩在新闻发布会上指出，复课后，对在线教育也要从“新鲜感”向“新常态”转变，因为我们不可能、也不应该退回到疫情发生之前的教与学状态[12]。上海指数测评表明，疫情带来了某些指数的大幅提升，更带来了许多理念和实践的创新，这大大改变了我们对信息化的认知，引导我们推动社区教育信息化的转型升级。比如，管理服务如何从传统的模式向公共服务模式转变，形成社会全面参与的新格局，重构信息化的组织体系；技术服务如何从偏重平台资源建设向偏重学习空间建设转变，形成个人空间、公共空间和学校空间“三位一体”布局，重构技术服务新体系等。面对全面推进教育现代化的大背景，社区教育信息化已经站在了一个新的出发点，要求我们以“新常态”的思维形成新的着力点，寻求新的突破点，实现新的落脚点。

基于“新常态”的思考，发展指数仍有较大的改进空间。从指数的整体架构来看，指数中传统的因素比较多，这从观测点的设计就可以清晰看出，突出新理念、强化新技术、拓展新方法应该成为指数改进的重要方面。作为城市社区教育信息化发展指数，如何体现“城市”的特点，也是一个值得思考的问题。早在2016年，北京师范大学智慧学习研究院制定的《城市智慧学习指数》，就充分考虑了区域分布、经济水平、城市人口等多个因素，一级指标首先体现城市创新发展环境，这些设计思路非常值得社区教育借鉴。此外，发展指数如何充分体现“发展性”也是值得进一步反思的，因为发展指数与评优指标体系不同，具有引领发展的导向作用和分析发展趋势的工具作用，如何设计指标（包括观测点）、如何确立重点指标的权重等问题，都需要从社区教育信息化发展的大局进行思考。

（三）发展指数关键注重“实用性”

实用性是发展指数的最终归宿，它指人们可以运用发展指数工具对城市社区教育信息化发展状况进行现状测量（量化分析）、横向和纵向比较及发展水平评价等。在本研究中，在研制阶段的试测与调试，在指数应用阶段的上海全面测评，体现了指数的实用性。

1. 实用性突出指数对发展现状可测量

指数是反映客观现状的一个量化数据，如何从原始数据或定性判断中得到量化值，既涉及观测点的设置，也涉及指数值的计算方法。本发展指数借鉴国家信息化发展指数的设计原则，尽量通过最少的观测点来体现整体面上的发展状况，指标体系共设20个观测点，与以往各类评估相比大大减化。同时，指数原始值通过三种方式获得：一是直接从管理部门的问卷原始数据中得到，如从业人员培训比例等；二是根据指数测算要求对原始数据进行计算后得到，如将政府投入换算成人均投入等；三是给调查所获得的主观判断赋值，如个人信息化能力设“专业、很好、好、一般、不好”五档，分别以100、90、80、60、0赋值，然后根据公式（$100\times f_1+90\times f_2+80\times f_3+60\times f_4+0\times f_5$）计算平均值后得到，从上海实际测评来看，这个量化方法还是可行的。

为了提高测量的效果，本研究设计开发了UCEIDI指数测评程序。该程序的研发主要基于“城市社区教育信息化发展指数”的指标体系和指标测算方法，整个程序大致划分为四个阶段：数据输入、指标测评值计算、指标指数值计算、报表输出。可以建立最初始的基础数据、基础报表、基础图示等，从而建立一个指数测算的标准化流程和科学简便的计算方法，直观有效；同时，运用指数测评工具还可以对发展指数进行调试，通过大量的数据模拟消除指数测评中不合理、随机性的因素，完善指数体系。本研究在指数调试阶段已经充分实践。

2. 实用性强调指数对发展差异可比较

作为量化工具，发展指数的最大优势在于比较，既可以进行纵向比较，了解国家和地区社区教育信息化发展进程和特征；也可以横向比较，反映不同地区的差异。从细化的角度看，还可以对一级指标或二级指数进行纵向比较和横向比较，使分析更加具体，便于发现发展问题的关键所在。本研究针对上海的测评，进行了区域社区教育信息化发展趋势比较，这是一项纵向比较，反映了上海社区教育信息化以 2018 年为起始点的发展水平，作出了“发展呈现持续上升趋势、发展呈现明显结构特征”的基本判断；同时，区域社区教育信息化差异性比较是横向的，作出了“各区发展水平存在差距，但差距有一定缩小；区域分类差距缩小不够稳定，学习参与率差距明显加大；各区发展各有侧重，但难点问题突破不大”的差异性判断。

指数分析中的比较就是对比如平均值、差异度等数据进行对比，从而对测评结果作出一定判断，这有赖于一些统计工具的运用。本研究中为了分析区域发展差距的分类特征，找出存在差距的关键点，选取了各区一级指标的指数值，运用方差分析方法分别计算出 2018—2020 年一级指数的方差值，并依据方差作出一定判断。为此，我们运用了统计学中的数据处理工具，比如数据是否服从正态分布，然后进行相应的数据检验（t 检验、F 检验等）。本研究在数据分析中运用 SPPS 进行了数据整理。

3. 实用性注重指数对发展水平可评价

关于指数能不能体现发展水平，本研究梳理了近年来我国教育信息化发展指数案例作为佐证。2014 年，卢春等学者以苏州地区为例，有针对性地选择了“基础设施发展指数、数字资源发展指数、应用服务发展指数、应用效能指数和机制保障指数”五大分类指数，通过综合评价指数法测算了苏州地区教育信息化发展，并分析了苏州市内各区市教育信息化发展现状和整体水平。2016 年，吴砥等学者深入湖北、湖南、江西、河南、安徽 5 省 14 个城市（区）进行调查研究，结合中部地区的特点确立了“数字资源、信息化教学应用、基础设施、管理信息化、机制保障”五大维度作为评价基础教育信息化的总体框架，充分反映了各地的发展水平，分析了影响因素。此外，2012 年，吴海燕等学者还基于教育类别信息化业务模型建立了绩效评价元模型和有关绩效评价的指标体系，等等。

从本研究对上海进行的测评来看，2018—2020 年区综合平均指数分别为 0.78、0.84、1.03，从绝对数值来看，如果把每年指数与平均值作一比较，便可以了解当年的发展水平。在本次测评中，有些数据（比如社会投入指数）长期处于低位，说明发展水平极其低下。当然，指数值的高低与参考的基准有很大的关系，比如本研究上海测评以 2018 年作为参照，都是以 2018 年发展水平为基准的。所以，作为指数测评基准的选择，也可以按照某一长期遵循的标准确立基准标准，形成的指数以这个标准为依据。

四、进一步的思考

其一，城市社区教育信息化发展指数是一个发展性的测量工具，在应用过程中，需要遵循国家经济社会发展及信息化发展的趋势；同时，需要探究和研究发展指数的基本理论，进一步丰富和发展指数理论，进一步强化理论的系统性、全面性和创新性，形成既有理论体系又有实用价值的发展指数。

其二，本指数的生命力在于应用的效能，就是通过测评推动社区教育信息化不断向前发展，在社会上产生积极的影响。因此，需要不断完善指标体系和测评方法，比如，发展指数的指标内容与城市发展关联度还不是很紧密，新技术、新方法的体现还不够，部分观察点的设立还不是很合理，指标初始数据计算方法还不是很科学，指数值与客观性之间还存在差距等。此外，指数的测评方法还不够标准化，原始数据还不够准确，可见，关于指数体系和测评研究还有很大的完善空间。

其三，基于“新常态”需要有新思考，教育信息化需要助力疫情后的教育新生态发展。疫情后新的教与学形态是什么，这是未来发展指数需要直接面对的；同时，新的技术手段、新的服务模式以及新的学习方式的不断出现，对指数的测评也构成强大的推动力。我们需要思考，指数体系和测评工作如何适应新的教学形态的变革。未来指数将面临不断重构，唯有这样，发展指数才能在提升城市社区教育信息化发展中真正发挥引领作用。

参考文献

[1] 习近平.致国际教育信息化大会的贺信[EB/OL].(2015-05-23)[2021-01-20] http://www.gov.cn/xinwen/2015-05/23/content_2867645.htm.

[2] 方维慰. 城市信息化水平的测评研究[J]. 情报科学，2003(10)：28-30.

[3] 教育部等.关于推进学习型城市建设的意见[EB/OL].(2014-09-15)[2021-01-31] http://www.moe.gov.cn/jyb_xwfb/gzdt_gzdt/s5987/201409/t20140915_174940.html.

[4] 杨京英，闾海琪，杨红军.信息化发展指数的测算[J]. 中国统计，2007(2)：15-18.

[5] 卢春，李枞枞，周文婷，等.面向区县层面的教育信息化绩效评估及其影响因素实证研究——以东部S市为例[J].中国电化教育，2015(3)：67-74.

[6] 国家统计局统计科研所信息化统计评价研究组.信息化发展指数优化研究报告[J]. 管理世界，2011(12)：1-11.

[7] 原铭泽，王爱华，尚俊杰. 在线教学中教师该不该出镜？——教师呈现对学习者的影响研究综述[J]. 教学研究，2020(3)：1-8.

[8] Gravetter F J, Wallnau L B. 行为科学统计[M].7版.王爱民，李悦，译.北京：中国轻工业出版社，2008：485.

[9] 陈琳，陈耀华，张虹，等. 教育信息化走向智慧教育论[J]. 现代教育技术，2015(12)：12-18.

[10] 陈乃林. 学习型社会视域中的社区教育发展研究[J]. 北京广播电视大学学报，2012(5)：40-44.

[11] 教育部.教育信息化"十三五"规划[EB/OL].(2016-06-21)[2021-02-15] http://www.edu.cn/xxh/focus/zc/201606/t20160621_1417428.shtml.

[12] 张盖伦.教育部：在线教学要从"新鲜感"走向"新常态"[N].科技日报，2020-05-15(4).

成人教育学科对标报告

华东师范大学成人教育学科组

摘　要： 以成人教育学研究生专业教育为基本任务的成人教育学科建设是成人教育教师专业发展的主要支持系统。在西方发达国家业已形成四种颇具代表性的成人教育教师培训系统，分别为成人教育学方面的学位项目和短期课程项目、在课程中包含成人教育学的教育学和非教育学学位项目。结合中美成人教育学研究生专业建设在教育层次、组织和专业建设研究上的基本情况，对以社区成人教育学位论文为代表的专业教育产出进行内容分析，结果表明，两国社区成人教育学位论文在研究主题、研究方法、学科归属、学位和年份上均具有十分显著的差异。展望中国成人教育学科发展态势，一是成人教育学专业在学位类型与学位点数量上具有较大发展空间，二是成人教育学跨学科研究亟待加强，三是成人教育学专业建设研究有待强化。

关键词： 成人教育学科；成人教育教师；专业发展；师资培训；研究生专业教育

成人教育学科的发展状态如何以及发展空间在哪里，是成人教育学科发展的基本问题。以研究生专业教育为基本任务的成人教育学科建设是成人教育教师专业发展的主要支持系统。本文结合西方发达国家成人教育师资培训的基本情况以及中美成人教育学研究生专业建设的比较分析，对中国成人教育学科的发展态势做出展望。

一、西方发达国家成人教育师资培训的基本情况

成人教育教师的培训系统由职前和职后培训两个前后相继的阶段构成，而后者又包括入职培训、在职培训和转岗培训等。成人教育教师的专业发展水平是决定成人教育服务质量的首要因素，因此许多国家历来十分注重成人教育教师的培训系统建构。

联合国教育、科学及文化组织跨越半个多世纪的连续六届国际成人教育大会，无不把成人教育工作者的培训问题作为重要议题。2009 年 12 月，来自 144 个国家的 1 125 名代表出席了在巴西北部城市贝伦召开的第六届国际成人教育大会，会议的主题是“为了有望实现的未来的生活与学习——成人学习的力量”（Living and Learning for a Viable Future：The Power of Adult Learning）。基于 154 份国家报告、5 份地区报告和 5 份地区成人教育大会预备会议的成果文件，第六届国际成人教育大会发布了第一份《成人学习和教育全球报告》。该报告概括了世界成人学习和教育的近期趋势与特点，还阐述了该领域在政策、管理、法规、参与面、平等性、质量与经费等方面发展的多样性和不平衡性。其中，在阐述“成人教育质量”这一议题时，单列“成人教育从业者是保证质量的关键”一节。该报告指出：“与其他教育类别一样，教师、协助者和培训师构成了成人教育中最重要的质量输入因素。然而，在许多情况下，成人教育工作者接受的培训不当，他们只具有最低的资格认证，工资过低，在教育条件不佳的地方工作。在 50 份国家报告中，成人教育从业者的素质被认为是主要挑战……有些国家不仅要求研究生学历，还要求具有若干年工作经验。但是，在许多国家，中等甚至更低水平的教育都够格成为成人教育教师。”[1] 该报告以表格形式列举了 68 个国家的成人教育工作者的职前与职后培训状况。表 1 显示了 14 个欧洲国家的成人教育工作者的工作领域与培训资格情况。

表 1　成人教育从业者的资质和培训水平摘录（联合国教科文组织终身学习研究所，2012）

国家	教学和培训领域	资格	
		入职	培训
奥地利	成人教育	不同的教育背景，主要取决于供给者的部门	大学及其他机构开设面向培训师和教师的培训课程
比利时（弗兰芒语区）	成人教育	自 2008 年起，成人基础教育教师须提供教学能力证明	培训师培训课程包括 280 个课时，其中 120 个课时是实习培训
克罗地亚	成人教育	不同的工作领域要求具有不同的资格，公共部门的教师和培训师须具有与小学及中学教师和培训师相同的资格	未知

续 表

国 家	教学和培训领域	资 格	
		入 职	培 训
丹麦	成人教育	大学硕士课程或同等水平；修完一门教育学理论与实践课程	未知
爱沙尼亚	成人教育	成人教育工作者的职业资格分为 4 个等级	未知
芬兰	成人教育	与教师相同的资格要求：具有所教授科目的学位，35 个教育学学分（一个学分相当于学生 40 个学时的学习）	一般来说，芬兰教师每年参加 9—15 日的职业继续培训
爱尔兰	成人教育	对于职业教育委员会聘用的成人教育组织者和协调员的资格要求越来越高。比如，须具有国家成人扫盲局 / 沃特福德理工学院颁发的成人教育文科高级证书（国家资质框架 6 级）或同等水平的证书，方可成为成人扫盲组织者	在职支持和培训须由教育和科学部教师培训司及继续教育支持服务司提供，职业教育委员会须向具体课程中的培训提供拨款
拉脱维亚	成人教育	未知	成人学习者的教师须接受专门培训，这也是一般成人学习和教育的一部分
立陶宛	成人教育	与普通教育学校教师同样的资格要求	教师有权参与每年至少 5 日的在职培训
罗马尼亚	成人教育	培训师的职业资格包括 8 个方面的能力：策划、授课、评估、方法论、营销、课程设计、组织和评价	未知
斯洛伐克	成人教育	一般来说，基本要求包括教师须接受所在领域的大学教育、具有所在领域的实践及授课技能	未知

续 表

国　家	教学和培训领域	资　　格	
		入　　职	培　　训
斯洛文尼亚	成人教育	成人教育工作者须具有适当领域的高等教育资格，必须通过专业考试；成人教育非正规课程的教师不受这些要求的限制	教师可以至少接受每年 3 日或每 3 年 15 日的培训
	扫盲	扫盲教师须具有大学文凭，完成成人教育培训，且必须通过专业考试	初始成人扫盲教师的培训包括 112~132 小时的课程
瑞士	职业教育和培训	模块化的培训师培训系统包括 4 个阶段，每个阶段结束后都会授予成人教育工作者所需的证书或文凭	未知
英国	继续教育	教师资质基于教学和学习支持国家标准	未知

根据该报告，欧洲和北美洲国家为第六届国际成人教育大会提交了 38 份国家报告，其中在 1997 年后制定了成人学习和教育一般法律或政策的国家（包括战略规划、计划、法律、法令、文件）有 35 个，在 1997 年后制定了具体的成人学习和教育立法或政策的国家有 27 个，有与成人学习和教育立法或政策相一致的实施方案的国家有 19 个，现行其他政策对成人学习和教育有影响的国家有 11 个。这些法律或政策以及相应的实施方案为成人教育工作者的培训系统提供了有力保障。

目前，西方发达国家的成人教育教师培训系统主要有以下四种类型[2]。

（一）成人教育学方面的学位项目

这一类型包含专门的成人教育学学位项目，但更多的是联合开展的成人教育学学位项目。专门的成人教育学学位项目，在西方发达国家是不多见的。这是因为，成人教育学的单一知识是否被认可为该专业实践的一个充分基础是一个有争议的话题。此外，许多国家的经验表明，把成人教育学项目同其他专业领域结合起来的学生更有可能找到就业机会。

联合开展的成人教育学学位项目又可进一步划分为国内的联合项目与国际的联合项目。国内的联合项目如奥地利的克莱姆斯多瑙大学的成人教育学研究生学位项目。该大学专门从事研究生学术教育，提供经济学和管理、通信、信息技术和媒体、医药和健康、法律、欧洲整合和公共管理、教育和文化科学以及建筑和生态学等领域的高级课程。继续教育研究和教育管理系开设于 2006 年 6 月，其课程针对的是在教育机构就职的专业人员，他们希望提升教育管理方面的知识或提高任职资格以便服务于成人学习者。该课程包含硕士学位课程，如“专业教学与培训”“学术继续教育”和“教育管理”。2006 年秋季开设了经过认证的“继续教育管理”和“教育管理”课程。博士学位课程是格拉茨大学、克拉根福大学和继续教育研究与教育管理系的联合项目。

国际的联合项目是在有关大学合作框架中提供的成人教育学学位，如欧盟的伊拉斯谟项目包含一个由来自 7 个国家的 8 所大学联合实施的成人教育学领域的硕士学位项目。

在成人教育学方面的学位项目中，瑞士有着最规范的成人教育者培训系统。据估计，瑞士有 6 万基于就业协议或不同约定而工作的成人教育专业人员。其中，大约 14 000 人除了学科专长外拥有成人学习方面的资格证书。瑞士采用的是四层级递进资格要求，这些培训课程在瑞士三种语言地区都有提供，并可以根据个体要求和机会加以选择。

在瑞士的成人教育者培训系统中，层级一提供一系列同成人学习者一起工作所需要的基础能力，针对的是想要从事兼职工作的个体（瑞士成人学习联合会的证书 1）。层级二针对的是想要专门从事成人教育的那些人，他们或者就职于一个成人教育机构或者在一个基于公司的成人教育系统工作。该层级基于层级一，包含模块 2～5。获得一份以瑞士的州为基础的教学证书，其最低要求是四年的兼职工作经验。层级三指向全国认可的成人教育者文凭。该学历基于瑞士教育部大会于 1998 年颁布 2005 年付诸实践的条例。层级四指向成人学习和培训的学术学位。在伯尔尼大学、苏黎世应用心理学高级学校和教师教育大学可以获得成人教育学专业的硕士学位，在日内瓦大学可以获得硕士或博士学位。

（二）在课程中包含成人教育学的教育学学位项目

在这种类型中，既有单列成人教育学方向的教育学学位，也有非单列成人教育学方向的教育学学位。前者如德意志联邦共和国的大学，从 20 世纪 70 年代早期就开始出现包含成人教育学方向的教育学专业。目前已有超过 40 所高等教育学校开设类似的教育学专业，将近 11 000 名学生选择这个方向，约占教育学专业全部学生的四分之一。

后者如葡萄牙的大学和高等学校，它们并不提供成人教育学学士或硕士学位项目，但是提供同成人教育学相关的下列领域的硕士学位项目：文化动画、文化动画与社区教育、动画与艺术创作、教育和社会文化动画、社会文化动画、社会文化动画师、社会与社区干预、教育与社区干预、社会教育、社会专业教育者、教育科学和教育。

（三）在课程中包含成人教育学的非教育学学位项目

在西方发达国家，成人教育学越来越多地被作为一种课程在非教育学研究领域加以提供，如社会学、经济学、人力资源管理、国际管理、公共关系，等等。

（四）成人教育学方面的短期课程项目

大量的成人教育者选择专业发展方面的短期课程，以便把专业发展同日常工作和家庭事务结合起来。这些课程针对特定的专业能力，如协调、教育项目管理、跨文化教育等。短期课程之所以流行，是因为越来越多的成人教育机构引入了质量保证体系或认证程序，从而要求这些机构聘用拥有成人教育方面特定资格的专业人员。

成人教育学方面的短期课程主要包含以下三种情况。一是同成人教育机构和不同合作者进行合作的高等教育学校提供的成人教育学方面的课程。如奥地利继续教育学会就是成人教育专业化方面开展广泛范围合作的一个例子。项目参与者都是管理机构的主任或代表，有关机构包括奥地利教育中心工作小组、奥地利职业支持研究所、奥地利图书馆科学协会、农村职业发展研究所、奥地利教育中心协会、继续教育系统工作小组、奥地利成人教育中心协会、圣沃尔夫冈联邦成人教育研究所、林茨教育学会、维也纳民众教育协会和克拉根福大学等。

二是支持成人教育专业化的全国或地区成人教育机构和组织提供的项目。如德国成人教育研究所是一个卓越的服务与研究机构，并对成人教育发展产生了重要影响。为就职于成人教育机构人员提供学术出版、定期会议、培训课程、研讨会和工作坊服务是其工作内容。

三是在线的在职专业发展。有关教育的链接、入口、论坛、学习平台、网络日志、网站、教育服务器等越来越流行。这些都可能成为专业发展过程中有价值的知识资源。

综上所述，西方发达国家成人教育教师的主要培训系统有以下特征。首先，具有强有力的立法和政策支持。相比世界其他地区，欧洲和北美洲国家在各地区有相关政策或具体立法的国家占提交报告国家总数的百分比分别为92% 和 71%，均远远高于其他地区的国家（阿拉伯国家为 68% 和 11%，亚洲和太平洋为 83% 和 21%，拉丁美洲和加勒比海为 80% 和 8%，撒哈拉以南非洲为 79% 和 44%）[3]。

其次，培训项目包含了职前与职后培训。在表 1 中，有近半数的国家报告明确列出了职前和职后培训状况；在职前培训方面，除了拉脱维亚没有提供相关信息外，有 10 个国家对成人教育者有特殊资格要求，3 个国家对成人教育者的资格要求同普通学校或中小学教师相同，其中丹麦要求成人教育者需达到硕士或同等水平，并修完一门教育学理论与实践课程；在职后培训方面，除了未提供相关信息的国家外，有 7 个国家具有相关培训课程，其中 5 个国家提出了具体的培训时长要求。

这样的培训系统设计颇具开放性和灵活性，但不同培训层次之间缺少整合。在前述四种典型培训系统中，涉及学位项目的有 3 种，其中成人教育学专业学位项目又包含 3 个小类，教育学专业学位项目包含 2 个小类。而且，在 3 个小类成人教育学专业学位项目中，有 2 项为联合项目。这说明西方发达国家成人教育者的培训系统具有较强的开放性。在前述第四种典型培训系统中，还有 3 个小类主要提供的是短期培训项目和在线资源，形式十分灵活。与此同时，在西方发达国家成人教育者培训系统中，只有瑞士的四层级培训系统同劳耐尔等人的专业发展阶段理论相契合，这说明不同培训层次之间的整合还十分欠缺。

最后，培训方式具有理论与实践相结合的特点。为了增强理论与实践之间的联结，瑞士的四层级培训系统对成人教育者的工作经历有着明确的要求。短期培训课程的流行也说明，培训方式应强调理论与实践相结合。此外，前述培训系统的开放性和灵活性也表明，成人教育者需要的是跨学科的综合理论，不同理论之间需要整合，而且信息技术的发展也在促使培训方式发生变革，线上学习与线下学习也需要整合。

二、中美成人教育学研究生专业建设比较研究

研究生专业建设包括专业教育层次、专业教育组织和专业建设研究等方面。中美成人教育学专业教育层次主要体现在研究生教育项目上，包括硕士和博士两个层次。专业教育组织是专业教育的载体，主要指大学及其内部院系结构。专业建设研究是学科内有关专业建设的工作交流、理论和实证探究。

（一）中美成人教育学研究生专业建设基本情况

中国成人教育学第一个硕士点于 1993 年在华东师范大学设立，2004 年在华东师范大学设立第一个博士点。查询中国研究生招生信息网，到目前为止，共有 27 个二级学科硕士点，1 个二级学科博士点。这些硕士点和博士点均授予学术硕士和学术博士学位。在 27 个硕士点中，4 个不区分研究方向，1 个设置一个研究方向，5 个设置两个研究方向，12 个设置三个研究方向，3 个设置四个研究方向，2 个设置六个研究方向。在总计 71 个研究方向中，12 个为成人教育基本理论或成人教育学原理，11 个为成人教育政策与管理，10 个为教师教育，7 个为人力资源开发与管理，社区教育、比较成人教育和成人高等教育各 4 个，终身教育与终身学习、成人职业教育与培训和远程教育各 2 个，成人教育史、成人学习与心理、成人课程与教学论、文化传承与成人教育、成人外语教育、家庭教育、媒介素养教育、成人教育发展与改革和成人教育与培训各 1 个。

在 27 个硕士点中，18 个设置在教育学部、教育学院、教育科学学院、教师教育学院或体育与教育学院，7 个设置在继续教育学院、职业与继续教育学院、成人继续教育学院或远程教育学院，2 个设置在文法学院或文学院。其中，四川师范大学包含继续教育学院和教师教育学院两个硕士点。另

有多所大学虽然把硕士点设置在教育学院或教育科学学院，但师资力量分别来自该学院和继续教育学院或主要来自继续教育学院。

全国成人教育学专业研究生培养工作交流研讨会由中国成人教育协会成人高等教育理论研究委员会主办，旨在深入研讨成人教育学专业研究生培养中的问题，总结交流主要经验和做法，不断推进研究生培养工作。首届研讨会于 2004 年 5 月于河南大学举行，会议通过了会议纪要，并形成了交流合作的长效机制。迄今已经举行了七届全国成人教育学专业研究生培养工作交流研讨会。此外，中国成人教育协会的分支机构，包括成人高等教育理论研究委员会和成人科研机构工作委员会，也经常把成人教育学专业建设作为年会的讨论议题。

美国成人教育学中第一个研究生项目开始于 1929 年的哥伦比亚大学教师学院，并于 1935 授予第一个博士学位。根据《彼得森研究生与专业课程：2015 年概览》（*Peterson's Graduate & Professional Programs: An Overview 2015*），2015 年美国成人教育学专业共有 109 个硕士生项目，59 个博士生项目[4]。硕士学位是该领域最为普通的研究生教育层次，为专业人员提供相当于继续教育的训练。根据对 31 个硕士生项目的调查[5]，每个项目提供一个或更多如下三种类型的硕士学位：文学硕士、理学硕士和教育硕士。其中，12 个项目提供文学硕士，9 个项目提供理学硕士，15 个项目提供教育硕士。31 个项目中的 10 个提供一个以上的硕士学位或一个不同研究领域的硕士学位。一些项目提供专家学位，介于硕士和博士学位之间。博士学位包括教育博士和哲学博士。教育博士支持实践者的发展，他们离开了实践领域（或者留在该领域作为兼职研究生）并将在完成博士学位后回到他们的领域。哲学博士是一个新学科的孵化器，用以训练未来的研究者和教授。

根据对 37 个成人教育学研究生项目的调查[6]，大部分研究生教育项目（29 个）从属于一所教育学院、研究所或学部。7 个项目从属于“教育与……”学院，其中 3 个是“教育与人类发展”，另外 4 个分别是“教育与健康专业”“教育与人类服务”“教育、健康与人类服务”和“教育与心理学”。1 个项目从属于艺术和科学学院。30 个项目从属于系（其他 7 个没有该层次的组织）。30 个系中，10 个在名称中包含一个领域（教育管理或领导——5，博士教育——3，含有“研究”一词的——2）。大多数（20 个项目）是 2 个、3 个或 4 个研究领域的结合。在这 20 个系的名称中，最普遍的研究领域是教育管理或领导（13 个），“成人教育”只出现在其中 5 个系的名称中。就成人教育学研究生项目名称而言，9 个项目仅包含一个研究领域，其余项目均包含多个研究领域，其中 15 个项目包含两个研究领域，3 个项目包含三个研究领域，11 个项目从属于更大的项目中。

成人教育学专业研究生教育是美国成人教育学研究的一个重要主题。在美国成人教育学发展史上，产生过三次有关研究生教育的讨论[7]。1938 年，爱德华·林德曼（Eduard Lindeman）在演讲中提到培养成人教育领域中的领导者，开启了在美国成人教育学专业初创时期的首次讨论。在 1960 年代，迎来了一个有关研究生教育的大讨论。1961 年，西里尔·霍尔（Cyril Houle）报告有 11 所大学提供博士学位，并且早至 1969 年，罗伯特·博伊德（Robert Boyd）撰写了成人教育学博士教育的“新设计”。在 20 世纪 60 年代，最著名的贡献之一是“黑皮书”，该书把成人教育学作为高等教育中一个“新兴”学科加以讨论。在 1980 年代晚期和 1990 年代早期，有另外两本编撰的书籍讨论了该领域中研究生教育的状况，可被称作成人教育学研究生教育评估的第三个时代。

美国成人教育学教授委员会于 1986 年制定了《成人教育学专业研究生项目标准》，并于 2008 年、2014 年进行了修订。该文件为高质量规划、管理和评估成人教育学研究生教育提出了指导建议和标准。大学学术研究生教育项目（或专业、系科）可将其用于内部自愿的或外部项目评估。文件包含五个部分：管理（使命和价值陈述、资源、指标举例）、研究生学习组织（学习共同体、招生、指导、学位论文、教学工作量）、课程、教职员工（资格认定、兼职或评优）、标准修正历史[8]。

（二）中美社区成人教育研究学位论文内容分析

专业建设是一项系统工程，包含投入、运作、产出和反馈等重要环节。前述专业教育层次、专业教育组织和专业建设研究主要反映了专业建设的投入、运作和反馈环节。学位论文是专业建设的重要产出之一。本部分将通过对中美社区成人教育学位论文的内容分析来反映专业建设上的差异。

1. 数据库的选择

以社区成人教育为例，分别在两个学位论文数据库搜集中国和美国有关社区成人教育的博硕士学位论文。中国博硕士学位论文库使用的是中国知网的，美国博硕士论文库使用的是 ProQuest Dissertations & Theses Global。这两个博硕士学位论文库正是两国国内常用的学位论文搜寻工具。

在中国知网博硕士学位论文库中，共有 863 篇成人教育学专业博硕士论文，在摘要中搜索“社区教育”，共查询到 86 篇学位论文。在 ProQuest Dissertations & Theses Global 中，共有 23 421 篇成人教育学专业博硕士论文，在摘要中查询“community education”，共查询到 106 篇学位论文。之所以选择社区成人教育作为搜索的主题，原因有两个方面：一是社区教育是中美两国成人教育的重要主题，二是研究工作量处在可控范围内。

2. 主题编码

为了便于进行定量分析，建立了如下编码系统。在研究主题上，共有 11 个编码，分别是社区教育理论与模型、历史与比较研究、项目与课程开发、学习型社会、特定议题教育、参与、管理与领导、教与学、社区发展、教育者发展、综合研究。在研究方法上，共有 5 个编码，分别是理论与历史研究、量的研究、质的研究、综合设计、行动研究。在学科归属上，共有 4 个编码，分别是成人教育与继续教育、成人教育与继续教育 + 一个不同学科、成人教育与继续教育 + 两个不同学科、成人教育与继续教育 + 两个以上的不同学科。在年份上，共有 5 个编码，分别是 1980 年之前、1980 年代、1990 年代、2000 年代和 2010 年代。在学位上，共有 4 个编码，分别是硕士、教育博士、哲学博士和其他。

3. 结果与讨论

对以上编码进行频率统计，并使用 SPSS 软件进行 χ^2 检验。中国社区成人教育学位论文在学科归属和学位类型上均为单一类型，即成人教育学科与硕士学位，在研究主题、研究方法和年份上具有十分显著的差异，p 值均小于 0.001。美国社区成人教育学位论文在研究主题、研究方法、学科归属、学位和年份上均具有十分显著的差异，除在学科归属上 $p<0.005$ 外，其他编码均为 $p<0.001$。对中美社区成人教育学位论文在 5 个编码上进行交叉检验，均为 $p<0.001$，说明中美社区成人教育学位论文在 5 个编码上具有十分不同的频率分布。具体结果如下。

（1）研究主题。图 1 显示的是中美社区成人教育学位论文在研究主题上的频率分布。横轴代表不同的研究主题，纵轴代表频率。结果表明，中国社区成人教育学位论文，特定议题教育最多，占 19.8%；其次是教育者发展

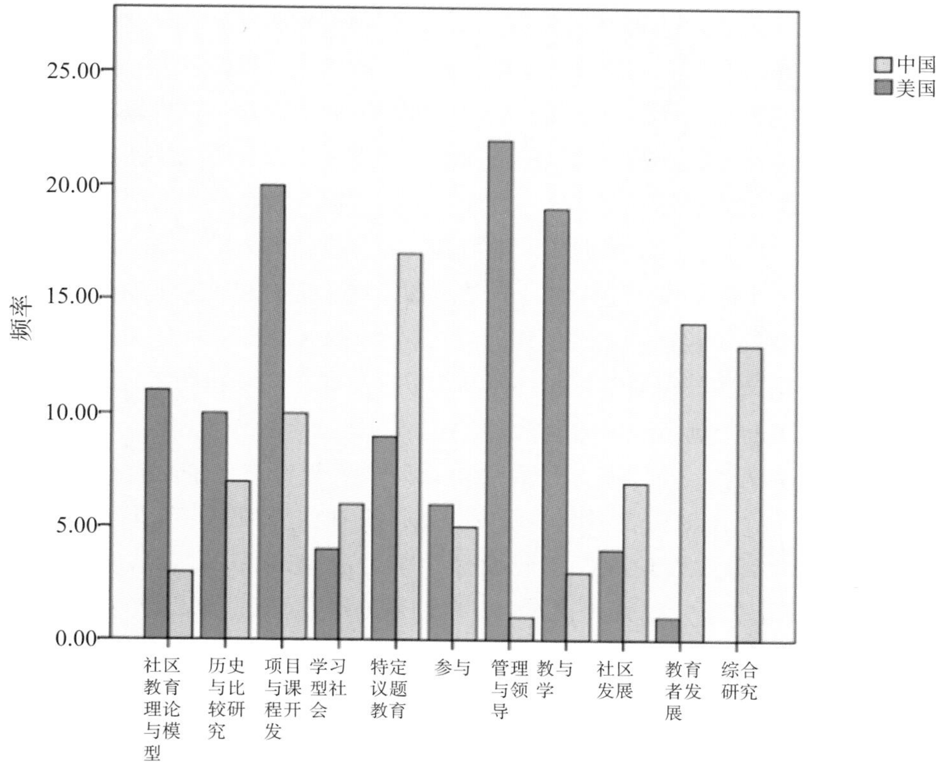

图 1　中美社区成人教育学位论文研究主题频率分布

（16.3%）、综合研究（15.1%）、项目与课程开发（11.6%）；再次是社区发展（8.1%）、历史与比较研究（8.1%）、学习型社会（7.0%）、参与（5.8%）；最后是社区教育理论与模型（3.5%）、教与学（3.5%）、管理与领导（1.2%）。美国社区成人教育学位论文，管理与领导最多，占 20.8%；其次是项目与课程开发（18.9%）、教与学（17.9%）；再次是社区教育理论与模型（10.4%）、历史与比较研究（9.4%）、特定议题教育（8.5%）；然后是参与（5.7%）、学习型社会（3.8%）和社区发展（3.8%）；最后是教育者发展（0.9%）。通过比较可以发现，中美社区成人教育学位论文在研究主题频率分布上，差异最大的是管理与领导，美国高出中国 19.6%。在教育者发展、综合研究和特定议题教育上，中国分别高出美国 15.4%、15.1% 和 11.3%；在教与学、项目与课程开发、社区教育理论与模型上，美国分别高出中国 14.4%、7.3% 和 6.9%。在社区发展、学习型社会上，中国略高于美国，在历史与比较研究、参与上基本相当。

两国在研究主题上的显著差异有着多方面的原因，一方面，中国成人教育学专业在研究方向上比较凸显成人教育基本理论和教师教育，并且包含多种特定议题教育，且在专业教育组织上大多从属于教育学院或教育科学学院，这是中国社区成人教育学位论文在教育者发展、综合研究和特定议题教育上远多于美国的原因所在；另一方面，美国《成人教育学专业研究生项目标准》在硕士课程设置上强调成人学习和发展、教授成人学习者、课程和项目开发，在博士课程设置上强调成人学习和发展（理论和研究）的高阶学习以及领导力研究（包括理论或组织领导力、管理和改变），也是美国社区成人教育学位论文在管理与领导、教与学、项目与课程开发和社区教育理论与模型等研究主题上远多于中国的原因所在。

（2）研究方法。图 2 显示的是中美社区成人教育学位论文在研究方法上的频率分布。横轴代表不同的研究方法，纵轴代表频率。结果表明，中国社区成人教育学位论文，综合设计最多，占 55.8%；其次是质的研究（24.4%）、理论与历史研究（18.6%）；单纯量的研究仅有 1 篇，占 1.2%。美国社区成人教育学位论文，单纯量的研究最多，占 46.2%；其次是质的研究

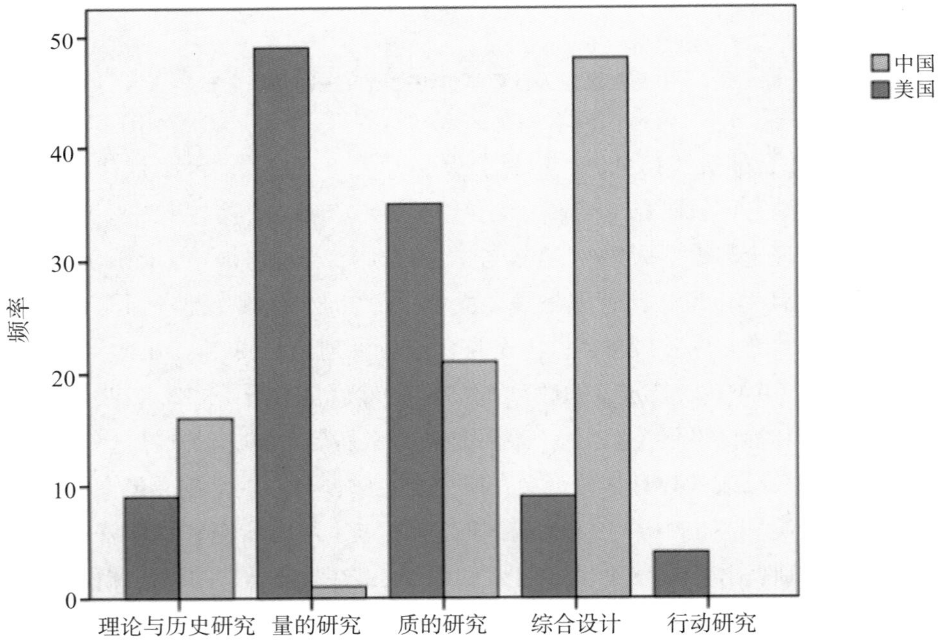

图 2　中美社区成人教育学位论文研究方法频率分布

（33%），再次是理论与历史研究、综合设计，各占 8.5%；最后是行动研究，占 3.8%。通过比较研究可以发现，中美社区成人教育学位论文在研究方法频率分布上，差异最大的是综合设计，中国高出美国 47.3%。其次是量的研究，美国高出中国 45%。在理论与历史研究上，中国高出美国 11.1%；在质的研究和行动研究上，美国分别高出中国 8.6% 和 3.8%。总之，中国社区成人教育学位论文多是综合设计、理论与历史研究，而美国大多是量的研究和质的研究。

两国在研究方法上的显著差异一方面同扎根于文化传统的思维方式和习惯相关，中国重综合思维和理论思辨，美国重分析思维和实证研究。另一方面，也同成人教育学专业的课程设置有关。美国《成人教育学专业研究生项目标准》在硕士课程设置上强调教育研究概览，在博士课程设置上强调用以支持学位论文研究和对已有文献利用能力的质和量的研究方法论课程，以使得本国研究生在研究方法上受到更加系统的训练和熏陶。

（3）学科归属。图 3 显示的是中美社区成人教育学位论文在学科归属上

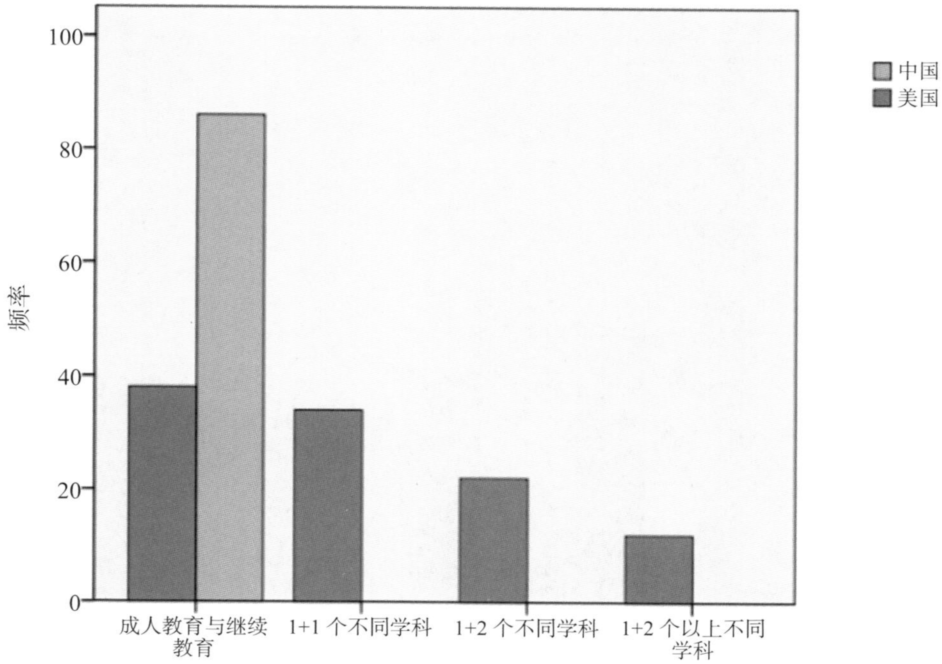

图 3　中美社区成人教育学位论文学科归属频率分布

的频率分布。横轴代表不同的学科归属类型，纵轴代表频率。结果表明，中国社区成人教育学位论文全部为单一的成人教育学科。美国社区成人教育学位论文除了 38 篇成人教育与继续教育学科（占 35.8%）外；其余均为多学科属性，其中 34 篇（32.1%）涉及两个不同学科，22 篇（20.8%）涉及三个不同学科，12 篇（11.3%）涉及三个以上的不同学科。通过比较研究可以发现，中美社区成人教育学位论文在学科归属频率分布上具有显著的差异，中国强调学科概念，美国强调跨学科概念。

中美社区成人教育学位论文在学科归属上的显著差异深受大学体制的影响。相对而言，美国成人教育学虽然大部分从属于教育学院，但是由于在院系建设上强调跨学科研究，学科概念较为弱化。这一点可以从前述美国成人教育学研究生项目名称、学系名称和学院名称中看出来。

（4）学位类型。图 4 显示的是中美社区成人教育学位论文在不同学位类型上的频率分布。横轴代表学位类型，纵轴代表频率。结果表明，中国社区成人教育学位论文全部为硕士学位论文。美国社区成人教育学位论文教育博士学位论文最多，占 49.1%；其次是哲学博士学位论文，占 43.4%；硕士

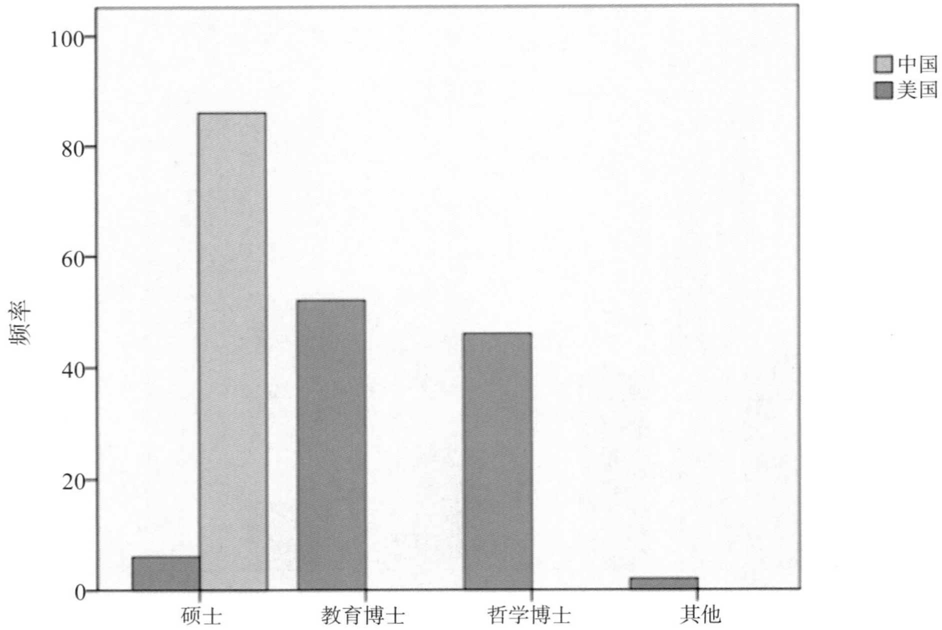

图 4　中美社区成人教育学位论文学位频率分布

和其他类型学位论文占 7.6%。因此，中美在研究生学位教育上的差异十分明显，中国对硕士生教育有明确的学位论文要求，美国则无此要求，但对博士生教育有明确的学位论文要求。这一点同两国研究生学位教育要求直接相关。

（5）年份区间。图 5 显示的是中美社区成人教育学位论文在不同年份区间的频率分布。横轴代表年份区间，纵轴代表频率。结果表明，美国社区成人教育学位论文数量在 1980 年代之后逐渐递减，而中国社区成人教育学位论文数量在 1990 年代之后逐渐递增。在美国，社区成人教育学位论文数量在 1980 年代达到峰值（36.8%），从 1980 年代到 1990 年代（34.9%）轻微减少，但从 1990 年代到 2000 年代（17.9%）急剧减少。在中国，从 1990 年代（1.2%）到 2010 年代急剧增加，学位论文数量迅速上升到 2000 年代 26 篇（30.2%）和 2010 年代前半期的 59 篇（68.6%）。通过比较研究可以发现，中美社区成人教育学位论文数量具有不同的变化趋势。

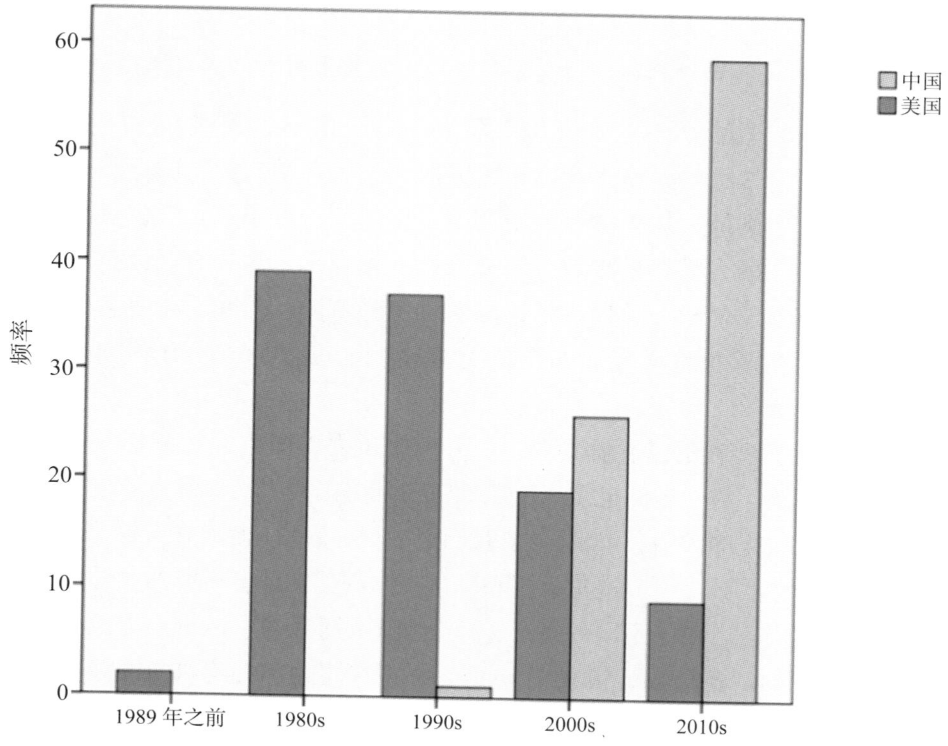

图 5　中美社区成人教育学位论文年份频率分布

两国社区成人教育学位论文数量显著不同的变化趋势，反映出成人教育学专业研究生学位项目设立情况以及成人教育学专业发展的一般情况。如前所述，中国成人教育学专业硕士点设立状况虽然有所波动，但数量一直在增加，尤其是在 2000 年以后迅速增加，且成人教育学博士点还是一个新生事物。相对而言，美国“成人教育学研究生项目的增长传闻现在已成历史，当支持者们继续倡导该领域的广度和包容性时，恰好同成人教育学研究生项目的数量下降现实相悖”[9]。在美国现有高等教育财政情势下，成人教育学研究生项目面临着教职工退休却少有接替者、预算紧缩、同系科中其他项目合并或被关闭等多种困境。

三、成人教育学科发展态势展望

通过以上对西方发达国家成人教育师资培训系统和中美成人教育学研究生专业建设的比较分析，可以对中国成人教育学科发展态势作出以下展望。

（一）成人教育学科在学位类型与学位点数量上具有较大发展空间

中国成人教育学专业在学位类型上为单一的学术型研究生学位，且目前仅有一个二级学科博士点。相比美国成人教育学专业的学位类型和学位点数量，中国成人教育学专业研究生学位类型十分单一，学位点数量较为单薄。由于成人教育处在教育与社会的连接点上，需要直面经济、社会和文化等问题与需求。可以预计，随着中国经济、社会和文化等各方面的不断发展，成人教育学专业在学位类型和学位点数量上具有较大的发展空间。

在学位类型和学位点设立上，一方面应重视美国成人教育学专业建设所取得的经验，另一方面也需要清醒地认识到美国成人教育学专业建设的独特。由于分权化的政治和经济系统以及强调社会流动，美国成人教育学研究主要关注个体，其在研究视角上的心理学导向同美国教育研究的主导传统相一致；相比而言，由于不同的经济、社会和文化等背景，欧洲成人教育研究者则关注更加广泛的政策领域[10]。两者在研究主题和理论取向的差异提醒我们，不可能脱离一定的经济、社会和文化等背景而进行成人教育学专业建设。中国成人教育学专业研究学位教育需要在推动中国经济、社会和文化等各方面发展过程中不断创造自身的发展空间。

（二）成人教育学跨学科研究亟待加强

从成人教育学专业教育组织而言，中国成人教育学主要从属于教育学院和继续教育学院；从学科归属而言，成人教育学主要作为教育学门类下的二级学科加以建设；从研究方向设置而言，强调的是成人教育学领域内的细致划分。由此就形成了由教育学—成人教育学—具体研究方向等构成的三级序列，成人教育学往往在教育学研究框架下，凸显自身的独特并寻求领域内的精细分工。

当然，作为一门学术研究的学科（discipline），不同于作为课程设置的学科（subject）。后者是为了方便教学加工而成的产品，前者则是一个复杂系统。成人教育研究作为一个复杂的开放系统，不仅包括个体研究者，还包括各种学术团体、学术传统、规则制度和期刊以及基金支持等。不同的研究取向源于对系统内和系统外各种因素综合考量、辨识和取舍的结果。目前美国成人教育研究中的问题解决、跨学科和实证研究取向，是其近百年来成人教育研究历史的产物。值得一提的是，实证研究并非只是量的研究，还有质的研究，并且总是包含理论研究的成分。对于中国成人教育学的进一步发展而言，根据问题的需要采取更为灵活和综合的跨学科资源和研究方法是趋势。

（三）成人教育学专业建设研究有待强化

在成人教育学专业建设研究上，中国还处在工作交流和信息分享阶段，比较缺少相关的理论和实证探究。相对而言，美国成人教育学专业建设研究则形成了自己的研究传统，除了前述三次有关成人教育学研究生教育的讨论，美国成人与继续教育协会（该协会成立于1926年，当时称作美国成人教育协会，1982年同全美公共继续与成人教育协会合并，改为现名）从1930年代开始每隔十年左右出版一本《成人与继续教育手册》，阐述该领域的当前议题、研究和实践，最近一版于2010年出版。

通过一系列有关专业建设的研究，美国成人教育学研究生教育在硕士和博士阶段进行了相对明确的区分，即硕士阶段更强调入门和微观学习，博士阶段更强调高阶和宏观学习。这一差异在美国成人教育学教授委员会反复修订的《成人教育学专业研究生项目标准》中有清晰的体现。与此相应，中国成人教育学专业建设如何在已有研究基础上，建立有关专业教育标准，还有待开展一系列理论和实证探究。

参考文献

[1][3]联合国教科文组织终身学习研究所.成人学习和教育全球报告[R].中国成人教育协会，译.北京：教育科学出版社，2012：78，112-113.

[2] Przybylska E. Pathways to Becoming an Adult Education Professional in Europe [C] // Nuissl, E. & Lattke, S. (ed). Qualifying Professionals for Adult Learning in Europe. Bielefeld: W. Bertelsmann Verlag, 2008: 87-100.

[4] Peterson's Graduate & Professional Programs: An Overview 2015 [Z]. Albany: Peterson's, 2015: 22.

[5][6][7][9] Jean Sonstrom W J. The Adult Education Doctorate in North America: The Programs, Curricula, Websites, and the Commission of Professors of Adult Education Standards [D]. Hattiesburg: The University of Southern Mississippi, 2011: 77+78-79+2-3+1.

[8] Commission of Professors of Adult Education. Standards for Graduate Programs in Adult Education. [EB/OL]. [2014-12-20]. http://docplayer.net/ 1939282-Of-adult-education-adult-education-revised.html.

[10] Rubenson K, Elfert M. Adult Education Research: Exploring an Increasingly Fragmented Map [J]. European Journal for Research on the Education and Learning of Adults, 2015, 6(2): 125-138.

附：成人教育学研究生培养调研报告

一、对比的高校

根据调研要求，我们选取了国内外有成人教育学专业或相关专业硕士学位点的13所高校进行了对比，这些大学均为国内外本领域专业力量较强的高校，包括哥伦比亚大学、诺丁汉大学、北京师范大学、华东师范大学、西南大学、南京师范大学、华中师范大学、华南师范大学、河南大学、四川师范大学、河北大学、曲阜师范大学、山西大学。国内这些大学涵盖了华东、华中、华北、华南、西南等区域。西北地区仅陕西师范大学一个学位点，东北地区暂无。对比高校的情况如附表1所示。

附表 1 调研高校的基本情况

学校名称	专业名称	所属单位	学科点设立年份	培养层次	教师人数	研究方向
哥伦比亚大学	成人学习与领导力（Adult Learning and Leadership）	教师学院组织与领导学系				成人教育指导强化研究（AEGIS）以及成人学习和领导力
诺丁汉大学						
北京师范大学				硕士		
华东师范大学	成人教育学	教育学部	1993/2004	硕博	7	
西南大学	成人教育学			硕博		
南京师范大学	成人教育学			硕博		
华中师范大学	成人教育学			硕士		
华南师范大学	成人教育学			硕士		
河南大学	成人教育学			硕士		
四川师范大学	成人教育学	继续教育学院	2001	硕士	6	
河北大学	成人教育学	继续教育学院	2012	硕士	7	
曲阜师范大学	成人教育学	继续教育学院	1998	硕士	8	
山西大学	成人教育学	继续教育学院	2004	硕士	5	

二、对比分析的情况

1. 研究生培养目标定位

1）国外

（1）哥伦比亚大学。哥伦比亚大学“成人学习与领导力”专业计划旨在培养成人教育的领导者，以通过更有效的工具学习来帮助成人改善其生活和工作方式，主要培养以下几类教育工作者：① 制订成人教育政策和计划的领导者，以及担任这些领导者的培训者和教育者；② 研发新授课模式的创新设计者、计划者、管理者和开发者；③ 尖端成人教育实践的研究者和评估者。

（2）诺丁汉大学。学校的大部分研究项目旨在对学习者、组织和教育系统产生真正的影响。学校设有广泛的研究生教学课程计划，主要侧重于专业学习，课程的一大特色是强调以人为本的专业咨询教育。

2）国内

国内 11 所高校在培养目标上，具有较大相似性。它们均强调成人教育学专业旨在为成人教育事业培养德、智、体全面发展的复合型人才。主要体现在四个方面：① 思想上，均强调对马克思主义相关理论的掌握，加强思想觉悟的培养；② 学习理念与技能要求上，都要求具备现代教育理念、一定的教育科学素养和创新精神，并且对掌握一门外语，提出明确的要求；③ 未来能力发展上，都强调在掌握专业理论知识的基础上，能结合成人教育、继续教育实践发展，具有独立分析与解决问题的能力，形成较强的实践能力和创新能力，并具有一定开展成人教育研究的能力；④ 身心健康上，均强调身心健康是学习的前提与保障，并且要求学生遵纪守法，有良好的品行。

2. 研究生培养模式及管理制度

1）国外

（1）哥伦比亚大学。一是培养模式。哥伦比亚大学成人学习与领导专业的课程主要有课堂面授、在线教学、议题研讨等方式。课堂上主要以研究生为中心，教师教授理论知识的同时不断提问，引发学生思考回答，形成互动式教学，促进学生参与课堂，提高学生的言语表达能力。科研主要通过论文撰写、参与课题研究、参加学术会议和学术沙龙等方式训练。研究生在完成相应的课程学习后，必须提交一篇与专业相关的毕业论文。二是管理制度。哥伦比亚大学成人学习与领导专业师资队伍由助教、讲师、研究生导师组成，采取学术互补的导师组负责制。

（2）诺丁汉大学。一是培养模式。在一个支持性研究社区中学习，由两名研究领域适配的导师负责培养，导师与本地、国内和国际的教育机构和组织保持着紧密的联系，并关注影响教育工作者的最新动态。该学位与成人教育相关的研究领域包括：高等教育、成人和职业教育；学习科学。二是管理制度。时间：全日制最长 3 年；非全日制：长达 6 年。英国费用为 4 407 英镑（概算），国际费用待公布。

2）国内

国内的 11 所高校在培养模式与管理制度有许多共同之处。第一，都对学制提出了要求，博硕士均有基本年制与提前、延期的年制相关要求。如：硕士基本学制 3 年，变化学习年限为 2～5 年。西南大学与华东师范大学的学制可延期至第五年，其余学校均最多在第四年完成。并且学业优秀的少数毕业生，满足毕业要求可申请提前毕业。第二，为了保证硕士培养的质量，加强理论联系实际的能力，各高校都对硕士生在学习过程中参与实践相关活动提出了要求与考核。第三，采取导师负责与专业指导组集体培养相结合的培养方式，学位课程学习和学位论文并重，系统的专业理论知识学习与教育实践、科学研究相结合的培养方法。第四，各高校均以不同形式引导研究生积极参与或自主开展科学研究工作。

3. 研究生课程质量与体系

1）国外

（1）哥伦比亚大学。课程质量：对课程质量的衡量主要体现在课程制定的基础和目的上，课程围绕成人学习与组织、管理和领导问题，关注如何利用个人学习及分享，将参与课程的人培养为领导者、管理者、促进者。课程结构分为必修课程、基础课程、核心课程、研究课程、选修课程。课程内容涉及成人学习理论与应用、成人发展、成人教育理论与实践、人力资源开发、转变学习策略、学习型组织、批判理论与成人学习、开发和管理成人学习计划等内容。课程设置的梯度从理论到实践、从发现问题到解决问题，遵照学生在知识层面和精神层面的双重培养性原则。

（2）诺丁汉大学。所有全日制研究生都必须学习教育研究导论、教育研究的背景，并生成教育研究数据，并对其作分析。成功完成相关研究、口头考试和最终论文将获得博士学位。研究型硕士需要进行类似的培训和研究，并通过提交论文进行评估。

补充条例：关于教育学博士（终身学习）。教育学博士（终身教育）的考生必须在本大学攻读全日或非全日制学习课程，包括教学部分和重大研究项目。完成教育博士方案规定的至少两年的全日制或四年的非全日制学习。

2）国内

尽管国内高校对成人教育学专业的培养目标基本相同，但专业课程体系的设置却存在着显著的差异。为了便于比较，笔者将对比院校的专业课分为“学位基础课”与“学位专业课”两大类，并分别对两类课程的开设进行比较。

学位基础课方面，11 所学校在开设学分、课程门类等方面都存在着较大的差异。总体而言，只有“成人教育基本原理”这门课程是所有学校一致开设的。华东师范大学、河南大学、曲阜师范大学、河北大学等高校都开设了“名著选读”类课程。其中，华南师范大学、河北大学将“成人教育管理研究”归入该部分必修课程。华东师范大学、曲阜师范大学、西南大学等高校开设了“研究方法”类课程。

学位专业课是在基础课程之上为学生开设的专业方向更为明确的课程。从这类课程的开设情况，能够较清晰地看到各院校间成人教育学研究方向上的差异与独有的办学特色。其中，南京师范大学开设“家庭教育研究”课程；曲阜师范大学对中华传统文化的教育较为重视，开设“中国儒学史”“中国传统文化与当代社会”等指定选修课程；西南大学设立“跨学科综合研究”类课程，其中包括“农村成人基本教育与乡村振兴发展研究”“西部少数民族成人教育现代化振兴发展研究”两门专业选修课；山西大学的课程培养体系较为倾向于职业培训与人力资源管理的方向，除“人力资源管理”等常规课程外，开设了“职业培训与企业的结合”“技术与职业教育中的行为方法研究”等专业课程。总体来说，大部分院校在“比较成人教育研究”“终身教育与终身学习”“社区教育”等“热门方向”上的课程设置是较为一致的，同时各院校结合自身优势也构建出了完全不同的课程体系。

4. 研究生培养质量监控体系及制度

1）国外

诺丁汉大学。所有学生适用以下几方面。

① 监理：全日制学生的目标是每年至少与导师见面 10 次。对于兼职学生来说，这至少是同期的六倍。

② 评定：博士生必须提交充分体现本学科知识并具有创新性的论文（最多 100 000 个单词），并对论文主题及研究领域进行口头论述；研究型硕士生必须提交一篇充分体现本学科知识与研究成果的论文（最多 60 000

字），同时需要口头检查（由检查员决定）。

③ 确认状态审核：所有博士生必须在全日制学习的一年内或非全日制学习的 24 个月内成功进行身份确认，产生一份约 12 000 字的论文，该论文经过评估，由内部评估员进行口头答辩。

2）国内

质量监控体系方面，11 所高校基本从"应掌握的基本知识""应具备的基本素养"（学术素养与学术道德）、"应具备的基本学术能力"（获取知识的能力、科学研究的能力、实践能力与学术交流能力）等维度对研究生的培养做出了要求。

此外，北京师范大学对硕士研究生发表学术论文的数量做出了要求：教育学硕士生在学期间应以第一作者（或导师为第一作者，学生为第二作者）在国内教育专业期刊发表论文，或在全国性教育报纸或全国性综合期刊上发表专业性文章。从目前已收集的资料来看，其他院校在发文方面多持"鼓励但不要求"的态度。

5. 研究生科研创新能力培养机制

1）国外

诺丁汉大学。一是研究人员培训与发展。可通过有偿工作安排、训练课程、公众参与机会发展自己的研究技能。二是研究生中心。包括读书、社会化、电脑工作、研讨会、厨房设施等师生专用区域。三是学生支援。包括学术和残疾支持、托儿服务、咨询服务、信仰支持、经济支持、签证和移民咨询、福利支援。

2）国内

国内在研究生科研创新能力培养机制方面，多数高校（南京师范大学、西南大学、华中师范大学、华南师范大学、山西大学、河北大学）依托于校研究生院组织的地方级研究生科研创新计划或资助项目，尚未形成学科特有的科研创新能力培养机制，曲阜师范大学相对来说作出了更具体的规定和更完善的激励机制，即通过设立"曲阜师范大学研究生优秀科技创新成果奖"、评选"曲阜师范大学优秀硕士学位论文、博士学位论文"、资助研究生参加国内外学术会议、加大对优秀学位论文选题的资助和对研究生科研成果的奖励等，促进研究生开展科学研究和学术创新。此外，北京师范大学教育学部为学生设立科研基金项目；华东师范大学教育学部开展科研创新活动，如开展“华东师范大学‘大夏杯’大学生创业大赛”、假期社会实践项目及科研论坛与工作坊等。

优缺点：研究生创新能力培养机制在国内成人教育学各学科点尚不多见，以鼓励学生参与科创项目为主，但在全校项目中教育学所占比例并不高，成人教育学则更少，其他分散在课程学习、科研项目参与及社会实践中的创新能力培养中，也受很多因素影响。因此，整体上成人教育学研究生科研创新能力的培养还没有形成常态化机制，依赖于学校的创新氛围和教师的教学方式。华东师范大学“大夏杯”项目专门设置教育组，一定程度上为成人教育学研究生增加了很多机会，暑期社会实践的开展也增加了学生对成人教育实践活动的了解，有助于其拓宽创新视野。

6. 学位授予标准与研究生评价体系

1）国外

（1）哥伦比亚大学。文学硕士（M.A.）课程需修满 45 学分并提交毕业项目，M.A. 主要是为从事教育设计、教育管理的人员准备，因此对毕业研究项目有具体要求，研究生可在实践应用或文献评述中选择一项作为其毕业项目。教育学硕士（Ed. M）培养的是成人教育专门人士，对应的课程要求是修满 60 学分并完成一项项目研究。教育学博士（Ed. D）课程要求更为严格，需提交课程计划，修满 90 学分（选修 39 个学分），每门成绩均为 B 或以上，并完成毕业论文。所有学生必须参加课程研究设计、数据收集课程（定量或定性）、数据分析课程（定量或定性）和论文研讨会。

（2）诺丁汉大学。所有学生适用以下几方面规定。

一是授予资格的标准。包括：框架［授予符合诺丁汉大学资格框架（UNQF）相关资格描述的学生］；论文陈述（主题明确、准确；论点合乎逻辑、可理解；有个人想法和创新）；独创性要求（学生独立完成，鼓励学生在提交论文前发表论文）。

二是审查员报告。包括：提交（考官应在进行网络投票考试之前向学生服务处提交独立报告）；格式（英文书写）；方案的优点和缺点（对论文的优点和缺点作出全面和坦率的评估）。重点：如果报告不利，必须全面和详细地提供论文的优点和缺点，在将考试结果通知并分发给教职员工和学生时，将向考生提交审查员的独立和联合报告，作为大学上诉程序的一部分。

三是对候选人和审查员报告的反馈。包括：viva voce 考试（完成考试后，提供非正式反馈）；正式书面信函（通知学生对论文的意见与建议）。

四是批准审查员报告（审查员提交联合报告表经校长审核批准通过）。学生服务部将在大学作出决定后一周内写信给学生，通知他/她有关授予学位的建议（或不授予），并酌情通知他们毕业或提出上诉的程序。

2）国内

在学位授予标准方面，国内各学校学科点通常在课程学分要求、科研活动与成果、学位论文三个方面进行规定。在课程学分方面，包括学位公共课、学位基础课以及学位专业课（必修与选修），博士生学分要求在 20 个左右，硕士生在 30 个左右。在科研活动与成果方面，三所具有博士点的高校都从学术报告与学术会议方面对博士生进行了参与次数规定，并要求博士生至少在 SSCI、A&HCI 收录期刊或文科一级学科权威期刊发表 1 篇学术论文或发表 2 篇 CSSCI 期刊论文（含扩展版和集刊），其中至少 1 篇为第一作者；对于硕士生的科研活动在学术报告与学术会议方面有次数规定，而学术成果则相对宽松，获得院级以上学术活动奖励、独立撰写相关专业著作一万字或发表一篇学术论文等均可达标，也有学校如华东师范大学，只是鼓励硕士研究生发表高质量的学术论文，但不作统一要求。在学位论文方面，博硕士都在资格要求、开题报告、内容撰写、中期检查、学术规范、论文评阅与答辩等方面进行了相关规定。博士、硕士研究生在学校规定年限内，按照培养方案的规定，完成课程学习，成绩合格，通过论文答辩，达到毕业和学位授予要求，才能获得毕业证书与学位证书。

3）优缺点对比

综合对比国内外高校对成人教育学研究生学位授予标准发现，双方在学分课程上并无大异；在学术活动与成果上，国外高校对于学术成果的要求更为宽松，国内高校的标准量化性更强，分别针对博、硕士设置了不同指标；在学位论文上，国外高校有完善的资格、审查与上诉程序，国内高校更多关注的是论文完成过程中的阶段，在反馈方面略显不足。在研究生评价体系方面，国内外高校都无具体体系，国内高校评奖评优工作通常也是以课程成绩、学术活动与成果以及各类实践活动为依据。华东师范大学作为成人教育学学科的引领者，一方面应该将其有效的学科发展经验推广至其他高校，另一方面也应逐渐完善研究生评价体系，如增加一定的社会服务指标，增强学生从实践中发现问题与解决问题的能力，精准对接社会发展需求。

会议综述

- 提升终身教育服务新时代经济社会发展的能力水平
  ——第九届终身教育上海论坛会议综述

提升终身教育服务新时代经济社会发展的能力水平*

——第九届终身教育上海论坛会议综述

张伶俐　李家成　匡　颖　朱丹蕾**

摘　要：第九届终身教育上海论坛以“能级和水平提升——终身教育服务经济社会发展”为主题，凸显了终身教育与经济社会发展紧密相连的关系，明确了提升终身教育服务水平之于新时代经济社会发展的重要意义。论坛与会者们通过多元学术对话，勾勒出了数字经济极速发展、社会治理模式变革创新、人口结构性矛盾突出等机遇与挑战并存的新时代背景，呈现出了服务人口结构的变化、发展机构间的关系网络、激发新兴技术与终身教育的融合创新等提升终身教育服务水平的关键举措。与会者们也指出了当前仍面临着终身教育功能选择与经济社会功能期待间的联结不紧密且被动、经济社会对于终身教育功能行动的重视度和投入度尚不高、终身教育原则尚未在经济社会文化特性中充分体现等终身教育服务水平发展尚“不充分”的挑战，并针对此提出了完善国家层面的法律规范、促进机构层面的关系强化和支持个体层面的思维变革等建议，还引发了一系列关于终身教育研究的思考。

关键词：终身教育上海论坛；终身教育；经济社会；新时代；功能发挥

* 基金项目：国家社会科学基金教育学重点课题“服务全民终身学习视域下社区教育体系研究”（AKA210019）成果。

** 张伶俐，华东师范大学职业教育与成人教育研究所博士研究生，主要从事老年教育、比较成人教育研究；李家成，博士，教授，博士生导师，上海终身教育研究院执行副院长，华东师范大学“生命·实践”教育学研究院研究员，教育部人文社会科学重点研究基地华东师范大学基础教育改革与发展研究所研究员，主要研究终身教育、教育基本理论；匡颖，华东师范大学职业教育与成人教育研究所硕士研究生，主要从事老年教育、终身教育、图书馆教育研究；朱丹蕾，博士研究生，研究方向为终身教育基本理论。

2021 年 11 月 12 日，由上海市教育委员会指导、华东师范大学主办、上海终身教育研究院承办的第九届终身教育上海论坛如期在华东师范大学举行。终身教育上海论坛是由上海终身教育研究院发起，于 2013 年举办首届学术论坛，此后每年举办一次深度聚焦终身教育、终身学习与学习型社会相关议题的国际性学术论坛，以致力于为投身终身教育政策制定、理论研究、实践探索的国内外专家学者们提供持续探索终身教育发展路径的跨时空、跨领域和跨学科的多元对话平台[1]。

本届论坛聚焦“能级和水平提升——终身教育服务经济社会发展”这一主题，进一步明确了“终身教育是时代的关键议题”，旨在立足新时代的经济社会发展新需求，凸显终身教育与经济社会发展紧密相连的必要性和重要性，致力于探索、推进终身教育变革与发展的新路径，促进新时代终身教育服务水平的提升和功能的发挥，以更好地服务于城市的能级提升，乃至经济社会的高质量发展。基于此，本文也将延续终身教育上海论坛的风格与担当，通过论坛的知识积累、思想对话、理论探讨、实践反思，自觉总结本届论坛所凝结的独到见解，以期持续为我国终身教育改革与发展作出应有贡献。

一、终身教育服务经济社会发展的新时代背景

新冠肺炎疫情的突发及其持续至今的重大影响，以及自然环境破坏、气候变化加剧等危机，使得我们必须要意识到我们所生存的世界充满了不确定性、复杂性和脆弱性[2]。与会学者们将终身教育视为教育应对当前和未来复杂挑战不可或缺的因素之一，并通过勾勒其所处的经济社会发展的复杂情境及随之而来的挑战与机遇，以进一步为终身教育的发展路径选择提供基准与方向。

（一）经济发展形态的加速转变，赋予终身教育重要使命

大数据、云计算、区块链等新兴技术的极速发展和广泛应用，乃至元宇宙的提出与轰动①，不仅逐渐描绘出了新时代经济社会的发展新形态，呈现了数字经济为经济社会的健康发展所带来的强劲动力，也推动了生产方式、

① 倪闽景在第九届终身教育上海论坛上的报告，题目为：“元宇宙与终身学习”。

生活方式的深刻变革。

为促进数字技术与实体经济的深度融合，我国将稳步提升数字经济的竞争力和影响力作为把握新一轮科技革命和产业变革新机遇的关键战略选择。其中，完善数字基础设施、提升公共服务数字化水平，则是对国家、城市、乡村、社区建设提出的新要求。创建面向未来的新型智慧城市和数字乡村建设是实现新要求的核心战略任务。例如，上海自2010年起持续通过政策驱动、实践探索等多方面的努力，全面推进上海的城市数字化转型、“智慧城市”建设，使其智慧城市建设水平位于世界前列[3]。同时，全面提升人民数字素养与技能，培养新兴技术的应用技能，这些不仅是广大人民适应生产方式、生活环境变革的能力建设，也是推动数字经济转向普惠共享、加速弥合数字鸿沟的新要求。

基于经济结构日趋急剧化的变动，新技术、新结构、新制度的出现，愈发强调且需要终身教育担负起社会更新与调适的使命与职能，其中推进学习型社会的建设、培养新型人才是终身教育需要予以回应的必然要求。

（二）社会治理模式的变革创新，呼吁终身教育主体性发挥

自20世纪60年代初，“枫桥经验”的实践创新，“推进国家治理体系和治理能力现代化”日益成为我国国家管理模式变革创新下的新形态与新要求。从社会管理到社会治理，推动了重心的下移[4]，是“坚持和完善共建共治共享的社会治理制度，构建基层社会治理新格局”[5]“人民城市人民建，人民城市为人民”等政策目标所体现的核心特征。这明确了社会治理的主体是广大基层民众和组织，社会治理的目标在于满足人民对美好生活的追求。

同时，数字技术的发展也为社会治理体系的建设和治理能力的提升赋予了更多可能和强大的技术支撑。驱动数字化治理、发展社区教育治理，成为推进现代化社会治理的变革方向和发展途径。上海市通过智慧城市建设、社区教育治理创新，促进治理能力优化，助力上海市获得了2021年“全球学习型城市奖”。该奖项的获得呈现了上海市社区教育治理新格局，为疫情期间满足人民多样化学习需求提供了宝贵经验，由此进一步凸显了上海参与国际合作与竞争，面向全球拓展功能等方面的卓越治理能力。

第四次工业革命的到来，不仅推动了经济形态、结构的变革与发展，也促成了社会政治生活的变化，由此规限了终身教育的发展框架，但也在一定

程度上激发了终身教育系统主体性和能动性的发挥，以更好地面对经济社会变化及其对于终身教育变革与发展所产生的影响。

（三）人口结构性矛盾的日益突出，倡导终身教育结构性调整

首先，人口老龄化已然成为当前人口发展的阶段性特征。根据我国第七次人口普查显示，我国60岁以上人口为2.64亿，占总人口的18.70%，比2010年上升5.44%[6]。预计"十四五"期间，我国即将进入中度人口老龄化社会[7]。人口老龄化将成为我国今后较长时期的基本国情，我国将针对人口老龄化的新形势新特点，实施积极应对人口老龄化国家战略，进一步强调把积极老龄观、健康老龄化理念融入经济社会发展全过程。老龄化进程的加快也对终身教育系统结构产生影响，尤其是随着老年人口素质不断提高，不仅为老年教育的发展创造了条件，也对老年教育的质量和能力水平提出了更高的要求。

其次，人口城镇化流动趋势明显。我国城镇化率已从2010年的49.68%上升至63.89%[8]。这不仅是国家现代化的必由之路，也是未来我国经济发展的重要动力。但我国依旧面临着城镇化发展不平衡不充分的问题。因而，提升城镇化进程中农业转移人口市民化质量等关于建设新兴城镇化的发展要求也随之而来。这也对终身教育调整人口结构和质量功能的发挥提出了更高要求。

数字经济的加速发展、社会治理体系与能力的不断优化、人口老龄化和城镇化趋势明显等涉及经济结构、技术结构、政治结构、人口结构等多方面的变化所带来的影响是极为广泛的，其对于国家与城市建设、社会与个人发展所提出的新发展要求与所带来的深刻变化，也正改变着终身教育。结合朗格朗将现代终身教育论的产生归纳为多方面因素的作用与冲击[9]，再思考当前经济社会复杂情境对教育与学习目标、方式、形态等提出的新要求，则是新时代终身教育需要深刻认识并予以回应的重要议题。

二、终身教育服务经济社会发展的关键举措

从《学会生存》（又称《富尔报告》，1972年）、《教育——财富蕴藏其中》（又称《德洛尔报告》，1996年）、《反思教育：向"全球共同利益"的

理念转变？》(2015年)，再到《一起重新构想我们的未来：为教育打造新的社会契约》(2021年)，不仅呈现了面对日趋复杂且始终处于运动中的经济社会，联合国教科文组织所倡导的人文主义教育方针和教育愿景[10]，强调了通过打造“社会契约”使教育真正嵌入社会结构之中，凸显了教育之于实现社会公平、包容和正义的重要意义，还反映出了教育之于促进人与人、人与社会、人与技术之间联结的创新内涵[11]。这也正与上文所呈现的终身教育所需要认识和回应的经济社会发展需求相契合。也即终身教育如何聚焦公平、包容与参与的需求，回答如何妥善处理和促进新时代终身教育与人力资本、社会资本、关系网络、新兴技术之间的创新联结。参与论坛的专家学者们也多着眼于此，且尤为关注社区教育、老年教育、职业教育等领域。

(一) 通过服务人口结构的变化，提高人力资本水平

无论是面对数字经济的加速发展，还是社会治理的创新优化，均强调以人为本。即人“越来越成为主体”[12]。城镇化和老龄化进程的加快，则进一步影响了终身教育发展的规模、结构等方面。

其一，终身教育关注并满足更广泛群体的发展需求，以回应人口系统的前提性需求。例如，密切关注城镇化进程中流动群体的教育与学习需求，以促进流动人口的稳定与城市生活融入[13]，并能够通过教育、培训而形成人力资本，助力其在快速变化的劳动力市场中实现良好就业。为缓解城乡差异，保障农村地区人口的教育水平，还关注了乡村教师[14]专业发展等方面的需求，以确保其更好地支持乡村教育优质发展。同时，日益转向关注逐渐庞大的老年群体，扩大老年教育的资源供给及其比例，不断促进老年群体的学习需求的适应、引导和满足[15]。

其二，终身教育愈发强调个体适应力的培育以及潜能的激发，以适应经济社会的复杂变化。“教育过程与适应社会能力的培养始终并存于人的一生”[16]。尤其是新兴技术的涌入，对于个体接受、顺应、调节、融入数字化环境的能力培养与建设提出了更高要求[17]。其中，老年人是数字化转型进程中的重点关注对象。为使老年人更好地适应数字化浪潮，我国明确提出要对老年人运用智能技术进行“应用培训”和“智能技术教育”，提高老年人对智能化应用的操作能力[18]。例如，“长者智能技术运用提升行动”的启动[19]、智慧学习场景的设计[20]等实践活动的推进，进一步提升了老年人的

数字素养和技能，使其能够融入加速发展的数字社会。

其三，终身教育促进人的广泛参与，以强化人力资本的功能发挥。为构建现代化治理体系，提升社会的治理能力，“参与”成为新时代经济社会发展的关键特征[21]。尤其是随着人口老龄化进程的加快、教育治理体系的创新，诸多学者更多关注到老年人的“参与”。即鼓励老年人利用所学所长，主动参与社会发展，以积极应对人口老龄化和社会治理能力优化。例如，上海老干部大学积极组织老年学员参与慈善志愿活动，将志愿服务作为学习内容纳入正式课堂，助力其更好地开展志愿服务，参与基层社会治理[22]。此处“参与”的重要意义不仅在于通过激发老年人口红利，服务经济社会的可持续和包容性发展，更在于通过终身教育满足人们的社会交往需求，使其获得社会资本[23]，增强个体权能、支持其更主动地掌握和行使自身的权利，助推人口老龄化社会的经济社会发展[24]。

（二）通过促进关系网络的建立，实现资源开放共享

终身教育作为一项共同的社会事业和教育愿景[25]，需要超越当下学习资源供给和需求间的矛盾，需要发挥更多社会机构的教育功能、鼓励各利益相关者的充分参与、形成机构间的教育合力①。上海市学习型城市监测体系将“多方参与、跨部门合作”作为重要衡量指标②，进一步凸显了机构间关系网络的建立对于智慧城市发展、治理能力优化、学习型城市建设的关键意义。

首先，强化机构间的合作关系，以助力信息、资源的传递、交流与共享。例如，福建开放大学启动并落实“开放教育二元制”人才培养模式改革试点项目，通过周边企业深度参与学校改革与管理[26]，助力教育系统与劳动力市场的沟通与流通。上海市老干部大学与慈善机构的常态化合作[27]等实践模式，服务区域经济的第三次分配，促进社会的和谐、可持续发展。此外，还通过把教育功能扩充到整个社会的各个方面[28]，以促进更多终身教育资源的传递与共享。例如，开发图书馆[29]、博物馆、体育文化中心、社区中心以及公园的终身教育功能和作为学习场所的作用[30]，并鼓励各类机

① 李家成和朱敏在第九届终身教育上海论坛上的报告，题目为：“以可持续发展教育升华学习型城市建设的价值”。

② 侯定凯在第九届终身教育上海论坛上的报告，题目为：“上海学习型城区监测进展与成效”。

构，尤其是社会文化机构积极地与学校、企业等不同机构合作，拓宽社会文化传递结构。

其次，整合教育服务平台，以进一步扩大机构间合作网络规模和辐射范围。即为实现教育对象广泛性、教育时空的拓展性、教育资源的开放性，搭建“平台”成为越来越多投身于终身教育事业的专家学者们所关注的关键议题。例如，通过社区教育网络成员共同搭建全方位服务平台，调动社区教育网络成员的力量，整合社区各类教育资源，并建立共享、保障、督导和激励机制，以更高效地开展社区教育治理[31]。与此同时，充分利用新兴技术，助力于搭建更具综合性、覆盖面更广、资源更多样、服务更精准的终身教育服务平台[32]。例如，元宇宙这类由技术支撑建立的大服务“平台”，其中包含了由诸多组织自主搭建且互相联通的小“平台”①。这类联通网络平台的搭建将更便捷地服务于学习者的灵活学习与终身发展，强化学习者与经济社会的联结，进一步提升信息、资源的交流动机、频率和共享程度。

（三）通过深化终身教育内部改造，激发新兴技术潜能

新兴技术的加速发展，使得经济生产过程中对相关知识、技能、能力的要求越来越高[33]。此类发展要求则逐渐内化为终身教育内部深化改造的需求。

一是通过保障随时、随地、灵活、开放的终身教育机会，提供更具包容性的终身教育路径。不仅尝试打破时间和空间的壁垒，例如，元宇宙中的智慧学习场景将现实课堂与虚拟学习情境相衔接，使跨时空的交互式教育、学习成为可能②，学习者在不同空间和时间的学习成果能够被记录、可追溯，也能得到更及时的反馈[34]。还积极创造更加灵活的教育、学习方式，例如，针对企业职工的职业技能培训[35]、面向老年学员的老年教育和学习活动[36]、面向社区成员的各类社区教育和学习活动等，均采用线上线下相结合或灵活选择的教学模式及学习方式。更强调改变传统的师生关系，促进学习者的主体性发挥，通过如虚拟身份等交互方式③，促进更多元的对话、协

① 倪闽景在第九届终身教育上海论坛上的报告，题目为：“元宇宙与终身学习”。
② 倪闽景在第九届终身教育上海论坛上的报告，题目为：“元宇宙与终身学习”。
③ 倪闽景在第九届终身教育上海论坛上的报告，题目为：“元宇宙与终身学习”。

作，以共同推动终身教育深化改造及数字化转型。

二是发挥终身教育系统的主体性和能动性，重视新兴技术的潜在挑战和负面影响。既通过构建比较完整的数字化教育与学习系统，建设一系列终身学习公共服务平台，以使各类教育与学习资源泛在可及[37]。例如，利用数字化学习系统为乡村教师提供继续职业培训和支持教育管理[38]，服务其贡献于乡村教育，确保所有人都能获得包容性的数字学习机会[39]。也通过避免新兴技术的排他性，防止其与教育的人文主义取向相背离，进一步加剧不平等、不公平等社会问题。尤其是强调通过培养富有批判意识、独立学习能力、创新精神的人，以更辩证地认识和应用新兴技术。例如，元宇宙的一时轰动，需要我们了解其所可能带来的发展机遇，但也不能忽视元宇宙仅作为虚拟空间，而非现实空间且无法解决生存需求的本质。因而，需要强调通过人的终身教育与学习，使其在现实世界里形成稳定的自我认知、语言能力和价值判断，防止虚实不分、过度沉溺①。

三、终身教育发挥服务经济社会发展功能所面临的主要挑战

结合上述关键举措，反思终身教育服务于经济社会发展尚存在的问题，学者们将其归纳为“不充分”。即终身教育在将经济社会各子系统对其要求内化为自身改革与发展要求的过程中，其转化尚不充分，从而制约了其功能的发挥。其主要面临的挑战可归纳为如下三个方面。

（一）终身教育的功能定向尚未与经济社会的功能期待充分联结

终身教育系统主体性的凸显，使得终身教育系统能够对较为理性、能动地对经济社会的功能期待进行选择。由此，也呈现出了终身教育系统作为社会子系统之一，对于经济社会所持的态度。根据与会者们的观点来看，当前终身教育系统对于经济社会所持态度尚处于联系不密切的顺应阶段，即对于经济社会的功能期待尚处于较为弱化的认同状态，缺乏了对于自身主体性和能动性的激发，从而影响了终身教育的功能选择和发挥。

如随着人口结构的调整，人们关注老年教育的发展，但多将老年教育限

① 倪闽景在第九届终身教育上海论坛上的报告，题目为：“元宇宙与终身学习”。

定在老年阶段[40]，忽视了人的发展性和生命时间的共存性。在实践中也未将老年教育者、老龄工作从业者、家庭成员等相关群体充分纳入老年教育之中，且存在仅将老年人的智慧、经验和能力视为生产性工具等状况[41]，忽视了老年教育与经济社会各子系统之间更丰富的联结。

随着基层社区教育治理的创新发展，人们关注社区教育的发展，但未对“社区”形成清晰认知，且在各地具体社区教育实践中则存在将社区教育的功能仅限定为服务于老年人的学习与发展需求，而忽视了社区内所包含的各年龄段成员的学习和发展需求，以及老年教育与社区教育自身的独特性。

又如强调机构间关系网络的建立，但存在仅依靠传统学校模式来发展终身教育的情况，即将终身教育囿于学校教育的围墙之中，如狭隘地将社区教育理解为社区学校教育，并存在直接使用普通学校教育的教育理念、模式的情况[42]，而忽视了学校体系之外的丰富教育资源，以及多样社会文化活动所蕴含的终身教育功能，缺乏对于终身教育所包含的经济社会中广泛存在的“事事”之维的重视和深入研究[43]。

（二）经济社会的投入尚未充分促进终身教育功能行动的开展

终身教育内化经济社会发展需求的过程，是需要通过一系列行动来促进其功能发挥的。其中，功能行动之一则是终身教育制度的建立健全。但由于终身教育在功能选择的过程中，并未紧密、能动地联结经济社会，从而使得经济社会对于终身教育的投入度尚处于较浅层面。最为典型的表现则在于法律保障、制度建设均未完善和健全，从而制约了终身教育功能的发挥。

从《中华人民共和国教育法》《国家中长期教育改革和发展规划纲要（2010—2020年）》，再到《中国教育现代化2035》等各类法律、规划，均明确终身教育之于国家的现代化建设、经济社会发展的重要意义，但似乎更像是共同愿景的描绘，即终极目标是完善终身教育体系。而关于“终身教育体系”的具体表述则略显模糊，从将“终身教育体系”与“现代国民教育体系”相并列①，到“服务全民终身学习的现代教育体系”和“服务全民的终

①《中华人民共和国教育法（2021修正）》第十一条：国家适应社会主义市场经济发展和社会进步的需要，推进教育改革，推动各级各类教育协调发展、衔接融通，完善现代国民教育体系，健全终身教育体系，提高教育现代化水平。

身学习体系”[44]的表述，则也在一定程度上呈现出了终身教育立法所面临的困境，如终身教育的完整性是否能够得以保全，终身教育该如何定位，从终身教育到终身学习的主体性的凸显又该如何体现，以及究竟是制定终身教育法还是终身学习法等问题，从而使得国家层面关于终身教育的立法仍旧处于酝酿中。

同样，随着老龄化进程的加快，国家层面老年教育立法的呼声也愈发高涨，但仅有《中华人民共和国教育法》和《中华人民共和国老年人权益保障法》涉及相关内容[45]，国家层面的老年教育立法也尚处于酝酿阶段。虽然当前我国山东、天津、徐州和安徽等地均探索制定了老年教育地方条例，但地方探索尚存在合理性、规范性、可操作性等方面的问题有待解决，且各地法律条例之间关于老年教育立法的目的、基本内涵的界定、管理体制、实施机构、各类保障等方面的表述普遍存在偏差且模糊[46]，也就使得各地的法律条例存在实用性不强、支撑力度不足等问题亟待解决。相关顶层设计的缺位，使得终身教育的发展定位尚模糊、发展目标尚零乱，造成政府相关管理部门的职能尚无法明确，或重视程度不够，致使各方面的支持力度、保障力度欠佳。

（三）终身教育所蕴含的原则特性尚未与经济社会所含文化特性充分碰撞

终身教育作为一系列思想观念和实践模式，其所强调的彻里彻外的终身教育原则，以及“人人、处处、时时、事事”的核心特征等[47]，未与现阶段经济社会所蕴含的文化特性或价值取向充分碰撞，或予以充分改造，且存在诸多差异，从而使得终身教育功能发挥受到制约，甚至并未对经济社会发展要求进行实质性回应。

一方面，经济社会更为关注导向获得学历证书、文凭的学校教育。如开放大学对于非学历教育的关注度不够，从而使得其下属区级社区学院也多倾向于开展学历教育，忽视了非学历教育活动之于满足社区成员多样化发展需求的重要意义[48]。现有的校企合作、产教融合尚停留在较浅的层面，未精准对接企业和经济社会发展的需求，使得职业学校教育的人才培养方案与劳动力市场的要求匹配度不高等问题突出[49]。而关于教师队伍建设、专业发展的实践，则更为聚焦于中小学教师，对于社区教育[50]、老年教育[51]的教师队伍建设等方面的实践推进则不够，从而使得此类群体的技能发展需求、专业知识学习需求无法得到充分满足，发展路径也遇阻。

另一方面，对于学校教育之外的非正式学习、非正规教育的重视度不高，使得涉及非正式学习、非正规教育的学习成果认证机制尚未健全。即便我国已探索了地方层面的资历框架和学分银行，但国家层面的资历框架以及学习成果认可、验证和认证系统尚未系统构建，且学分银行的地方建设与应用也尚不足以囊括日益丰富的各类学习成果，从而使得“人才培养”的多元路径尚未彻底贯通。各类非正规、非正式学习资源也未得到充分挖掘。例如，公共图书馆的终身教育功能尚未得到充分认识和开发[52]，社会文化活动的“学味”还未得到充分发掘①等。

四、提升终身教育服务经济社会发展能力水平的相关建议

基于上述挑战的梳理，需要进一步思考：新时代终身教育的发展还需要做些什么？或者还能够做些什么以更好地提升终身教育的服务水平？根据与会者们的观点，本文将其归结为需要一系列“觉醒”，主要包括社会与国家层面、机构与组织层面、个体层面的意识觉醒，即深刻认识终身教育与经济社会之间的紧密联结，努力促进终身教育功能由外及内再向外的充分转化。

（一）立法先行，进一步明晰功能方向

社会与国家层面的意识觉醒主要指向完善相关立法、明确相关权责、加强立法保障，即将终身教育融入更广泛的社会经济发展框架，促进教育目标与经济社会发展目标的紧密联结，以进一步明晰终身教育功能选择与发挥的方向。

其中，各类相关的国家层面法律法规的完善是关键。相关立法理念和目标的更新、立法质量的保障、立法评估的完善[53]，能够更好地诠释终身教育等相关理念，以促进终身教育自身运行机制的清晰和制度化。法律的规范，可以进一步明确规定政府、社会以及个人的各项权责，尤其是有关终身教育的权利和义务，以及明确政府的责任担当、加强政府支持终身教育发展

① 孙玫璐在第九届终身教育上海论坛上的报告，题目为：“社区游学项目模式探究”。

的能力建设，并充分统筹、协调政府各职能部门的投入和合作，以加快制定地方层面或部门维度的终身教育法规、条例。由此，在顶层设计、制度层面，可以澄清终身教育与经济社会各系统、要素之间的关系，强化终身教育与经济社会的深刻联结，以创造更好的条件来支持新时代终身教育主体性的发挥，更能动地协助、指导经济社会发展需求的实现。

（二）载体多元，进一步促进功能发挥

机构与组织层面的意识觉醒则更多指向于集结各方力量，完善合作机制，强化关系网络。教育作为公共利益、共同事业，仅依靠政府部门是不足以支撑其面对日益复杂的社会情境的；社会力量的多方参与、协同合作是必然趋势。充分调动、协调各社会机构、组织的参与，也成为经济社会投入促进终身教育发展的关键举措和重要保障。

开展跨部门协作、建立机构间关系网络，这一点在现有的终身教育实践中已经予以践行，并获得了成效。例如，发挥政府与市场双重作用，支持社会力量参与老年教育，以解决老年学校“一座难求”的问题[54]。但如何进一步促进机构间强关系的建立与维持，则需要各机构、组织充分认识到其主体性，辨析不同机构的主体性功能的差异，从而有助于政府及机构自身更好地引导和更充分地发挥机构的功能和价值，还需要其明晰自身所拥有的可利用的关系及其网络，从而促进更大规模的伙伴关系的建立。同时，完善关系网络的合作机制则有利于建立共同愿景，助力于打破、缓解甚至解决不同机构主体之间的差异性冲突及矛盾，从而促进各方更加高效有序且持续地参与以及真实合作的发生，由此凝聚成合力，为终身教育载体的多元化发展提供强有力的网络支持，以促进信息、资源沟通渠道的畅通，助力搭建多元化的人才培养路径，更好地服务于经济社会发展需求。

（三）思维变革，进一步衍生功能结果

个体层面的意识觉醒则指向参与终身教育的教育者、受教育者、学习者、实践者、研究者、管理者、政策制定者等个体的思维变革。即一方面，个体需要清晰地认识到终身教育的发展不仅是教育变革与发展的必然规律，也是社会发展的必然选择。另一方面，需要每一个参与其中的个体明确认识到自身在这一过程中所拥有的权利和应承担的责任，努力提升包括系统思

维、批判思维、自我意识、协同合作、综合解决问题等各方面的能力①，并面向未来“学会主动生存”[55]和“学会成长”，主动支持其自身整体而全面发展，积极且真诚地从多维度、多层面、多举措促进终身教育对经济社会功能期待的积极回应、能动选择，以及经济社会对于终身教育发展的高度重视与投入。这是新时代终身教育通过促进个体思维变革，来根据经济社会发展需要培养新型人才，以此衍生出终身教育更高层次的功能结果，实现更深层次地服务经济社会发展的创新举措。

正如习近平总书记在2018年9月10日全国教育大会上发表的重要讲话所强调的“坚持扎根中国大地办教育”，“坚持把服务中华民族伟大复兴作为教育的重要使命”[56]。因此，“研究者要准确把握时代需要”[57]。结合本届论坛所汇聚的各位与会者们的研究见解，则进一步引发了关于新时代终身教育研究维度的再度审思。即新时代终身教育的理论内涵尚未深刻剖析和认知，终身教育与经济社会发展这对关系的联结尚不紧密且缺乏主动性，以及经济社会投入度与终身教育变革与发展需求这对矛盾的日益凸显，引发了关于面向新时代终身教育的研究内容、研究主体、研究成果的产生与转换等一系列问题的再思考。面对新时代的复杂社会情境，“国家的需要、社会的需要与人民的需要都是多层面的”[58]，需要终身教育研究强化对于新时代终身教育的元认知，加强对于终身教育系统与经济社会复杂系统之间所涉及多维度、多要素关系的探讨，例如相关研究内容可涉及经济、文化、环境、社会、科技等经济社会发展领域，个体、机构、社区、社会等终身教育参与主体，学会认知、学会做事、学会合作、学会主动生存等主体发展过程，以提供满足国家、社会、人民需要的多元方式。面向未来，还需要持续支持并推进本类具有影响力的终身教育学术论坛的组织与开展，以吸引更多来自各行各业、与终身教育事业息息相关的人员广泛且主动地参与，加强各参与主体间的真诚对话与有效交流，激发各主体及其所开展的不同类型、不同议题的终身教育研究之间更深层次的联结，孕育出更多元且高质量的终身教育研究成果，从而实现终身教育理论、实践和政策之维的相互助推及螺旋式上升，更好地服务于国家、社会和人民的发展。

---

① 李家成和朱敏在第九届终身教育上海论坛上的报告，题目为：“以可持续发展教育升华学习型城市建设的价值”。

参考文献

[1] 李文淑，李家成．以共同学习赋能终身教育的未来——来自第七届终身教育上海论坛的观点［J］．中国远程教育，2021（2）：59-65.

[2][10][25] 联合国教科文组织．一起重新构想我们的未来：为教育打造新的社会契约（执行摘要）［R］．法国：联合国教科文组织，2021.

[3][20][34] 查正和，郑安格．智慧城市建设语境下老年智慧学习场景设计探究——以上海市老干部大学系统为例［C］// 第九届终身教育上海论坛论文集．上海：上海终身教育研究院 2021：218-229.

[4][23] 沈启荣．上海社区教育与基层社会治理的发展现状调研分析［C］// 第九届终身教育上海论坛论文集．上海：上海终身教育研究院，2021：24-36.

[5] 宋亦芳．社区教育高质量发展的理论解析［C］// 第九届终身教育上海论坛论文集．上海：上海终身教育研究院，2021：144-156.

[6] 国务院第七次全国人口普查领导小组办公室．2020 年第七次全国人口普查主要数据［M］．北京：中国统计出版社，2021.

[7][51] 沈光辉，蔡亮光．赋权增能理论视域下老年教育转型发展研究［C］// 上海终身教育研究院．第九届终身教育上海论坛论文集，2021：93-102.

[8][13][37] 卞祥瑞．近十年我国流动人口的现状考察对终身教育新发展的启示［C］// 上海终身教育研究院．第九届终身教育上海论坛论文集，2021：52-63.

[9] 保尔·朗格朗．终身教育引论［M］．周南照，陈树清，译．北京：中国对外翻译出版公司，1985.

[11] 林可，王默，杨亚雯．教育何以建构一种新的社会契约？——联合国教科文组织《一起重新构想我们的未来》报告述评［J］．开放教育研究，2022，28（1）：4-16.

[12][28] 联合国教科文组织国际教育发展委员会．学会生存：教育世界的今天和明天［M］．华东师范大学比较教育研究所，译．北京：教育科学出版社，1996.

[14][38] 周静．终身学习视域下乡村教师在线学习共同体构建策略研究［C］// 上海终身教育研究院．第九届终身教育上海论坛论文集，2021：64-73.

[15][31] 上海市浦东新区社区学院课题组．新时代背景下老年教育的新任务、新特点、新战略研究［C］．上海终身教育研究院．第九届终身教育上海论坛论文集，2021：74-92.

[16] 联合国教科文组织．教育的未来：学会成长——旨在重新构想知识和学习如何能够塑造人类和地球未来的全球倡议［EB/OL］．［2022-01-25］．https://unesdoc.unesco.org/ark：/48223/pf0000370801_chi?1=null&queryId=463e368b-0f4c-4e46-94b1-e9ccb72736f7.

[17] 江颖，祝长龙，任晓倩，等．老年人数字化学习适应力研究［C］// 上海终身教育研究院．第九届终身教育上海论坛论文集，2021：180-203.

[18] 新华社 . 国务院办公厅印发关于切实解决老年人运用智能技术困难实施方案的通　知 [EB/OL] .（2020 -11 -24）[2022 -01 -25] . http://www.gov.cn/zhengce/content/2020-11/24/content_5563804.htm.

[19] 耿俊华，傅雷 . 老年人网络使用现状及自我效能感研究 [C] // 上海终身教育研究院 . 第九届终身教育上海论坛论文集，2021：204-212.

[21] UN Transforming Education Summit. Concept Note on the Summit [EB/OL] . [2022-07-01] . https://www.un.org/sites/un2.un.org/files/tes_concept_note.pdf.

[22] [27] 周鸿刚，查正和，刘恩，等 . 社会治理视角下推进老年慈善、志愿服务发展的理论思考与实践探索——以上海市老干部大学与上海慈善基金会协同推进慈善志愿服务事业为例 [C] // 上海终身教育研究院 . 第九届终身教育上海论坛论文集，2021：1-13.

[24] 张伶俐 . 老年教育促进“参与”的价值意蕴——基于 2020 年《教育老年学》期刊相关文献的分析 [C] . 上海终身教育研究院 . 第九届终身教育上海论坛论文集，2021：254-271.

[26] [35] [49] 沈光辉，余星辉，刘颖，等 . 企业员工“二元制”继续教育模式研究与实践——以福建开放大学“开放教育二元制”人才培养模式改革试点项目为例 [C] // 上海终身教育研究院 . 第九届终身教育上海论坛论文集，2021：14-23.

[29] [52] 匡颖 . 让公共图书馆发挥终身教育的作用——对芬兰埃斯波市公共图书馆的个案研究 [C] . 上海终身教育研究院 . 第九届终身教育上海论坛论文集，2021：42-51.

[30] “教育的未来”国际委员会 . 后疫情世界的教育：推进公共行动的九个构想 [R] . 巴黎：联合国教科文组织，2020.

[32] 吴盛雄，沈光辉，陈诚 . 终身教育视域下在线学习偏好特征分析与干预策略——基于 LDA 模型文本主题聚类分析视角 [C] // 上海终身教育研究院 . 第九届终身教育上海论坛论文集，2021：167-179.

[33] UN Transforming Education Summit. Action Track 2 on Learning and skills for life, work, and sustainable development [EB/OL] . [2022 -07 -01] . https://transformingeducationsummit.sdg4education2030.org/system/files/2022 -06/AT2%20discussion%20paper%202%20June%202022.pdf.

[36] 王建锐 . 老年学校实行“线上线下融合”教学模式的探讨——以“智能手机”内容的教学为例 [C] // 上海终身教育研究院 . 第九届终身教育上海论坛论文集，2021：213-217.

[39] UN Transforming Education Summit. Action Track 4 on digital learning and transformation [EB/OL] . [2022 -07 -01] . https://transformingeducationsummit.sdg4education2030.org/system/files/2022-06/AT4%20discussion%20paper%202%20June%202022_0.pdf.

[40] [45] [46] [53] 李洁 . 我国地方老年教育条例的评析与完善 [C] // 上海终身教育研究院 . 第九届终身教育上海论坛论文集，2021：103-118.

[41] 李文淑 . 欧洲国家的老年人终身学习政策与实践策略综述 [C] // 上海终身教育研究院 . 第九届终身教育上海论坛论文集，2021：119-127.

[42] [50] 魏雅明 . 社区教育专职教师专业发展水平调查及对策研究——以上海市为例 [C] // 上海终身教育研究院 . 第九届终身教育上海论坛论文集，2021：157-166.

[43] [55] 李家成，张伶俐，匡颖 . 事事为学：终身教育研究所缺之维的审视、探寻与突破——对叶澜终身教育思想的解读 [C] // 上海终身教育研究院 . 第九届终身教育上海论坛论文集，2021：272-284.

[44] 新华社 . 中共中央、国务院印发《中国教育现代化 2035》[EB/OL] .（2019-09-23）[2022-01-29] . http://www.gov.cn/xinwen/2019-02/23/content_5367987.htm.

[47] 叶澜 . 终身教育视界：当代中国社会教育力的聚通与提升 [J] . 中国教育科学，2016（3）：41-67.

[48] 岳燕 . 刍议转型视域下新型开放大学的发展 [C] // 上海终身教育研究院 . 第九届终身教育上海论坛论文集，2021：37-41.

[54] 沈光辉，杨惠，陈诚，等 . 基于大数据的区域老年教育发展成效 DEA-PCA 模型构建与实证研究——以福建省为例 [C] // 上海终身教育研究院 . 第九届终身教育上海论坛论文集，2021：128-143.

[56] 中国网 . 教育界热议习近平讲话：中国教育立足国情 扎根中国大地 [EB/OL] .（2018-10-11）[2022-06-30] . http://news.china.com.cn/txt/2018-10/11/content_65708621.htm.

[57] [58] 中国社会科学网 . 哲学社会科学研究应该把握时代发展需要 [EB/OL] .（2019-03-12）[2022-06-30] . https://theory.gmw.cn/2019-03/12/content_32631513.htm.

书评

敬畏乡村教师的终身学习与发展：《扎根乡村大地的教育研究》书评

程　露*

2019年中共中央、国务院印发的《乡村振兴战略规划（2018—2022年）》提出要将农村教育事业与乡村教育质量作为优先发展与提升的重要工作规划。乡村教育质量的提升是乡村振兴的重中之重，而乡村教师则是重振乡村教育的关键。目前，国家高度关注乡村师资队伍的建设与配置，《乡村教师支持计划（2015—2020年）》等文件指出，要持续加强乡村教师队伍建设，为乡村教师专业素养提升，甘于奉献、扎根乡村教育的实现提供制度保障。尽管国家给予乡村教师的待遇福利、生活保障已经较为改善，但仍存在"下不去、留不住"的难题[1]。此外，心理孤独感、乡土文化适应度、专业发展前景等逐渐成为相关主体是否愿意去往乡村从教并留任的关键因素[2]。因此，乡村教师要扎根于乡村，不仅需要政策与待遇的外在支持，更需要唤醒与重塑乡村教师内心眷恋、奉献乡村的乡土情结和信仰[3]。

在教育自觉的光辉指引下，乡村教师能自发对专业发展属性、趋势进行确证，并批判性地检视自我的专业理论水平与实践能力，将乡村教育的振兴理想与实践发展作为一种职业自觉与人生追求，最终形成价值与行为的自觉融合。要形成乡村教师的教育自觉，须融合文化与职业自觉。乡村教师与城镇学校的教师不同，其自身的地域、经济地位、社会地位特殊性首要地决定其要做到文化自觉[4]。由此，乡村教师的发展至关重要。

在乡村振兴，发展乡村教育的背景下，由上海交通大学出版社出版的《扎根乡村大地的教育研究——乡村班主任研究者的自述》（以下简称《扎根乡村大地的教育研究》）一书于2020年3月正式出版。7月中旬本人拿到了上海终身研究院李家成教授的赠书，马上开始了阅读。书中一个个鲜活的故

---

* 程露，浙江省武义县实验小学一级教师，德育处主任。

事吸引着我。读完一遍，似乎有些不过瘾，便开始了第二遍的阅读。第二次的重读，速度上慢了许多，读完大概用了三天的时间。这本书不同于其他教育专著，没有深奥的理论阐述，只有真实的教育自述；没俗套的说教，只有朴实无华的动人故事。整本书只有 11 个作者、11 篇文稿、11 个动人的教育故事，却深深地打动着我。

《扎根乡村大地的教育研究》由白芸教授与李家成教授主编，2020 年 3 月第一次印刷。此书通过 11 位作者的乡村教育研究自述，试图为区域教育行政部门有效开展教师在职培训工作、为大学培育未来教师的教育创新带来一定的启发。该书同时也在传递着"扎根乡村教育"的情怀：在当下有些许浮躁、功利、急于求成的教育实践与教育研究现状下，扎根乡村教育开展实地研究，改进教育教学理念和提升办学质量，需要更多的大学学者和教育研究者扎根乡村教育日常生活，带动更多专业能力和研究能力逐步提升的教师在日常工作情境中不断探索[5]。

一、终身学习视角下的乡村教育情怀

阅读过不少有关班主任的书籍，如《中国班主任研究》（第一二辑）、《中国乡村班主任发展研究》（第一二辑）、《家校合作指导手册》等。这些书籍大多以一篇篇论文或主题写作的形式呈现研究成果，至于作者的成长经历、撰稿过程、发展样态，都无从了解。作为读者，除了更多的感慨与敬佩之外，只能感受到无法跨越的距离感。而《扎根乡村大地的教育研究》一书更像是优秀乡村班主任成长的自传，抑或是一本记录了一个个坚守乡村、不断学习和发展着的教育者的实践故事。这样的作品看似只针对乡村教育者，却给不同的读者带来了不一样的感悟。

华东师范大学叶澜教授在微信朋友圈点评道：人从来不是生来如此。什么事业有了人的真诚投入，才会美，才会发出人性的光辉。

广东省教育研究院研究员戚务念博士如此写道："扎根乡村大地的教育研究"，没有深奥的理论思辨，多为来自乡村班主任们的生活、工作以及心路历程的讲述。然而，却让有着长期的学术编辑经历的我读之不忍释手，陷入深思。11 位作者都是我熟识的朋友，他们有着丰富的乡村班主任工作经历，除了一位已经是大学知名教授外，其余 10 位依然坚守在中国乡村教育第一线。这位大学教授也用自身的学识反哺乡村教育，他们都是用生命在开展着教育研究。他们作为普通的小人物，真实地告诉我们乡村教师是如何化结构为资源从而实现多样可能的；乡村教师、乡村班主任是如何超越自我从而实现专业成长，如何超越空间从而融入教育共同体，如何超越时间从而开展各种跨界活动的。有调查表明，世纪之交的教师教育转型背景下，新入职教师的敬业精神有所下降，人们开始怀念“老中师”年代。个人以为，本书的出版，对于功利浮躁的教育一线以及学术界，犹如注入了一股空气清新剂。在乡村振兴背景下，教育如何参与其中，本书也呈现了一个个鲜活案例[6]。

本书主编之一华东师范大学白芸教授在前言中写道：对于大多数乡村教师来说，默默无闻的日常工作就是常态。但是在有着乡村教育情怀的大学研究者的引领下，逐步开拓教育视野、阅读大量教育著作、参与多种学术研讨活动，开展各种教育研究探索，尝试写作并实现成果发表，在各级学术交流场合发出声音、展现自我，并在广大同事、同行中发挥着榜样示范作用，改变着乡村学生的家长和家庭，这一切都超越了日常教学工作本身[7]。

上海终身教育研究院的李家成教授作为一直带领着乡村教师前行的导师，用自己质朴且深情的话语来表达对本书作者们的尊敬与喜爱：虽然相距百里千里，但相互的学习让我们如此亲近，共同的学习让我们如此喜悦。共学互学，在持续发生；生命成长，在持续实现。愿学习成为我们的生存方式，愿乡村教师的学习继续汇聚为创新、超越的力量[8]！

而于我而言，阅读这样的专著，更是为了重拾22年前的教育初心。面对职业的倦怠，面对工作中的不如意，总会给自己找各种借口以安抚自己想成为“佛系”教师的冲动；可在内心深处，非常确定的是：我想成为一个有追求的智慧教师，而非简单的教书匠。

（一）对终身学习的认知和追求

多年来，联合国教科文组织一直致力于终身学习的研究与倡导，先后发布了《学会生存——教育世界的今天和明天》[9]《教育——财富蕴藏其中》[10]《反思教育：向“全球共同利益”的理念转变？》[11]等一系列重要报告。在对终身学习的思考和研究逐渐深化的过程中，终身学习理念也在不断地发展。2020年8月31日，联合国教科文组织终身学习研究所（The

UNESCO Institute for Lifelong Learning，简称 UIL）正式出版了《拥抱终身学习的文化》（*Embracing a culture of lifelong learning*）[12]。《拥抱终身学习的文化》指出，终身学习的价值主要包含以下四点：第一，当人类不得不面对来自自然、社会等各方面的不确定性的挑战时，终身学习则成为应对挑战的关键，“终身学习可以提高人们应对变化和谋划未来的能力”[13]。第二，终身学习可以培养公民的思维力和知情力，清楚地分辨真理与谬误，不被假消息所蒙蔽和欺骗。第三，终身学习有助于提高人们的就业能力，帮助人们在学习中面对未知的就业市场。第四，终身学习有助于构建终身学习型社会，进而使得人人成为积极主动的学习者，并将学习贯穿于生命的始终[14]。

我们总是简单地认为，学习是从进入学校到离开学校这一时间段所特有的行为。仅从教师这一职业来看，靠着几十年前的知识与技能的学习来教育当下的孩子，一定是无法胜任的。社会的发展、文化的更新、时代的变迁都充斥着新的知识、新的文化，我们需要不断地学习，不断地重新认知当前的教育教学工作，不断地与他人、环境融合，从而更好地面对工作与生活。因此，人的终身学习自然成为必需。至此，学习者不再是知识的被动吸收者，而是主动获得者，学习者可以共同设计学习的环节和过程，以此来充分发挥潜力[15]。

（二）忆 9 年乡村任教的难忘经历

本人从教 22 年，其中在乡村工作 9 年。在乡村的那段时光里，总是羡慕着城区的教师——回家近，学生、家长素质好，教学资源丰厚。那时候的乡村教育是“弱势”的，这不仅仅是社会大众的认知，连教育行政部门也不重视。当时想着能离开乡村小学到城区去执教，才是有奔头的职业道路。而此刻回想，那 9 年的时光是我用尽了情和力，与孩子一同成长的 9 年。孩子的纯真，家长的淳朴，给了我许多工作的自由度。同时，他们对教师的期待真的远远高于城区的家长和孩子，厚重而充满着渴望，渴望你能带着他们走出大山，渴望着你给予他们走向更广阔天空的道路。面对他们时，总会觉得身上的担子很重，不能轻言放弃。每当面对工作中的力不从心时，总会想起在乡村的 9 年时光，那时的家长、那时的孩子、那时的学校、那时的自己……无论遇到什么困境，都会努力地去克服。

于是这本书便成了我努力寻找教育初心、投入终身学习与发展的良药，里面的文字无时无刻不在提醒着我：他们能，我为何不能？

（三）对扎根乡村教育者的敬畏

书中依然奋战在一线的10位乡村教师都有着自己从事乡村教育的“辛”路历程。面对困难，他们选择接纳，选择不断地迎接挑战。读着他们的故事，由衷地敬佩，甚至有些许畏惧。他们在平凡的岗位上做着不平凡的工作，相比于城区学校，困难重重、挑战无限。有时候，我总在想：是什么让他们一直坚守着？当我看见他们的自述时，瞬间明白了。以下引用10位作者的自述：

> 唯有主动学习，坚持学习，珍惜各种来之不易的学习机遇，才能适应瞬息万变的世界，才能跟上教育改革的步伐，才能培养大视野的学生。
>
> ——刘海霞
>
> 学习，让我充实，让我年轻，让我如梅花盛开般拥有跨越严冬的勇气和力量，漫天雪飞，我在丛中笑。我相信：等我老了，终身学习的魅力，将会使我头上的白发闪烁着异常美丽的银光。——林冬梅
>
> 学习是一辈子的事，静下心来阅读，快乐幸福做事，在实践、研究中感受灵魂的富有，追求精神的满足，热爱所从事的教育事业，体现自己的生命价值，这是我一直努力的方向。——焦忠宇
>
> 从无从下笔到不怕写作，是撰写自我成长经历带给我的成长。实践、读书、写作构成了我的教育生活图景，沿着这条风景线，持续走在做、听、说、读、写的路上，闭上眼睛，我希望自己一辈子都能闻到学习的芳香……
>
> ——蓝美琴
>
> 世界对我而言，有着许多的“未知”。我怀抱着热爱，努力聆听、阅读、思考、写作、表达、体验，遇见更多未知，遇见未知的自己，遇见未知的世界，让更多未知变成“已知”。生命不止，学习不息。
>
> ——巩淑青
>
> 我很幸运成为一名乡村班主任，更加幸运的是遇见了一群痴迷乡村教育、乡村班主任研究的导师和伙伴们。我们一起学习，一起成长，做终身学习的践行者……
>
> ——叶斐妃
>
> 学习，是一股向上生长的力量，是一种积极的人生态度，更是自我

人生价值的追求与体现。愿在有限的教育生涯中，与更多的终身学习者相伴，与更多的乡村班主任同行，扎根乡村大地，做新时代最幸福的乡村教师。

——施建珍

在喧嚣的日子里静心读喜欢的书；在平凡的工作中做热爱的研究；在闲暇的时光里写想写的文字；在迷恋的书本中构建喜欢的精神家园……扎根乡村大地，奉献教育事业，把学习作为生活的常态，让它成为生命最美好的习惯！

——刘茜

吾生有涯，而知无涯。在有限的时光里，愿岁月静好，一壶茶、一本书，潜心为教育事业而追寻探索，在育人中收获快乐，在不断学习中超越自我。

——吴静超

一个人可以走得很快，但一群人方能走得更远。为着振兴乡村教育的梦想，和志同道合的人彼此学习，彼此成就，一起领略教育路上的美妙风景。

——李冬梅[16]

一直认为教师这份职业是平凡且有时是卑微的，需要小心翼翼地面对着形形色色的家长和学生们，会被各种繁杂的事务所困扰。当我看到他们的文字时，感动不已。因为他们对工作的执着，对学习的渴望，对自己的高要求，都让我自愧不如。

二、终身发展视角下的乡村教师成长

什么样的教师才算是优秀的？什么样的班主任才算是成功的？什么样的教师才有着优秀的潜质？是什么样的机缘巧合才能触动真正的终身发展？……这似乎都在提醒着我，去书中寻找真实发展的可能性。

（一）乡村教育的情怀：回溯成长经历

人们总说：教育是有情怀的。可每个人内心深处的情怀又从何而来？它们会给我们的人生带来些什么？阅读后，我更坚信，一个人小时候的经历会对以后的人生产生影响。11位作者都有着乡村生活的经历，他们或多或少都有着对乡村教育的那份不舍；这份不舍来自小时候的生活，更来自隐藏在内心深处的乡情。

刘海霞老师在乡村的贫寒又充满爱的生活，林冬梅老师初为人师时对乡村教育的别样体验，焦忠宇老师父母“吃苦耐劳”的乡村家庭教育所烙下的印迹，蓝美琴老师那段担惊受怕的乡村从教记忆，巩淑青、叶斐妃老师初为乡村教师时的忐忑与自卑乃至焦虑不安，施建珍老师乡村启蒙教师潜移默化的影响，刘茜老师扎根乡村教育的每一个第一次，吴静超老师童年记忆中的留守往事，李冬梅老师小时候与祖父书房的故事，李家成教授短暂的乡村教师经历……这些故事虽各不相同，却都透露着一种对乡村教育无法割舍的情感。这种情感在日复一日的生活积淀后幻化成每个个体的教育情怀。他们看到了乡村教育真正的独特性，他们感受到了乡村教育更新的紧迫性，他们更在实践中改变了乡村教育的“唯唯诺诺”。谁说乡村的教师就应该是平庸的？谁说乡村的班主任就应该是默默无闻的？谁说在乡村，教育就是“贫瘠”的？书中的作者们用自己的成长经历告诉世人：乡村的班主任的教育情怀是有温度的，他们也可以迎来教育事业的春天。

阅读这样的文字，让人感觉真实且温暖，这应该就是教育叙事文稿的魅力所在吧！借由他们的文字回看自己的成长经历，从对教育工作的抵触到热爱，此刻回想，都不清楚自己的转变源自哪里。因为选择教师这一职业也来自父母，那个从小自卑内向的小女孩，此刻却能对着上百或上千人的课堂侃侃而谈。从依稀记事开始，家后有山，每天都能上山玩，和小院里的小伙伴们爬着那棵斜斜的大树，偶尔会在爸爸工厂的幼儿园里充当着老师的身份，乱教一通。小学开始便到了城区，不爱举手发言，不爱表现自己，上课的唯一目标就是乖乖坐好，期待着老师不要发现我的存在。此刻想来，身边的大人们给予了我足够的自由与包容，让我的童年生活无忧无虑，虽在“学霸”哥哥的光环下，总会被父母责怪不聪明，却也乐得自在，因为我就是学校和家里“无关紧要”的存在。那时，只有父亲偶尔会对我说：你得好好学习，知识才能改变命运。所以面对自己的工作，“送”到手边的，我会认真对待，别人的，一定不争不抢，默默地学会了各种技术技能，努力做到万事不求人。

（二）立足当下的追问：反思当前教育

第一次听到“追问”这个词，是来自李家成教授。一开始，我总是不明白，何为“追问”？为何“追问”？“追问”为何？而今，我认为“追问”

更是对现状的反思，对教育问题的思考，对自我的提升的体现。书中的11位作者在自己的文字中，都呈现了许多的追问。

林冬梅老师的《乡村班主任的逐“光”之路》中有这么一段文字：

> 我们的学生怎么办？我们对他们负责任了吗？为什么乡村学生各方面能力都无法与城市孩子相比？我们是否主动学习，让自己的专业水平得以提升，让我们的学生在我们的专业培养下得以健康成长？我们真的关爱乡村儿童了吗？为什么那么多的优等生仍然缺乏自信，郁郁寡欢？我们在一味追求学生优秀成绩的同时，是否也压制了学生的个体发展？我们关心过学生成绩背后的心理变化和心理需求了吗？我们是否懂得关爱的艺术？

整整189个字，能呈现林老师这样的教育思考：她看到了眼前的学生，她想尝试改变眼前乡村教育教学的现状，她在努力寻找当前乡村教育的问题所在，她在审视自己的教育是否合适……这样的追问正是她专业成长的开始。

李家成教授所写的《乡村班主任研究路上的“寻找”》一文中有一张截图，图中有这样一段文字：“从家校合作的角度审视，乡村学生家长到底面临着怎样的生存状态？对家校合作有哪些影响？他们又有哪些可贵的教育品质与资源？现实视阈下乡村家校合作有哪些可能？可从哪些维度着手？”这近100字的追问，已非常明确此文要呈现的核心理论与观点。

刘海霞老师在对本书的读后感中有这样一段文字：

> “教育要促进作为具体的、活生生的、个体的人的发展，这是教育最重要、最核心的职能。”但在现实面前，学生没有好成绩其他发展都是浮云。“事实似乎摆在眼前，但我始终坚信学生的全面发展比成绩更重要，而且开展的实践活动不会真正影响学生的学习。那是什么原因导致学生学习成绩没有显著提升呢？”一年后，这个问题我还是没能真正解决。阅读着自己一年前写的文字，感到惭愧，设想的解决方案自己没有实践，有想法不行动等于空想。反思自我，原因有二，一是今年所带学生是初三毕业班，与上一届带的高一学生不能相提并论。当时写作时

是根据高一学生的情况设想的方案，所带学生年级不同，方案肯定不同。但自己没有随机应变的能力，没能根据学生不同而改变方案。二是对于毕业班的学生来说成绩当然是最最重要的事。一遇到学生成绩放在最重要的位置时，我就会不知所措，不知如何平衡学生发展与成绩。[17]

由此看来，“追问”是对自我工作生活的思考，对当前存在问题的发现，对改变现状的渴望。事实上，书中的11位作者都在用实证说明：“追问”便是思考与转变的开始。

（三）专注深度的阅读：唤醒生命成长的自觉

阅读一定是个体成长不可或缺的部分。本人曾在《深读慎思：让我们成为更好的阅读者》一文中写道：阅读的数量可以决定一个人的视野，阅读的质量却能决定一个人的高度。古往今来，有太多的书籍，太多的文字在告诉我们阅读的重要性。李冬梅老师的文章便引用了众多中外教育名家的话来证明阅读的重要性——朱永新教授认为，一个人的精神发育史，就是他的阅读史；苏霍姆林斯基提出，我们要力求使每一个少年、每一个青年都找到一本他“自己的”书，这本书应当在他的心灵里留下终身不可磨灭的痕迹。

几乎每个人都明白阅读的重要性，我也相信每个人都有不同程度的阅读经历，然而，“如何阅读”“该阅读些什么”是这11位教师区别于其他教育者的优秀之处。相较于舒适的阅读体验，他们更倾向于有品质、有挑战的专业阅读。叶斐妃老师的故事便提到过“一次前所未有的阅读尝试”，正来自《复杂性理论与教育问题》一书的阅读。初读时，她说“这本书是天书，单调、乏味、毫无吸引力”，这样的体验几乎是所有一线班主任阅读专业书籍时都曾有过的感受。面对这一类的书籍，我们往往会自然地选择放弃，因为读与不读，似乎与当前的工作、生活并没有直接的关联。这样想来，学习就此停止，成长自然不会发生。而刘海霞老师用自己最真实的阅读感悟告诉我们该如何展开深度阅读：

近三年所带班级我都尝试实践班级岗位建设，虽然每一年的实践都能在原有基础上不断完善，但对比《班级日常生活重建中的学生发展》书中的班级岗位建设研究理论，我的实践还相差甚远。首先，我还是没能真正站在学生立场确定班级学生所需岗位，所有岗位基本上都是我自己认为班级需要的，而没有花时间与学生一起讨论商量，心里还找理由搪塞“时间紧，一周才一节班会课，怎么够时间讨论……”究其原因，我的“以人为本”的教育理念只是停留在口头上，虽然心里认同了新的教育理念，但知行不统一，所学到的理论知识还没能真正体现在行动上。其次，班级岗位缺乏针对性指导和过程性评价。反思原因，我没有根据岗位的特点采取针对性的指导，也没有进行过程性的评价，导致有些学生不知如何做，有些学生渐渐失去积极性。再次，岗位没有根据班级发展所需进行增减。如果我能站在学生立场思考问题，邀请学生一起讨论班级遇到的问题，再结合班级岗位建设，添加对应的岗位，让学生参与到班级岗位建设的每一个环节，包括过程性评价，一定可以把班级岗位建设做得更好，这样才能促进学生的真实发展[18]。

书中的11位作者用真实的阅读经历在告诉读者，专业的、有品质的阅读，是可以让人“日新月异”的。如叶斐妃老师“硬着头皮地啃”“一字一句地咀嚼”，让她的阅读之路越走越宽。正如她所说：“深度阅读的尝试，不仅帮助我养成了复杂性思维方式，也唤醒了我自身生命成长的自觉。”

（四）志同道合的团队：一群导师与一群学员的共学共进

著名管理学家彼得·圣吉在《学习型组织》一书中断言，未来的学习一定是基于组织的学习，基于共同体的学习，在某一专业领域孤单的、个体式的掘进已经不适应信息时代的发展趋势。共同体的学习既能够让学员克服单个人的孤独感，又能够让学员在坚持发展的同时找到归属感和认同感[19]。从一个人的阅读，到一群人的阅读，从一个人的思考到一群人的分享，会让阅读这件事更有动力，更有深度。书中的作者几乎都参与了“中国班主任研修学院”（一个自发形成的学习群体）组织的共读活动。在“中国班主任研修学院”的微信群中，不仅有李家成教授、张鲁川博士、林进材教授，还有各报刊的主编，在校在读的研究生和一线的研究型校长们。这一群人在一起能做些什么？他们做的事很简单，就是一起阅读，一起实践，一起研究。

前半年，白芸教授经常分享有关教育叙事研究的文章，以及相关的

> 博士生论文给我们自学，同时指导我们专业阅读。后半年，白教授指导我们先把自己的专业成长历程用叙事的方式写下来，从哪个阶段开始都可以。虽然已经阅读了很多文献，但对于第一次接触教育叙事研究的我们来说，还是一头雾水，不知从何下笔。对此白教授鼓励我们先按自己理解的方式写出来，只有初稿出来了，才能有针对性地指导。初稿出来后，白教授一一给我们修改，从文章主题，结构内容等方面给予详细的指导。从初稿到终稿，我们经历了无数次修改。白教授不厌其烦地帮助我们完善文章，从整体到标点符号，从内容到参考文献，无不体现专业写作的学术规范性和科学严谨性[20]。

这样的团队共学改变了他们的成长轨迹。正如蓝美琴老师所说：这是多么有意思呀，一群大人重新当回了学生，开启一种全新的学习模式。而我也同样是其中的一员，这样的团队引领，让我也感受到了阅读中独特的乐趣。

> 我喜欢简单的描述。喜欢董雪梅老师的《博采众长，修炼内功》，全面具体；喜欢蓝美琴老师的《在梳理总结中对重建学生假期生活的再思考》，对比阅读，核心突出。在这春节将近之时，更体会到王怀玉老师的《年将近，情更怯》的情与忧。学习是一种态度，即使是稚嫩的表达，只要是真实的，就值得尊重与敬佩。我喜欢这一群人，身在西东，却无问西东，只随本心本真，阅也好，思也罢，皆精彩。
>
> （2018 年 1 月 27 日）

遇见一群志同道合的人何其不易，在专业成长的道路上，能遇见一群优秀的导师，一群优秀的伙伴足以让人感受职业的幸福和成长的愉悦。

（五）坚持不懈的写作：迈向持续发展

“写”似乎是大多数教师的短板。书中的 10 位一线乡村班主任在自述的最后，总会提到撰写论文或书稿是对自己巨大的挑战。不可否认，我也是如此。蓝美琴老师整理的三年论文发表与学术交流一览表，让我心生敬畏；刘茜老师的笔耕不辍更是让人羡慕；巩淑青老师在专业写作新起点中不断挑战自我；刘海霞老师的第一篇文稿的发表历程……在他们的自述中，我看到了勤奋与坚持，从一篇文章到一本书，从三四千字的记录到上万字的专业表达，他们经历了蜕变。

> 2018年6月，在白芸教授持续的鼓励下，我硬着头皮开始写作。我利用晚上女儿入睡后的时间，每天写一点，这样坚持了两个星期以后，终于凑成了一篇2万多字的文章。那一刻，我是多么有成就感，觉得自己做了一件了不起的事情。就像白教授说的，文章只有先写出来，才能有针对性地进行修改。我那第一稿，简直就是记叙文，和叙事研究几乎沾不了边（当时还是很庆幸自己工作之初用QQ空间记录了那么多心情，否则怎么“凑足”这2万字呢？）身边的伙伴不断有人提交了叙事，我反复阅读他人故事，用导图的形式将教育叙事的框架整理出来，反复琢磨。即使这样，我也还是一头雾水，不知如何修改我的“四不像”教育叙事研究。后来，最先定稿的蓝美琴老师和刘茜老师加入修改的行列，在蓝老师和刘老师的帮助下，我重新整理了文章框架，提炼了文章标题，反复修改以后终于定稿[21]。

看着他们的故事，回想自己的写作经历，也有自己的一些感悟。

首先，我们需要用研究的视角看问题。无论是学术上的研究还是平时的生活，不妨试着追问：这问题为什么会出现？这问题是普遍现象吗？这是否值得研究？刘海霞老师组织学生参与白水村的春节文艺汇演，让我们看到了学生参与学习型乡村建设的可能性；焦忠宇老师带领学生开发的自然课程，旨在“让大自然润泽乡村学生的生命”；蓝美琴老师的“生态型班集体建设”来源于对传统班集体建设的反思与更新……他们是真正的教育研究者，他们擅长从班级的日常生活中发现问题、研究问题并尝试着解决问题。

其次，我们可以用记录的习惯去生活。无论是生活中的杂事，还是工作中的问题，都要有写下来的习惯。其实生活与工作中总会有这样那样的问题，当你实时把它记录下来的时候，会带给自己许多意想不到的思考与收获。

再次，我们应该用尝试的心态去写稿。不因所谓的经验、水平而妄自菲薄，不因曾经的成功而停下笔耕。11位作者都是笔耕不辍的教育者，叶斐妃老师的会议综述撰写挑战，焦忠宇老师的第一次成功投稿，巩淑青老师迈出的专业写作第一步……都在说明：只要你敢试，成功就会离你更近。

最后，我们必须用严谨的态度去修改。对于自己的文稿，每一个字，每一个标点符号，都需要字斟句酌。在不断的修改过程中，你才会明确读者意识，才会形成自己的结构意识。刘茜老师“心力交瘁的论文修改”，蓝美琴老师近两个月的课题撰写……正因为他们对于自己的文字要求严格、态度严谨，才让文章经得起反复品读。

三、结语

在终身学习与发展的视角下，学习型社会建设需要每个个体投入其中。当我们开始习惯思考与表达，当我们与一群志同道合的伙伴在一起研究实践时，便能学到许多，不仅仅是学术，还有对研究对教育的专注与执着。

一本书的阅读能给我们带来什么？我想并不是照搬照做，而是从他们的身上和故事中看到个体成长的独特性与共性。这一本关于乡村班主任教育研究的书，是否适合城市班主任看？是否适合学校管理者阅读？是否值得教育行政部门负责人借鉴？答案是肯定的。一本带有教育情怀的书，一本拥有教育温度的书，不同于其他高深的教育理论专著，却能让我们找到教育真正的春天。这样的春天一定来自自然的生长！什么是自然？那便是在你一切努力与坚持后，走向生命自觉的持续发展。

参考文献：

［1］万红梅，唐松林.21世纪我国乡村教师政策的交叉组合、逻辑起点与反思超越［J］.湖南师范大学教育科学学报，2020（04）：101-110.

［2］刘丽群，任卓.美国乡村学校的历史跌宕与现实审视［J］.教育研究，2018（12）：133-141.

［3］龙冠丞，张瑞.乡村教师教育信仰的回归［J］.教学与管理，2021（21）：5-9.

［4］姜纪垒.立德树人：中国传统文化自觉的视角［J］.当代教育与文化，2019（01）：12-17.

［5］［7］［19］白芸，李家成.扎根乡村大地的教育研究［M］.上海：上海交通大学出版社，2020：20，2，60.

［6］一生只为一事来 扎根教育寻春天［EB/OL］.［2021-4-21］. https://mp.weixin.qq.com/s/rLdTPWkJXLldBxFYJjvshA.

［8］［16］《扎根乡村大地的教育研究——乡村班主任研究者的自述》一书出版［EB/OL］.［2020-4-14］. https://mp.weixin.qq.com/s/DXZGYp5xLWK7FdnrmT252A.

［9］［10］［11］联合国教科文组织国际教育发展委员会 . 学会生存：教育世界的今天和明天［M］. 华东师范大学比较教育研究所，译 . 北京：教育科学出版社，1996.

［12］UNESCO. Rethinking Education. Towards a global common good?.［EB/OL］.（2015-10-28）［2020-09-02］. http://unesdoc.unesco.org/images/0023/002325/232555e.pdf.

［13］UNESCO Institute for Lifelong Learning.Embracing a culture of lifelong learning［EB/OL］.（2020-08-31）［2020-09-02］. https://unesdoc.unesco.org/ark:/48223/pf0000374112.

［14］［15］柯文涛 . 迈向 2050 年的终身学习型社会——基于对《拥抱终身学习的文化》报告的解读［J］. 成人教育，2021（06）：1-5.

［17］［18］刘海霞 . 唯有认清自我才能不断超越自我［EB/OL］.［2020-08-03］. https://www.meipian5.cn/32wv6w6h?first_share_to=singlemessage&first_share_uid=4684342&s_uid=&share_depth=2&share_source=singlemessage&share_user_mpuuid=2b8bece25a5a520da1f5a059b70cbcab&sharer_id=&um_tc=d29ea1b76274289067c1d262f0753c16&user_id=&wx_scene=group_singlemessage.

［20］刘海霞 . 享受“甜蜜”——《扎根乡村大地的教育研究——乡村班主任研究者自述》读后感一［EB/OL］.［2020-08-01］. https://h5.qzone.qq.com/ugc/share/A8C6A0C0B269A0E15C3F7EB8FF138F77?uw=287501751&subtype=0&sid=&blog_photo=0&appid=2&ciphertext=A8C6A0C0B269A0E15C3F7EB8FF138F77&_wv=1.

［21］叶斐妃 . 一路向前——读《扎根乡村大地的教育研究》有感 1 稿［EB/OL］.［2020-08-01］. https://mp.weixin.qq.com/s/dRD1jXHLt9ZuYbwpSS_nTQ.

以人为本地建设中国特色社会主义学习型社会:《中国终身教育研究(第一辑)》书评*

匡　颖**

一、引言:从终身教育研究到学习型社会构建

终身教育被认为是“进入21世纪的关键所在”。早在人类“轴心时代”,先哲孔子和苏格拉底就在他们的哲学与教育思想中萌生出古典终身教育思想,“从人的自然本质和社会本质的关系上考察人格的形成和发展”[1]。现代终身教育思想自20世纪下半叶兴起,最初从成人教育思想中诞生,通过联合国教科文组织的推行,在世界范围内迅速发展,形成一种教育发展和改革的思潮。终身教育的创导者保尔·郎格朗认为,数百年来,把人生分成两半,前半生用于受教育,后半生用于劳动,这是毫无根据的,教育应当是每个人一生的过程,在每个人需要的时候,随时以最好的方式提供必要的知识。终身教育概念的提出被称为“可与哥白尼学说带来的革命相比,是教育史上最惊人的事件之一”[2]。国际21世纪教育委员会向联合国教科文组织提交的报告《教育——财富蕴藏其中》中强调“与生命有共通外延并已扩展到社会各个方面”的终身教育从诞生之初,就将其研究重点聚焦于人的持续发展和人格的完善[3]。赫钦斯顺应终身教育研究领域的拓宽及其服务全人的本质属性,提出了“学习型社会”的概念,主张教育所有的民众使人人为自己而学,协助个人了解他生活所处的环境、事实,使人的潜能充分发展,尽

* 基金项目:国家社会科学基金教育学重点课题“服务全民终身学习视域下社区教育体系研究”(AKA210019)成果。

** 匡颖,华东师范大学职业教育与成人教育研究所硕士研究生,主要从事成人教育基本原理研究。

可能发展成为聪慧的人[4]。1972年联合国教科文组织出版《学会生存》，书中提出“终身教育”“终身学习”和“学习化社会”三个基本概念，“我们再也不能刻苦地一劳永逸地获取知识了，而需要终身学习如何去建立一个不断演进的知识体系——‘学会生存’[5]。”

我国当前终身教育研究也将“服务全民终身学习的教育体系”同“学习型社会建设的任务”紧密联结。2014年，教育部等七部门联合印发了《关于推进学习型城市建设的意见》，明确指出“建设学习型社会是实现‘两个一百年’奋斗目标和中华民族伟大复兴中国梦的重要内容和有力支撑”。2019年，党的十九届四中全会通过的《中共中央关于坚持和完善中国特色社会主义制度、推进国家治理体系和治理能力现代化若干重大问题的决定》明确提出要“构建服务全民终身学习的教育体系”。

基于上述研究背景，上海终身教育研究院作为提供终身教育研究的决策咨询与学术支撑机构，致力于富有中国特色的终身教育理论与实践的创新，于2020年9月出版了《中国终身教育研究（第一辑）》。该书聚焦终身教育前沿问题，包括：① 社区教育促进社区治理、社区教育的内涵和外延深化研究；② 积极应对人口老龄化的教育政策与实验分析、隔代共学互学的个案研究；③ 整合跨时空教育资源、推进学习型社会建设的创新与合作；④ 构建服务全民终身学习的教育体系等。并针对新冠疫情背景下的终身教育进行反思与展望，促成终身教育研究学者对该领域内的前沿热点话题进行高质量、富有启发性的学术性讨论。本文将从“终身教育研究的初心与使命”“终身教育研究的路径与规划”“新时代构建中国特色社会主义学习型社会的新征程”三个方面，对该书的主要思想进行述评。

二、终身教育研究的初心与使命：“以人为本”地进行理论深化与实践拓展

保尔·郎格朗在《终身教育引论》中指出：“教育的真正对象是全面的人，是处在各种环境中的人，是担负着各种责任的人，简言之，是具体的人[6]。”什么是“具体的人”呢？联合国教科文组织在《学会生存》中提出“作为一个特殊教育过程的对象的某一特殊个人显然是一个具体的人[7]”。同时，《2030年教育宣言》[也称《仁川宣言》(*The Incheon Declaration*)]提

出了“确保包容性和公平的优质教育，促进全民享有终身学习机会”的口号[8]。“以人为本”中的“人”是由“具体的人”和“全体人民”共同构成的，前者强调人的复杂多元且基于自身特质的学习需求[9]，后者突出终身教育体系内人与人的互通互融以及终身教育的普惠性和公平性；而无论是“具体的人”还是“全体人民”，都彰显了终身教育“以人为本”的鲜明底色。《中国终身教育研究（第一辑）》基于研究对象“全民性”和“复杂性”，呈现了丰富的“以人为本”的理论深化和实践拓展研究。

（一）全面分析：研究对象的全民性带来学习型社会建设的丰富性

专题四“构建服务全民终身学习的教育体系的思考与对话”中，学者们基于我国学习型社会建设的现状与政策指向，以十四亿中国人为研究对象，围绕“每个人”的学习需求、学习基础、学习能力、学习收获等议题，基于“以人民为中心”的思想，从宏观上对构建“面向每个人、适合每个人”的教育体系贡献了各自的思想智慧。全民性必然蕴含着包容性，张永的《构建服务全民终身学习的教育体系面临的社会结构挑战》一文，通过对2018年末我国人口结构的分析，明确指出，“如果说在校生是构建服务全民终身学习的教育体系的重点，那么包括农民工在内的成人就业人员就是这一教育体系的基本面，而老人群体、婴幼儿、贫困人口等是拓展点”，并提出要对作为成人就业人员的农民工群体给予更多的关注[10]。全民性还体现在对政策文本中“全民”“终身”等表达的具体分析，以及对研究对象年龄、身份背景的全覆盖。

那么对全民的全面分析是否会阻碍学习型社会建设的进程或加大建设学习型社会的难度？答案必然是否定的。李家成在《十四亿的“每个人”：带给学习型社会建设的挑战与机遇》中提出“每个人”既是学习型社会的受益主体同时也是建设主体。倘若运用定势思维看待研究对象的全民性，那么势必会形成上述观点，但实际上，全民性的优势体现在教育者、研究者将每一个人都视为能动的个体，相信他们能够在不断学习完善自我的基础上，充分发挥主观能动性，投身到学习型社会不断建成和完善的进程中，贡献一份属于自己的力量[11]。因此，全民性是促成学习型社会建设工作不断完善、品质提升的关键契机，当“每个人”都被纳入并参与到这一进程中来时，学习型城市的建设将变得更加生动且富有能量。

（二）重点关注：研究对象的复杂性带来学习型社会建设的包容性

全面分析我国现阶段人口结构和状况不难发现，当前我国人口老龄化日益加剧，部分省市、地区少子老龄化现象凸显；城乡居民受教育情况差距大，教育资源在不同年龄阶段、不同省市地区分布不均。传统教育研究重点在基础教育，主要围绕中小学生展开一系列教育教学研究活动。终身教育研究倡导大教育观，尤其重视社会弱势群体，强调教育公平性和包容性。对老年群体、农民工、介护人员专业发展等的关注，对隔代教育、隔代学习话题的探讨，体现了终身教育对社会弱势群体的赋权增能。

在专题二“积极应对人口老龄化的政策与实验”中，针对我国人口老龄化不断加剧的社会现状，学者们从“梳理分析各省份老年教育发展规划”[12]到“探索应对人口老龄化的应对措施”[13][14]再到“总结‘隔代共学互学’对不同参与人员的积极影响”[15]，无一不体现出终身教育的理论深化和实践脉动。通过对常州市龙虎塘实验小学和河海老年学校开展的隔代学习个案的研究和分析，研究者分别从隔代学习的产生、多元样态、取得的效果以及未来发展等维度展开讨论和探究。首先，在终身教育理念下，对某一特定人群教育需求的分析不应局限于对该类人群生理、心理、社会状况的调研，而应将研究对象放置在更广阔的社会环境中，探究他们与其他年龄阶段或不同身份背景人群的沟通与交流是否有益于双方的发展。隔代互学共学就在小学生与老年人之间架起了一座桥梁，并且对双方的学习与生活都起到了积极影响；其次，终身教育实践既关注学习的终结性评价和形成性评价，也关注学习过程中学习者自身的收获，既包括学习者认知、行为、情感态度、价值观方面的成长，也包括让学习者在结束一段学习后，能够获得持续成长的“学习力”。最后，研究对象的复杂性和特殊性能够提供更多具有本土特征的终身教育研究理论和实践省思，以常州市的隔代学习研究为例，研究者们在借鉴已有的国际相关研究基础上，充分调研当地学习参与者的实际情况，并探索出了具有本土特色的实践和经验。这启示终身教育研究者和工作者要善于借鉴国际经验，并探索本土创生。

由此可见，人的持续发展与自我完善始终是终身教育研究的出发点与落脚点，也是终身教育研究者、工作者的研究初心与使命。

三、终身教育研究的路径与规划：构建服务全民终身学习的教育体系

保尔·郎格朗在《终身教育引论》中指出“终身教育是一系列很具体的思想、实验和成就，换言之，是完全意义上的教育，它包括了教育的所有方面，各项内容，从一个人出生的那一刻起一直到生命终结时为止的不间断的发展，包括了教育各发展阶段各个关头之间的有机联系”[16]。终身教育研究除了应“以人为本”外，还应十分重视不同教育机构间的互联互通。李家成和程豪提出“在当前完善全民终身学习推进机制，构建方式更加灵活、资源更加丰富、学习更加便捷的终身学习体系的背景下，实现教育机构间的‘互联互通’，具有重大意义”[17]。《中国终身教育研究（第一辑）》中的对“社区教育”和“家校社协同参与”的研究也进一步论述了这一观点。

（一）社区教育：终身教育的重要载体和研究领域

专题一聚焦于社区教育这一终身教育体系构建和学习型社会建设的新兴领域和重要构成。社区教育是终身教育的重要载体和研究领域。首先，学者们尝试将社区教育作为一个整体，界定与厘清社区教育在我国本土的概念，并在此基础上分析社区教育的内涵，即社区教育包含哪些具体的内容，这些内容能够在中国本土发挥怎样的教育作用以进一步促进人的全面发展和社会的进步。如张永等从社区需求、社区治理和社区教育三个维度，结合社区营造相关理论以及我国已有的具有地方特色的社区教育实践，对社区教育推进社区治理提出了具体的理论和实践路径框架，并指出“社区需求、社区治理与社区教育三者之间牵一发而动全身，只有协同运作才能强有力地促进社区发展”[18]。沈启容则从社会学的角度梳理了社区共同体的发展脉络，并进一步阐述了社区教育随社区共同体的发展而不断变革与成长，并逐渐具有“满足广大居民需求”“促进家庭和睦”“提升集体认同”“培养奉献意识”以及“产生群体规范”等基层治理作用[19]。

从上述学者们的论述中不难发现，社区教育不仅仅包括具体的某一类或多种正规或非正规教育类型，更包括覆盖“街道、乡镇和居村以及城乡社区”等领域的公共教育服务，具有“社区性”和“社会性”，是“能够推进

社区治理的独特教育”。它既是一种发展战略，重视自觉反思社区中出现的问题，并鼓励实践探索积极解决问题，也是一类思想方法，体现长程思维和融通思维，更是一种价值取向，即追求人的全面发展，通过教育的不断完善助力社会的不断进步[20]。因此，社区教育作为终身教育的重要载体和研究领域，如何积极回应相关政策，充分调动社区范围内的教育资源和力量，实现社区教育外延和内涵发展，仍是今后教育工作者、研究者需要不断探究的问题。

（二）家校社协同参与：实现多主体跨时空的终身学习

专题三中，两位教育研究者充分利用“第四教育世界”，将中小学生的寒暑假生活与学校教育、家庭教育和社区教育相融合，通过长期的理论与实践研究，持续性地反思与重构，实现了多主体（学生、教师、家长、社区和社会人士等）跨时空（利用数字技术，突破学校围墙，走进社区和自然）的终身学习实践。董雪梅细致论述了浙江武义泉溪小学与上海临港实验中学师生、家长通过“探寻古村落文化”研学旅行活动，在游中学、行中学以及在人与人的交往、机构与机构的互动中不断汲取知识、收获美好的案例[21]。顾惠芬通过常州市龙虎塘实验小学的具体案例，呈现了家校社协同参与社区治理的长期研究样貌和成果[22]。在5年的实践与研究过程中，该校首创了融学校、家庭、社区和社会为一体的“促进委员会”组织架构，实现了不同教育机构组织的分工合作，将学校、街道和社会组织中的教育资源有机整合，并通过各机构的成员对不同项目展开总结、评估和反思，不断优化合作体制机制。“促进委员会”制度具化了终身教育研究中“互联互通”的思维，建立了多主体的联系和互动关系，从而积极“赋能”于社区教育力、家校合作关系和学习共同体，是基于我国教育生态的具有中国特色的学习型社会的智慧产物。

当前家长普遍面临着与孩子沟通困难的问题，通过研学旅行活动，孩子们在收获友情的同时，也与家长在学校家庭场域外，卸下了平时沟通交流时“唯成绩论”的重负，在自然与人文气息之中重新体悟到亲情的珍贵；而教师精心设计的游学活动又能引导参与者们在游中学、行中思、做中悟，为学习型社会的建设注入了新鲜的血液。由上述案例可以发现，家校社合作已经从简单的活动组织潜入到由终身教育理念指导的多元主体参与、组织机制建构以及超越时空限制的研究深水区，与学习型社会倡导的“人人、时时、处处可学”[23]和“事事皆学”[24]，形成了清晰的中国特色学习型社会理念系统与实践框架。

四、新时代构建中国特色社会主义学习型社会的新征程

(一)数字时代的个人学习力培养

2019年之前，网络空间仅仅是现实空间的组成部分。然而，突如其来的新冠肺炎疫情，让数字生活提前浸入了每个人的生活——“健康码”、网课、“云”会议……这些数字技术也成为我们抗击疫情、深化网络生活方式的新工具。互联网不仅改变了生活，也深刻改变了社会的运行方式，终身教育作为人们生活的一部分，社会重要子系统，也深刻受到互联网的影响。

研究者们敏锐地察觉到信息技术与互联网将对我国终身教育产生重要影响，如张东平以上海市长宁区业余大学为例，深入研究如何借助数字平台，将国家资源、市场资源和社会资源有机整合起来，搭建由学历教育平台、教育服务与培训平台和社区教育平台三大子平台构成的“区域终身教育大平台”[25]。这是在互联网+的时代背景下，以区域成人高校为主体的终身教育综合性服务平台，不仅为区域居民提供多元教育与学习机会，还助力多方利益相关者深化互动与合作，旨在实现终身教育功能的最大化，具有“大网络”“大枢纽”和“大载体”的特点。除长宁区外，上海青浦区社区教育也重视互联网信息技术，并利用混合式学习(blended learning)方式，探索适合本地居民的“泛在可选”的终身教育路径。索乃颖指出尽管互联网弥补了传统学习资源紧张不足的缺陷，但传统学习的体验感和互动性以及系列化仍无可取代，线上线下教育资源应当取长补短，共同助力学习型社会的建设[26]。

结合韩映雄对超大城市居民终身学习提出的新目标——提升居民学习力的呼吁[27]，笔者认为，提升全民的学习力是助力全社会实现数字化转型的一剂良方，但培养学习力的前提是要在全社会形成乐学尚学的氛围和文化。这就需要教育工作者和研究者在践行终身学习的实践中，以推动和养成终身学习观念为己任，通过自身力量辐射身边的人，分享和传播研究成果，将先进理论和实践本土化，滴水汇聚成涓，从点到线再到面和体地构建具有中国

特色的社会主义学习型社会。

（二）新冠疫情下的社会复原力提升

面对新冠肺炎这场全球性重大危机和灾难，北京教科院终身学习与可持续发展教育研究所和上海终身教育研究院联合发起“疫情下的终身教育研究：反思与展望”研讨会，李家成和史枫也在《中国终身教育研究（第一辑）》中对此进行了专题论述[28]。新冠肺炎疫情无疑是人类面临的一场危机，引发了各界对人性、人的本质以及人与社会、自然的关系的讨论和反思，教育作为促进人格完善、社会发展以及推进人与自然和谐相处的手段和途径，在疫情下，也面临着种种挑战，除了公民教育、健康教育、生态文明教育之外，教育的公平与效率、教育的数字化、全民性、终身性和可持续性都是教育工作研究者们需要关注的主题。Stuart McNaughton 对复原力的讨论，不仅适用于数字时代个人能力的提升，也适于疫情下整个社会的变革与发展。复原力（resiliency）是指个体面对逆境、创伤等重大压力的良好适应过程，即对困难经历的反弹能力，具有三个特征：① 接受并战胜现实的能力；② 在危机时刻寻找生活的真谛的能力；③ 随机应变想出解决办法的能力[29]，而通过终身教育传达给全社会的这种可持续性和终身学习态度恰恰蕴藏了这份韧劲；如何将这份韧劲通过教育实践传输给民众，也是今后研究者们需要关注的议题。

在与疫情斗争的过程中，我国充分发挥制度优势，形成了强大的凝聚力，取得阶段性胜利。教育工作者、研究者应当重视疫情对教育产生的挑战，积极分析疫情期间及疫情常态化时期的教育实践，基于现实问题不断深化理论和实践研究，总结防疫抗疫期间终身教育状况，针对疫情期间出现的教育问题提出基于实证的建议，形成特定时期下具有中国特色的学习型社会建设经验。值得一提的是，对疫情的讨论绝非孤立的，需要结合本文上述终身教育对象的全民性、复杂性，终身教育体系中的社区教育、老年教育和家校社协同育人等具体教育类型，以及在数字化背景下各种教育实践，基于我国新时代发展实际情况，进而反思和展望疫情下的终身教育研究。

五、结语

党的十九大报告指出：我国社会主要矛盾已经转化为人民日益增长的

美好生活需要和不平衡不充分的发展之间的矛盾。“美好生活需要”不仅包括生理和物质层面的不断改善，更包括人类心灵和精神世界的跃迁。正如联合国教科文组织2015年启动的《可持续发展2020议程》将教育视为“所有17项可持续发展目标重要的推动力量”。只有在终身教育视界下，借助终身教育体系及其蕴藏的社会教育力，才能实现“人人，时时，处处，事事”皆为学，源源不断地推动我们的生活朝向学习型社会可持续地发展。

莫兰在《复杂性思想导论》中提出：“系统的实在本质既存在于开放系统与其环境的联系中，又存在于其间的区别中。”[30] 在构建服务全面的终身教育体系过程中，若从全民终身学习的角度分析，则体现在个人既与环境密不可分，与社会发展紧密联系，也与社会环境中的其他个体有着千丝万缕的联系，人与人之间的沟通和联结是建设学习型城市的纽带和桥梁；若从构建终身教育体系的层面看，则既要重视教育与社会其他子系统，如政治、经济、文化、生态等方面的有机联结，也要注重教育内部不同教育组织机构和类型的资源共享、互联互通，为构建终身教育体系和服务全民终身学习贡献中国经验和智慧。

参考文献

[1] 上海终身教育研究院.中国终身教育研究（第一辑）[M].上海：上海交通大学出版社，2020：202.

[2] 厉以贤.终身教育、终身学习是社会进步和教育发展的共同要求[J].教育研究，1999（7）：31-36.

[3] 联合国教科文组织.教育——财富蕴藏其中[M].联合国教科文组织总部中文科，译.北京：教育科学出版社，1996：90.

[4] Hutchins, R. M. Learning Society [M]. London: Penguin Books，1968：133.

[5][7] 联合国教科文组织国际教育发展委员会.学会生存：教育世界的今天和明天[M].华东师范大学比较教育研究所，译.北京：教育科学出版社，1996：3.

[6][16] 保尔·朗格朗.终身教育引论[M].周南照，陈树清，译.北京：中国对外翻译出版公司，1985：69，87，139.

[8] UNESCO. Education 2030: Incheon Declaration and Framework for Action: Towards inclusive and equitable quality education and lifelong learning for all [EB/OL]. (2021-07-25)[2021-10-12]. http://unesdoc.unesco.org/images/0024/002432/243278e.pdf.

[9] 李家成，程豪.共学互学：论终身教育体系中的主体间关系[J].终身教育研究，

2020（6）：22－27.

［10］上海终身教育研究院．中国终身教育研究（第一辑）［C］．上海：上海交通大学出版社，2020：190－196.

［11］上海终身教育研究院．中国终身教育研究（第一辑）［C］．上海：上海交通大学出版社，2020：197－201.

［12］［13］［14］［15］上海终身教育研究院．中国终身教育研究（第一辑）［C］．上海：上海交通大学出版社，2020：39－108.

［17］李家成，程豪．互联互通：论终身教育体系中教育机构间的关系［J］．中国电化教育，2021（1）：58－65.

［18］上海终身教育研究院．中国终身教育研究（第一辑）［C］．上海：上海交通大学出版社，2020：13.

［19］上海终身教育研究院．中国终身教育研究（第一辑）［C］．上海：上海交通大学出版社，2020：24.

［20］李家成，程豪．思想观念·价值取向·思想方法·发展战略——对“终身教育”内涵的认识［J］．终身教育研究，2020（3）：19－23+69.

［21］上海终身教育研究院．中国终身教育研究（第一辑）［C］．上海：上海交通大学出版社，2020：146.

［22］上海终身教育研究院．中国终身教育研究（第一辑）［C］．上海：上海交通大学出版社，2020：164.

［23］陈宝生．落实 落实 再落实——在 2019 年全国教育工作会议上的讲话［J］．中国高等教育，2019（3/4）：4－12.

［24］叶澜．终身教育视界：当代中国社会教育力的聚通与提升［J］．中国教育科学，2016（3）：41－67+40+199.

［25］上海终身教育研究院．中国终身教育研究（第一辑）［C］．上海：上海交通大学出版社，2020：119.

［26］上海终身教育研究院．中国终身教育研究（第一辑）［C］．上海：上海交通大学出版社，2020：133.

［27］上海终身教育研究院．中国终身教育研究（第一辑）［C］．上海：上海交通大学出版社，2020：208.

［28］上海终身教育研究院．中国终身教育研究（第一辑）［C］．上海：上海交通大学出版社，2020：241.

［29］上海终身教育研究院．中国终身教育研究（第一辑）［C］．上海：上海交通大学出版社，2020：217.

［30］埃德加·莫兰．复杂性思想导论［M］．陈一壮，译．上海：华东师范大学出版社，2008：18.

后　记

本书的编辑和出版，伴随着抗击新冠肺炎疫情的过程，伴随着终身教育事业发展和理论探索的过程。自《中国终身教育研究（第一辑）》出版以来，变动着的时代，呼唤着充分体现时代性的终身教育领域的知识生产与话语体系建设，也联通着终身教育的发展历史而呼唤更具有解释力和指导力的理论研究与学术对话。

在我们所感受到的努力中，许许多多终身教育领域的同行在投入，在合作，在推动实践创新，在促成理论生成。在这一阶段，也有许多的学术论文发表、著作出版。而《中国终身教育研究（第二辑）》，就致力于投入这样的集体努力，并为之做出应有的一分贡献；也期待得到同行学者的批评、指正。

本书延续第一辑的风格，依然高度关注本领域的知识生成、知识积淀，依然投入对相关基本问题的探讨，保持对新事物、新创造的敏感和好奇，依然尊重每位研究者的个性，进而通过若干专题的设计，力图形成新的发展力量。

感谢上海终身教育研究院所有专职、兼职、特聘、海外研究员的持续支持！以海外研究员 Stuart McNaughton 教授为例，作为新西兰政府首席教育顾问、伍尔-费舍尔研究中心主任、奥克兰大学教授，他工作之忙碌是可以想象的。在第一辑中，我们已经有幸发表了他的研究成果。当我们就第二辑向他约稿时，他毫不迟疑地将最新研究成果投给了我们。来自像他这样的研究员们的信任和支持，让我们更有信心将本书持续地编好。

感谢上海及全国各地终身教育研究者的支持！在本书中，读者可以读到对城市和乡村终身教育事业的多类型研究，对终身教育思想观念的再认识、再探讨。期待这样的成果能引发持续的讨论，能促成知识的持续生成或更新。

感谢华东师范大学相关专业博士生、硕士生的投入！这些年轻的研究人员有着特有的敏锐性，有着开阔的国际视野，有投入研究的专注度，也在为终身教育研究做出不容忽视的贡献。

感谢两位主编助理，安徽开放大学的张飞副教授和华东师范大学博士生朱丹蕾同学！在编辑每一篇文章的过程中，在和每一位作者联系的过程中，他们体现出专业的精神，呈现出学术的热情，表达着为人的真诚，发展着为事的能力。

感谢持续支持终身教育研究和上海终身教育研究院工作的上海交通大学出版社，感谢编辑们的付出！多年的合作，让我们体会到了出版人的专业追求，体会到出版所实现的学术价值和社会意义。来自出版社各位编辑朋友的支持，增强着我们继续投入终身教育研究的信心，也让我们找寻到了投入这一事业的新的合作伙伴。

对于终身教育研究的使命感和学术责任感，促成了这一辑的问世，也将继续支持我们投入对第三辑的准备之中。

李家成

2022 年 3 月 18 日于上海